集人文社科之思 刊专业学术之声

# 中国歷史研究院集刊

PROCEEDINGS OF CHINESE ACADEMY OF HISTORY 2021 No.2 (Vol. 4)

高 翔 主编

2021年  总第4辑

社会科学文献出版社
SOCIAL SCIENCES ACADEMIC PRESS (CHINA)

# 中国历史研究院集刊

## 编辑委员会

# 中国历史研究院集刊

2020 年 1 月创刊　　　　半年刊　　　　第 4 辑　　　　**2**/2021

# 目　录

# Proceedings of Chinese Academy of History

Founded in January 2020　　　　Semiyearly　　　Vol. 4　　　　**2**/2021

## Contents

# 武丁以前卜辞新探

## ——以"原子组卜辞"为中心

### 曹定云

**摘　要：**"原子组卜辞"是殷墟甲骨文的重要组成部分，占卜主体是"子"。1991年殷墟花园庄东地H3所出甲骨占卜主体也是"子"，但与"原子组卜辞"之"子"为两人。"原子组卜辞"之"子"可能是祖辛之后、祖丁之孙、武丁的兄弟或堂兄弟；H3卜辞之"子"为武丁同辈人，是武丁远房的堂兄弟。H3卜辞中有"丁"与"王"同版甚至同辞的情况，此"王"应是小乙，卜辞属小乙时代。从字体类型及其组合来看，"原子组卜辞"可分为盘庚、小辛、小乙、武丁四个时期。

**关键词：**殷墟　甲骨文　原子组卜辞　武丁

## 引言：探索缘起

"原子组卜辞"是殷墟甲骨文的重要组成部分，占卜主体是"子"，据以往研究，其性质属于"非王卜辞"，时代一般定在武丁时期。1991年秋，殷墟花园庄东地H3所出整坑甲骨占卜主体也是"子"，亦属"非王卜辞"。但H3卜辞之"子"与"原子组卜辞"之"子"，并非同一人。对此，刘一曼与笔者曾作过认真比较，认为H3卜辞的主人"子"很可能是沃甲之后，而"原子组卜辞"的主人"子"可能是祖辛之后、祖丁之孙、武丁的兄弟或堂兄弟。[①] 由于H3占卜主

---

① 刘一曼、曹定云：《论殷墟花园庄东地甲骨卜辞的"子"》，王宇信、宋镇豪主编：《纪念殷墟甲骨文发现一百周年国际学术研讨会论文集》，北京：社会科学文献出版社，2003年，第443页。

体"子"称南庚为祖庚，我们又进一步推断"子"为武丁同辈人，是武丁远房的堂兄弟。① 因此，这是两类不同的"子组"卜辞。本文称花园庄东地 H3 之前的"子组"卜辞为"原子组卜辞"，称 H3 所出为"花东 H3 子组卜辞"，以示区别。

"花东 H3 子组卜辞"是一坑完整的"子"卜辞，考察该坑甲骨，对"原子组卜辞"研究具有十分重要的意义。H3 卜辞中，有一个非常重要的人物"丁"，其与妇好的关系极为密切，此人即武丁。在 H3"子"卜辞的整理与研究后期，刘一曼与笔者对此"丁"有不同看法：她认为是已经即位的武丁，笔者认为是尚未即位的武丁。由于是合作写文章，这一分歧便被暂时搁置。2005—2006 年，笔者先后在相关学术会议中公开发表了这一观点，由此开启了对武丁以前卜辞的探索之路。② 2018—2019 年，笔者完成《论"殷墟花园庄东地甲骨"是小乙时代卜辞》上、下篇，③ 最终得出的主要结论是花东 H3 卜辞基本为小乙时代卜辞。

在研究花东 H3 卜辞的过程中，笔者并未因循传统甲骨分期断代之法。传统的甲骨分期断代讲究参照"贞人"、"称谓"、"人名"、"事类"、"地层"等标准，但目前这些标准基本用不上，因为武丁以前卜辞的情况我们完全不知。这也是甲骨文发现 120 多年以来，未能找出武丁以前卜辞的原因。因此，笔者另辟蹊径，按卜辞内容进行分析。其中的"丁"与"王"同版甚至同辞，若能确定这个"丁"是武丁，则与之同版的"王"必是小乙，相关卜辞便一定是小乙时期卜辞。武丁称"丁"还是称"王"，是小乙时期与武丁时期卜辞最重要的分界线。据此方法，可以基本确定花东 H3 卜辞是小乙时期卜辞。

在关于花东 H3 卜辞时代的讨论中，姚萱指出有一版缀合的"原子组卜辞"

---

① 刘一曼、曹定云：《再论殷墟花东 H3 卜辞中占卜主体"子"》，北京大学考古文博学院编：《考古学研究（六）：庆祝高明先生八十寿辰暨从事考古研究五十年论文集》，北京：科学出版社，2006 年，第 307 页。

② 曹定云、刘一曼：《1991 年殷墟花园庄东地甲骨的发现与整理》，王建生、朱歧祥主编：《花园庄东地甲骨论丛》，台北：圣环图书股份有限公司，2006 年，第 3—18 页；曹定云：《殷墟花东 H3 卜辞中的"王"是小乙》，中国古文字研究会、华南师范大学文学院编：《古文字研究》第 26 辑，北京：中华书局，2006 年，第 8—18 页。

③ 曹定云：《论"殷墟花园庄东地甲骨"是小乙时代卜辞（上）》，宋镇豪主编：《甲骨文与殷商史》新 8 辑，上海：上海古籍出版社，2018 年，第 15—44 页；《论"殷墟花园庄东地甲骨"是小乙时代卜辞（下）》，宋镇豪主编：《甲骨文与殷商史》新 9 辑，上海：上海古籍出版社，2019 年，第 102—125 页。

上存在"丁"、"王"同版的情况,与《花东》480.3 相类。① 这是一个十分重要的发现,由此可知"原子组卜辞"也有"丁"(武丁)与"王"同版者,说明该"王"也是小乙。② 正是这一发现,增强了笔者探索武丁以前卜辞的信心。当时限于时间,没能对整个"原子组卜辞"进行分析,因此未给出整体性结论。如今条件成熟,故本文对"原子组卜辞"加以系统清理,并进行整体研究。

# 一、材料清理及层位关系

## (一) 材料清理

系统清理"原子组卜辞",首先必须尽可能地将"原子组卜辞"材料集中起来,以便进行分析与研究。由于《甲骨文合集》(以下简称"《合集》")与《甲骨文合集补编》(以下简称"《合补》")先后出版,③ 绝大部分"原子组卜辞"材料已得到集中,为研究提供了极大的方便。经查,《合集》21526 至 21871 为"子组"卜辞,总计 346 片;《合补》6822 至 6864 为"子组"卜辞,总计 43 片。两数相加,共计 389 片。这仅为大概的参考数字,因为有些"子组"卜辞不在二书的"子组"卜辞之中,而二书所收集的"子组"卜辞也不一定准确。

《合集》所收 346 片"子组"卜辞中有些并不属于"子组"卜辞,现分述如下。

《合集》21553 与《合补》404 局部重,字体与"子组"卜辞不类,应不属于"子组"。

《合集》21578 字体与常见"子组"字体不类,不能归入"子组"。

《合集》21622 已与《合集》19941 缀合,字体与常见"子组"不类,且 19941 未归入"子组",所以 21622 亦不属于"子组"卜辞。

《合集》21687,该片字体肥胖,与常见"子组"字体纤细不类,亦不能归

① 姚萱:《殷墟花园庄东地甲骨卜辞的初步研究》,北京:线装书局,2006 年,第 35—36 页。《殷墟花园庄东地甲骨》下文简称"《花东》"。

② 曹定云:《论"殷墟花园庄东地甲骨"是小乙时代卜辞(下)》,宋镇豪主编:《甲骨文与殷商史》新 9 辑,第 123 页。

③ 郭沫若主编,中国社会科学院历史研究所编:《甲骨文合集》,北京:中华书局,1978—1982 年;彭邦炯、谢济、马季凡:《甲骨文合集补编》,北京:语文出版社,1999 年。

入"子组"。

《合集》21863 字体与常见"子组"不类，不能归入"子组"。

《合集》21868 可与《合集》21470 缀合，字体接近"宾组"，不能归入"子组"。

《合集》21784，该片较为特殊且重要。卜骨下部为干支表，上部有"宾组"字体和贞人"争"的署名。以往有学者将该片作为代表性的"子组"刻辞论述。① 其实，该片下部干支表非典型"子组"字体，尤其是"子"、"未"等字的写法与"子组"字体区别明显。根据字体，应属于"𠂤组"。

以上总计 7 片，是《合集》误收的"子组"卜辞。除此之外，《合集》21811 已与 21781 缀合，21600 已与 21597 缀合。这样，《合集》所收"子组"卜辞为 337 片。当然，《合集》中可能还有漏识的"子组"卜辞未被计入 337 片之内。

《合补》所收"子组"卜辞共 43 片，同《合集》一样，也存在一些问题。主要是有的与《合集》重复，有的字体与"子组"不类，现分述如下。

《合补》6833，根据字体应属于"历组"卜辞，且与《合集》32254 重，不在"子组"范围之内。

《合补》6837，卜骨上部多为伪刻，只有下部是真的，使用时须多加小心。

《合补》6839，该片字少且字体非"子组"，存疑。

《合补》6840，字体近"𠂤组"，尤其是"庚"字明显与"子组"不同，当归入"𠂤组"。

《合补》6843，字迹不清，局部为《合集》21332，不在"子组"范围之内。

《合补》6851，字体与"子组"不类，与《合集》21987 局部重，不在"子组"范围之内。

《合补》6856，字体近"𠂤组"小字，不成句，属于习刻，当从"子组"中排除。

《合补》6857，字体非"子组"，局部为《合集》20947，不在"子组"范围之内。

《合补》6858，字体属"𠂤组"小字，为习刻，当从"子组"中排除。

---

① 姚孝遂：《吉林大学所藏甲骨选释》，《吉林大学社会科学学报》1963 年第 4 期，第 79 页。

《合补》6862，字体近"自组"，与《合集》20964＋21310重，不在"子组"范围之内。

《合补》6864，字体近"自组"，与《合集》21167重，同样不在"子组"范围之内。

以上总计11片，其中10片应从"子组"卜辞中排除，而《合补》6837尚有部分利用价值。这样，《合补》所收"子组"卜辞暂计为33片。同《合集》一样，《合补》中可能也有漏识的"子组"卜辞，而未计入33片之内。

前文已经指出，有些"子组"卜辞可能被《合集》"子组"漏收，但仍存于《合集》之中。此类卜辞有《合集》18845（《乙》4181）、① 20108（《乙》4174）、21876（《乙》1324）、21877（《乙》1318）、21981（《乙》1508）、22231（《前》8.12.6）、② 22316（《佚》425）、③ 40873（《库》1557，该片上部是伪刻）、④ 40878（《库》12）、40879（《金》486）、⑤ 40883（《库》703），总计11片。

此外，还有一些"子组"卜辞，确为《合集》《合补》所未收，就笔者所知，列举如下：《乙》1826、3707、4177、4182、4184、5149、5230，《库》1988，《前》8.12.4，《合》129、150、287、401、410、414、424、426、435、459、⑥《遗》7.6、10.1、⑦《燕》93、⑧《明》422、⑨《林》2.26.4、⑩《缀合编》30、⑪

① 董作宾：《小屯·殷虚文字乙编》，南京：中央研究院历史语言研究所，1948年。本文简称"《乙》"。

② 罗振玉：《殷虚书契前编》，永慕园影印本，1912年。本文简称"《前》"。

③ 商承祚：《殷契佚存》，南京：南京金陵大学中国文化研究所，1933年。本文简称"《佚》"。

④ 方法敛、白瑞华：《库方二氏所藏甲骨卜辞》，上海：上海商务印书馆，1935年。本文简称"《库》"。

⑤ 方法敛摹，白瑞华校：《金璋所藏甲骨卜辞》，严一萍编：《方法敛摹甲骨卜辞三种》，台北：艺文印书馆，1966年。本文简称"《金》"。

⑥ 郭若愚、曾毅公、李学勤缀集：《殷虚文字缀合》，北京：科学出版社，1955年。本文简称"《合》"。

⑦ 金祖同：《殷契遗珠》，上海：上海中法出版委员会，1939年。本文简称"《遗》"。

⑧ 容庚、瞿润缗：《殷契卜辞》，北平：哈佛燕京学社，1933年。本文简称"《燕》"。

⑨ 明义士：《殷虚卜辞》，上海：上海别发洋行，1917年。本文简称"《明》"。

⑩ 林泰辅：《龟甲兽骨文字》，日本商周遗文会影印本，1921年。本文简称"《林》"。

⑪ 曾毅公：《甲骨缀合编》，修文堂石印本，1950年。本文简称"《缀合编》"。

《缀新》438，① 总计 26 片。可能仍有一些散见于论著之中。

综上所述，本文所涉及的"原子组卜辞"总共有 407 片，这当然也是约数。至于散见于论著中者，则有待日后继续补充。

### （二）层位关系

上述"原子组卜辞"实际由两部分构成，一部分为传世甲骨片，1899 年以后经古董商、收藏家买卖递藏，源流大多不甚清晰，基本无文字记载可考；另一部分是 1928 年以后的考古发掘品。后者也有两种情况，一是历史语言研究所开始发掘时所获，由于缺乏经验，此类发掘品地层不甚严格、坑位不甚准确，尽管如此，仍有坑位可言；二是梁思永参与发掘后所获。梁氏将近代田野考古方法带至殷墟，也带入中国考古界。此后，中国田野考古中的"层位"、"坑位"才真正科学和准确起来，为考古研究提供了可靠依据。

在甲骨卜辞研究中，如果是正式的田野发掘品，便一定要考察甲骨出土的层位关系，即出土时的地层与坑位，以便为甲骨断代提供可靠依据。现将"原子组卜辞"中有明确出土地层关系的坑，列举如下。

1. B119、YH006，这两个坑位于小屯村北 B 区，是史语所 1936 年春第 13 次发掘所得。B119 中"自"、"宾"两组卜辞共存，YH006 中"自"、"宾"、"子"三组卜辞共存。

2. YH127，位于小屯村北 C 区，也是第 13 次发掘所得，为历次发掘中出土甲骨最多的一个坑。该坑中"宾组"、"自组"、"子组"、"午组"共存，其中"子组"卜辞有 70 余片。

3. YH090，位于小屯村北，也是第 13 次发掘所得，其中出《乙》484（《合集》21722）。该坑是"填平 H138 的夯土之一部"，② 夯土西北隅被殷墟二期的水沟 K15 打破。

4. 横十三己 A14、A16、A35，位于小屯村北刘姓二十亩地中段，是 1929 年 10 月第 3 次发掘所得。三者不是严格地层意义上的"坑"，而是在发掘初期，发

---

① 严一萍：《甲骨缀合新编》，台北：艺文印书馆，1991 年。本文简称"《缀新》"。
② 石璋如：《小屯·遗址的发现与发掘丙编·北组墓葬（上）》，台北：台湾"中研院"历史语言研究所，1970 年，第 320 页、第 315 页插图 95。

掘者在横十三己发掘的三个位置（坑）。A14出"子组"与"宾组"卜辞，A16、A35出"子组"与"自组"卜辞。

5. YH330、YH344，位于小屯村北C区，是1937年3—6月第15次发掘所得，坑内出"子组"与"自组"卜辞。①

6. YH371，位于探方C172内，也是第15次发掘所得，出卜辞7片，其中有1片为"子组"卜辞（《乙》9032），其余为"非王无名组"卜辞。

以上所举之坑，时代均较早。例如YH090，被殷墟二期的水沟打破；B119、YH127，根据地层和同出陶器判断，属殷墟文化二期。② 从卜辞共存关系看，这些坑中的"子组"卜辞常与"自组"、"宾组"同出。根据这些情况可知，"原子组卜辞"时代应当是比较早的。层位关系为判定"原子组卜辞"的时代，提供了重要依据。

## 二、字体类型及其组合

### （一）字体类型

要对"原子组卜辞"进行研究，首先就要对卜辞字体进行分类。卜辞中的字很多，我们必须找到那些常用字，观察其变化，并进行分类。然后在此基础上，探讨其时代。"原子组卜辞"中，子、丁、庚、巳、贞、祸、其、牢、辰、不、亥、丑、未为常用字。它们可以划分为不同类型，现逐一分析如下。

1. 子，即"甲子"之"子"。该字的最大特征是象征小儿的头形。根据形状，可以分为5式，今列表1如下。

表1　"子"字5式

| 式别 | ① | ② | ③ | ④ | ⑤ |
|---|---|---|---|---|---|
| 字体 | | | | | |

---

① 中国社会科学院考古研究所：《殷墟的发现与研究》，北京：科学出版社，1994年，第13页。

② 刘一曼、郭振禄、温明荣：《考古发掘与卜辞断代》，《考古》1986年第6期，第551页；刘一曼：《关于武丁以前甲骨文的探索》，宋镇豪主编：《甲骨文与殷商史》新10辑，上海：上海古籍出版社，2020年，第3—6页。

①式最原始，以《合集》21577 为代表。该式大体像小孩头形，头发 5 根，抿嘴，短脖。属于此式者还有《合集》21840 甲。

②式由①式演变而来，以《合集》21541 为代表。该式头略微缩小，头发 3 根，脖子下垂。

③式由②式演变而来，以《合补》6822 为代表。该式头形圆长，头发 3 根，脖子长而略外撇。

④式由③式演变而来，以《合集》21657 为代表，《合集》21660、21780、21781、21811、21836 亦属此式。该式头变长方形，头发 3 根，脖子外撇。

⑤式较为特别，以《合集》21567 为代表，《合集》21579、21586、21611、21658、21665、21704、21719、21739、21805、21818、21840 乙都属此式。该式头变正方形，头发 5 根，脖子与头连笔、外撇。

由此可见，"子"字原型是小孩之头，具有原始图画性质，后来一步步由图画变成文字。从这一点看，"原子组卜辞"中"子"字具有浓厚的原始性。

2. 丁。该字分为 4 式，今列表 2 如下。

表 2　"丁"字 4 式

| 式别 | ① | ② | ③ | ④ |
| --- | --- | --- | --- | --- |
| 字体 | □ | ⬡ | ○ | ◇ |

①式以《合集》21527 为代表，字呈方形。《合集》21537、21540、21552、21560、21566、21580、21595、21597 等可归入此式。

②式以《合集》21542 为代表，字呈扁体六边形。《合集》21562、21586、21610、21623、21629、21633、21635、21646 等可归入此式。

③式以《合集》21679 为代表，字呈椭圆形。《合集》21677、21981、40873 等可归入此式。

④式以《合集》21666 为代表，字呈扁体菱形，目前仅此一见。

从以上统计可见，"丁"字 4 式中①②式最多，③式少见，④式仅一见。

3. 庚，即"庚午"之"庚"。该字分为 5 式，今列表 3 如下。

表 3　"庚"字 5 式

| 式别 | ① | ② | ③ | ④ | ⑤ |
|---|---|---|---|---|---|
| 字体 |  |  |  |  |  |

①式以《合集》21537 为代表，字头有两个枝杈，斜肩，中部两横平行靠近，下部笔画较长。《合集》21538 甲、21551、21554、21555、21586、21599、21605、21624、21629 等可归入此式。

②式以《合集》21536 为代表，该字与①式略同，但肩部较平。《合集》21556、21582、21613、21674、21676、21680、21727、21780 等可归入此式。

③式以《合集》22231 为代表，该字与①式略同，但肩部以下呈圆肩田字形。属此式者还有《合集》21721。

④式以《合集》21703 正为代表，该字的最大特征是头上第二个枝杈弯曲指向第一个枝杈下部，其余同①式。目前仅此一见。

⑤式以《合集》21552 为代表，字头只有一个枝杈，平肩，中部两横平行而有距离。《合集》21562、21597 可归入此式。

从以上统计可见，"庚"字 5 式中以①②式常见，③④⑤式少见。

4. 巳，即"乙巳"之"巳"，又包括"儿子"之"子"。这两个字是一个形体。该字分为 9 式，今列表 4 如下。

表 4　"巳"字 9 式

| 式别 | ① | ② | ③ | ④ | ⑤ | ⑥ | ⑦ | ⑧ | ⑨ |
|---|---|---|---|---|---|---|---|---|---|
| 字体 |  |  |  |  |  |  |  |  |  |

①式以《合集》21567 为代表，像小孩的简体之形：头似菱形，有头发 5 根、中间长两边短，身体略向左下斜垂，两手弯曲向上。该字为小孩之原始形态，目前仅此一见。

②式以《合集》21532 为代表，特征是头为方形，头上无发，身体略向左下斜垂，两手弯曲向上。《合集》21552、21734 可归入此式。

③式以《合集》21529 为代表，特征是头为椭圆形，其余同②式。《合集》21534、21537、21542、21547、21548、21551、21554、21555 等可归入此式。

④式以《合集》21582 为代表，特征是头为菱形，其余与③式相同。《合集》21567（①④式共存）、21585、21586、21595、21658、21661 等可归入此式。

⑤式以《合集》21577 为代表，特征是头为椭圆形并填实，下身与前面各式相同。《合集》21623、21635、21659、21671、21708、21728、21736、21757、21805、21812 等可归入此式。

⑥式以《合集》21591 为代表，特征是头为方形，身体略向左下斜垂，两手分别下垂上举。《合集》21679、21756、21981 可归入此式。

⑦式以《合集》22316 为代表，形体与⑥式略同，但下身向左折拐。目前仅此一见。

⑧式以《合集》21584 为代表，特征是头为椭圆形，其余基本同于⑥式。目前仅此一见。

⑨式以《合集》21853 为代表，特征是头为方形，身体略向左下斜垂，两手同时向上斜举，与前面各式区别明显。《合集》40873，《合补》6829、6848 可归入此式。

从以上统计可见，"巳"（子）字虽然型式很多，但最常见的是③④⑤式，其余各式则少见或仅见。

5. 贞（鼎）。该字分为 5 式，今列表 5 如下。

表 5 "贞"字 5 式

| 式别 | ① | ② | ③ | ④ | ⑤ |
|---|---|---|---|---|---|
| 字体 |  |  |  |  |  |

①式以《合集》21981 为代表。这是一个完整的浅腹鼎形状：环底，有双耳，柱足有裆。该式为象形字，体现了"贞"字的原始性。《合集》22231 可归入此式。

②式以《合集》21853 为代表，是①式的简化：环底双耳，足向外撇，足中部添两斜笔。该式虽有变化，但仍然保留了鼎的形状。目前仅此一见。

③式以《合集》21703 正为代表，是"贞"字由图形向文字过渡的产物：鼎壁与足连成一条直线，腹部用三横表示，腹上有双耳，腹下有袋足。目前仅此一见。

④式以《合集》21534 为代表。该式已完成由图形向文字的转变：顶上有双耳，双耳下有扁腹，腹下有袋足，足下部各有一横画，最后一点是该式特有的标志。《合集》21526、21556、21562、21564、21565、21567、21579、21580、21582、21583 等可归入此式。

⑤式以《合集》21536 为代表。该式由④式发展而来：基本同于④式，但足下两横消失。《合补》6829、6848 可归入此式。

从以上统计可见，"贞"字 5 式中①②③⑤各式数量均少，只有④式数量最多，为常见形体。

6. 祸。该字分为 3 式，今列表 6 如下。

表 6　"祸"字 3 式

| 式别 | ① | ② | ③ |
|---|---|---|---|
| 字体 |  |  |  |

①式以《合集》21535 为代表。该式外形像筒状物，上略小，斜平底，颈部有一道线，下部有一道斜线，左高右低。从总体看，应该是一件占卜工具，内装占筮之物。《合集》21626、21642、21654、21667、21815 等可归入此式。

②式以《合集》21723 为代表。该式基本同于①式，略异之处是：颈部有两道平行线，下部有斜线，左低右高。《合集》21724、21726、21727、21731、21808、21809、21811、21812、21816、21818 及《合补》6834、6835 等可归入此式。

③式以《合集》21586 为代表。该式基本同于②式，但下部为一"卜"字。《合集》21824、《合补》6837 可归入此式。

7. 其。该字分为 7 式，今列表 7 如下。

表7 "其"字7式

| 式别 | ① | ② | ③ | ④ | ⑤ | ⑥ | ⑦ |
|------|-----|-----|-----|-----|-----|-----|-----|
| 字体 | | | | | | | |

①式以《合集》21543为代表（《合集》21758重）。该式的特征是像个很原始的簸箕，两侧宽边向前伸出，后部是簸箕底。目前仅此一见。

②式以《合集》21805为代表。该式也像个很原始的簸箕，两边前面伸出、有结，中部两道相交象征箕底，簸箕的后部较平。目前仅此一见。

③式以《合集》21539为代表。该式基本同于②式，区别是簸箕后部两边斜交呈尖底。《合集》21793、21802、21805（②③式共存）及《合补》6823等可归入此式。

④式以《合集》21853为代表。该式为②式的简化，两边向前伸出之结消失。目前仅此一见。

⑤式以《合集》21548为代表。该式由③式简化而来，两边向前伸出之结消失。目前仅此一见。

⑥式以《合补》6837（非伪刻部分）为代表。该式为④式的简化，上面横画为两短画，其余同④式。目前仅此一见。

⑦式以《合集》21651为代表。该式由⑥式演变而来，其上部两短画与两边相连呈开放状，其余同⑥式。目前仅此一见。

8. 牢。该字分为4式，今列表8如下。

表8 "牢"字4式

| 式别 | ① | ② | ③ | ④ |
|------|-----|-----|-----|-----|
| 字体 | | | | |

①式以《合集》21537为代表。该式的主要特征是"牢"之外圈牢门处横平竖直，牛两角靠上，牛头靠下。《合集》22231可归入此式。

②式以《合集》21544为代表。该式基本同于①式，但"牢"之外圈牢门处呈弧状下垂。《合集》21545、21651可归入此式。

③式以《合集》21538 甲为代表。该式"牢"之外圈基本同于①式，但牛头变小、紧靠牢门处。目前仅此一见。

④式以《合集》21548 为代表。该式"牢"之外圈基本同于②式，但牛头变小、紧靠牢门处。《合集》21554、21555、21574、21590、21757、21805 等可归入此式。

9. 辰，即"丙辰"之"辰"。该字分为 4 式，今列表 9 如下。

表9 "辰"字4式

| 式别 | ① | ② | ③ | ④ |
|---|---|---|---|---|
| 字体 | 𡰥 | 𡰥 | 𡰥 | 𡰥 |

①式以《合集》21556 为代表。该式的主要特征是顶上一横平，左边一直笔略斜，中有两平行斜道与两边相交，右边一笔上有小弯钩，向下略弯再卷起呈钩状。《合集》21624、21628、21637、21639、21645、21671、21708 及《合补》6837（非伪刻部分）等可归入此式。

②式以《合集》21626 为代表。该式基本近于①式，区别是顶上一横向右上倾斜，右边一道向下略弯曲呈钩状，但钩状卷起不明显。《合集》21786 可归入此式。

③式以《合集》21728 为代表。该式在②式的基础上进一步变化：顶上一横呈斜坡状，左边一笔与顶上一笔相交呈圆弧状，右边一笔垂下略弯有小钩，但钩形不如②式明显。《合集》21809、《合补》6827 可归入此式。

④式以《合集》21779 为代表。该式左边笔画与①式相近，但右边笔画较前面各式有很大变化，该笔垂直向下不再弯曲，这是此式最显著的特征。目前仅此一见。

10. 不。该字分为 6 式，今列表 10 如下。

表10 "不"字6式

| 式别 | ① | ② | ③ | ④ | ⑤ | ⑥ |
|---|---|---|---|---|---|---|
| 字体 | 𠤏 | 𠤏 | 𠤏 | 𠤏 | 𠤏 | 𠤏 |

①式以《合集》21605 为代表。该式的特征是上面一短横较平，中间向下一笔较直，两边两笔肩部连接呈弧形，然后下垂微向外展，右边一笔弯曲较甚。《合集》21666、21727、21840 甲、21840 乙、21860 等可归入此式。

②式以《合集》21609 为代表。该式大致同于①式，区别在于斜肩且转角明显，右肩略低于左肩。《合集》21611、21786 可归入此式。

③式以《合集》21599 为代表。该式的变化是中间一笔向下略弯曲呈弧状，两边亦有弯曲下垂且略向外展。《合集》21824 可归入此式。

④式以《合集》21586 为代表。该式由③式变化而来，而向下三笔弯曲更多。《合集》21779 可归入此式。

⑤式以《合集》21703 正为代表。该式亦由③式变化而来，区别在"头"上，即由一横变为一椭圆形黑点，其余同③式。目前仅此一见。

⑥式以《合集》21529 为代表。该式为③式的简化：上面一横略变粗，下面三笔下垂而有弧度，但显得草率、笨拙。《合集》21655 可归入此式。

此外，"原子组卜辞"中还有 3 个字，虽然型式变化不多，但写法很具特色，它们分别是"亥"、"丑"、"未"，今列表 11 如下。

表 11　"亥"、"丑"、"未"之式

| 式别 | 亥①　亥② | 丑① | 未①　未② |
|---|---|---|---|
| 字体 |  |  |  |

"亥"字分为 2 式。亥①比较正规、完整，数量很多，如《合集》21547、21566、21583、21586、21655、21727、21757、21788、21793、21811 及《合补》6823 等。亥②下面少了一撇，是亥①的简化，归入此式者有《合集》21818，该字也可能是漏刻了笔画。

"丑"字仅有 1 式，特征是上部三短画呈斜线，很整齐，背呈弧状，下部一笔垂直。《合集》21529、21560、21574、21591、21646、21649、21658、21659、21708、21727、21731、21757、21805、21853 等可归入此式。

"未"字分为 2 式。未①上部两笔不同，最上一笔呈弧底向上，第二笔斜交向上，下部两笔斜交向下外撇。《合集》21642、21659、21666、21708 可归入此式。未②基本同于①式，区别是上部第二笔亦呈弧底向上，与第一笔相同。此式数量较多，如《合集》21586、21616、21623、21629、21635、21714、21781、21816、21860 等。

### （二）字体类型组合

笔者对 407 片"原子组卜辞"逐一过目，其中 163 片卜辞有上述相关字形，又逐一进行登记。因此，每片卜辞上究竟有哪些不同字体，便一目了然。这些不同字体之间是何种组合关系，是本文研究的重点。为此，本文对这些字体的各种型式及在 163 片卜辞中的"占有量"进行分析，现列表 12 如下。

**表 12 字体型式总表**

| | ① | ② | ③ | ④ | ⑤ | ⑥ | ⑦ | ⑧ | ⑨ | 片数 |
|---|---|---|---|---|---|---|---|---|---|---|
| 子 | | | | | | | | | | 23 |
| 丁 | | | | | | | | | | 47 |
| 庚 | | | | | | | | | | 39 |
| 巳 | | | | | | | | | | 87 |
| 贞 | | | | | | | | | | 105 |
| 祸 | | | | | | | | | | 23 |
| 其 | | | | | | | | | | 10 |
| 牢 | | | | | | | | | | 13 |
| 辰 | | | | | | | | | | 16 |
| 不 | | | | | | | | | | 16 |
| 亥 | | | | | | | | | | 14 |
| 丑 | | | | | | | | | | 15 |

续表 12

| | ① | ② | ③ | ④ | ⑤ | ⑥ | ⑦ | ⑧ | ⑨ | 片数 |
|---|---|---|---|---|---|---|---|---|---|---|
| 未 | 米 | 米 | | | | | | | | 15 |

从表 12 中可见，"贞"字型式 5 种，在 105 片甲骨中出现，是出现次数最多的一个字；其次是"巳"，在 87 片中出现；其次是"丁"，在 47 片中出现；其次是"庚"，在 39 片中出现；其次是"子"和"祸"，均在 23 片中出现。其余各字所在甲骨均在 20 片以下。这一情况对本文的字体组合分析，具有重要意义。

卜辞的字体组合反映出卜辞的书写风格，而这种书风是卜辞时代特征的重要表现。单独一个字的书写风格存在偶然性，很难反映出时代特征，但字群风格便可以成为时代特征的重要反映。当然，有意造假者除外。因此，我们在分析卜辞字体时，一定要着眼于字群的变化，即字体组合的变化，进而从中发现问题。

从上面的统计可见，"贞"字出现最多，其次是"巳"字。因此现以"贞"、"巳" 2 字为中心，构成 5 种组合，按甲、乙、丙、丁、戊顺序排列。丁组下又有 4 个分组，按 A、B、C、D 排列。

1. 甲组。以贞①为中心，组合如下。

贞① + 巳⑥ + 丁③，《合集》21981。

贞① + 庚③ + 牢①，《合集》22231。以上共 2 片。

2. 乙组。以贞②为中心，组合如下。

贞② + 巳⑨ + 其④ + 丑①，《合集》21853。目前仅 1 片。

3. 丙组。以贞③为中心，组合如下。

贞③ + 巳③ + 庚④ + 不⑤，《合集》21703 正。目前仅 1 片。

4. 丁组。丁组情况比较复杂，今按"巳"字之型式，组成 4 个分组。

（1）丁组 A。以贞④ + 巳③为中心，组合如下。

贞④ + 巳③ + 庚② + 丁①② + 祸② + 不① + 亥① + 丑①，《合集》21727。

贞④ + 巳③ + 庚② + 辰①，《合集》21556。

贞④ + 巳③ + 庚①，《合集》21631。

该组组合比较多，还有《合集》21534、21564、21565、21579、21580、21779 等，大约 35 片。

（2）丁组 B。以贞④ + 巳④为中心，组合如下。

贞④ + 巳④ + 庚②，《合集》21582。

贞④ + 巳④ + 庚① + 丁② + 子⑤ + 不④ + 亥① + 未②，《合集》21586。

贞④ + 巳①④ + 子⑤，《合集》21567。

贞④ + 巳④ + 丁①，《合集》21595。

归入此组者还有《合集》21585，共计 5 片。

（3）丁组 C。以贞④ + 巳⑤为中心，组合如下。

贞④ + 巳⑤ + 丁② + 未②，《合集》21623。

贞④ + 巳⑤ + 丁② + 庚① + 未②，《合集》21635。

贞④ + 巳⑤ + 丑① + 未①，《合集》21659。

归入此组者还有《合集》21645、21671、21728、21757、21812，共计 8 片。

（4）丁组 D。以贞④ + 巳⑥为中心，组合如下。

贞④ + 巳⑥ + 丁③，《合集》21679。目前仅 1 片。

5. 戊组。以贞⑤为中心，组合如下。

贞⑤ + 巳⑨ + 庚①，《合补》6829。《合补》6848 亦可归入此组。

贞⑤ + 巳⑤，《合集》40883。

贞⑤ + 庚②，《合集》21536。目前所见共 4 片。

以上可以明确分组的卜辞为 57 片（见附表中的甲、乙、丙、戊，及丁 A、丁 B、丁 C、丁 D）。余下的卜辞有些可以根据字形归到相关组别中，例如含有巳③的可并入丁 A 组，含有巳④的可并入丁 B 组，含有巳⑤的可并入丁 C 组，含有巳⑥的可并入丁 D 组（见附表中的丁 a、丁 b、丁 c、丁 d）。又如，含有贞④的可并入丁组（见附表中的丁◎）。三类相加，共 132 片（以附表为准），占 163 片的绝大多数。剩下的卜辞不再勉强分组，论述中根据具体情况再作分析。

# 三、"原子组卜辞"中的"子"与"王"

## （一）占卜主体"子"的地位

"原子组卜辞"属于非王卜辞，占卜主体是"子"而非"王"，这是没有疑问的。但这位"子"与"王"的关系又非常密切，参与王朝中的很多事情，拥有相当重要的地位。现据卜辞内容分析如下。

1. 主持祭祀

"国之大事，在祀与戎"。祭祀是殷王朝最重要的事务之一，数量多而且隆重。通常情况下，由王、王身边的大臣或重要王室成员主持。而"原子组卜辞"中的"子"可以主持祭祀，请看下列卜辞：

　　　　癸巳卜：子**蚰**羊用至大牢于**鼎**壬？（《合集》21755 + 21590）

　　　　庚子，子卜：**蚰**小牢，御龙母？二（《合集》21805 第 1 辞）

　　　　辛丑，子卜：用小牢龙母？二（《合集》21805 第 6 辞）

　　　　癸卯，子卜：御龙甲？二（《合集》21805 第 9 辞）

上述卜辞都是"子"占卜祭祀先祖的活动，而且《合集》21755 可以证明"子"直接参与了祭祀活动。此外，《合集》21805 是一片较大的甲骨，刻有 11 条卜辞，基本都与祭祀有关。祭祀对象除龙母、龙甲外，还有中母己等先祖。这应该是一次很大的祭祀活动，而"子"是这次重要活动的占卜者和参与者。

2. 参与征伐

征伐是国家的又一件大事，而"子"也是这件大事的参与者，以下卜辞可以为证：

　　　　乙巳，**册**卜：丁来**册**，① 子自征？（《合集》21734 + 21735）

　　　　己酉，子卜：自征□我（宜）？（《合集》21736）

这两条卜辞是"子"亲自参加征伐的重要证据，尤其是前者，"丁"与"子"一道参加了这一行动："丁"可能是指挥者与监督者，"子"则是具体执行者。

3. "子"称"余"

"原子组卜辞"中的"余"应当是"子"的自称，相关卜辞如下：

---

① 对于该字，以往有"巡"、"衍"、"徘"、"纵"、"册"等不同释读，当以释"册"为是。"川"就是河流，与该字所从之偏旁形体十分吻合。

己丑，子卜贞：余有呼出墉？（《缀新》438）①

"余"是"子"的自称，还有充分的卜辞旁证：

己卯卜，王贞：余呼弜辈宁，余弗……（《合集》7014）

该条卜辞不是"子组"卜辞，而是"𠂤组"卜辞，占卜者是"王"，结果是"余呼弜辈宁"，此处"余"是"王"的自称。以上列出的两条卜辞中的"余"，均不是具体的人名，而是占卜主体的自称。"子"能像"王"一样自称"余"，并发号施令，说明他的地位很高。

通过以上8条卜辞，我们可以看到占卜主体"子"的地位相当高：他主持祭祀、参与征伐并发号施令，像"王"一样自称"余"。可见，他是"王"之下的重要人物。

关于"原子组卜辞"占卜主体"子"究竟是谁，我们曾作过分析，并已指出他与花东H3卜辞占卜主体"子"是不同的两个人："H3占卜主体'子'应是沃甲之后这一支的宗子，而沃甲又可能是祖乙之配妣庚所生。由于占卜主体'子'称南庚为祖庚，故占卜主体'子'与武丁应是同辈之人，是武丁远房的堂兄弟。"② 而"原子组卜辞"占卜主体"子"应是祖辛之后，乃阳甲、盘庚、小辛、小乙兄弟四人的子辈。究竟是谁的儿子，则需要进行分析。

首先，此"子"不会是阳甲之子。因为，盘庚迁殷本身就是对阳甲执政结果的一大否定。盘庚迁殷时，遭到了很多王室成员和大臣的反对，是盘庚进行说服，才将国都从"奄"迁于"北蒙"，并将"北蒙"改为"殷"。从这段历史出发，"原子组卜辞"之"子"不大可能是阳甲之子。其次，此"子"也不大可能是小乙之子。小乙是兄弟四人中最后一个即位的。武丁是小乙之子中最有才华的，卜辞中称"丁"或"子丁"。因此，"原子组卜辞"之"子"，不大可能是小乙之子。

---

① 严一萍：《甲骨缀合新编》，第476页。
② 曹定云、刘一曼：《1991年殷墟花园庄东地甲骨的发现与整理》，王建生、朱歧祥主编：《花园庄东地甲骨论丛》，第14页。

根据上面的论述，此"子"只能从盘庚之子与小辛之子中去寻找。盘庚是殷王朝首位国君，功莫大焉，而后来即位的小辛是无法与之相比的。盘庚即位在小辛之前，他的儿子有可能曾被选为继承人，享有很大的权力和很高的地位。因此，此"子"为盘庚之子的可能性最大。当然，这只是推论。不过，我们还可以从卜辞中看到蛛丝马迹，今引述如下：

丁卯卜，𪔱贞：我𫊸妣丁自父庚。二（《合集》21677，图 1）

**图 1 《合集》21677**

以往学者称此片为"妇女卜辞"，是"原子组卜辞"中的一类。首先，该条卜辞记述了三代四人之关系，即占卜主体（未出现）、占者"𪔱"、祭祀对象"妣丁"（祖母）与"父庚"（父）。该辞云"我𫊸妣丁自父庚"，是占卜主体祭祀妣丁与父庚，实际就是祭祀祖母与父亲。妣丁是祖母，故称"我𫊸妣丁"；父庚可能是妣丁所生，而父庚又是占卜主体之生父。由于这种直接的血缘关系，他们才会在同一条卜辞中出现。生父日名为"庚"，即盘庚。所以，这条卜辞是占卜主体"子"为盘庚之子的重要证据。

其次，"原子组卜辞"中对盘庚迁殷后的"三父"称呼也耐人寻味。其中对小辛、小乙二人均直呼其名，如《合集》21538 乙中称小辛、21624 中称小乙。而唯独未见直呼"盘庚"的卜辞，《合集》21538 甲中所谓"盘庚"实为"南庚"之误。"原子组卜辞"中未见直呼盘庚者，正说明占卜主体"子"是盘庚之子。

## （二）"王"称及相关人物

"原子组卜辞"的占卜主体是"子"而不是"王"，但由于"子"本身也是王室成员，故卜辞中会涉及"王"和其他王室成员。厘清这些关系，对解决"原子组卜辞"时代及相关问题，将有所助益。

1. 王，见于《合集》21871，其辞云：

（1）□巳卜，王……九月。

（2）戊……企……弗……

"王"又见于《合集》21537（《乙》9029）+21555，这两版卜辞先后由常耀华、黄天树缀合（图2），①《合集》有释文，今引述如下。

《合集》21537释文：

（1）癸［丑］，子卜，夕牢母庚。

（2）甲寅卜，隹伐三□。②

《合集》21555释文：

（1）……司……冬。

（2）……［寅］……伐……龛。

（3）丁卯卜，司妣冬。一

（4）癸巳卜，卯母庚牢。一

（5）壬寅卜，丁伐龛。二③

---

① 常耀华：《子组卜辞缀合两例》，《殷都学刊》1995年第2期，第7—8页；黄天树：《甲骨新缀11例》，《考古与文物》1996年第4期，第69页。图2参见曹定云：《论"殷墟花园庄东地甲骨"是小乙时代卜辞（下）》，宋镇豪主编：《甲骨文与殷商史》新9辑，第123页。

② 胡厚宣主编：《甲骨文合集释文》，北京：中国社会科学出版社，2009年，第1068页。

③ 胡厚宣主编：《甲骨文合集释文》，第1069页。

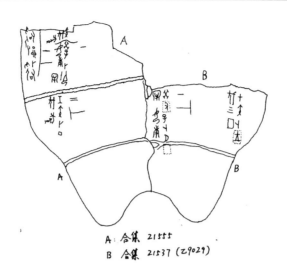

**图 2 《合集》21537 + 21555**

对于缀合后的卜辞，姚萱作了仔细观察，发现《合集》21537（《乙》9029）中的"隹伐三□"，实际应为"王伐三□"。她说："《花东》480.3 '丁'与'王'同见，类似的例子如下引子组卜辞：（二十七）壬寅卜：丁伐嶘。○甲寅卜：王伐三□（山?）。《合集》21537（乙9029）+21555。"① 又说："'王'字《合集释文》释为'隹'。按《乙编》9029拓本较清楚，作 🔳 形，当释为'王'无疑。'嶘'和'三□（山?）'当是人名或方国名，'丁伐嶘'和'王伐三□（山?）'当皆系子组卜辞的主人'子'为商王武丁的征伐行动贞卜。同样是指商王，而一辞说'丁'，一辞说'王'，与《花东》480.3 '丁'与'王'同见相类。"②

尽管姚萱所说"同样是指商王"一句不妥当，但她指出"丁"与"王"同版，是非常重要的发现。慎重起见，笔者反复观察了《乙》9029，虽不甚清晰，但基本可以定为"王"字。姚萱的这一发现，可为定论。据此，笔者在黄天树摹本的基础上，稍作修改，释文如下：

（1）癸丑，子卜：夕□牢母庚？ 一

（2）甲寅卜，王伐三□？

（3）……司夊……。

---

① 姚萱：《殷墟花园庄东地甲骨卜辞的初步研究》，第35页。

② 姚萱：《殷墟花园庄东地甲骨卜辞的初步研究》，第35—36页。

（4）……［寅］……伐……麄。

（5）丁卯卜，司妣冬？一

（6）癸巳卜，卬母庚宰？一

（7）壬寅卜，丁伐麄？二

上述释文主要改动为：第（1）辞"癸"下补"丑"字，《甲骨文合集释文》释为"丑"是正确的，该字虽不清晰，但根据左右卜辞日期，基本可以确定；"卜"下补"夕"字，此字清楚；"夕"下似有字，具体为何字尚不清楚，故用"□"表示。第（2）辞"甲寅卜"下增"王"字。第（3）、（5）辞中增释"冬"（咎）字。第（6）辞"牢"改为"宰"。其余均与黄天树所摹相同。

这一版卜辞非常重要，因为卜辞中"丁"与"王"同时出现，与《花东》480 相类。由此可知，此"丁"为武丁，"王"为小乙。

2. 我王，见于《合集》21681。这同样是一版非常重要的卜辞。（图 3）学界对该片卜辞的释文有不同意见，今分述如下。

**图 3 《合集》21681**

甲，《甲骨文校释总集》释文：

（1）辛巳卜……我又史。一

（2）辛巳卜，□，贞□夕女……一

（3）辛巳卜，贞乙王□史。一①

---

① 曹锦炎、沈建华编著：《甲骨文校释总集》，上海：上海辞书出版社，2006 年，第 2473 页。

乙,《殷墟甲骨文摹释全编》释文:

（1）辛巳卜……我又史

（2）辛巳卜□贞□月毋……

（3）辛巳卜贞乙我□史①

丙,《甲骨文合集释文》:

（1）辛巳卜……我又史。一

（2）辛巳卜,□,贞内夕女……一

（3）辛巳卜,贞乙𤉣［我王合文］□史。一②

以上三种释文,互有异同,而关键的不同是在第（3）辞的"乙王"上:甲处释作"乙王",乙处释作"乙我",丙处释作"乙𤉣（我王）"。仔细观察拓片,丙处释文最为合理。"乙"下之字,就是"我王"合文。甲骨文中曾出现过"王族"二字合文,笔者曾有专文进行讨论。③ 此处"我王"合文之发现,为笔者的观点增添了新证。《合集》21681 的释文当以丙处为准。

本片的考释,最关键的地方不是"我王",而是"我王"前的"乙"字。此"乙"并非指日期,而是指日名,即"小乙"之"乙"。"乙我王"即"小乙我王"。前面已经论述过,占卜主体"子"可能是盘庚之子,此次占卜的时王正是小乙,故卜辞中称小乙为"我王"。这是该片为小乙时期卜辞的证据。

3. 小王,见于《合集》21546,其辞云:

己丑,子卜:小王𠂤田夫?

---

① 陈年福:《殷墟甲骨文摹释全编》,北京:线装书局,2010 年,第 1927 页。

② 胡厚宣主编:《甲骨文合集释文》,第 1076 页。

③ 曹定云:《论族字异构和"王族"合文》,《考古与文物》1983 年第 6 期,第 62—63 页。

此"小王"当为生者。又"𠂤组"卜辞中有"小王己"之称,今引述如下:

……㞢小王己𢆶……(《合集》39809)

上引"𠂤组"卜辞中的"小王己",应当是"原子组卜辞"中的"小王",因"小王"日名是"己",故称"小王己"。但"子组"卜辞中的"小王"是生者,而"𠂤组"卜辞中的"小王己"是享受祭祀的死者。可见,"原子组卜辞"要早于此条"𠂤组"卜辞。

4. 小己,见于《合集》21586,其辞云:

己亥卜,㞢:帶小己,若?

从辞意判断,此"小己"应是"小王己",即"小王",此时他已经去世。

## 四、"原子组卜辞"中的贞人、称谓与人名

### (一)贞人

"原子组卜辞"中常见贞人有子、我、余、㞢、帚(𡤺)5人,而实际上"余"为"子"之自称,故真正的贞人只有子、我、㞢、帚(𡤺)4人。为行文方便,本文中仍引用"余"之材料,视为5人,一起论述。贞人同版情况如下。

(1)子、我、余、㞢同版,如《合集》21586。

(2)子、余、我同版,如《合集》21595、21631。

(3)子、㞢同版,如《合集》21567、21727。

(4)余、㞢同版,如《合集》21662。

(5)㞢、𡤺同版,如《合集》21739。

(6)余、我同版,如《合集》21595。

(7)余、𡤺同版,如《合》281 +《乙》5230。

除此之外,上述贞人加上"丁"一共6人,亦单独进行占卜活动,今引述

如下。

（1）子，见于《合集》21527、21528、21530、21532 等，约 80 余片。

（2）余，见于《合集》21549、21562、21708 等，约 17 片。

（3）我，见于《合集》21597、21695、21744 等，约 18 片。

（4）仙，见于《合集》21633、21635、21734 + 21735（《合补》6828）等，约 16 片。

（5）犕，见于《合集》21564、21677、21728、21729、21739（《合补》6830）、21852 等，约 17 片。

（6）丁，见于《合集》21618，仅此 1 片。

上面第（6）中"丁"也直接参与占卜活动，这在"原子组卜辞"中并不多见，而且辞例也很特别，尤为珍贵。

### （二）称谓

卜辞中的称谓有祖、妣、父、母、兄等，现分述如下。

1. 祖、妣称谓

（1）肇祖，见于《合集》21541、《英藏》1891。[①]

（2）祖乙，见于《合集》21542、《粹》278。[②]

（3）妣庚，见于《合集》21542、21550、21551、21552、21877。

（4）妣己，见于《合集》21547、21548、21549、21586、21876。

（5）妣丁，见于《合集》21677、21876，《合》426。

（6）妣辛，见于《合集》21540。

（7）妣癸，见于《合集》21877。

（8）妣壬，见于《合集》21725。

2. 父、母辈称谓

（1）父甲、南庚（祖辈）同版，见于《合集》21538 甲。（图 4 左）有学者将"南庚"误释为"盘庚"，不妥。[③]《甲骨文合集释文》与《殷墟甲骨文摹释

---

[①]《英藏》指由李学勤、齐文心、艾兰编著的《英国所藏甲骨集》（北京：中华书局，1985 年）。

[②]《粹》指由郭沫若编著的《殷契粹编》（北京：科学出版社，1965 年）。

[③] 李学勤、彭裕商：《殷墟甲骨分期新论》，《中原文物》1990 年第 3 期，第 42 页。

全编》均释为"南庚"，正确。故"原子组卜辞"中，目前尚无直接称作"盘庚"的卜辞。

（2）父庚、小辛同版，见于《合集》21538乙。

**图4 《合集》21538甲（左）、21539（右）**

以上是同版关系，单个称谓有以下诸例。

（3）父甲，见于《合集》21543（21758重）。

（4）父庚，见于《合集》21677。

（5）父辛，见于《合集》21542。

（6）父丁，见于《合集》21691。

（7）父戊，见于《合集》21544、21545。

有学者认为"子组"卜辞中有"父乙"称谓，其根据有二。一是《合集》21622，经查，此片并非"子组"，上文已作说明。二是《合集》21539（图4右），经查，此片最后一字并非"父乙"，此时父称一般多分书，尚未见合书；即便看成合书，也与"父乙"二字字形不合。至此，目前"原子组卜辞"中尚未发现"父乙"称谓。

（8）母庚，见于《合集》21537＋21555、21554。

（9）中母己，见于《合集》21805。

（10）龙母，见于《合集》21803、21804、21805。

3. 兄辈称谓

目前只有"兄丁"一人，见于《合集》21729。

### （三）人名

现按"先祖"、"旧臣"、"子某"、"妇某"、"司某"、"诸侯方国首领"之序，逐一叙述如下。

1. 先祖

（1）大甲，见于《合集》21540。

（2）南庚，见于《合集》21538甲、《粹》338。

（3）小辛，见于《合集》21538乙。

（4）小乙，见于《合集》21624。

以往所传有"阳甲"之称（《合集》21805），经查，不确。

2. 旧臣

（1）伊尹，见于《合集》21573、21574、21575、21576。

（2）史豕，见于《合集》21634。

3. 子某

（1）子丁，见于《合集》21838、21981。

（2）子商，见于《缀新》438、《合集》21831。

（3）子不，见于《合集》21631。

（4）子蚕，见于《缀新》438，与子商同版。

（5）中子，见于《合集》21565、21566。

4. 妇某

（1）帚妊，见于《合集》21556、21557、21558、21725、21755+21590等。

（2）帚𠤳，见于《合集》21795、《合补》6823。

（3）帚鼓，见于《合集》21787、21799。

（4）帚妥，见于《合集》21562、21727、21793，《合补》6823。

此外，还有帚来、帚沁、帚喜、帚㳰、帚壴、肉帚、雷帚等，不再一一列举。

5. 司某

"司"为职官之名，主要负责祭祀，多为女性担任。殷金文中有"司母戊"、

"司母辛"，即"母戊"、"母辛"曾担任过"司"职，负责祭祀，故称"司母戊"、"司母辛"。近年，有学者将"司母戊"释读为"后母戊"，其错误在于：第一，未明"司"之含义；第二，不知殷时尚无"后"之称，殷时王妻称"妃"而不称"后"，称"后"是西周以后才有的。"司"与"后"是两种完全不同的概念，不可混淆。① "原子组卜辞"中，"司"职之称如下。

（1）司癸，见于《合集》21804。

（2）司妣，见于《合集》21555。

（3）司父，见于《合集》21691。这条卜辞很特别，担任"司"职者一般是女性（母、妣），而该辞称"父"，为男性。可见殷时"司"职并无严格的性别规定，男性也可以担任。由此更加说明，"司"不可以改释为"后"。

6. 诸侯方国首领

殷时诸侯、方国首领很多，"原子组卜辞"中也有不少记载，今择其要，简述如下。

（1）亚雀，见于《合集》21549、21623、21624、21625、21631。

（2）启弟，见于《合补》6829。"启"是诸侯国名，该辞称"启弟"，可见此"启弟"为王室成员，是占卜主体"子"的同辈兄弟。

（3）戬，见于《合集》21782。

（4）奠（郑），见于《合集》21626。

（5）韦，见于《合集》21640。

（6）卢，见于《合集》21832。

（7）敳，见于《合集》21834。

除此之外，还有受、豕、刀、印、延、麤、来、竹、弔、戉、亯、弓等，不再一一引述。

## 五、"原子组卜辞"中"丁"的主要活动

"丁"（子丁）是"原子组卜辞"中非常重要的人物，其活动多且重要，今

---

① 曹定云：《"司母戊鼎"不可改名为"后母戊鼎"》，《中国社会科学报》2012年2月27日，第A07版。

分述如下。

　　1. 丁自甘。见于《合集》21731（图 5），共 14 段释文，今节录如下：

　　　　（3）癸丑，丁自甘……二

　　　　（4）……隻（获）……

　　　　（5）癸丑至。

　　　　（6）癸丑来，乙丁自□。

　　　　（7）……不隻（获）。

　　　　（8）乙卯卜，我贞：至来，乙又来？

　　　　（9）亡来。一

**图 5　《合集》21731**

　　上引该片第（3）至（9）辞，记述了一个非常重大的事件，即武丁年幼时拜甘盘为师，到甘地学习之事。《尚书·说命下》记载武丁对傅说称："台小子旧学于甘盘。"孔传云："学先王之道。甘盘，殷贤臣，有道德者。"① 这就是武丁

------

① 《尚书正义》卷 10《说命下》，阮元校刻：《十三经注疏》，北京：中华书局，2009 年，第 371 页。

年幼时师从甘盘学习之事。第（3）辞云“丁自甘”，“丁”是日名，即武丁，“甘”是“甘盘”之采邑，此处是说“武丁自甘地”。第（6）辞云“乙丁自□”，“乙”是日名，指“小乙”，“丁”指武丁，此处是说小乙、武丁一起自□地来。因武丁年幼，所以其父小乙要陪伴他前来拜见老师。第（8）辞云“乙卯卜，我贞：至来，乙又来”，则是问小乙是否再来。其结果是第（9）辞的“亡来”，即没有来。可见，这片卜辞记述了武丁早年的一段历史，弥足珍贵。

2. 丁伐𡆥。见于《合集》21537 +21555。（图2）因该片“王”与“丁”同版，上文已作过详细说明，不再赘述。“丁伐𡆥”是当时一项非常重大的军事行动，还见于其他相关卜辞。如“令𡆥”见于《合集》21526、21631、21633、21635、21637 等，再如“求𡆥”见于《合集》21566。① 可见，“伐𡆥”这一军事行动不是短期之事，相关卜辞还有，不再详引。

3. 丁征。卜辞中“丁征”的内容不少，受卜辞文字局限，不知具体征伐对象，今略述如下：

（1）丙午，𠂤卜：我……入商。

（2）丙午，……丁征……

（3）丁□□，𠂤卜……（《合集》21720）

（1）乙巳，𠂤卜：丁来𠂤，子自征？

（2）［乙］巳，𠂤卜：丁来𠂤，子自征？（《合集》21734 +21735）

《合集》21734 +21735 中“丁来”与“征伐”有关，应当是“丁”（武丁）指挥或监督的一次重大军事行动。

4. 丁出狩。有卜辞云：

（3）癸卯卜，贞：丁出狩，今……二

① 李学勤释作“杀𡆥”，参见《帝乙时代的非王卜辞》，《考古学报》1958 年第 1 期，第 56 页。

（4）癸卯卜，贞：至罗亡田。二（《合集》21729）

从卜辞内容看，此次"出狩"与去"罗"地有关，"罗"即"蜀"。

5. 丁至罗。有卜辞云：

（5）乙丑，子卜，贞：庚又来。一
（6）丙寅，子卜，贞：庚又史。一
（7）癸酉卜，秎贞：至罗亡田？一
（8）罗？二
（9）癸酉卜，秎贞：至罗亡田？三（《合集》21727）

罗（蜀）地，可能指今天的四川成都地区。该区域是著名的三星堆青铜文明发祥地，其中有很强的中原文化因素。上引卜辞中有"至蜀"，说明在殷代早期，殷王朝便与蜀地有密切往来。

6. 丁乍丝口。有卜辞云：

丙子，子卜：隹丁乍丝口。(《合集》21740)

7. 丁归。有卜辞云：

（1）戊寅，子卜：丁归在自入？二
（2）戊寅，子卜：丁归在秎入？二（《合集》21661）

由于"丁"已经成长起来，开始在王朝事务中肩负重任，所以他的归期也成为一件大事。此次占卜便是问"丁"在"自"地入，还是在"秎"地入，足见"丁"的此次行程非常重要。

关于"丁"的活动还有其他卜辞材料，不再一一列举。"原子组卜辞"的占卜主体是"子"，所记"丁"（武丁）的活动为数不少，且都是国家大事。根据"原子组卜辞"中的记载，武丁从一个拜甘盘为师的少年，逐渐成长为国家栋梁，参与国家大事，这一过程应在七八年以上。而整个"原子组卜辞"存在的时间，应较此更长。李学勤曾推测"子卜辞存在的时间或不超过一年"，[1] 当与事实不符。

## 六、从卜辞内容探索"原子组卜辞"时代

### （一）以往对"原子组卜辞"时代之推断

自董作宾开始对殷墟甲骨卜辞进行分期断代以来，就不断有学者对"原子组卜辞"之时代进行推断。董作宾根据贞人，推定为文武丁时期的卜辞；[2] 陈梦家根据坑位与地层，推定为武丁时期或武丁晚期卜辞；[3] 李学勤认为是帝乙时期的"非王卜辞"；[4] 胡厚宣曾推测是盘庚、小辛、小乙之物，但没有进行论证。[5] 此外，黄天树在《子组卜辞研究》中对时代作过分析。[6] 常耀华在《殷墟甲骨非王卜辞研究》中认为占卜主体"子"是小辛之子、武丁的从兄弟。[7] 蒋玉斌在《殷墟子卜辞的整理与研究》中，将子卜辞分为传统子卜辞与花园庄东地甲骨卜辞。而传统子卜辞又包括"子组"、"午组"、"妇女组"、"圆体类"、"劣体类"等，[8] 这与本文专门讨论"原子组卜辞"有别。以上诸说中，董作宾"文武丁时期卜辞说"、李学勤"帝乙时期卜辞说"，已先后被学界否定，而陈梦家的"武丁时期说"目前被学界接受。黄天树与常耀华对相关"子组"卜辞进行缀合，为"子组"卜辞研究作出了重要贡献。至于胡厚宣的"盘庚、小辛、小乙说"，因

---

① 李学勤：《帝乙时代的非王卜辞》，《考古学报》1958 年第 1 期，第 56 页。

② 董作宾：《小屯·殷虚文字乙编》，"序"，第 11 页。

③ 陈梦家：《殷虚卜辞综述》，北京：科学出版社，1956 年，第 158 页。

④ 李学勤：《帝乙时代的非王卜辞》，《考古学报》1958 年第 1 期，第 56 页。

⑤ 胡厚宣：《战后京津新获甲骨集》，北京：群众出版社，1954 年，"序要"，第 2 页；《甲骨续存》，上海：群联出版社，1955 年，"序"，第 1 页。

⑥ 黄天树：《子组卜辞研究》，纪念于省吾教授百年诞辰暨中国古文字学研讨会论文，长春，1996 年 11 月，第 4—5 页。

⑦ 常耀华：《殷墟甲骨非王卜辞研究》，北京：线装书局，2006 年，第 129—130 页。

⑧ 蒋玉斌：《殷墟子卜辞的整理与研究》，博士学位论文，吉林大学古籍研究所，2006 年，"各类子卜辞本文用名与各家命名对照表"。

只是推测，未作论证，故无人响应。本文以"武丁时期说"为基础，作进一步讨论。

### （二）"原子组卜辞"时代标准之确定

确定卜辞时代，一般而言，首先要根据卜辞中的人名与事类进行分析。但武丁以前与进入武丁时期后的人名与事类，很难厘清。这是因为小乙时期与武丁时期紧密相接，许多人和事紧密相连。武丁即位前，已经是一位驰骋疆场的年轻将领，他的身边已会聚了一批武将文臣。而且，他已经和妇好结婚，结婚就可能生子。所有这些人和事，在武丁即位以后仍然存在，故很难分清哪一位是小乙时期的"妇好"，哪一位是武丁时期的"妇好"。这也是长期以来，甲骨学界没能找出武丁以前卜辞的原因。因此，一般的"人名"和"事类"标准，此时基本无法使用。

1998年夏，笔者参加了殷墟花园庄东地甲骨的整理，发现《花东》420、480中"丁"（武丁）与"王"同版甚至同辞，由此找到了解决问题的突破口："丁"既然是武丁，则"王"必为小乙。为此，2006年笔者撰写《殷墟花东H3卜辞中的"王"是小乙》一文，根据"丁"与"王"同版同辞，认定"王"是小乙。2007年开始，笔者再次全面梳理花东H3卜辞，认定H3卜辞基本为小乙时代卜辞，并于2018—2019年完成《论"殷墟花园庄东地甲骨"是小乙时代卜辞》。其中，笔者使用的重要标准就是"丁"（武丁）与"王"同版。根据这一标准，凡卜辞中武丁称"丁"与"子丁"者，说明武丁没有即位，都应当是小乙时代的卜辞。

称谓，尤其是父称，是卜辞断代的重要标准之一，"子组"卜辞当然也不例外。根据本文第4节的论述，"原子组卜辞"的父辈称谓中有父甲、父庚、父辛，没有父乙。但卜辞中有"小乙"之称。过去学者一般见到这些父称（父甲、父庚、父辛），便将这些卜辞视为武丁时期卜辞，即认为武丁称这些人为"父"。其实，这是一种误解：将"原子组卜辞"当成了"王卜辞"。实际情况是，"原子组卜辞"是"非王卜辞"，其占卜主体是"子"，而不是"王"。"子"虽然也称这些人为"父"，但在称呼的时间上与武丁并不相同。而且，这些"父"是先后去世的，故这些父称出现的先后次序也不相同，今列表13示意如下。

表 13　父称与武丁名称变化表

| | 阳甲时期 | 盘庚前期 | 盘庚后期 | 小辛时期 | 小乙时期 | 武丁时期 |
|---|---|---|---|---|---|---|
| 父辈称谓出现先后次第 | | 父甲 | 父甲 | 父甲 | 父甲 | 父甲 |
| | | | 父庚 | 父庚 | 父庚 | 父庚 |
| | | | | | 父辛 | 父辛 |
| | | | | | | 父乙 |
| 武丁名称变化 | | | ▲ | ▲ | 丁、子丁 | 王 |

由表 13 可见，对占卜主体"子"而言，在盘庚时期可以有"父甲"称谓；在小辛时期可以有"父甲"、"父庚"称谓；在小乙时期可以有"父甲"、"父庚"、"父辛"称谓；在武丁时期才有"四父"，即"父甲"、"父庚"、"父辛"、"父乙"称谓。过去凡见到这些称谓，不管是否同时出现，就推定为武丁时期，显然不妥。

从表 13 中还可以看到，武丁的名称也在发生变化。他是小乙之子，出生在小辛时期甚至盘庚后期，皆有可能（表 13 中用"▲"表示），他的日名是"丁"（排行第四，也可能是十四甚至二十四），卜辞中是否出现，不好判断。到小乙时期，他从少年逐渐成长为一位文武双全的青年将领，负责处理国家大事。此时他称"丁"或"子丁"，在"原子组卜辞"中是极为重要的人物。他即位以后，应该称"王"，而不应再称"丁"或"子丁"。

另外，"原子组卜辞"中有"父丁"称谓，见于《合集》21691。这个"父丁"很特殊，应不属武丁"四父"，所以并未列入表 13。此人究竟是谁，值得认真研究。有学者认为："《合集》21691（子组卜辞），上有'父丁'称谓，很可能指'祖丁'，也就是说该片的时代很可能早于武丁。"① 这个看法有道理，下文将作详细分析。

### （三）"原子组卜辞"时代

我们根据卜辞内容进行推断，"原子组卜辞"时代，应有下列几种情况。

1. 武丁时期卜辞

将"原子组卜辞"定为武丁时期卜辞，这是迄今为止多数学者的观点。但此

---

① 刘一曼：《殷墟考古与甲骨学研究》，昆明：云南人民出版社，2019 年，第 198 页。

说并不严谨，应当说"原子组卜辞"中有武丁时期卜辞。相关证据有以下两点。

第一，卜辞中有"小王"、"小己"之称，分别见于《合集》21546、21586，前文已有论述。"小王"、"小己"就是武丁之子"孝己"（生者），也就是"𠂤组"卜辞中的"小王己"（死者），这在学界已无争议。此时的"孝己"已经成人，并拥有王称（小王），很可能曾被立为太子，故称"小王"。凡记有"小王"、"小己"之类的卜辞，一定是武丁时期的卜辞。因为，只有武丁即位后，"孝己"才有可能获得"小王"之称。

第二，卜辞中有"小乙"的记载，见于《合集》21624。虽然该片"小乙"二字前后均缺载，辞意不甚明了，但很可能为祭祀的内容。因此，该片也应当是武丁时期的重要证据。

2. 小乙时期卜辞

"原子组卜辞"中有小乙时期卜辞，根据是《合集》21537 + 21555 上有"丁伐羲"与"王伐三囗"。其中"丁"与"王"同版，与《花东》480 卜辞相类，是确定的小乙时期卜辞。此内容最初的发现者为姚萱，只不过她没有将其看作小乙时期卜辞的重要证据。[①] 该片卜辞的重要性在于"丁"（武丁）与"王"同版，是同时并存的两个人，"丁"既为武丁，则"王"必为小乙。除此之外，还有其他证据，今略述如下。

第一，武丁称"丁"、"子丁"，在卜辞中占有相当数量，他的活动很多且极为重要，如丁伐羲、丁征、丁出狩、丁至蜀、丁乍丝囗、丁归等。之所以称"丁"、"子丁"，是因为武丁尚未即位，他是"子"而不是"王"。他是在为殷王朝效力，也是在为父王小乙效力。

第二，卜辞中记载"丁自甘"，见于《合集》21731，前文已有论述。这是能够与文献相对照的一件大事：武丁年幼时曾拜甘盘为师，在甘地学习。此时武丁的年龄，按常理估计应在 12 岁左右。根据卜辞记载，武丁由小乙陪同（见《合集》21731 第（6）、（8）辞），也足见他的年龄不是很大。

第三，占卜主体"子"称小乙为"我王"，见于《合集》21681，该片第

---

① 姚萱：《殷墟花园庄东地甲骨卜辞的初步研究》，第 35—36 页。

（3）辞云"辛巳卜，贞：乙我王□史"。其中的"乙"是日名，指的就是小乙。按照占卜主体"子"的辈分与口吻，小乙就是"我朝之王"，故称"乙我王"。这是该卜辞为小乙时期卜辞的重要证据。

第四，所见"父辈"称谓中，有父甲（《合集》21543）、父庚（《合集》21677）、父辛（《合集》21542）、父戊（《合集》21544、21545）。父甲当指阳甲，父庚当指盘庚，父辛当指小辛，父戊暂时不知指何人。然未见父乙，至少目前未见，过去所传有"父乙"之称者，不确。这些"称谓"都是占卜主体"子"对上述长辈的称呼，而不是"王"对上述长辈的称呼。过去凡见到这些称谓就将卜辞定在武丁时期，显然不妥。

另外，卜辞中有父庚、小辛同版的情况，见于《合集》21538乙。这应当是占卜主体"子"祭祀盘庚与小辛，同样是小乙时期卜辞的重要证据。而且《合集》21538乙第（2）辞云"卯小辛三牢"，此时小辛已经去世、享受祭祀，这自然也是小乙时期的卜辞。

3. 小辛时期卜辞

因占卜主体"子"可能是盘庚之子，盘庚去世之后，他在朝中拥有相当的权力和地位。"子组"卜辞的存在，就是他权力和地位的最好证明。从情理上讲，在小辛时期就应当有"子卜辞"，那些称"父甲"、"父庚"的卜辞（如《合集》21538甲、21677），就有可能是小辛时期的卜辞（参见表13），但目前尚不能确定，因为这两个称谓在小乙时期也是可以出现的。不过，《合集》21677（图1）卜辞很耐人寻味，其辞云：

（1）丁卯卜，𩂀贞：庚我又史。二
（2）丁卯卜，𩂀贞：我燕妣丁自父庚。二

第（2）辞云"我燕妣丁自父庚"，"妣丁"当是祖母，"父庚"当是盘庚。这是占卜主体"子"在祭祀祖母与父亲，实际上记载了三代人之间的关系："父庚"是生父，"妣丁"可能是亲祖母。由于有这种血缘关系，他们才会在同一条卜辞中出现。占卜时间应当是盘庚去世不久，小辛即位以后。所以，该片卜辞极可能是小辛时期的卜辞。

4. 盘庚时期卜辞

"原子组卜辞"中是否有盘庚时期的卜辞，是学者十分关心的问题，但目前尚无法从卜辞内容上来证明。不过，我们可从称谓上找到突破口，这就是上文提到的《合集》21691 中的"父丁"，现将该片分析如下。

《合集》21691（图6）属于"原子组卜辞"。对于该片的释读，学界意见不尽相同。《殷墟甲骨刻辞摹释总集》释作"……丁未有事惟司父……"，① 白于蓝在《殷墟甲骨刻辞摹释总集校订》中释为"……丁未父丁……史惟……司父……"，② 《甲骨文合集释文》释为"丁未父丁使佳司父"。③ 细看拓片，当以《甲骨文合集释文》为准。由于该片较小，加之字迹并不清晰，故没有引起学者的重视。刘一曼仔细观察后，认为"该片字体应属子组卜辞，其上确有'父丁'称谓"。④

**图6 《合集》21691**

---

① 姚孝遂主编：《殷墟甲骨刻辞摹释总集》，北京：中华书局，1988 年，第 474 页。

② 白于蓝：《殷墟甲骨刻辞摹释总集校订》，福州：福建人民出版社，2004 年，第 183 页。

③ 胡厚宣主编：《甲骨文合集释文》，第 1076 页。

④ 刘一曼：《殷墟考古与甲骨学研究》，第 188 页。

这个"父丁"所指何人，是直接关系到卜辞时代的重要问题。胡厚宣在 20 世纪 50 年代就曾推测"父丁即祖丁"，疑当属"盘庚、小辛、小乙时之物"。① 由于未作论证，这一观点并未引起学界的重视。最近，刘一曼也进行了分析，认为"《合集》21691 的父丁，很可能是指阳甲、盘庚、小辛、小乙之父祖丁"。② 这个推断是有道理的。

现在的问题是，为何"原子组卜辞"会出现"父丁"的称谓。按传统看法占卜主体"子"，就是上文论述的盘庚之子。如此，他在卜辞中便不应当称"祖丁"为"父丁"。在此情况下，只有一种解释：此时的"子"（卜辞中并未出现）只是一个卜人，他代其父进行占卜，故为盘庚的口气，因此卜辞中只能称"祖丁"为"父丁"。这是盘庚尚健在的明证，也是"子"刚刚步入占卜舞台不久发生的事情。此处卜辞，占卜主体应是盘庚，而不是"子"，"子"只是卜人。也许在盘庚去世之后，"子"才是名副其实的占卜主体。因此，《合集》21691 是盘庚时期卜辞的重要证据，也是"子组"卜辞的源头所在。对《合集》21691 的诠释，终于证实了胡厚宣当年的推测。

## 七、"原子组卜辞"时代与字体类型组合之关系

上节所论，主要是根据卜辞内容来确定卜辞时代。但问题是，内容明确的卜辞数量很少，初步统计约 25 片（凡缀合成功者计作 1 片）。这在文末附表统计的 163 片中，自然是少数。附表中的其他卜辞，情况又如何呢？这是我们需要考虑的。为此，我们从已知时代的卜辞入手，综合考察同一时期内字体类型组合关系。现将各时期相关卜辞字体类型组合情况统计如表 14。

**表 14　各时期相关卜辞字体类型组合表**

| 时期 | 卜辞 | 内容 | 字体类型组合 | 组别 |
|---|---|---|---|---|
| 武丁 | 合集 21546 | 小王 | 巳③＋丑① | 丁 a |
| | 合集 21586 | 小己 | 贞④＋巳④＋子⑤＋丁②＋庚①＋祸③＋不④＋亥①＋未② | 丁 B |
| | 合集 21624 | 小乙 | 贞④＋庚①＋辰① | 丁◎ |

① 胡厚宣：《甲骨续存》，"序"，第 1 页。
② 刘一曼：《殷墟考古与甲骨学研究》，第 189 页。

续表 14

| 时期 | 卜辞 | 内容 | 字体类型组合 | 组别 |
|---|---|---|---|---|
| 小乙 | 合集 21537 + 21555 | 丁伐虤 | 巳③ + 丁① + 庚① + 牢①④ | 丁 a |
| | 合集 21526 | 令虤 | 贞④ | 丁 ◎ |
| | 合集 21631 | 令虤 | 贞④ + 巳③ + 庚① | 丁 A |
| | 合集 21633 | 令虤 | 贞④ + 丁② | 丁 ◎ |
| | 合集 21635 | 令虤 | 贞④ + 巳⑤ + 丁② + 庚① + 未② | 丁 C |
| | 合集 21637 | 令虤 | 贞④ + 辰① | 丁 ◎ |
| | 合集 21566 | 求虤、丁呼 | 巳③ + 丁① + 亥① | 丁 a |
| | 合集 21720 | 丁征 | 丁① | |
| | 合集 21734 + 21735 | 丁征 | 巳②③ + 丁① | 丁 a |
| | 合集 21729 | 丁出狩 | 贞④ + 丁① + 辰③ | 丁 ◎ |
| | 合集 21727 | 丁至蜀 | 贞④ + 巳③ + 丁①② + 庚② + 祸② + 不① + 亥① + 丑① | 丁 A |
| | 合集 21740 | 丁乍丝口 | 巳③ + 子⑤ + 丁① | 丁 a |
| | 合集 21661 | 丁归 | 巳④ + 丁① | 丁 b |
| | 合集 21731 | 丁自甘 | 贞④ + 丁① + 祸② + 丑① | 丁 ◎ |
| | 合集 21681 | 乙我王 | 贞④ + 巳③ | 丁 A |
| | 合集 21542 | 父辛 | 巳③ + 丁② | 丁 a |
| | 合集 21544 | 父戊 | 牢② | |
| | 合集 21545 | 父戊 | 牢② | |
| | 合集 21538 乙 | 父庚、小辛 | 丁① + 牢④ | |
| 小辛 | 合集 21677 | 妣丁、父庚 | 贞④ + 丁②③ + 庚① | 丁 ◎ |
| | 合集 21538 甲 | 南庚、父甲 | 庚① + 牢③ | |
| 盘庚 | 合集 21691 | 父丁 | 丁① + 未① | |

根据表 14，可以看到如下几点。

第一，可推测为武丁时期的卜辞有 3 片，出现的字体类型可综合为：贞④ + 巳③④ + 子⑤ + 丁② + 庚① + 祸③ + 不④ + 亥① + 丑① + 未② + 辰①。

第二，可推测为小乙时期的卜辞有 19 片，出现的字体类型可综合为：贞④ + 巳②③④⑤ + 子⑤ + 丁①② + 庚①② + 祸② + 牢①②④ + 辰①③ + 不① + 亥① + 丑① + 未②。

第三，可推测为小辛时期的卜辞有 2 片，出现的字体类型可综合为：贞④ +

丁②③ + 庚① + 牢③。

第四，可推测为盘庚时期的卜辞有 1 片，出现的字体类型可综合为：丁① + 未①。

表 14 中，"其"字没有出现，这是因为"其"字所在的卜辞内容与表 14 没有直接联系，故未计入。但出现"其"字的卜辞有一定数量，有的组合还相当重要，今列举分析如下。

《合集》21539，仅出现其③，暂未分组。

《合集》21543，出现其①、亥①，该片字迹不清楚，可参阅《合集》21758（重片）。

《合集》21548，字型组合是巳③ + 其⑤ + 牢④，属丁 a 组。

《合集》21651，字型组合是贞④ + 其⑦ + 牢②，属丁◎组。

《合集》21793，字型组合是贞④ + 巳③ + 其③ + 亥①，属丁 A 组。

《合集》21802，字型组合是巳③ + 其③，属丁 a 组。

《合集》21805，字型组合是贞④ + 巳③⑤ + 子④⑤ + 庚① + 其②③ + 牢④ + 丑①，属丁 A 组。

《合集》21853，字型组合是贞② + 巳⑨ + 其④ + 丑①，属乙组。

《合补》6823，字型组合是贞④ + 巳③ + 其③ + 亥①，属丁 A 组。

《合补》6837，字型组合是贞②④ + 巳③ + 丁① + 祸③ + 其⑥ + 辰①，属丁 A 组。

上列卜辞中，《合集》21543（21758）"其"字作"⊠"，表现出较多的原始特征，其上有"父甲"称谓，"父甲"指"阳甲"。（图 7）《合集》21853"贞"字属贞②，比小辛时期的贞④可能要早。因此，《合集》21543、21853 可归入盘庚时期。《合补》6837 因上部有伪刻，暂不作判断。《合集》21805 字型组合比较完整，出现的各种字型均能与小乙时期字型相合。《合集》21539 仅见其③，亦不作判断。其余各片，也都可以归入小乙时期。

以上统计和分析的只是各时期字型质的变化，量的变化仍无法反映出来。为此，笔者在表 14 与上文分析的基础上，将各时期字体类型出现次数统计为表 15，以便观察各时期卜辞字体类型的变化。

**图 7 《合集》21758**

**表 15 各时期卜辞字体类型出现次数统计表**

| 时期 | 贞 | 巳 | 子 | 丁 | 庚 | 祸 | 其 | 牢 | 辰 | 不 | 亥 | 丑 | 未 |
|---|---|---|---|---|---|---|---|---|---|---|---|---|---|
| 盘庚 | ②1 | ⑨1 |  | ①1 |  |  | ①1 |  |  |  | ①1 | ①1 | ①1 |
|  |  |  |  |  |  |  | ④1 |  |  |  |  |  |  |
| 小辛 | ④1 |  |  | ②1 | ①2 |  | ③1 |  |  |  |  |  |  |
|  |  |  |  | ③1 |  |  |  |  |  |  |  |  |  |
| 小乙 | ④12 | ②2 | ④1 | ①10 | ①4 | ②2 |  | ①1 | ①1 | ①1 | ①3 | ①3 | ②1 |
|  | ③11 | ⑤2 | ②4 | ②1 |  |  |  | ②3 | ③1 |  |  |  |  |
|  | ④1 |  |  |  |  |  |  | ④4 |  |  |  |  |  |
|  | ⑤2 |  |  |  |  |  |  |  |  |  |  |  |  |
| 武丁 | ④2 | ③1 | ⑤1 | ②1 | ①2 | ③1 |  |  | ①1 | ④1 | ①1 | ①1 | ②1 |
|  |  | ④1 |  |  |  |  |  |  |  |  |  |  |  |

说明：以表中"④2"为例，"④"表示字体类型，"2"表示出现次数，其余依此类推。

根据以上分析，可以推知："原子组卜辞"中，有一定数量的武丁时期卜辞；有大量的小乙时期卜辞；有少量的小辛时期卜辞；盘庚时期卜辞暂推断为 3 片。小乙时期卜辞是"原子组卜辞"的主体。

# 八、其余"原子组卜辞"时代之推断

要对余下的"原子组卜辞"时代作进一步分析，就必须对各时期卜辞的字型特征有所了解，从字型特征与字型组合入手，是解决该问题的突破口。表15是在表14基础上对各时代字体类型的综合，增加了盘庚时期卜辞，虽为推断，但也具有相当根据。表15可作为每个时代字型组合的依据，现分析如下。

（一）盘庚时期：贞字以贞②为主，其余各字型分别是巳⑨、丁①、其①④、亥①、丑①、未①。

（二）小辛时期：贞字以贞④为主，其余字型分别是丁②③、庚①、牢③。

（三）小乙时期：贞字以贞④为主，其余字型分别是巳②③④⑤、子④⑤、丁①②、庚①②、祸②、牢①②④、辰①③、不①、亥①、丑①、未②。

（四）武丁时期：贞字以贞④为主，其余字型分别是巳③④、子⑤、丁②、庚①、祸③、辰①、不④、亥①、丑①、未②。

以上是对各时期字型组合的综合，有的字型未在表15统计之内，因此并不完整。尽管如此，它仍是我们考察各时期字型组合的重要依据。我们从表15中，可以看到如下几点。

第一，"贞"字仍然是区别时代的重要依据，盘庚时期出现贞②，但小辛以下全是贞④，这意味着可能贞③以前的卜辞时代较早。

第二，"子"字共有5式，表15中小乙、武丁时期出现的都是子④⑤，那么子④以前的卜辞，时代有可能早于小乙，或至少与小乙同时。

第三，"不"字共有6式，表15中武丁时期是不④，小乙时期是不①。可见该字字型变化，对判断卜辞时代有一定意义。

第四，"亥"、"丑"、"未"三字虽然型式变化不多，但很有特色，是该组卜辞字体与其他组别字体重要区别之一。

其余各字虽也有变化，但时代性不是很强。例如"巳"字，表15中各式的出现几乎没有规律可循。因此，我们判断卜辞时代，还是要从字型总体上去把握，不要被个别字型变化所干扰。例如，《合集》21853虽然出现巳⑨，但"贞"、"其"、"丑"三字分别是贞②、其④、丑①，归入乙组，呈现出较多的原始性。贞②的出现本来就不多，小辛时期都是贞④，因此，笔者将《合集》

21853 定为盘庚时期。

根据表 15 各个时期字型组合情况，本文将附表统计的"原子组卜辞"时代，归纳如下：（一）、（二）、（三）、（四）分别表示根据卜辞内容推断的盘庚、小辛、小乙、武丁时期；（1）、（2）、（3）、（4）分别表示根据字型组合归入的盘庚、小辛、小乙、武丁时期。附表中卜辞只有一个字型的不作勉强归入。现将附表中卜辞时代整理如下。

（一）盘庚时期：《合集》21543、21691，计 2 片；（1）：《合集》21853，计 1 片。盘庚时期总计 3 片。

（二）小辛时期：《合集》21538 甲、21677，计 2 片；（2）：《合集》21551、21703 正、21836、21840 甲、22231，计 5 片。小辛时期总计 7 片。

（三）小乙时期：《合集》21526、21537 + 21555、21538 乙、21542、21544、21545、21566、21631、21633、21635、21637、21661、21681、21720、21727、21729、21731、21734 + 21735、21740，计 19 片；（3）：《合集》21529、21534、21535、21536、21548、21552、21554、21556、21560、21562、21564、21565、21567、21574、21577、21579、21580、21582、21583、21585、21590、21591、21595、21596、21597、21598、21599、21605、21609、21610、21611、21612、21613、21623、21626、21628、21629、21636、21639、21640、21642、21643、21645、21646、21649、21651、21653、21654、21655、21657、21658、21659、21663、21665、21666、21667、21671、21676、21679、21680、21695、21708、21714、21721、21723、21724、21726、21728、21742、21743、21757、21779、21780、21781、21786、21787、21788、21793、21802、21805、21808、21809、21811、21812、21815、21816、21817、21818、21824、21829、21830、21840 乙、21860、21981，《合补》6822、6823、6827、6834、6835，计 99 片。小乙时期总计 118 片。

（四）武丁时期：《合集》21546、21586、21624，计 3 片；（4）：《合集》21547、21831、22316、40873、40883，《合补》6829、6848，计 7 片。武丁时期总计 10 片。

附表一共统计了 163 片卜辞，因有的"原子组卜辞"并无附表中的典型之字，故未在统计之内。而 163 片中，可以分期的是 138 片，约占全部的 85%。在分期的 138 片中，小乙时期卜辞占 118 片，是"原子组卜辞"的主体；小辛、武丁时期卜辞均较少，分别是 7 片与 10 片；盘庚时期卜辞更少，为 3 片。

当年胡厚宣曾推测"原子组卜辞"是盘庚、小辛、小乙时期的卜辞，[①] 因未论证，故响应者寥寥。现本文对"原子组卜辞"作出详细分析，结论与胡氏当年的推测大致相合，正可印证其说。此为武丁以前卜辞的新近探索，或许对甲骨学分期断代研究有所助益。

附表 "原子组卜辞"字体型式与分期统计表

| 《合集》 | 子 | 丁 | 庚 | 已 | 贞 | 祸 | 其 | 牢 | 辰 | 不 | 亥 | 丑 | 未 | 组别 | 时期 |
|---|---|---|---|---|---|---|---|---|---|---|---|---|---|---|---|
| 20108 | | ① | | | | | | | | | | | | | |
| 21526 | | | | | ④ | | | | | | | | | 丁◎ | (三) |
| 21527 | | ① | | | | | | | | | | | | | |
| 21529 | | | | ③ | | | | | | | ⑥ | | ① | | 丁a | (3) |
| 21532 | | | | ② | | | | | | | | | | | | |
| 21534 | | | | ③ | ④ | | | | | | | | | | 丁A | (3) |
| 21535 | | | | ⑤ | | ① | | | | | | | | | 丁c | (3) |
| 21536 | | | ② | | ⑤ | | | | | | | | | | 戊 | (3) |
| 21537 + 21555 | | ① | ① | ③ | | | | | ①④ | | | | | | 丁a | (三) |
| 21538 甲 | | ① | | | | | | | ③ | | | | | | | (二) |
| 21538 乙 | | ① | | | | | | | ④ | | | | | | | (三) |
| 21539 | | | | | | | ③ | | | | | | | | | |
| 21540 | | ① | | | | | | | | | | | | | | |
| 21541 | ② | | | | | | | | | | | | | | | |
| 21542 | | | ② | ③ | | | | | | | | | | | 丁a | (三) |
| 21543 | | | | | | | ① | | | | ① | | | | | (一) |
| 21544 | | | | | | | | ② | | | | | | | | (三) |
| 21545 | | | | | | | | ② | | | | | | | | (三) |
| 21546 | | | | ③ | | | | | | | | | ① | | 丁a | (四) |
| 21547 | | | | ③ | | | | | | | ① | | | | 丁a | (4) |
| 21548 | | | | ③ | ⑤ | | ④ | | | | | | | | 丁 | (3) |
| 21551 | | | ① | ③ | | | | | | | | | | | 丁a | (2) |
| 21552 | | ① | ⑤ | ② | | | | | | | | | | | | (3) |
| 21554 | | | ① | ③ | | | | ④ | | | | | | | 丁a | (3) |
| 21556 | | | ② | ③ | ④ | | | | | ① | | | | | 丁A | (3) |
| 21560 | | ① | | | | | | | | | | | ① | | | (3) |

① 胡厚宣：《战后京津新获甲骨集》，"序要"，第 2 页；《甲骨续存》，"序"，第 1 页。

续附表

| 《合集》 | 子 | 丁 | 庚 | 巳 | 贞 | 祸 | 其 | 牢 | 辰 | 不 | 亥 | 丑 | 未 | 组别 | 时期 |
|---|---|---|---|---|---|---|---|---|---|---|---|---|---|---|---|
| 21562 | | ② | ⑤ | | ④ | | | | | | | | | 丁◎ | （3） |
| 21564 | | ② | | ③ | ④ | | | | | | | | | 丁A | （3） |
| 21565 | | | | ③ | ④ | | | | | | | | | 丁A | （3） |
| 21566 | | ① | | ③ | | | | | | | | ① | | 丁a | （三） |
| 21567 | ⑤ | | | ①④ | ④ | | | | | | | | | 丁B | （3） |
| 21574 | | | | ③ | | | | ④ | | | | ① | | 丁a | （3） |
| 21576 | | | | ③ | | | | | | | | | | 丁a | |
| 21577 | ① | | | ⑤ | | | | | | | | | | 丁c | （3） |
| 21579 | ⑤ | | | ③ | ④ | | | | | | | | | 丁A | （3） |
| 21580 | | ① | | ③ | ④ | | | | | | | | | 丁A | （3） |
| 21582 | | | ② | ④ | ④ | | | | | | | | | 丁B | （3） |
| 21583 | | | | ③ | ④ | | | | | | ① | | | 丁A | （3） |
| 21584 | | | | ⑧ | | | | | | | | | | | |
| 21585 | | | | ④ | ④ | | | | | | | | | 丁B | （3） |
| 21586 | ⑤ | ② | ① | ④ | ④ | ③ | | | | ④ | ① | | ② | 丁B | （四） |
| 21587 | | | | ③ | | | | | | | | | | 丁a | |
| 21590 | | | | ③ | | | | | ④ | | | | | 丁a | （3） |
| 21591 | | | | ⑥ | | | | | | | | ① | | 丁d | （3） |
| 21595 | | ① | | ④ | ④ | | | | | | | | | 丁B | （3） |
| 21596 | | | | | ④ | | | | | | | | | 丁◎ | （3） |
| 21597 | | ① | ⑤ | | ④ | | | | | | | | | 丁◎ | （3） |
| 21598 | | | | ③ | ④ | | | | | | | | | 丁A | （3） |
| 21599 | | | ① | | ④ | | | | | ③ | | | | 丁◎ | （3） |
| 21605 | | | ① | | ④ | | | | | | ① | | | 丁◎ | （3） |
| 21607 | | | | | ④ | | | | | | | | | 丁◎ | |
| 21609 | | | | ③ | ④ | | | | | ② | | | | 丁A | （3） |
| 21610 | | ② | | | ④ | | | | | | | | | 丁◎ | （3） |
| 21611 | ⑤ | | | ③ | | | | | | ② | | | | 丁a | （3） |
| 21612 | | ① | | | ④ | | | | | | | | | 丁◎ | （3） |
| 21613 | | | ② | | ④ | | | | | | | | | 丁◎ | （3） |
| 21615 | | | | | ④ | | | | | | | | | 丁◎ | |
| 21616 | | | | | | | | | | | | | ② | | |
| 21617 | | | | | ④ | | | | | | | | | 丁◎ | |
| 21623 | | ② | | ⑤ | ④ | | | | | | | | ② | 丁C | （3） |
| 21624 | | | ① | | ④ | | | | ① | | | | | 丁◎ | （四） |
| 21626 | | | | | ④ | ① | | | | ② | | | | 丁◎ | （3） |
| 21628 | | | | | ④ | | | | | | ① | | | 丁◎ | （3） |
| 21629 | | ② | ① | | ④ | | | | | | | | ② | 丁◎ | （3） |

续附表

| 《合集》 | 子 | 丁 | 庚 | 巳 | 贞 | 祸 | 其 | 牢 | 辰 | 不 | 亥 | 丑 | 未 | 组别 | 时期 |
|---|---|---|---|---|---|---|---|---|---|---|---|---|---|---|---|
| 21631 | | | ① | ③ | ④ | | | | | | | | | 丁A | (三) |
| 21633 | | ② | | | ④ | | | | | | | | | 丁◎ | (三) |
| 21635 | | ② | ① | ⑤ | ④ | | | | | | | | ② | 丁C | (三) |
| 21636 | | | ① | ③ | ④ | | | | | | | | | 丁A | (3) |
| 21637 | | | | | ④ | | | | | ① | | | | 丁◎ | (三) |
| 21639 | | | | ③ | ④ | | | | | ① | | | | 丁A | (3) |
| 21640 | | | | ③ | ④ | | | | | | | | | 丁A | (3) |
| 21642 | | | | ③ | | | ① | | | | | ① | | 丁a | (3) |
| 21643 | | | | ③ | ④ | | | | | | | | | 丁A | (3) |
| 21645 | | | | ⑤ | ④ | | | | | ① | | | | 丁C | (3) |
| 21646 | | ② | | | ④ | | | | | | | | ① | 丁◎ | (3) |
| 21649 | | ① | | | ④ | | | | | | | | ① | 丁◎ | (3) |
| 21651 | | | | | ④ | | ⑦ | ② | | | | | | 丁◎ | (3) |
| 21653 | | ① | | | ④ | | | | | | | | | 丁◎ | (3) |
| 21654 | | ② | | | ④ | ① | | | | | | | | 丁◎ | (3) |
| 21655 | | | | ③ | ④ | | | | | ⑥ | ① | | | 丁A | (3) |
| 21657 | ④ | | | ③ | ④ | | | | | | | | | 丁A | (3) |
| 21658 | ⑤ | ② | | ④ | | | | | | | | ① | | 丁b | (3) |
| 21659 | | | | ⑤ | ④ | | | | | | | ① | ① | 丁C | (3) |
| 21660 | ④ | | | | | | | | | | | | | | |
| 21661 | | ① | | ④ | | | | | | | | | | 丁b | (三) |
| 21663 | | | | ③ | ④ | | | | | | | | | 丁A | (3) |
| 21665 | ⑤ | | | ③ | ④ | | | | | | | | | 丁A | (3) |
| 21666 | | ④ | | | ④ | | | | | ① | | | ① | 丁◎ | (3) |
| 21667 | | | | ③ | ④ | ① | | | | | | | | 丁A | (3) |
| 21668 | | | | | ④ | | | | | | | | | 丁◎ | |
| 21670 | | | | | ④ | | | | | | | | | 丁◎ | |
| 21671 | | | | ⑤ | ④ | | | | | ① | | | | 丁C | (3) |
| 21673 | | | ① | | | | | | | | | | | | |
| 21674 | | | ② | | | | | | | | | | | | |
| 21676 | | | ② | ③ | ④ | | | | | | | | | 丁A | (3) |
| 21677 | ②③ | ① | | | ④ | | | | | | | | | 丁◎ | (二) |
| 21679 | | ③ | | ⑥ | ④ | | | | | | | | | 丁D | (3) |
| 21680 | | | ② | | ④ | | | | | | | | | 丁◎ | (3) |
| 21681 | | | | ③ | ④ | | | | | | | | | 丁A | (三) |
| 21691 | | ① | | | | | | | | | | ① | | | (一) |
| 21695 | | | ① | | ④ | | | | | | | | | 丁◎ | (3) |
| 21703 正 | | | ④ | ③ | ③ | | | | | ⑤ | | | | 丙 | (2) |

续附表

| 《合集》 | 子 | 丁 | 庚 | 巳 | 贞 | 祸 | 其 | 牢 | 辰 | 不 | 亥 | 丑 | 未 | 组别 | 时期 |
|---|---|---|---|---|---|---|---|---|---|---|---|---|---|---|---|
| 21704 | ⑤ | | | | | | | | | | | | | | |
| 21708 | | ② | | ⑤ | | | | | ① | | | ① | ① | 丁c | （3） |
| 21714 | | | | | ④ | | | | | | | | ② | 丁◎ | （3） |
| 21719 | ⑤ | | | | | | | | | | | | | | |
| 21720 | | ① | | | | | | | | | | | | | （三） |
| 21721 | | | ③ | | ④ | | | | | | | | | 丁◎ | （3） |
| 21723 | | | | | ④ | ② | | | | | | | | 丁◎ | （3） |
| 21724 | | | | | ④ | ② | | | | | | | ① | 丁◎ | （3） |
| 21726 | | | | | ④ | ② | | | | | | | | 丁◎ | （3） |
| 21727 | | ①② | ② | ③ | ④ | ② | | | | ① | ① | ① | | 丁A | （三） |
| 21728 | | | | ⑤ | ④ | | | | ③ | | | | | 丁C | （3） |
| 21729 | | ① | | | ④ | | | | ③ | | | | | 丁◎ | （三） |
| 21731 | | ① | | | ④ | ② | | | | | | ① | | 丁◎ | （三） |
| 21734＋21735 | | ① | | ②③ | | | | | | | | | | 丁a | （三） |
| 21736 | | | | ⑤ | | | | | | | | | | 丁c | |
| 21739 | ⑤ | | | | | | | | | | | | | | |
| 21740 | ⑤ | ① | | ③ | | | | | | | | | | 丁a | （三） |
| 21742 | | | | ③ | ④ | | | | | | | | | 丁A | （3） |
| 21743 | | ① | | ③ | ④ | | | | | | | | | 丁A | （3） |
| 21756 | | | | ⑥ | | | | | | | | | | 丁d | |
| 21757 | | | | ⑤ | ④ | | | ④ | | ① | ① | | | 丁C | （3） |
| 21779 | | | | ③ | ④ | | | | ④ | ④ | | | | 丁A | （3） |
| 21780 | | ④ | ② | | | | | | | | | | | | （3） |
| 21781 | | ④ | | | | | | | | | | | ② | | （3） |
| 21786 | | | ① | | ④ | | | | ② | ② | | | | 丁◎ | （3） |
| 21787 | | | ① | | ④ | | | | | | | | | 丁◎ | （3） |
| 21788 | | | | ③ | ④ | | | | | | ① | | | 丁A | （3） |
| 21793 | | | | ③ | ④ | | ③ | | | | ① | | | 丁A | （3） |
| 21802 | | | | ③ | | | ③ | | | | | | | 丁a | （3） |
| 21805 | ④⑤ | | ① | ③⑤ | ④ | | ②③ | ④ | | | | ① | | 丁A | （3） |
| 21808 | | | | | ④ | ② | | | | | | | | 丁◎ | （3） |
| 21809 | | | ① | | ④ | ② | | | ③ | | | | | 丁◎ | （3） |
| 21811 | | ④ | ② | | ④ | ② | | | | | ① | | | 丁◎ | （3） |
| 21812 | | | | ⑤ | ④ | ② | | | | | | | | 丁C | （3） |
| 21815 | | | | | ④ | ① | | | | | | | | 丁◎ | （3） |
| 21816 | | | ② | | ④ | ② | | | | | | | ② | 丁◎ | （3） |
| 21817 | | | ① | | ④ | ①② | | | | | | | | 丁◎ | （3） |
| 21818 | ⑤ | ① | | | ④ | ② | | | | | | ② | | 丁◎ | （3） |

续附表

| 《合集》 | 子 | 丁 | 庚 | 巳 | 贞 | 祸 | 其 | 牢 | 辰 | 不 | 亥 | 丑 | 未 | 组别 | 时期 |
|---|---|---|---|---|---|---|---|---|---|---|---|---|---|---|---|
| 21824 | | | | ③ | | ③ | | | | ③ | | | | 丁a | (3) |
| 21829 | | | | ③ | ④ | | | | | | | | | 丁A | (3) |
| 21830 | | ① | ① | | | | | | | | | | | | (3) |
| 21831 | | ① | | ③ | ④ | | | | | | | | | 丁A | (4) |
| 21836 | ④ | | ① | | ④ | | | | | | | | | 丁◎ | (2) |
| 21840甲 | ① | | | | | | | | | ① | | | | | (2) |
| 21840乙 | ⑤ | | | | | | | | | ① | | | | | (3) |
| 21853 | | | | ⑨ | ② | | ④ | | | | | ① | | 乙 | (1) |
| 21860 | | | | ③ | ④ | | | | | ① | | | ② | 丁A | (3) |
| 21981 | | ③ | | ⑥ | ① | | | | | | | | | 甲 | (3) |
| 22231 | | | ③ | | ① | | | | ① | | | | | 甲 | (2) |
| 22316 | | ① | | ⑦ | | | | | | | | | | | (4) |
| 40873 | | ③ | | ⑨ | | | | | | | | | | | (4) |
| 40878 | | | | | | | | | | | ① | | | | |
| 40883 | | | | ⑤ | ⑤ | | | | | | | | | 戊 | (4) |
| 《合补》 | 子 | 丁 | 庚 | 巳 | 贞 | 祸 | 其 | 牢 | 辰 | 不 | 亥 | 丑 | 未 | 组别 | 时期 |
| 6822 | ③ | | | ③ | ④ | | | | | | | | | 丁A | (3) |
| 6823 | | | | ③ | ④ | | ③ | | | | ① | | | 丁A | (3) |
| 6827 | | | | ③ | ④ | | | | ③ | | | | | 丁A | (3) |
| 6829 | | | ① | ⑨ | ⑤ | | | | | | | | | 戊 | (4) |
| 6834 | | | | | ④ | ② | | | | | | | | 丁◎ | (3) |
| 6835 | | | | | ④ | ② | | | | | | | | 丁◎ | (3) |
| 6837 | | ① | | ③ | ②④ | ③ | ⑥ | | | | ① | | | 丁A | |
| 6848 | | | | ⑨ | ⑤ | | | | | | | | | 戊 | (4) |

说明：其一，"甲"表示甲组，"丁A"表示丁组A类，"丁a"表示并入丁组A类，"丁◎"表示并入丁组，余者类推。其二，（一）、（二）、（三）、（四）表示按内容推断的时期，（1）、（2）、（3）、（4）表示按字体归入的时期。

〔作者曹定云，中国历史研究院考古研究所研究员、北京师范大学历史学院特聘教授。北京　100101〕

（责任编辑：窦兆锐　王天然）

# 《金史》源流、纂修及校勘问题的检讨与反思

陈晓伟

**摘　要：**《金史》的资料来源主要是金朝实录，《世纪补》《天文志》《宗室表》《交聘表》《外国传·西夏》《外国传·高丽》等均据此改编。元朝史官编纂《金史》的思路是，首先对金朝实录进行拆解；其次根据各部分体例要求，编织篇帙；最后以相关文献进行填充。需要注意，这个过程中可能存在用他方文献记载冒充金朝制度的情况。因此，校勘《金史》必须把握原始文本，厘清史料层次，辨析是否掺杂后世观点。只有具备史源线索，才能切实提升《金史》点校及研究水平。

**关键词：**《金史》　金朝实录　史源学　校勘学

《金史》是了解金朝历史最核心、最权威的史书，对其文本的研究构成整个金史领域最为基础的工作。一方面，《金史》的整理与校勘持续进行，从钱大昕《廿二史考异》、施国祁《金史详校》，到最近面世的中华书局点校修订本，呈现了一脉相承又不断精进的发展面貌。另一方面，围绕《金史》编纂及史源诸问题的讨论持续进行，陈学霖《〈金史〉的纂修及其史源》、王明荪《金修国史及金史源流》、曾震宇《〈金史〉的史料来源》、邱靖嘉《〈金史〉纂修考》都是重要成果。①

---

① Chan Hok-Lam，"The Compilation and Sources of the *Chin-Shih*，" *Journal of Oriental Studies*，Vol. 6，1961/1964，pp. 125 - 163；王明荪：《金修国史及金史源流》，《书目季刊》1988 年第 1 期；曾震宇：《〈大金国志〉研究》第 6 章第 4 节，硕士学位论文，香港大学历史系，2002 年，第 774—796 页；邱靖嘉：《〈金史〉纂修考》，北京：中华书局，2017 年。

这两类研究关系密切，理应相互结合、彼此参照。正如邱靖嘉所说："欲探明《金史》之史源，理应对包括纪、志、表、传在内的各卷内容逐条逐句地查找相关文献记载，仔细比较分析，深入研究，最终才能充分认识《金史》各卷及全书的史源状况。"① 要之，只有详尽剖析《金史》文本及编纂过程，才能切实提升《金史》的研究水平。

本文着眼于文献源流，以具体校勘案例，讨论《金史》编纂思路、文献传承脉络以及文本生成过程，进而总结归纳作为方法的史源意识在古籍校勘中的意义。

## 一、《金史》的"源"与"流"

所谓"源"，即正史编纂所据蓝本，"流"则为后来形成的史文。对《金史》文献学研究而言，其核心目标是探源，厘清纪、志、表、传的内在关联。然而，目前学者对《金史》史源及编纂细节的认识还比较模糊，对既有研究成果也参考不足，故在点校质量上存在不少瑕疵。除此以外，已有讨论《金史》纂修问题的论著仍有不少商榷余地，这便给进一步研究提供了空间。

论及《金史》之取材范围，据苏天爵《三史质疑》所言，"国亡之后，元好问述《壬辰杂编》、杨奂《天兴近鉴》、王鹗《汝南遗事》，亦足补义宗一朝之事"。② 后来，《金史》编纂者称元好问"今所传者有《中州集》及《壬辰杂编》若干卷，年六十八卒，纂修《金史》，多本其所著云"；刘祁"值金末丧乱，作《归潜志》以纪金事，修《金史》多采用焉"。③ 具体到《金史》，全书明确标注引文者，最多只有《天兴近鉴》《士民须知》《泰和令》等几种。由于以上诸书大多亡佚，所以《金史》探源的常规做法，是从现存文献中核查该书诸卷相关篇目。在今天数据库检索极其便利的条件下，这种操作行之有效，日益得到学界重视。

---

① 邱靖嘉：《〈金史〉校注示例》，《〈金史〉纂修考》，第 267 页。
② 苏天爵：《滋溪文稿》卷 25《三史质疑》，北京：中华书局，1997 年，第 422 页。
③ 《金史》卷 126《文艺传下·元好问》，北京：中华书局，1975 年，第 2743 页；卷 126《文艺传下·刘祁》，第 2734 页。

　　传世文献中，元好问《中州集》《遗山先生文集》，① 刘祁《归潜志》② 和王鹗《汝南遗事》，都被认为是《金史》人物列传的重要取材对象。③《金史》礼乐志参照的一手材料是《大金集礼》。④ 通过比定现存文献，考察从原始文本到正史文本的传抄过程及其信息变异情况，可以辨析《金史》史实的正误。以下试举三例。

　　其一，从《大金集礼·帝号下》到《金史·礼志九》衍出"社稷"二字。《大金集礼·帝号下》大定七年（1167）册礼条"奏定行礼节次"载：

　　　　受册前三日，合遣使奏告天地、宗庙。（大定十一年仪兼奏告社稷）前二日，诸司停奏刑罚文字。前二日，百官习仪于大安殿庭。兵部帅其属设黄麾杖于大安殿门之内外。宣徽院帅仪鸾司于前一日设受册宝坛台于大安殿中间。⑤

《金史·礼志九》受尊号仪条记为：

　　　　大定七年，恭上皇帝尊号。前三日，遣使奏告天地、宗庙、社稷。前二日，诸司停奏刑罚文字。百官习仪于大安殿庭。兵部帅其属，设黄麾仗于大安殿门之内外。宣徽院帅仪鸾司，于前一日设受册宝坛于大安殿中间。⑥

---

① 对《中州集》《遗山先生文集》与《金史》关系的讨论，参见张博泉、程妮娜、武玉环：《〈中州集〉与〈金史〉》，陈述主编：《辽金史论集》第 3 辑，北京：书目文献出版社，1987 年，第 261—278 页；王明荪：《金修国史及金史源流》，《书目季刊》1988 年第 1 期；程妮娜：《〈遗山文集〉与史学》，《史学集刊》1992 年第 2 期。

② 对《归潜志》与《金史关系的讨论》，参见陈学霖：《刘祁〈归潜志〉与〈金史〉》，《金宋史论丛》，香港：香港中文大学出版社，2003 年，第 255—271 页。

③ 邱靖嘉：《〈金史〉列传史源蠡测表》，《〈金史〉纂修考》，第 185—224 页。

④ 张晔等：《大金集礼》，杭州：浙江大学出版社，2019 年，第 545—579 页。

⑤ 张晔等：《大金集礼》卷 2《帝号下》，第 24 页。

⑥ 《金史》卷 36《礼志九》，第 832 页。

对比可知，《金史》抄自《大金集礼》，但元朝史官把大定十一年的注文当作大定七年册礼的内容一并抄录。正月十一日上册宝仪，"受册前三日"即八日，但实际是"遣皇子判大兴尹许王告天地，判宗英王文告太庙"。① 由此可知，《金史》衍出"社稷"二字，乃系节录史文失当所致。

其二，《金史·赵秉文传》改编《闲闲公墓铭》不当，造成叙事淆乱。元好问所撰《闲闲公墓铭》记述赵秉文履历云：

> 泰和二年，改户部主事，迁翰林修撰。考满，留再任。卫绍王大安初，北兵入边，召公与待制赵资道论边备。公言："今大军聚宣德，宣德城小，列营其外，夏暑雨，器械弛败，人且病。迨秋敌至，我不利矣。可遣临潢一军捣其虚，则山西之围可解。兵法所谓'出其不意，攻其所必救'者也。"王不能用。其秋，宣德以败闻。十月，出为宁边州刺史。二年，改平定州。前政苛于用刑，盗贼无大小，皆棓杀之。闻赦将至，先棓贼死，乃拜赦。而盗愈繁。公为政，每从宽厚。不旬月，盗贼屏迹，终任无犯者。岁饥，出俸粟为豪民倡，以振贫乏，赖以全活者甚众。及受代，老幼攀遮，恋恋不忍诀。②

赵秉文于泰和二年（1202）改户部主事，迁翰林修撰，大安元年（1209）与赵资道讨论边备御敌之策，十月出任宁边州刺史，二年改刺平定州。赵秉文《黄河九昭》序文云"大安元年，余出守宁边"，《涌云楼记》载"大安二年夏四月，余来莅平定，登城楼而乐之"。③ 由此印证，《闲闲公墓铭》所载诸事系年正确。

然而，《金史·赵秉文传》抄录《闲闲公墓铭》却书作"泰和二年，召为户部主事，迁翰林修撰。十月，出为宁边州刺史。三年，改平定州"，④ 即将大安

---

① 张晹等：《大金集礼》卷2《帝号下》，第22页。
② 元好问：《遗山先生文集》卷17《闲闲公墓铭》，姚奠中主编，李正民增订：《元好问全集》，太原：山西古籍出版社，2004年，第401页。
③ 赵秉文：《闲闲老人滏水文集》卷1《黄河九昭》、卷13《涌云楼记》，马振君整理：《赵秉文集》，哈尔滨：黑龙江大学出版社，2014年，第9、315页。
④ 《金史》卷110《赵秉文传》，第2426页。

元年赵秉文议边策事移置下文。这样的话，原大安年间"宁边州刺史"和"改平定州"之仕履便成泰和初年之事，以致传文叙事失次。①

其三，《王黄华墓碑》中之"万庆"于《金史·文艺传下·王庭筠》中书作"曼庆"。传文记述王庭筠子嗣云："子曼庆，亦能诗并书，仕至行省右司郎中，自号'滄游'云。"② 探究此记载之源头，可以发现元好问编《中州集》王庭筠小传有谓"子万庆，字禧伯，诗笔字画俱有父风，仕为行尚书省左右司郎中"。③ 论者据此认为曼庆亦名"万庆"。④ 然而，元好问撰《王黄华墓碑》中有一条非常关键的线索：

> 夫人张氏，亦太师女孙。子男三人：万安、万孙、万吉，皆早卒……公既无子，以弟庭淡（掞）之次子万庆为之后，以荫补官，至行尚书省左右司郎中。文章字画，能世其家。⑤

此外碑文末尾谓："先公之殁，五十余年矣。"《王黄华墓碑》叙事较《金史》及《中州集》详细。经过核对，不难确认《金史》相关记载的绝大部分乃根据该碑文写成，即知庭筠与万庆实为伯侄关系。⑥

《中州集》王遵古小传记载："父政，金吾卫上将军，三子，遵仁、遵义，元仲其季也。元仲四子，庭玉字子温，内乡令，终于同知辽州军州事。庭坚字子贞，有时名。庭筠字子端，庭掞字子文。"⑦ 从王氏家族祖辈行"遵"字、父辈

---

① 参见《金史》卷110《杨云翼赵秉文等传》，第2437页，校勘记④。

② 《金史》卷126《文艺传下·王庭筠》，第2732页。

③ 元好问编：《中州集》卷3《黄华王先生庭筠》，上海：华东师范大学出版社，2014年，第182页。

④ 《黄华集》卷5、卷7，金毓黻编：《辽海丛书》，沈阳：辽沈书社，1985年，第1836页下栏、1845页下栏；刘晓：《〈全元文〉整理质疑》，《文献》2002年第1期；《金史》卷126《文艺传下》，北京：中华书局，2020年，第2894页，校勘记④（下文称"修订本《金史》"）。

⑤ 元好问：《遗山先生文集》卷16《王黄华墓碑》，姚奠中主编，李正民增订：《元好问全集》，第394页。

⑥ 《黄华集》卷8《年谱》，金毓黻编：《辽海丛书》，第1856页上栏。

⑦ 元好问编：《中州集》卷8《王内翰遵古》，第505页。

行"庭"字可以看出，该家族排行严格规范。王庭筠子名万安、万孙、万吉，皆为"万"字辈，庭揆子取名"万庆"亦符合这一旨趣。此外，四库本《双溪醉隐集》跋文作者署名"王万庆"，① 宪宗五年（1255）《大蒙古国燕京大庆寿寺西堂海云大禅师碑》为"燕京编修所次二官黄华后人熊岳王万庆撰"，② 美国弗利尔美术馆藏李山《风雪杉松图》中有一则跋文云："癸卯六月廿有二日，万庆谨书。"③ 根据金元时期各类文献，能够确认王氏名讳作"万庆"为是。《金史·文艺传下·王庭筠》取资元好问《王黄华墓碑》，再补充以王庭筠小传，但由于"萬"与"曼"字形相近，元朝史官误写作"曼庆"。

以上三个案例，皆以现存原始文献与《金史》相关文本比较，结果发现由于传抄中发生变异，从而导致礼仪制度、人物履历、人物名讳出现错讹。由此提示我们，紧扣源流这条线索，不仅可以订正讹误，而且能够从文献流传的角度厘清《金史》文本形成的脉络。

不过更为复杂的是，《金史》文本之"源"早就消失，可资比勘的蓝本亡佚，当前条件下只能看到各条"支流"。在这种文献环境下，唯有通过钩沉诸条线索，厘清"流"与"流"之间的关系，进而摸清其共同底本的轮廓，方能有的放矢。为此，有必要把握《金史》编撰的整体构架，尤其是纪、志、表、传的史源构成，以及诸部分之间的史源关系。

以往研究《金史》取裁，多拘泥于元朝史官的说法。如《天文志》序文称："金、宋角立，两国置历，法有差殊，而日官之选亦有精粗之异。今奉诏作《金史》，于志天文，各因其旧，特以《春秋》为准云。"又《五行志》谓："金世未能一天下，天文灾祥犹有星野之说，五行休咎见于国内者不得他诿，乃汇其史氏所书，仍前史法，作《五行志》。"④ 但实际上，除《地理志》《礼乐志》《百官志》《选举志》这类专题典志有单独系统的文献来源外，《金史》其余绝大多数

---

① 耶律铸：《双溪醉隐集》，景印文渊阁《四库全书》，台北：台湾商务印书馆，1986年，第1199册，第491页下栏。

② 佟洵主编：《北京佛教石刻》，北京：宗教文化出版社，2012年，第142页。

③ 《风雪杉松图》，典藏号F1961.34a-c，美国弗利尔美术馆藏，https：//www. freersackler. si. edu/object/F1961.34a – c/#object – content，访问日期：2018年11月5日。

④ 《金史》卷20《天文志》，第420页；卷23《五行志》，第533页。

篇章实际上均摘编自实录，与诸帝本纪具有同源关系。也就是说，元朝史官最初以金朝实录为蓝本，经过加工整合、分门别类，将编年体改作纪传体，由此分化出不同的支流，形成所谓"同源文本"。

下文即以《金史》的《世纪补》《天文志》《宗室表》《交聘表》《外国传·西夏》《外国传·高丽》为例，通过同源文献的线索，从个案到整体地探讨史源问题，以期加深对《金史》编纂的总体认知。

### （一）《世纪补》诸帝事迹取材途径各异

一般认为，元朝史官根据金朝《祖宗实录》编成《世纪》，又将死后追尊为帝的徽宗宗峻、睿宗宗尧和显宗允恭的事迹一并列为《世纪补》。有学者指出，"睿宗、显宗皆有实录传至元代，必当为元人修史所据。而徽宗宗峻无实录，《世纪补》的记述甚为简略，除世系、追赠谥号等基本信息外，仅有其天辅末袭辽主、攻西京及拥立太宗之事，估计是从《太祖实录》及《国史》太宗、熙宗本纪中抄撮零星史料而来的"。① 笔者认为，除显宗事迹源自《显宗实录》一说成立外，其他两人事迹的文献来源仍需仔细斟酌。

首先，关于《世纪补·徽宗》的史料来源，《金史·太祖诸子传》中有一条线索。该传篇首简要概述诸王履历：

> 太祖圣穆皇后生景宣帝、丰王乌烈、赵王宗杰。光懿皇后生辽王宗幹。钦宪皇后生宋王宗望、陈王宗隽、沈王讹鲁。宣献皇后生睿宗、豳王讹鲁朵。元妃乌古论氏生梁王宗弼、卫王宗强、蜀王宗敏。崇妃萧氏生纪王习泥烈、息王宁吉、莒王燕孙。娘子独奴可生邺王幹忽。宗幹、宗望、宗弼自有传。②

今检太祖诸子有传者，宗隽、宗杰、宗强及宗敏均在《太祖诸子传》中，其余宗幹等 3 人则分散在其他卷帙中。值得注意的是，《太祖诸子传》最后一篇传主为"胙王元，景宣皇帝宗峻子也"。③《三史凡例》列传条例规定，"人臣有大功者，

---

① 邱靖嘉：《〈金史〉纂修考》，第 159 页。
② 《金史》卷 69《太祖诸子传》，第 1603 页。
③ 《金史》卷 69《太祖诸子传》，第 1609 页。

虽父子各传。余以类相从，或数人共一传"。① 据此，本卷宗强附录其子爽、可喜、阿琐 3 人列传，而胙王元乃太祖孙而非子，其作为附传于该卷中实无所属。对此现象最为合理的解释是，《太祖诸子传》中原本有《宗峻传》，元朝史官为编《世纪补》而将这部分内容抽出，结果遗留下宗峻子元的附传。

对此，有两例旁证。其一，《世纪补·徽宗》最末言："子合剌、常胜、查剌。合剌是为熙宗。"此文与《胙王元附传》"本名常胜，为北京留守。弟查剌为安武军节度使"正相呼应，② 透露出两者本为一整体，且相互衔接。其二，若将宗峻传与宗隽、宗杰、宗强 3 人列传比较，可以发现各传风格一致，均篇幅简短，仅大略叙述封王、历官及征辽事迹。因此，从书写风格上也能佐证原书存在独立、简略的《宗峻传》，且收入《太祖诸子传》，只不过后来被移置于《世纪补》。

其次，《世纪补·睿宗》谓："初讳宗辅，本讳讹里朵。"③ 上引《太祖诸子传》称"宣献皇后生睿宗、幽王讹鲁朵"。尽管无法确定宗尧（宗辅）事迹是否出自《太祖诸子传》，或像"宗幹、宗望、宗弼自有传"，但其出自《睿宗实录》的可能性不大。原因是，《世纪补》所叙宗尧事迹的叙事风格接近列传，而与实录诸条史料的系年编纂体例不大相符。《世纪补·睿宗》大抵以叙事为主线，不拘时间细节，显然属于列传体例。

不过有一反例。《金史·世宗纪》大定十一年十月丙寅条记载，"尚书左丞相纥石烈良弼进《睿宗实录》"，同事还见于《纥石烈良弼传》。④ 而苏天爵《三史质疑》称有《睿宗实录》10 卷。⑤ 对于上述情况需要思考的是，苏天爵是否亲眼见过《睿宗实录》，以及此书是否为翰林国史院实藏，甚至需要质疑元修《金史》是否利用过此书。以上疑问虽无明确答案，但至少从《世纪补·睿宗》编纂体例及内容上，丝毫看不出脱胎于 10 卷本《睿宗实录》的痕迹。

与此形成对比的是，同卷显宗纪事确有部分改编自实录。据粗略统计，《世

---

① 《辽史》附录《三史凡例》，北京：中华书局，1974 年，第 1557 页。
② 《金史》卷 19《世纪补·宗峻》，第 407 页；卷 69《太祖诸子传》，第 1609 页。
③ 《金史》卷 19《世纪补·宗尧》，第 408 页。
④ 《金史》卷 6《世宗纪上》，第 150 页；卷 88《纥石烈良弼传》，第 1953 页。
⑤ 苏天爵：《滋溪文稿》卷 25《三史质疑》，第 422 页。

纪补·显宗》大定二年五月壬寅，六年十月甲申，七年七月己未，八年正月庚辰，九年九月甲寅，十一年十一月丁亥，十二年五月壬子，十四年四月乙亥，十九年十一月壬戌，二十二年四月乙卯，二十四年三月丙申，二十四年五月己丑，二十五年六月庚申、庚午、戊寅，七月戊申、九月己酉，二十六年十一月庚申 18 条，皆见于《世宗纪》，其余诸条为《世纪补·显宗》独有。此外，《世宗纪》大定三年五月乙未、己亥，四年六月己巳，七年十月辛酉，十一年十一月戊寅，十四年四月戊辰，十六年三月戊午 7 条，则不载于《世纪补·显宗》。这说明《世纪补·显宗》和《世宗纪》取自不同的原始文献：前者取自《显宗实录》，后者取自《世宗实录》。

《金史》对上述两部实录的记载却存在疑问。《章宗纪二》明昌四年（1193）八月辛亥云："国史院进《世宗实录》，上服袍带，御仁政殿，降座，立受之。"《章宗纪三》泰和三年十月庚申复见，该卷校勘记指出："此又重见，故钱大昕《元史·艺文志》、施国祁皆以完颜匡所进为《显宗实录》。"① 邱靖嘉反对此说，认为编修《世宗实录》工作任务非常繁重，耗时较长，泰和三年进呈者应为《世宗实录》。② 但问题是，上文考证《显宗实录》确实存在，那么它与《世宗实录》在编成时间上孰先孰后？

笔者通过比较《世纪补·显宗》和《世宗纪》的文本，注意到这样一条信息。《世纪补·显宗》载，大定十九年十一月，"改葬明德皇后于坤厚陵，帝徒行挽灵车，遇大风雪，左右进雨具，帝却之，比至顿所，衣尽沾湿，观者无不下泪"。《世宗纪中》载，十一月壬戌，"改葬昭德皇后，大赦"。③ 两份文献所载为同一事件，但关于乌林答氏皇后的谥号有分歧。《金史·后妃传·世宗昭德皇后》载："章宗时，有司奏太祖谥有'昭德'字，改谥明德皇后。"④ 再检《世纪补·显宗》，还有"母曰明德皇后乌林答氏"、"陛下以明德皇后之故未尝见责"、"葬明德皇后于坤厚陵，诸妃皆祔" 3 条纪事。⑤ 这些纪事皆称用讳改谥号，说明

---

① 《金史》卷 10《章宗纪二》，第 230 页；卷 11《章宗纪三》，第 261、265 页，校勘记㉔。
② 邱靖嘉：《〈金史〉纂修考》，第 43—44 页。
③ 《金史》卷 19《世纪补·允恭》，第 413 页；卷 7《世宗纪中》，第 174 页。
④ 《金史》卷 64《后妃传下》，第 1522 页。
⑤ 《金史》卷 19《世纪补·允恭》，第 410、414、416 页。

《显宗实录》修成于章宗颁布"改谥明德皇后"之后。《世宗实录》盖因进呈于前，故采用原来谥号"昭德"。另据孙建权考证，章宗为避讳父亲"允恭"嫌名，将"少尹"改作"治中"，概在泰和元年七月至二年四月之际，而《世宗纪》中仍见"尹"字，故推定其所据《世宗实录》成书必早于泰和前，即明昌四年八月。① 综合"昭德"和"少尹"讳例，可以确认《显宗实录》当进呈在后。

### （二）《天文志》系摘抄实录而成

《金史·天文志》是元朝史官新修篇帙。关于其资料来源，四库馆臣据《玉堂嘉话》引王鹗语"太史张中顺，金一代天变皆有纪录"，认为"《金史·天文志》出于太史张中顺"。② 邱靖嘉推测，《金史》天文、五行二志应有比较系统的史料来源，那就是太史张中顺对金代天变灾异的详细记录。③ 但是，经系统探讨《天文志》诸条天象记录，可以发现以上说法难以成立。

《天文志》分为"日薄食辉珥云气"和"月五星凌犯及星变"两篇。上篇"日薄食辉珥云气"共有90余条纪事，与诸帝本纪比对，发现只有20余条未找到相应记载，说明两者可能具有共同的史源蓝本。能够佐证这一结论的，是下篇"月五星凌犯及星变"。《金史》帝纪从太宗至卫绍王，近80余条天象记录主要以"太白"为对象，其内容与《天文志》下篇相合。五星凌犯及星变是罕见的现象，但金朝实录中并非无此记录。今检《宣宗纪》，有贞祐二年（1214）十一月辛巳，三年七月庚申、戊寅，四年十一月丙戌，兴定元年（1217）九月癸巳、十一月癸未，二年十月癸亥，三年八月丁卯、戊辰，四年三月甲寅、十一月壬辰，五年九月庚戌，六年三月丙寅，元光二年（1223）八月乙亥，正大元年（1224）四月癸酉，天兴元年（1232）七月乙巳，共16条五星天象记录，而《天文志》均能与之吻合。由此可以初步推测，《金史·天文志》是元朝史官直接从金朝实

① 孙建权：《试析金代"治中"出现之原因——兼论金朝对"尹"字的避讳》，《中华文史论丛》2015年第3期。
② 王恽：《玉堂嘉语》卷1，北京：中华书局，2006年，第41页；《四库全书总目》卷122《玉堂嘉话》，北京：中华书局，1965年，第1051页中栏。
③ 邱靖嘉：《〈金史〉纂修考》，第163—166页。

录里逐条摘录出来的。① 此外，还有两条颇具说服力的证据。

其一，根据《金史》阙文，可以探知《天文志》与《世宗纪》存有相同史源。《天文志·月五星凌犯及星变》载：

> （大定）二十一年二月戊子，月犯镇星。戊戌，太白昼见。三月甲子，太白昼见。四月壬申，荧惑掩斗魁第二星，十有四日。六月甲戌，客星见于华盖，凡百五十有六日灭。七月乙亥朔，荧惑顺入斗魁中，五日。（以下史阙）二十二年五月甲申，太白昼见，六十有四日伏。②

今检《世宗纪下》大定二十一年二月戊戌、三月甲子，二十二年五月甲申皆言"太白昼见"，③《天文志》与此 3 条记录契合。引文"以下史阙"非常关键，据此核查《世宗纪下》，该卷缺大定二十一年九月至十二月及二十二年正月、二月共计 6 个月纪事。再检与《世宗纪》同源的《交聘表》，发现本应记述的二十一年"贺宋正旦使"及二十二年正月朔"宋、高丽、夏遣使来贺"均无，直到二十二年三月辛未朔万春节条才有记录，④ 这与本纪情况相合。《天文志》同样也缺载大定二十一年八月至次年三月的天象记录。上述缺载情况的高度一致，说明《天文志》缺载的根源在于《世宗实录》存在阙文。⑤

循此思路，再检《天文志·月五星凌犯及星变》：

> （大定）十四年三月辛丑，太白岁星昼见，十有八日伏；丙辰，二星经天，凡二日。六月己未，太白昼见，三十有九日；八月己卯，昼见，又百三十二日乃伏。庚辰，荧惑犯积尸气。十月丙寅，岁星昼见，六日。十五年十一月甲子，太白昼见，八十有六日伏。十二月乙丑，月掩井西扇北第一星。

---

① 曾震宇：《〈大金国志〉研究》，第 784 页。

② 《金史》卷 20《天文志》，第 429—430 页。

③ 《金史》卷 8《世宗纪下》，第 179、180、182 页。

④ 《金史》卷 61《交聘表中》，第 1441 页。

⑤ 《金史》卷 7《世宗纪中》大定十三年、十四年亦有缺载月份，似乎皆源于实录存在阙文。这一问题有待进一步研究。

十六年三月庚申，月食。①

《世宗纪中》大定十五年十一月甲子云："太白昼见。"据此，中华书局点校本于"十一月甲子"前补"十五年"。但是，《天文志》脱失该纪年的原因，恐怕不能简单归咎于史官抄录疏忽。《世宗纪中》"十五年正月"下有小注云"此下阙"，②即此条至七月丙午条共有 6 个月的阙文。换而言之，"十五年正月此下阙"当系元朝史官为求严谨而标注的说明文字，表明《世宗纪》所资取的《世宗实录》原文有缺。《交聘表中》载大定十五年正月，"宋试户部尚书蔡洸、江州观察使赵益等贺正旦"，"夏武功大夫李嗣卿、宣德郎白庆嗣等贺正旦"。③ 从这两条交聘记录看，《世宗实录》正月应有纪事（而本纪未采），其阙文实际上应从二月到七月丙午。元朝史官根据实录诸条摘录，由于阙文，便直接从十四年十月丙寅跳到次年十一月甲子，以致抄进《天文志》时不书"十五年"。

要而言之，《天文志》注文"以下史阙"和《世宗纪中》注文"此下阙"，在其相对应的《天文志》《世宗纪下》条文中正好缺失，证明具有同源关系。④

其二，分析马贵中事迹，可知《天文志》《五行志》与《海陵纪》有相同史源。《天文志·月五星凌犯及星变》载：

（正隆）五年正月，海陵问司天提点马贵中曰："朕欲自将伐宋，天道如何？"贵中对曰："去年十月甲戌，荧惑顺入太微，至屏星，留退西出。《占书》荧惑常以十月入太微庭，受制出伺无道之国。又去年十二月，太白昼见经天，占为兵丧，为不臣，为更主。又主有兵兵罢，无兵兵起。"

六年七月乙酉，月食。九月丙申，太白昼见。先是，海陵问司天马贵中曰："近日天道何如？"贵中曰："前年八月二十九日太白入太微右掖门，九月二日至端门，九日至左掖门出，并历左右执法。太微为天子南宫，太白兵将之象，其占：兵入天子之庭。"海陵曰："今将征伐，而兵将出入太微，正

① 《金史》卷 20《天文志》，第 428—429 页。

② 《金史》卷 7《世宗纪中》，第 162 页。

③ 《金史》卷 61《交聘表中》，第 1434 页。

④ 此点承常磊提示。

其事也。"贵中又言："当端门而出，其占为受制，历左右执法为受事，此当有出使者，或为兵，或为贼。"海陵曰："兵兴之际，小贼固不能无也。"是岁，海陵南伐，遇弑。①

正隆五年（1160）正月条和六年九月丙申条叙述马贵中议论天象，预知南伐成败事。《金史·方伎传·马贵中》所载内容相同，谨以后一条纪事为例：

六年二月甲辰朔，日有晕珥戴背，海陵问："近日天道何如？"贵中对曰："前年八月二十九日，太白入太微右掖门，九月二日，至端门，九日，至左掖门出，并历左右执法。太微为天子南宫，太白兵将之象，其占，兵入天子之廷。"海陵曰："今将征伐而兵将出入太微，正其事也。"贵中又曰："当端门而出，其占为受制，历左右执法为受事，此当有出使者，或为兵，或为贼。"海陵曰："兵兴之际，小盗固不能无也。"及被害于扬州，贵中之言皆验。②

六年二月甲辰朔"日有晕珥戴背"条，别见于《天文志·日薄食辉珥云气》"六年二月甲辰朔，日有晕珥，戴背"，其余内容与下篇《月五星凌犯及星变》相同。比较上述记载，可见两者应源于同一文献而被多番拆解。

再检《方伎传·马贵中》有谓："镇戎军地震大风，海陵以问，贵中对曰：'伏阴逼阳，所以震也。'又问曰：'当震，大风何也？'对曰：'土失其性则地震，风为号令，人君命令严急则有烈风及物之灾'。"此事并见于《五行志》正隆五年二月辛未条，缘起于"河东、陕西地震。镇戎、德顺等军大风，坏庐舍，民多压死"。③ 据考订，《金史·五行志》无独立史源，而是以诸帝实录为主干，杂抄诸书而成。④ 具体到"镇戎军地震大风"这条，并非谓《五行志》源出旧本《方伎传·马贵中》，而是表明两者来自同一种文献。

① 《金史》卷 20《天文志》，第 426、427 页。
② 《金史》卷 131《方伎传·马贵中》，第 2813 页。
③ 《金史》卷 23《五行志》，第 536 页。
④ 曾震宇：《〈大金国志〉研究》，第 785 页。

综上可见，《方伎传·马贵中》传文乃摘自《海陵实录》《世宗实录》，其作为中间文本，所载天象、地震记录与《天文志》《五行志》构成多线索的传抄网络，表面看似复杂，实则同源于《海陵实录》。由此推知，元朝史官修史，是以实录为蓝本，根据纪、志、传不同体例而对文本加以摘录，最后分散到《金史》之中。

### （三）《宗室表》非取资宗室谱牒

《宗室表》序文称："贞祐以后，谱牒散失，大概仅存，不可殚悉，今掇其可次第者著于篇。其上无所系、下无所承者，不能尽录也。"[1] 学者几乎一致认为此表据金朝谱牒资料而撰成。[2] 但是，逐条核查《宗室表》内容后，可以发现序文所述存在疑点。

先看《宗室表》的整体结构。《宗室表》以始祖以下太祖、太宗、景宣、熙宗、海陵王、睿宗、世宗、显宗、章宗、卫绍王、宣宗及其五世子孙构成经纬，每位皇帝栏后附录有元朝史官考订补叙的内容。值得注意的是，《始祖以下诸子》《太祖诸子传》《太宗诸子传》《熙宗诸子传》《海陵诸子传》《世宗诸子传》《显宗诸子传》《卫绍王诸子传》《宣宗诸子传》，各传篇首均有序文，概括诸子的母系及官封情况。《宗室表》的主体框架即应抄录于此，其余具体世次及子嗣情况，盖从相关列传中提取信息加以补充。今择要举证两个典型案例，以期呈现元朝史官的编纂模式。

其一，《宗室表》世宗诸子表完颜杲一栏载：

第一栏：

　　杲　本名斜也。谱班勃极烈、辽王。

第二栏：

　　宗义　本名孛吉。平章政事。

---

[1]　《金史》卷59《宗室表》，第1359页。

[2]　王明荪：《金修国史及金史源流》，《书目季刊》1988年第1期；李玉君：《金代宗室研究》，北京：科学出版社，2016年，第46页；邱靖嘉：《〈金史〉纂修考》，第176—177页。

　　蒲马　　龙虎卫上将军。

　　孛论出　　龙虎卫上将军。

　　阿鲁　　龙虎卫上将军。

　　偎喝　　龙虎卫上将军。

　　阿虎里　　袭猛安。①

该栏末云："右世祖子，与康宗、太祖、太宗凡十一人。"《金史·始祖以下诸子传》有谓："世祖翼简皇后生康宗，次太祖，次魏王斡带，次太宗，次辽王斜也。次室徒单氏生卫王斡赛，次鲁王斡者。次室仆散氏生汉王乌故乃。次室术虎氏生鲁王阇母。次室术虎氏生沂王查剌。次室乌古论氏生郓王昂。"《宗室表》即据此总结出上文，依次胪列斡带、呆、斡赛、斡者、乌故乃、阇母、查剌、昂诸王及其子嗣，与《始祖以下诸子传》的序次正相契合。《完颜呆传》云："呆本名斜也，世祖第五子，太祖母弟。收国元年，太宗为谙班勃极烈，呆为国论昊勃极烈……正隆例封辽王。"与此表同。又据《宗义附传》："宗义本名孛吉，斜也之第九子。天德间，为平章政事……斜也有幼子阿虎里，其妻挞不野女，海陵妃大氏女兄。将杀阿虎里，使者不忍见其面，以衾覆而缢之，当其颐，久不死，及去被再缢之，海陵遣使赦其死，遂得免。后封为王，授世袭千户。大定初，追复宗义官爵，赠特进。弟蒲马、孛论出、阿鲁、隈喝并赠龙虎卫上将军。"② 可知，《宗室表》呆之子宗义及其弟等简历均取资旧本《宗义附传》。

　　其二，《宗室表》的编纂错讹也能证明其文献来源。康宗子谋良虎（宗雄）一栏记载如下：

　　第一栏：

　　　　谋良虎

　　第二栏：

　　　　余里也

---

① 《金史》卷 59《宗室表》，第 1364 页。
② 《金史》卷 65《始祖以下诸子传》，第 1545 页；卷 59《宗室表》，第 1364—1365 页；卷 76《完颜呆传》，第 1737、1740 页；卷 76《宗义附传》，第 1740—1741 页。

・64・

蒲鲁虎　袭猛安。

第三栏：

桓端　金紫光禄大夫。

第四栏：

蒲带　上京路提刑使。

袅频①

《宗雄传》谓："初，蒲鲁虎袭猛安。蒲鲁虎卒，赠金紫光禄大夫，子桓端袭之，官至金吾卫上将军。桓端卒，子袅频未袭而死。章宗命宗雄孙蒲带袭之。"《宗室表》编纂者未审"蒲鲁虎卒赠金紫光禄大夫子桓端袭之"的上下文义，竟把蒲鲁虎死后赠官金紫光禄大夫视作桓端的官职。此外，《宗雄传》云："孙常春、胡里刺、胡刺、鹘鲁、茶扎、怕八、讹出。"《宗室表》康宗栏末据此补充："史载常春、胡里刺、胡刺、鹘鲁、茶扎、怕八、讹出皆称谋良虎孙，不称谁子，不可以世。"② 对比可知，《宗室表》康宗栏"谋良虎"与其本传相合，但节录史文有误。

综上所述，不论是通过《宗室表》与金朝历代皇帝诸子传的比较结果，还是通过以上两个范例的细节论证，都能证实元朝史官编纂《宗室表》恐非引据宗室谱牒，而是从旧本宗室列传中摘录相关条目拼凑成篇的。

### （四）《交聘表》《外国传·西夏》《外国传·高丽》源自实录

有学者认为，《交聘表》的史料来源主要是金朝实录、《国史》及相关外交档案，并与《辽史》《宋史》互有参考。③ 这种论断总体正确，但称其参考《辽史》《宋史》有待验证。《交聘表》和《外国传》两者体例有差，虽由不同史官分工编成，但两者可互相参证。如果将之与诸帝本纪相比对，便可整体考察三者的关系。

通检《交聘表》《外国传》，发现其与诸帝本纪互见者数量不少，不同处仅

---

① 《金史》卷59《宗室表》，第1366页。
② 《金史》卷73《宗雄传》，第1681页；卷59《宗室表》，第1367页。
③ 曾震宇：《〈大金国志〉研究》，第791页；邱靖嘉：《〈金史〉纂修考》，第178、224页。

详略不一而已——本纪简洁，表稍详，列传则叙述事情原委。例如，《交聘表上》天会二年（1124）谓"三月，夏使把里公亮等来上誓表"，"闰三月，遣王阿海、杨天吉赐誓诏于夏"。《太宗纪》天会二年三月辛未云："夏国王李乾顺遣使上誓表"，"闰月戊寅朔，赐夏国誓诏"。① 以上记载相合，但都相当简略。《西夏传》天会二年谓："乾顺遣把里公亮等来上誓表，曰……太宗使王阿海、杨天吉往赐誓诏曰……"② 详录誓表内容。对比可知，天会二年条最初应出自《太宗实录》，本纪、表、传根据各自体例之需，分别摘录。

　　再如，《交聘表上》收国二年（1116）闰正月云："高丽遣使来贺捷，且请保州，太祖曰：'尔自取之。'"同栏下复云："高丽遣蒲马请保州，诏谕高丽曰：'保州近尔边境，听尔自取。'"此事并见于《太祖纪》收国二年闰正月条及天辅元年（1117）八月癸亥条。两相比较，可见第一条相合，而第二条系年歧异。中华书局点校本认为《交聘表》有误，③ 修订本则推测错在《太祖纪》。④ 对此，有必要借助同源文本的视角加以考察。

　　《高丽传》载金、丽关于保州交涉之详情曰：

　　　　（收国）二年闰月，高丽遣使来贺捷，且曰："保州本吾旧地，愿以见还。"太祖谓使者曰："尔其自取之。"诏撒喝、乌蠡等曰："若高丽来取保州，益以胡刺古、习显等军备之，或欲合兵，无得辄往，但谨守边戍。"及撒喝、阿实赉等攻保州，辽守将遁去，而高丽兵已在城中。既而，高丽国王使蒲马请保州，诏谕高丽王曰："保州近尔边境，听尔自取，今乃勤我师徒，破敌城下。且蒲马止是口陈，俟有表请，即当别议。"⑤

---

① 《金史》卷60《交聘表上》，第1391页；卷3《太宗纪》，第50页。
② 《金史》卷134《西夏传》，第2866页。
③ 《金史》卷60《交聘表上》，第1387页；卷2《太祖纪》，第29、30页；卷60《交聘表上》，第1414页，校勘记②。
④ 修订本《金史》卷60《交聘表上》，第1503页，校勘记②；杨军：《〈金史·交聘表〉校正二十则》，《古籍研究》2001年第3期。
⑤ 《金史》卷135《高丽传》，第2884页。

从"二年闰月，高丽遣使来贺捷"至"高丽国王使蒲马请保州"，基本与《交聘表》相合，均系收国二年之事。据《高丽史·睿宗世家》，睿宗十一年（金收国二年）八月庚辰，"金将撒喝攻辽来远、抱州二城，几陷，其统军耶律宁欲帅众而逃。王遣枢密院知奏事韩皦如招谕，宁以无王旨辞，皦如驰奏。王欲令枢密院具札子送之。宰臣谏官奏曰：'彼求王旨，其意难测，请止之。'王乃遣使如金请曰：'抱州本吾旧地，愿以见还。'金主谓使者曰：'尔其自取之。'"[1] "抱州"即保州，《高丽史》所载足证《金史·高丽传》无误。高丽曾两次遣使求取保州城，第一次在闰正月贺捷时，第二次于八月庚辰从高丽出发，概于当年抵金。然而，《高丽史·地理志》义州条载："睿宗十二年，辽刺史常孝孙与都统耶律宁等避金兵，泛海而遁，移文于我宁德城，以来远城及抱州归我，我兵入其城收拾兵仗钱谷，王悦，改为义州防御使。"《高丽史·睿宗世家》系此事于十二年三月辛卯，[2] 意谓次年三月高丽已取得保州，不消于八月遣使复请保州。于是，根据同源文本并结合高丽文献看，《金史·太祖纪》天辅元年八月癸亥条的准确性令人生疑。

综上所述，元修《金史》尽管取材多元，但能从中梳理得到一条主线。《金史》所依据的"源"是金朝实录，《世纪补》《天文志》《宗室表》《交聘表》《外国传·西夏》《外国传·高丽》等均据此改编，是为"流"。诸流交错，构成可资相互发明的史源脉络。通过史文对比及细节考证，能够揭示《金史》文献内部的同源性质，也能勾勒各文献之间的传抄关系。

## 二、同源视角：重审《金史》的编纂思路

在掌握《金史》史源总体情况的前提下，讨论元朝史官的纂修工作及其思路，可以进一步了解《金史》成书的过程。统揽全书，可将元朝史官的操作归纳为四种类型：其一，传统纂修史书的基本技艺"剪刀加糨糊"——从实录中摘编列传；其二，"新瓶装旧酒"——改变实录的体例，拼织与编造志、表；其三，抄撮宋元文献以成金朝之制；其四，三史同修背景下特有的史料杂糅。

---

① 《高丽史》卷 14《睿宗世家三》，首尔：亚细亚文化社，1972 年，上册，第 285 页上栏。
② 《高丽史》卷 58《地理志三》，中册，第 314 页下栏；卷 14《睿宗世家三》，上册，第 287 页上栏。

### （一）"剪刀加糨糊"：列传之编纂

金朝实录本有附传，元修《金史》便反复利用金朝实录，以"剪刀加糨糊"的方式，编排出各式各样的篇什。其中，人物列传占大部分。然而，由于元朝史官拼接粗糙，致使漏洞颇多。尽管金朝实录早已亡佚，但通过蛛丝马迹，仍能窥得大概。下文即以《忠义传》诸篇为例展开说明。

《金史·忠义传》序文述："圣元诏修《辽》《金》《宋史》，史臣议凡例，凡前代之忠于所事者请书之无讳，朝廷从之，乌虖，仁哉圣元之为政也。司马迁记豫让对赵襄子之言曰：'人主不掩人之美，而忠臣有成名之义。'至哉斯言，圣元之为政足为万世训矣。作《忠义传》。"① 《忠义传》诸篇的史料来源相当广泛。②《忠义传一·曹珪》云：

> 曹珪，徐州人。大定四年，州人江志作乱，珪子弼在贼党中，珪谋诛志，并弼杀之。尚书省议，当补二官杂班叙。诏曰："珪赤心为国，大义灭亲，自古罕闻也。法虽如是，然未足以当其功，更进一官，正班用之。"③

检《世宗纪上》大定四年正月乙巳条："尚书省奏：'徐州民曹珪讨贼江志，而子弼亦在贼中，并杀之。法当补二官，叙杂班'。上以所奏未当，进一官，正班用之。"④ 可知，本纪与列传所叙曹珪平定江志叛乱及赏功为正班等事基本相同，从而可以判定《忠义传一·曹珪》应摘抄自《世宗实录》大定四年正月乙巳条，属于直接从实录剪裁。

但是，由于拼接不严谨，有时难免会留下罅隙。《忠义传一·魏全》载：

> 魏全，寿州人。泰和六年，宋李爽围寿州，刺史徒单羲尽籍城中兵民及部曲厮役得三千余人，随机拒守坚甚。羲善抚御，得众情，虽妇人皆乐为

---

① 《金史》卷121《忠义传一》，第2634页。
② 邱靖嘉：《〈金史〉纂修考》，第210—215页。
③ 《金史》卷121《忠义传一·曹珪》，第2638页。
④ 《金史》卷6《世宗纪上》，第133页。

用。同知蒲烈古中流矢卒，羲益励不衰，募人往斫爽营，全在选中，为爽兵所执。爽谓全曰："若为我骂金主，免若死。"全至城下，反骂宋主，爽乃杀之，至死骂不绝口。

仆散揆遣河南统军判官乞住及买哥等以骑二千人救寿州，去寿州十余里与爽兵遇，乞住分两翼夹击爽兵，大破之，斩首万余级，追奔至城下，拔其三栅，焚其浮梁。羲出兵应之，爽兵大溃，赴淮死者甚众。爽与其副田林仅脱身去，余兵脱者十之四。诏迁羲防御使、乞住同知昌武军节度使事、买哥河南路统军判官。

赠蒲烈古昭勇大将军，官其子图剌。

赠全宣武将军、蒙城县令，封其妻为乡君，赐在州官舍三间、钱百万，俟其子年至十五岁收充八贯石正班局分承应，用所赠官荫，仍以全死节送史馆，镂版颁谕天下。①

这篇列传并未涵盖魏全的全部履历，仅为片段事迹。其中，"泰和六年" 4 字为关键线索。该传诸条纪事分别见于《章宗纪四》泰和六年六月辛亥、壬子、壬戌、戊辰及七年正月乙酉 5 条。最后一条谓 "赠故寿州死节军士魏全宣武将军、蒙城令，封其妻乡君，子俟年至十五收充八贯石正班局分承应，仍赐钱百万"，其下附录魏全封赠之原委。② 原本该段叙事连贯，却被元朝史官拆分为二，首尾割裂，并在中间补进 4 条宋将李爽围寿州及刺史徒单羲拒守等与魏全全然无关之事，可见元朝史官似有拼凑篇幅之嫌。

《忠义传一》酬斡、仆忽得两传更为特殊。《太祖纪》天辅四年九月条谓，"烛隈水部实里古达等杀孛堇酬斡、仆忽得以叛"。③《斡鲁传》载，斡鲁平叛有功，并提及实里古达叛乱之始末，而酬斡、仆忽得事迹即附丽于此。两相比较，不难发现酬斡、仆忽得两传的内容均不出《斡鲁传》范围，且文句几近一致，仅详略稍微有别。④ 据此推测，《斡鲁传》与酬斡、仆忽得两传是不同史官从相

---

① 《金史》卷 121《忠义传一·魏全》，第 2640—2641 页。
② 《金史》卷 12《章宗纪四》，第 276、280 页。
③ 《金史》卷 2《太祖纪》，第 34 页。
④ 《金史》卷 71《斡鲁传》，第 1633 页；卷 121《忠义传一》，第 2635—2636 页。

同实录中摘出的。按照纂修凡例，既然已有酬斡、仆忽得两传，那么《斡鲁传》理当删削或简化相关内容。大概由于《金史》总裁官统稿粗疏，所以出现"复文"。

此外，《忠义传一·粘割韩奴》的同源文本也比较明确。传文云："是岁，粘拔恩君长撒里雅、寅特斯率康里部长孛古及户三万余求内附，乞纳前大石所降牌印，受朝廷牌印。诏西南招讨司遣人慰问，且观其意。"此"是岁"乃承上文"大定中"，但具体所指不详，当系元朝史官编纂史料失当所致。今考《世宗纪中》大定十五年七月丙午条"粘拔恩与所部康里孛古等内附"，可知《粘割韩奴》所言乃此年之事。传文下述秃里余睹、通事阿鲁带赴粘拔恩部招降，"世宗嘉韩奴忠节，赠昭毅大将军，召其子永和县商酒都监详古、汝州巡检娄室谕之曰：'汝父奉使万里，不辱君命，能尽死节，朕甚闵之。'以详古为尚辇局直长，迁武义将军，娄室为武器署直长"。《世宗纪中》大定十六年十一月甲子条载："以粘割韩奴之子详古为尚辇局直长，娄室为武器直长。初，韩奴被旨招契丹大石，后不知所终，至是因粘拔恩部长撒里雅、寅特斯等来，询知其死节之详，故录其后。"[1] 两者内容高度契合。根据"故录其后"一语，有理由推测粘割韩奴小传原本应附丽于《世宗实录》。

通过上述例证，可为探究《忠义传》的编纂过程提供思路，也可为讨论其他人物列传与实录的关系提供借鉴。苏天爵《三史质疑》提出，"金诸臣三品以上方许立传"。[2] 若按此为分类标准，则曹珪等人传记至多算作附录于实录中的小传。对此，可以参考下例。耶律铸《密谷行》称"金源氏实录，孟参政铸无传，添寿荣禄有传"，其序文云：

> 金崇庆间，添寿荣禄领骁果驻京畿为声援，闻圣朝太祖皇帝围守西京，东海遂命添寿将诸路兵八十余万，号称百万，援之，仍赐手诏曰："今悉国力，当清北方。"次密谷口时，太祖皇帝亲率大军，先以前骑三千当之，大

---

① 《金史》卷121《忠义传一·粘割韩奴》，第2637、2638页；卷7《世宗纪中》，第162、165页。"撒里雅寅特斯"原标点作一人，今改。

② 苏天爵：《滋溪文稿》卷25《三史质疑》，第422页。

军继至，未鼓，敌溃，全军覆没。①

添寿即奥屯襄，"荣禄"系其散阶（从二品上），非人名。《奥屯襄传》载："奥屯襄本名添寿……崇庆改元，为元帅左都监，救西京，至墨谷口，一军尽殪，襄仅以身免，坐是除名。"② 两者内容若合符契，应同源于金朝实录。因出自同一文本，故"墨谷口"明显为"密谷口"之讹。另据《金史·宣宗纪》贞祐三年春正月乙亥条："北京军乱，杀宣抚使奥屯襄。"③ 可见，此亦与《奥屯襄传》相同。按照实录以官员卒年附载小传的惯例，可推知奥屯襄生平履历本应源于《宣宗实录》贞祐三年正月乙亥条。

元朝史官摘录实录编成列传，有时仅凭两条材料就能编撰出一篇。《孔端甫传》载："四十八代端甫者，明昌初，学士党怀英荐其年德俱高，读书乐道，该通古学。召至京师，特赐王泽榜及第，除将仕郎、小学教授，以主簿半俸致仕。"构成该传的诸条史料均见于《章宗纪》，且实际只有明昌三年十一月庚午和四年三月丙子两条而已。④

编撰《金史》列传的另一辅助手段是搜集其他文献。尽管手法比较高明，弥合逼真，但总会留下线索。《完颜奴申传》载："天兴二年正月丙寅，省令史许安国诣讲议所言……明日戊辰，西面元帅崔立与其党字术鲁长哥、韩铎、药安国等为变。"对此，中华书局点校本校勘记指出："天兴二年正月丙寅。'丙寅'原作'戊辰'。按下文有'即命召京城官民明日皆聚省中'，又有'明日戊辰，西面元帅崔立等为变'，与本书卷一八《哀宗纪》合，知'戊辰'误。《归潜志》卷一一《录大梁事》，'二十有一日，忽闻执政召在京父老士庶计事诣都堂'。是月丙午朔，见《哀宗纪》。二十一日为丙寅。今据改。"⑤ 但事实上，点校者没有注意到《完颜奴申传》的史料来源。

---

① 耶律铸：《双溪醉隐集》卷2《密谷行》，景印文渊阁《四库全书》，第1199册，第400页。

② 《金史》卷103《奥屯襄传》，第2275—2276页。

③ 《金史》卷14《宣宗纪上》，第306页。

④ 《金史》卷105《孔端甫传》，第2312页；卷9《章宗纪一》，第224—225页；卷10《章宗纪二》，第228页。

⑤ 《金史》卷115《完颜奴申传》，第2525、2534页，校勘记⑦。

同传赞语云："刘京叔《归潜志》与元裕之《壬辰杂编》二书虽微有异同，而金末丧乱之事犹有足征者焉。"由此提示出，该传主要取资《归潜志》和《壬辰杂编》。更具体地说，传文"或曰是时外围不解"至"且继以涕泣"，及明日戊辰条"西面元帅崔立"至"纳合德晖等"，应抄自或改编自《归潜志》所载《录大梁事》天兴二年正月条。① "省令史许安国诣讲议所言"至"慎勿泄"，以及奴申等人与元好问之对答，当出自《壬辰杂编》。② 由此可见，元朝史官是将《录大梁事》和《壬辰杂编》整合成一篇《完颜奴申传》，并在内容上有所增损。"忽闻召京城士庶计事"一句，《录大梁事》原文本有"廿有一日"，但被删削无遗。下文"明日戊辰，西面元帅崔立与其党孛术鲁长哥、韩铎、药安国等为变"一句，《录大梁事》原文并无"明日戊辰"。笔者推断，"天兴二年正月戊辰"的原文——《壬辰杂编》——本就如此，经元朝史官把分属《录大梁事》和《壬辰杂编》的两条史料合二为一，以致崔立壬辰之变的时序发生错乱。

以上种种，皆是把金朝实录和其他文献改编成列传的真实情形。我们只有充分了解元朝修史的具体操作环节，才能重新审视《金史》列传，并对那些曾被判定为"错误"的史文作出合理解释。以下，试举两例。

一如《忠义传一·鹤寿》载："鹤寿，郓王昂子，本名吾都不。五院部人老和尚率众来招鹤寿与俱反，鹤寿曰：'吾宗室子，受国厚恩，宁杀我，不能与贼俱反。'遂与二子皆被杀。"中华书局点校本校勘记指出："按卷六五《昂传》，'郓王昂，本名吾都补'。'不''补'同音异译，疑此处'子'字当在'吾都不'之下。"那么，出现这一讹误的原因为何？《叛臣传·移剌窝斡》载："迪斡群牧使徒单赛里、耶鲁瓦群牧使鹤寿等皆遇害，语在《鹤寿传》中。"而《昂传》则谓："子郑家、鹤寿。鹤寿累官耶鲁瓦群牧使，死于契丹撒八之难，语在《忠义传》。"③ 据该传所附郑家传，推测《鹤寿传》当附丽于《昂传》之后。上文"语在《鹤寿传》中"指旧本之出处，元朝史官将此内容剪切到《忠义传

---

① 《金史》卷115《完颜奴申传》，第2526页；刘祁：《归潜志》卷11《录大梁事》，北京：中华书局，1983年，第127页。

② 陈学霖：《元好问〈壬辰杂编〉探赜》，《晋阳学刊》1990年第5期。

③ 《金史》卷121《忠义传一·鹤寿》，第2639、2655页，校勘记⑤；卷133《叛臣传·移剌窝斡》，第2849页；卷65《完颜昂传》，第1553页。

一》，因此传文叙及其出身便作"鹤寿，郓王昂子，本名吾都不"，但这不过是从旧本《昂传》截取失当所致。

二如《乌古论镐传》载，天兴二年九月，"大兵围蔡，镐守南面，忠孝军元帅蔡八儿副之"。① 此谓蔡八儿为镇守南面的乌古论镐的副手。而《忠义传四·蔡八儿》云："上令分军防守四城，以殿前都点检兀林答胡土守西面，八儿副之。"可知，蔡八儿本系守西面的兀林答胡土之副将。解决两传所载歧异的途径是从史源上加以追索。《哀宗纪下》天兴二年九月庚辰条载："分军防守四面及子城，以总帅孛术鲁娄室守东面，内族承麟副之；参知政事乌古论镐守南面，总帅元志副之；殿前都点检兀林答胡土守西面，忠孝军元帅蔡八儿副之。"② 该段史文与王鹗《汝南遗事》"分军防守四面并子城"条相同。③ 由此可知，《乌古论镐传》节录史文失当，漏掉"总帅元志副之"及"殿前都点检兀林答胡土守西面"等文句，使"镐守南面"直接承接"忠孝军元帅蔡八儿副之"，故而产生讹误。

总之，《金史》列传之编撰主要采据"剪刀加糨糊"的做法，首先是从实录中直接搬引小传，其次是多次利用实录及其他材料进行补充。

### （二）"新瓶装旧酒"：拼织诸表、志

元修三史在体例上仿照《史记》《汉书》《新唐书》设表。《宋史》两表32卷，《辽史》八表8卷，《金史》两表4卷，都占相当大的分量。然而，三朝旧有国史文献中并无成品可供采撷，故应体例之需，网罗、改造与主题相关的史料甚为常见。④《金史》中《宗室表》《交聘表》均循此思路编纂。

《宗室表》载："什古称昭祖曾孙，崇成称昭祖玄孙，不称谁子，不可以世，置之卷末。"该表末具列"虽称系出某帝，而不能世次"者，其中一栏如下：

---

① 《金史》卷119《乌古论镐传》，第2602页。
② 《金史》卷124《忠义传四·蔡八儿》，第2704页；卷18《哀宗纪下》，第401页。
③ 王鹗：《汝南遗事》卷3，《中国野史集成》，成都：巴蜀书社，1993年，第10册，第424页上栏。
④ 苗润博：《契丹国舅别部世系再检讨》，《史学月刊》2014年第4期。

第一栏：

　　什古　昭祖曾孙，东京留守。

第二栏：

　　阿鲁带　参知政事。

第三栏：

　　襄　尚书左丞相。①

对此，中华书局修订本校勘记谓："什古称昭祖曾孙。'什古'，原作'付古'，据南监本、北监本、殿本、局本改。按，本表下文云'什古昭祖曾孙'。本书卷九四《襄传》称'什古乃'，系同名异译。"修订本《内族襄传》校勘记采纳点校本意见谓："祖什古乃从太祖平辽。'什古乃'，本书卷五九《宗室表》'什古'两见，无'乃'字。"经对比，修订者将"什古乃"较"什古"多一字的现象解释为同名异译。点校本和修订本《内族襄传》校勘记均指出，"什古"两见，均无"乃"字。② 以上做法，反映了点校者对《宗室表》性质的认识及其价值评判。笔者认为，《金史·宗室表》并无独立史源，它不过是元朝史官摘录金朝皇帝及诸子传编纂而成；更进一步说，只要能够探明"什古"的史源，就能借助这个案例推断整个《宗室表》的史料来源。以下，详述之。

　　《内族襄传》提到，"丞相襄本名唵，昭祖五世孙也。祖什古乃从太祖平辽，以功授上京世袭猛安，历东京留守。父阿鲁带，皇统初北伐有功，拜参知政事"，襄本人"未几，进拜左丞"。传文所言"拜左丞"之事，见于《世宗纪下》大定二十一年闰三月癸卯条。③ 据此可知，《宗室表》相关内容实际上取资《内族襄传》所载"什古乃"、"阿鲁带"及"襄"祖孙三人简历，即前者为"流"，后者为"源"。

　　此外，有证据表明"什古乃"为准确名称。《金国语解·人事》释义云：

---

① 《金史》卷 59《宗室表》，第 1362、1377 页。

② 修订本《金史》卷 59《宗室表》，第 1470 页，校勘记⑧；卷 94《内族襄传》，第 2225 页，校勘记④。修订本谓"'什古'原作'付古'"。笔者复核该卷百衲本影印至正初刻本，知当为"什"而非"付"。

③ 《金史》卷 94《内族襄传》，第 2085、2087 页；卷 8《世宗纪下》，第 181 页。

"什古乃，瘠人。"① 不仅如此，襄祖父"什古乃"在金初的活动也有迹可循，此即《金史》所见习古乃（实古乃）。从《习古乃传》可知，他曾跟随太祖伐辽，且有"移治东京，镇高丽"的经历。这两段仕履与《内族襄传》所叙什古乃的事迹大体吻合。另外，《胡石改传》记载其始祖以下诸子事迹，云："从太祖攻宁江，败辽兵于达鲁古城，破辽主亲兵，皆有功。辽军来援济州，胡石改与其兄实古乃以兵迎击，败之。"可知，实古乃与胡石改为兄弟，皆系籍宗室。《太祖纪》甲午年（1114）六月条亦载"宗室习古乃"。② 这与《内族襄传》谓"昭祖五世孙也"相合。由此证明，"什古乃"、"实古乃"、"习古乃"皆为同名异译。

于是，再审《宗室表》"什古，昭祖曾孙，东京留守"之文，便可知其源应为《内族襄传》所言"丞相襄本名唵，昭祖五世孙也。祖什古乃从太祖平辽，以功授上京世袭猛安，历东京留守"。表中什古"昭祖曾孙"，显然是据其孙襄为"昭祖五世孙"推定得来。对于原本"祖什古乃从太祖平辽"一语，元朝史官极有可能将人名中的"乃"字从属于下文，理解为"乃从太祖平辽"，误以为此人名作"什古"。通过这个讹误，我们很容易看出元朝修纂《金史·宗室表》是取材于实录。

最后，讨论《宗室表》的整体情况。钱大昕《廿二史考异》曾有论断，谓"《表》所载世系，尚有脱漏"。③ 施国祁《金史详校》所载《宗室表》进行了诸多补正。④ 陈述不满于《宗室表》体例，重新改编格式，并在原表基础上增补大量内容，厘为二表：前表著太祖以下7世，后表著世祖以上至始祖7世，行辈不确者附后。⑤ 循此思路，中华书局点校本《金史》同样根据列传考证《宗室表》

---

① 《金史》附《金国语解》，第2893页。

② 《金史》卷72《习古乃传》，第1666—1667页；卷66《胡石改传》，第1565页；卷2《太祖纪》，第23页。

③ 钱大昕：《廿二史考异》卷85《金史二·宗室表》，上海：上海古籍出版社，2004年，第1176—1177页。

④ 施国祁：《金史详校》卷5，《续修四库全书》，上海：上海古籍出版社，1996年，第293册，第163—166页。

⑤ 陈述：《金史氏族表初稿（上）》，《中央研究院历史语言研究所集刊》第5本第3分，1935年，第331—374页。

"失载"人物 30 余位。① 这种补表传统之所以赓续不坠，根源在于学者对《宗室表》性质的认识及对其学术价值的定位。王明荪认为，《宗室表》"据金之谱牒得见者而成"。② 对此，认同者不少。③ 修订本同样将《宗室表》视为具有史料价值的"谱牒"，凡与相关人物列传歧异处均作异同校，甚至以《宗室表》校正本传。然而上文已述，《宗室表》取资实录，可知表中内容无非元朝史官拼织而成。推测其做法，应该是先从诸帝实录中摘取文本编成宗室人物列传，再从列传底稿中节录人物名讳、世系及封官等信息编纂成《宗室表》。④

与《宗室表》相比，《五行志》的编纂更有历史传统。后者主要记录灾异及离奇事件，向来是劝诫帝王的重要工具。宋以后，《五行志》变为灾害物异的汇编，其体例仍按水、火、木、金、土分类编排。⑤《金史·五行志》颇为另类，其序文云："至于五常五事之感应，则不必泥汉儒为例云。"⑥ 所谓"汉儒"云云，指班固及其创立《汉书·五行志》的规范。⑦《金史·五行志》虽然宣称"仍前史法"，但实际并不具备专记祥瑞灾异的独立史料来源，其中大宗史料均摘取自实录。⑧

如《五行志》载太祖事迹曰：

> 他日军宁江，驻高阜，撒改仰见太祖体如乔松，所乘马如冈阜之大，太祖亦视撒改人马异常，撒改因白所见，太祖喜曰："此吉兆也。"即举酒酹之曰："异日成功，当识此地。"师次唐括带斡甲之地，诸军介而立，有光起于人足及戈矛上，明日，至札只水，光复如初。⑨

---

① 《金史》卷 59《宗室表》，第 1379—1384 页。

② 王明荪：《金修国史及金史源流》，《书目季刊》1988 年第 1 期，第 47—60 页。

③ 邱靖嘉：《〈金史〉纂修考》，第 176—177 页；李玉君：《金代宗室研究》，第 46—50 页。

④ 陈晓伟：《〈金史·宗室表〉再探》，《民族研究》2021 年第 1 期。

⑤ 游自勇：《试论正史〈五行志〉的演变——以"序"为中心的考察》，《首都师范大学学报》2006 年第 2 期。

⑥ 《金史》卷 23《五行志》，第 533 页。

⑦ 游自勇：《论班固创立〈汉书·五行志〉的意图》，《中国史研究》2007 年第 4 期。

⑧ 此点承杨瑞提示，并参考曾震宇：《〈大金国志〉研究》，第 785 页。

⑨ 《金史》卷 23《五行志》，第 534—535 页。

大定二十五年《大金得胜陀颂》云：

> 得胜陀，太祖武元皇帝誓师之地也。臣谨按《实录》及《睿德神功碑》：太祖率军渡涞流水，命诸路军毕会。太祖先据高阜，国相撒改与众仰望，圣质如乔松之高，所乘赭白马亦如冈阜之大。太祖顾视撒改等人马，亦悉异常。太祖曰："此殆吉祥，天地协吾军胜敌之验也。诸君观此，正当勠力同心。若大事克成，复会于此，当酹而名之。"①

上文所叙太祖攻宁江州前夕发生神异故事与《五行志》记载同，可知其史料来源应是《太祖实录》。

又如《五行志》大定十三年正月条载：

> 尚书省奏："宛平张孝善有子曰合得，大定十二年三月旦以疾死，至暮复活，云是本良乡人王建子喜儿。而喜儿前三年已死，建验以家事，能具道之，此盖假尸还魂，拟付王建为子。"上曰："若是则奸幸小人竞生诈伪，渎乱人伦。"止付孝善。②

此事不见于《世宗纪》，而周密《癸辛杂识·假尸还魂》载此事，小注作"世宗实录云"。③ 据此确知，《五行志》大定十三年正月条源自实录。

以上两例表明，《五行志》与诸帝实录有源流关系。但是，编纂过程中诸条目问题甚多，以下试举三例说明。

其一，《五行志》载皇统三年（1143）"七月丙寅，太原进獬豸及瑞麦"。中华书局修订本校勘记认为："'丙寅'，本书卷四《熙宗纪》记此事时间作'庚辰'。"并在《熙宗纪》出校勘记："本书卷二三《五行志》：皇统三年'七月丙

---

① 《吉林通志》卷120《金石志》，长春：吉林文史出版社，1986年，第1761页。
② 《金史》卷23《五行志》，第538页。
③ 周密：《癸辛杂识》别集下，北京：中华书局，1988年，第283页。

寅，太原进獬豸及瑞麦'，系日与此异。"① 兹引《熙宗纪》皇统三年纪事：

> 七月丙寅，上致祭太皇太后。庚辰，太原路进獬豸并瑞麦。②

据此推测，元朝史官应该是直接截取旧本《实录》"七月丙寅"和"太原路进獬豸并瑞麦"，忽略了其间"庚辰"这个系日干支，以致《五行志》误作"丙寅"。

其二，《五行志》载泰和四年"十一月丁卯，阴。木冰凡三日"。中华书局点校本和修订本均据《章宗纪》怀疑"丁卯阴"下似有脱文。③《章宗纪》泰和四年十一月条谓：

> 十一月丁卯，以殿前右副都点检乌林答毅等为贺宋正旦使。癸酉，木冰，凡三日。④

据此可知《章宗实录》丁卯条下有纪事，且此事并见于《交聘表下》。⑤《五行志》独取"丁卯"和"阴木冰凡三日"合作一条，丢掉"癸酉"二字。严格上说，若以"木冰"为记录对象的话，"丁卯"属于衍文。

其三，《五行志》兴定元年五月乙丑条载："河南大风，吹府门署以去。延州原武县雹伤稼。"⑥《宣宗纪中》兴定元年五月纪事：

> 戊寅，陕西行省破夏人于大北岔，是日捷至。丁亥，民苑汝济上书陈利害……己丑，贼宋子玉余党家属悉放归农。尚书右丞蒲察移剌都弃官擅赴京师，降知河南府事，行枢密院兼行六部事。壬辰，延州原武县雨雹伤稼，诏

---

① 《金史》卷 23《五行志》，第 536 页；修订本《金史》卷 23《五行志》，第 586 页，校勘记⑤；修订本《金史》卷 4《熙宗纪》，第 99 页，校勘记㉑。
② 《金史》卷 4《熙宗纪》，第 79 页。
③ 《金史》卷 23《五行志》，第 540、546 页，校勘记⑩；修订本《金史》卷 23《五行志》，第 587 页，校勘记⑮。
④ 《金史》卷 12《章宗纪四》，第 270 页。
⑤ 《金史》卷 62《交聘表下》，第 1473 页。
⑥ 《金史》卷 23《五行志》，第 543 页。

官贷民种改莳。①

《五行志》乙丑条与《宣宗纪》壬辰条内容相同，但系日干支不同。据查，五月丁丑朔，壬辰为十六日，本月内并无乙丑日。故推测，元朝史官可能是从《宣宗实录》壬辰上条"己丑"抄起，误将"己丑"当作"乙丑"，并且漏掉"壬辰"这一干支。

总之，《金史》诸表、志是元朝史官应体例之需、改编诸实录而成。作为专题性文献，其卷帙较繁，材料相对集中，但抄撮改编过程中疏漏较多。我们研究金代皇族谱系、灾害异象等政治文化问题，不能不重视表、志的史料来源。

### （三）杂采与金朝无涉之材料

《金史》取材涉嫌抄撮宋元文献以成金朝之制。笔者从志书中发现三个案例。

其一，《金史·历志下》浑象条掺杂宋朝之制。《金史·历志》主要采据赵知微《重修大明历》。② 关于《历志下》浑象条的史源情况，邱靖嘉推测，"浑仪"部分可能是从金实录、《国史》抑或张居中提供的司天台史料而来。③ 对此，不妨从该条记录的结构入手展开分析。"金既取汴"至"贞祐南渡，二漏皆迁于汴，汴亡废毁，无所稽其制矣"，这1/7篇幅的3条史料记载了金章宣时期天文仪器的情况。此后，占主体部分的"古之言天者有三家"至"总而名之曰浑天仪"，则概述历代浑象演变，④ 重点在北宋制度。经查，其中与北宋有关的内容全部抄自苏颂《绍圣新仪象法要》（下文简称《法要》）。

首先，《历志下》序言改编自《宋书·天文志》序。⑤ 其次，主干内容抄录元祐元年（1086）十一月苏颂所进《进仪象状》，元朝史官根据进状时间，写作"元祐时，尚书右丞苏颂与昭文馆校理沈括奉敕详定《浑仪法要》"。再次，叙述汉代到宋太平兴国、景德、景祐及元祐时期浑象演变的脉络，以接续金朝制度。

① 《金史》卷15《宣宗纪中》，第329—330页。
② 《金史》卷21《历志上》，第441—442页。
③ 邱靖嘉：《〈金史〉篡修考》，第165—166页。
④ 《金史》卷22《历志下》，第519—524页。
⑤ 《宋书》卷23《天文志一》，北京：中华书局，1974年，第673页。

最后，描述仪器的构造及原理："公廉之制则为轮三重：一曰六合仪，纵置地浑中，即天经环也，与地浑相结，其体不动；二曰三辰仪，置六合仪内；三曰四游仪，置三辰仪内。"这些内容实取资《法要》卷上《浑仪》。而"公廉乃增损隋志制之"至"盖出于王蕃制也"则源自《法要》卷中《浑象》。《历志下》浑象条第一重天轮至第五重报刻司辰轮，引自《法要》卷下《木阁昼夜机轮》。而"五轮之北又侧设枢轮"一段，则见于《法要》卷下《水运仪象台》。此外，"景德中，历官韩显符依仿刘曜时、孔挺、晁崇之法，失之简略。景祐中，冬官正舒易简乃用唐梁令瓒、僧一行之法，颇为详备，亦失之于密而难为用"的史源，应为《梦溪笔谈·象数》。① 综上可知，《历志下》浑象条不过是以 3 条金朝史料为装点，本身掺杂了大量宋代浑仪之制。

其二，《金史·地理志》并不据自金朝地志，而是杂采实录及诸舆地文献。《地理志》拼凑痕迹相当明显。譬如，《地理志上》中都路条下小注就是抄撮不同文献而成。② "天德三年始图上燕城宫室制度"至"营建宫室及凉位十六"一段，元末熊梦祥编《析津志》中有一条佚文：

> 辽开泰元年，始号为燕京。海陵贞元元年定都，号为中都。天德三年，始图上燕城宫阙制度。三月，命张浩等增广燕城。城之门制十有二：东曰施仁、宣曜、阳春，南曰景风、丰宜、端礼，西曰丽泽、灏华、彰义，北曰会城、通玄、崇智。改门曰清怡，曰光泰。浩等取真定府潭园材木，营造宫室及凉位十六。③

可证《地理志》抄录与《析津志》相同的文献，只不过未取"改门曰清怡，曰光泰"。该同源文献，推测即是《大元一统志》。再检范成大《揽辔录》，可知

---

① 苏颂撰，陆敬严、钱学英译注：《新仪象法要译注》，上海：上海古籍出版社，2007 年，第 17、47、87—88、81—82 页；沈括：《梦溪笔谈》卷 8《象数二》，北京：中华书局，2015 年，第 84 页。
② 《金史》卷 24《地理志上》，第 572—573 页。
③ 于敏中等：《日下旧闻考》卷 37《京城总纪》引《析津志》，北京：北京古籍出版社，1985 年，第 586—587 页。

中都路条"应天门十一楹"至"应天门旧名通天门"应据此抄录。① 另据王岩考证,《地理志中》南京路条所载汴京规制应通篇抄录自杨奂《汴故宫记》。② 该书系作者于己亥年(1239)游历汴京时所作,反映的当是金亡以后的城市制度。③

其三,《金史·百官志三》宫人女官职员条所列六尚局职掌、机构设置及属官存在疑问。④ 据《大金国志·千官品列》女官职员条,"尚宫、尚仪、尚服、尚食、尚寝、尚功、宫正。右六尚局,该女职一千余员。"⑤ 这与《百官志三》宫人女官职员条基本吻合。该条史料还提到"皆同唐制"。沿着这条线索,核检《唐六典·内官》宫官条⑥及《旧唐书·职官志三》宫官条,⑦ 发现整篇《金史·百官志》与《宋会要辑稿》后妃内职条完全相同。⑧ 这一现象,与其认为金朝女官制度照搬宋制,不如推测是元朝史官采取宋朝官修文献以充篇帙、伪装成金制更为稳妥。

总之,《金史》志书取材庞杂,我们须厘清史源和编纂路径,警惕其中所载非全为金朝之事。

### (四)《辽史》《金史》《宋史》三史资料互通共用

元朝史官纂修《金史》有条件利用宋朝官修史书。在三史同修的文献背景下,诸史馆资料共享互通。⑨《金史》《宋史》相互参照的地方有很多,如《金

---

① 范成大:《揽辔录》,《范成大笔记六种》,北京:中华书局,2002 年,第 15 页。
② 王岩:《邹伸之〈使辙日录〉钩沉》,余太山、李锦绣主编:《丝瓷之路Ⅷ——古代中外关系史研究》,北京:商务印书馆,2021 年,第 87—142 页。
③ 杨奂:《还山遗稿》卷上《汴故宫记》,嘉靖元年(1522)宋廷佐刻本,第 2 页 b。
④《金史》卷 57《百官志三》,第 1296—1299 页。
⑤ 宇文懋昭撰,崔文印校证:《大金国志校证》卷 34《千官品列》,北京:中华书局,2011 年,第 488—489 页。
⑥《唐六典》卷 12《内官》,北京:中华书局,1992 年,第 348—359 页。
⑦《旧唐书》卷 44《职官志三》,北京:中华书局,1975 年,第 1867—1869 页。
⑧ 徐松辑:《宋会要辑稿》,北京:中华书局,1957 年,第 266 页。邓小南《掩映之间:宋代尚书内省管窥》指出:"有关宋代宫人女官品的记载罕少,这一材料弥足珍贵。但这段文字中,明显有阙文。"(《华中国学》2014 年第 1 期)
⑨ 苗润博:《〈辽史〉探源》,北京:中华书局,2020 年,第 3—4 页。

史·张邦昌传》载"张邦昌，《宋史》有传"，① 故只记其天会间臣属金朝诸事，《宋史·叛臣传上·张邦昌》则详述其履历。②

金宋两史均记载的人物列传中，《刘豫传》尤为典型。《金史·刘豫传》载金人册立刘豫为大齐皇帝，"以辛亥年为阜昌元年"。③《宋史·叛臣传上·刘豫》谓建炎四年（1130）"十一月，改明年元阜昌"。④ 学者通过阜昌碑刻和《伪齐录》等书，考证出《金史》《宋史》均误，阜昌立元始于庚戌年（1130），⑤ 但未回答导致错讹的症结为何。如果加以系统比较，不难看出《金史》《宋史》之《刘豫传》具有同源文本，兹列表如下。⑥

**表 1　刘豫史料对比表**

| 《金史·刘豫传》 | 《宋史·刘豫传》 | 《伪齐录》 |
| --- | --- | --- |
| 刘豫字彦游,景州阜城人 | 刘豫字彦游,景州阜城人也 | 刘豫字彦游,景州阜城人也 |
| 宋宣和末,仕为河北西路提刑 | 宣和六年,判国子监,除河北提刑 | |
| 徙浙西,抵仪真。丧妻翟氏,继值父忧 | 金人南侵,豫弃官避乱仪真 | 遂黜为两浙廉访……抵仪真,丧妻翟氏,继丁父忧,因家焉 |
| 康王至扬州,枢密使张悫荐知济南府。是时,山东盗贼满野,豫欲得江南一郡,宰相不与,忿忿而去 | 豫善中书侍郎张悫,建炎二年正月,用悫荐除知济南府。时盗起山东,豫不愿行,请易东南一郡,执政恶之,不许,豫忿而去 | 建炎二年戊申,今上幸维扬,枢密院张昂(悫)与豫有河朔职司之旧,力请于朝,欲与一郡。时济南太守张悦迟留未行,使豫起复代之,除中奉大夫,知济南府。豫欲换江南一郡,而两府厌其频数,不许谒见,乃痛憾而去 |

① 《金史》卷 77《张邦昌传》，第 1758—1759 页。

② 《宋史》卷 475《叛臣传上·张邦昌》，北京：中华书局，1977 年，第 13789—13793 页。

③ 《金史》卷 77《刘豫传》，第 1760 页。

④ 《宋史》卷 475《叛臣传上·刘豫》，第 13794 页。

⑤ 外山军治：《金朝史研究》，李东源译，牡丹江：黑龙江朝鲜民族出版社，1988 年，第211—212 页；黄会奇：《刘豫改元"阜昌"年代考》，姜锡东、李华瑞主编：《宋史研究论丛》第 10 辑，保定：河北大学出版社，2009 年，第 75—86 页；许正弘：《刘齐阜昌改元始年小考》，《中国史研究》2011 年第 2 期。

⑥ 《金史》卷 77《刘豫传》，第 1759—1760 页；《宋史》卷 475《叛臣传上·刘豫》，第13793—13796 页；徐梦莘：《三朝北盟会编》卷 181 引《伪齐录》，上海：上海古籍出版社，2008 年，第 1308 页下栏—1310 页上栏。

续表1

| 《金史·刘豫传》 | 《宋史·刘豫传》 | 《伪齐录》 |
|---|---|---|
| 挞懒攻济南。有关胜者,济南骁将也,屡出城拒战,豫遂杀关胜出降 | 是冬,金人攻济南,豫遣子麟出战,敌纵兵围之数重,郡倅张柬益兵来援,金人乃解去。因遣人啖豫以利,豫惩前忿,遂畜反谋,杀其将关胜,率百姓降金,百姓不从,豫缒城纳款 | 建炎三年己酉,金虏寇山东,州郡例多战守。豫遣子刑曹掾、承务郎麟部兵出战,为金虏所围,又令郡倅张东(柬)援之,金虏解围。遣人啖以利,俾令投拜,豫与东(柬)欲议出城见虏酋,百姓遮道愿死不降,豫因缒城诣军前通款 |
| 遂为京东东、西、淮南安抚使,知东平府兼诸路马步军都总管,节制河外诸军。以豫子麟知济南府,挞懒屯兵冲要,以镇抚之 | 三年三月,兀术闻高宗渡江,乃徙豫知东平府,充京东西、淮南等路安抚使,节制大名开德府、濮滨博棣德沧等州,以麟知济南府,界旧河以南,俾豫统之 | 是年夏,金虏命豫节制京东兵马,徙东平……时金虏天会七年 |
| 初,康王既杀张邦昌,自归德奔扬州,诏左右副元帅合兵讨之,诏曰:"俟宋平,当援立藩辅,以镇南服,如张邦昌者。"及宋主自明州入海亡去,宗弼北还,乃议更立其人。众议折中求、刘豫皆可立,而豫亦有心。挞懒为豫求封,太宗用封张邦昌故事,以九月朔旦授策,受策之后,以藩王礼见使者。臣宗翰、臣宗辅议:"既策为藩辅,称臣奉表,朝廷报谕诏命,避正位与使人抗礼,余礼并从帝者。"诏曰:"今立豫为子皇帝,既为邻国之君,又为大朝之子,其见大朝使介,惟使者始见躬问起居与面辞有奏则立,其余并行皇帝礼。" | 四年七月丁卯,金人遣大同尹高庆裔、知制诰韩昉立豫为皇帝,国号大齐,都大名府。先是,北京顺豫门生瑞禾,济南渔者得鳣,豫以为己受命之符,遣麟持重宝赂金左监军挞辣求僭号。挞辣许之,遣使即豫所部咨军民所宜立,众未及对,豫乡人张浃越次请立豫,议遂决,乃命庆裔、昉备玺绶宝册以立之 | 建炎四年庚戌,济南有鱼人得鳣者,豫妄谓神物之应,乃祀之。夏五月,附豫奸人言北京顺豫门下生禾五穗同本,以为豫受命之符,于是齐鲁之间金会推戴。豫亦遣子麟以重宝赂虏酋闼辣左右,求僭位,而闼辣遂注意立豫,诡辞乞立张孝纯。虏主遂遣使就豫治所,问军民、士大夫所欲立者,时独豫乡人张浃应之,曰愿立豫 |
| 天会八年九月戊申,备礼册命,立豫为大齐皇帝,都大名,仍号北京,置丞相以下官,赦境内 | 九月戊申,豫即伪位,赦境内,奉金正朔,称天会八年。以张孝纯为丞相,李孝扬为左丞,张柬为右丞,李俦为监察御史,郑亿年为工部侍郎,王琼为汴京留守,子麟为太中大夫,提领诸路兵马兼知济南府。孝纯始坚守太原,颇怀忠义,高宗以王衣雅厚孝纯,俾衣招之,会粘罕遣人自云中送归豫,遂失节于贼 | 是月戊申,金虏遣西京留守高庆裔,礼部侍郎、知制诰韩昉备礼,以玺绶立豫,册之曰:"册命尔为皇帝,国号大齐,都于大名,世修子礼。永贡虔诚,付尔疆封,并同楚旧。"豫遂僭立于北京……以前宗政寺丞李孝扬权左丞,济南通判张东(柬)权吏部侍郎兼右丞,子麟大中大夫,提领诸路兵马、知济南府,以延康殿学士、前宣奉大夫、前太原尹张孝纯依前宣奉大夫,封开国公,守尚书右丞相,弟益为大名留守,都水使者王燮为汴京留守 |

续表1

| 《金史·刘豫传》 | 《宋史·刘豫传》 | 《伪齐录》 |
|---|---|---|
| 复自大名还居东平，以东平为东京，汴州为汴京，降宋南京为归德府，降淮宁、永昌、顺昌、兴仁府俱为州。张孝纯等为宰相，弟益为北京留守 | 豫还东平，升为东京。改东京为汴京，降南京为归德府。以弟益为北京留守，寻改汴京留守。复降淮宁、颍昌、顺昌、兴仁府悉为州。自以生景州，守济南，节制东平，僭位大名，乃起四郡丁壮数千人，号"云从子弟"。下伪诏求直言 | 升东平府以为东京，以东京为汴京，改南京为归德府。豫生于景州，守济南，节制东平，僭位大名，起四部强壮为云从子弟，应募者数千人 |
| 母翟氏为皇太后，姜钱氏为皇后。钱氏，宣和内人也。以辛亥年为阜昌元年 | 十月，册其母翟氏为皇太后，姜钱氏为皇后。钱氏，宣和内人也，习宫掖事，豫欲有所取则，故立之。十一月，改明年元阜昌 | 冬十月甲午，遣孝纯等奉宝册，册前妻翟氏为皇太后。姜钱氏为皇后，民间房缗以五厘纳官。十一月改阜昌元年 |
| 以其子麟为尚书左丞相、诸路兵马大总管。宋人畏之，待以敌国礼，国书称大齐皇帝。豫宰相张孝纯、郑亿年、李邺家人皆在宋，宋人加意抚之 | （绍兴元年）六月，豫以麟为兵马大总管、尚书左丞相 | 阜昌二年，封子麟为梁国公，除尚书左丞相 |
| 阜昌二年，豫迁都于汴。睿宗定陕西，太宗以其地赐豫，从张邦昌所受封略故也 | （二年）四月丙寅，豫迁都汴 | 三年夏四月迁都于汴 |

经比较，"宋宣和末仕为河北西路提刑"和"遂杀关胜"两条，《宋史》有，《三朝北盟会编》引《伪齐录》无；"丧妻翟氏继值父忧"，《伪齐录》有，《宋史》无；《宋史》所见"孝纯始坚守太原"，《金史》和《伪齐录》均无。总体而言，《金史》叙事较简；《宋史》相对详细，但叙事线索相对混乱；《伪齐录》虽缺若干内容，但最为全面。以上诸书所载刘豫史料相同、互可参照者多，说明三书抄自同一文献，只不过各书抄录时侧重有所不同。另需留意，《伪齐录》应系《三朝北盟会编》节引本，元至正修史时当存有一足本，其内容或与徐梦莘所据不同。袁桷《修辽金宋史搜访遗书条列事状》谓"徽、钦围城受辱，北行遭幽，正史不载，所有杂书野史可备编纂，今具于后"，这份书单中就有《伪齐录》。① 综合上述内容，可以判断元朝史官应据《伪齐录》而编成宋金两史之《刘豫传》。

以此结论为基础，可进一步探讨阜昌年号问题。《金史》"以辛亥年为阜昌元

---

① 袁桷：《清容居士集》卷 41《修辽金宋史搜访遗书条列事状》，《四部丛刊》，上海：商务印书馆，1936 年，集部，第 296 册，第 33 页。

年"，实与《宋史》"十一月改明年元阜昌"同义。《三朝北盟会编》所录建元阜昌榜为其原始诏书：

> 十一月二十三日奉圣旨，王者受命，必建元以正始。近古以来，仍纪嘉号，以与天下更新。乃者即位之初，有司请尊旧制，朕以大国之好，逊避未遑，而使命远临，促立别号，一振受命之元运，新我齐民之耳目，嘉与诸夏，共承天休，其以十一月二十三日建元为阜昌元年，布告天下，咸使闻知。①

《三朝北盟会编》引《伪齐录》叙册封刘豫事作"十一月改阜昌元年"，今存单行本《伪齐录》照录十一月阜昌建元诏书，其内容虽与《三朝北盟会编》大致相合，但"其以十一月二十三日以后为阜昌元年"一句明显有差。② 其中，"以后"一词含义模糊，推测元朝史官改编《伪齐录》时或许未加细审，以致产生歧义，遂于《宋史》中书"十一月改明年元阜昌"。如果这一推论成立，那么《金史》改作"以辛亥年为阜昌元年"便很有可能是造成"阜昌二年豫迁都于汴"及前后诸事系年紊乱的根本原因。

另外，《金史·刘豫传》"初康王既杀张邦昌"到"其余并行皇帝礼"中，"臣宗翰、臣宗辅议"之"臣"字未经删削，应是维持档案原貌。很明显，这样的用字来自金朝官方文献《太宗实录》。总之，《金史·刘豫传》当属三史同修文献互用条件下的一篇代表作。由于其史源多元、头绪复杂，元朝史官在节录、拼接及黏合等诸多环节均存在纰漏，故而产生阜昌年号错乱的问题。

至此，可以总结元朝史官编纂《金史》的操作思路。首先，对金朝实录进行多番拆解、重复利用，拼凑出诸多篇帙；其次，据《三史凡例》编纂总则，新创或沿用传统史书体例，以金朝官修文献进行填充，但本质不过是改头换面；最后，为充实《金史》，多方搜讨文献。此举本无可厚非，但像《历志下》浑象条将苏颂著作攘为己有，或像《百官志》宫人女官职员条抄袭《宋会要》等宋朝文献以冒充金制，不能不引起我们重视。

---

① 徐梦莘：《三朝北盟会编》卷182引《伪齐录》，第1314页下栏。
② 杨尧弼：《伪齐录》卷上，藕香零拾本，第2页b。此外，《大金国志》引述相同。（宇文懋昭撰，崔文印校证：《大金国志校证》卷31《齐国刘豫录》，第434页）

## 三、史源、文献层次与校勘原则

　　陈垣归纳的"校法四例"是校勘古籍的基本方法，如何将其与文献整理相结合，则因书而异。当前，同源校勘正逐渐成为学界共识。黄永年在论述"本校"原则时指出，"古籍不出一手不能本校"，"史源不同不能本校"。[1] 孟彦弘以修订本《隋书》为例，强调："本校、他校的前提，是持以所校者确系同一史源。切忌用本校、他校的手段，将不同的记载'统一'成为相同的记载。倘如此，那无异于校书而书亡了。"[2] 苗润博根据修订《辽史》的经验，总结说："从陈垣的四校法开始，校勘学都在提'他校'，但是真正最有用的他校是什么？是同源文本的校勘，而不是随便用不同系统的文献来校勘。"[3] 可见，随着中华书局二十四史修订工作不断展开，同源校勘理念日渐成熟与深化。

　　本文通过寻绎同源文本，讨论了《金史》的史源问题，并在此基础上，通过同源视角总览了元朝史官编纂《金史》的思路与操作流程。以下，进一步探讨"校法四例"如何运用于《金史》校勘。首先，异文对校的尺度和标准取决于版本系统。《金史》现存初刻本及其后衍诸版本，我们需要重视至正初刻本及早期洪武覆刻本，对后期南监本及其他诸本，则须谨慎利用。其次，陈垣谓"理校"言："遇无古本可据，或数本互异，而无所适从之时，则须用此法。"[4] 中华书局点校本《金史》，不乏采用此法者。但是，与其将"理校"视作一种校勘方法，不如将其视作一种考据手段。它所凸显的是点校者个人学术观点，而学术观点与文献校勘分属不同领域，我们需要区分两者界限。最后，"本校"和"他校"与本文讨论的史源与编纂密切相关，可谓互为表里。

　　为了具体说明，下文拟从《金史》的史源、文献层次等方面分别予以论述。

---

① 黄永年：《古籍整理概论》，西安：陕西人民出版社，1985年，第77—80页。
② 孟彦弘：《本校与他校释例——古籍校勘中的"史源"问题》，黄正建主编：《隋唐辽宋金元史论丛》第3辑，上海：上海古籍出版社，2013年，第105—112页。
③ 苗润博：《〈辽史〉与史源学》，https://www.thepaper.cn/newsDetail_forward_7598530，访问日期：2021年7月28日。
④ 陈垣：《校勘学释例》，北京：中华书局，2004年，第133页。

### （一）合理运用相对原始的文本

元修三史中，《金史》的文献资料相比于《宋史》严重不足，而比《辽史》相对有余。校勘《金史》的文本，首先需要明确原始文献的意义和作用。

运用原始文本，可分三类情况。第一类，传世的金朝诏书可补《金史》之不足。如《太宗纪》天会四年正月庚午条云："宗望使吴孝民等入汴，问宋取首谋平山者童贯、谭稹、詹度及张觉等。"中华书局点校本据《交聘表》天会四年正月己巳条补"者"字。① 这两条记载属于同源文本，其原始文献存于《吊伐录·次事目札子》：

> 若不能诚心悔罪，重乞欢盟，可囚缚首先谋取平山童贯、谭稹、詹度，并逆贼张觉、李石、卫甫、赵仁彦等来诣军前，谢天下罪。②

该段文字无明确系年，但据卷目小注"系差官董吴孝民等持去"，与《金史》天会四年正月庚午条"宗望使吴孝民等入汴"相合，由此可以推知其时间。据此，《太宗纪》乃节录诏书，原无"者"字，而《交聘表》中"者"字是为行文需要，故不能此校改《太宗纪》。

再如《宇文虚中传》载皇统二年宋人请和誓表，其末言"惟孟庾去留听其所欲"。"庾"原作"庚"。中华书局点校本据《大金国志》天眷二年（1139）"宋西京留守孟庾至汴京"，天眷三年兀术攻宋东京时"孟庾率官吏迎拜，兀术入城"，及《宋史·高宗纪》绍兴十年（1140）二月丁卯"以孟庾知开封府，为东京留守。五月乙酉，兀术入东京，留守孟庾以城降"等信息，作了校改。③ 但是，其所引4条史文均为间接，至多只能证明金攻陷汴京时有位留守称作"孟庾"，而无法直接证明此人就是《宇文虚中传》所记归朝者"孟庾"。幸运的是，相关事件的原始交涉文书现仍保存于宋朝文献中。《三朝北盟会编》所录《金人

---

① 《金史》卷3《太宗纪》，第54、67页，校勘记③；卷60《交聘表上》，第1392—1393页。
② 《吊伐录》卷上《次事目札子》，《四部丛刊三编》，上海：上海书店，1985年，史部，第18册，第17页。
③ 《金史》卷79《宇文虚中传》，第1792、1795页，校勘记④。

元帅第六书》曰：

> 及宇文虚中银青系是先朝特旨，更不遣还。自后已经任使，到今多岁，并去岁濠梁之破，守臣王进既已贷其生命。缘世居□州，见有亲族在此，则其妻子亦当使之聚首。凡此数家，并望早赐一就津发。外据昨复疆时，汴梁留守孟庾、陈州太守李正民及有毕良史者，比审议使萧毅等回，具言江南尝询访此人，今并委沿边官司发遣前去。①

皇统二年宋金和解后，南宋提议互相遣返归降者，《金人元帅第六书》即缘起于此。对比可见，《宇文虚中传》诏尚书省移文所列名单与《金人元帅第六书》皆合，其中遣返者"孟庾"即汴京留守孟庾，其与陈州太守李正民、毕良史一并回归。毫无疑问，这条材料才是校改《宇文虚中传》"孟庾"的过硬证据。

第二类，通过检讨与本纪构成同源文本的志书，可发现本纪不通之文。如《世宗纪下》大定二十八年三月戊申条载："命随朝六品、外路五品以上职事官，举进士已在仕、才可居翰苑者，试制诏等文字三道，取文理优赡者补充学士院职任。"中华书局点校本校勘记云："外路五品以上职事官。原脱'上'字，据文义补。"这一校改仅为猜测，并无根据。《选举志》中有一条与此同源的记载："大定二十八年，敕设科取士为学士院官。礼部下太常，按唐典，初入学士院例先试，今若于进士已仕者，以随朝六品、外路五品职事官荐，试制诏诰等文字三道，取文理优者充应奉。由是翰苑之选为精。"② 参酌此条，可知《世宗纪下》大定二十八年三月戊申条截取档案失当，点校者补"上"字虽文从字顺，但未必符合史文本义。

再如《章宗纪一》大定二十九年十一月戊辰条载："谕尚书省，自今五品以上官各举所知，岁限所举之数，如不举者坐以蔽贤之罪。仍依唐制，内五品以上官到任即举自代，并从提刑司采访之。""内五品"语义令人费解。《选举志四》谓章宗大定二十九年"上以选举十事，命奉御合鲁谕尚书省定拟"，其中第6条云："今拟内外官五品以上到任，须举所知才行官一员以自代。"③ 所谓"内外官

---

① 徐梦莘：《三朝北盟会编》卷208，第1500页下栏—1501页上栏。
② 《金史》卷8《世宗纪下》，第200、205页，校勘记⑩；卷51《选举志一》，第1152页。
③ 《金史》卷9《章宗纪一》，第212页；卷54《选举志四》，第1206—1207页。

五品"，分别指五品以上随朝官和外路官。据此可知，《章宗纪》改编金朝实录有失，夺一"外"字。

第三类，私家传抄文献可补校史文。金朝官修文献之流传，大体分为两条路线：主流是通过官方保存、收藏，并由金入元，成为《金史》的资料基础。但是，经历多次战乱劫难，至元末明初这些文献绝大多数已散佚殆尽。余脉是通过私家抄录、节引、编写而辗转传递，虽不起眼却流传至今，譬如徐梦莘和李心传书中所引《金太祖实录》《金虏节要》《金虏图经》《神麓记》等，这些文献对校勘《金史》裨益重大。

试举一例。天眷三年完颜希尹被诛事件有多种文献可资互证。《完颜希尹传》载："赐希尹诏曰：'帅臣密奏，奸状已萌，心在无君，言宣不道。逮燕居而窃议，谓神器以何归，稔于听闻，遂致章败。'遂赐死，并杀右丞萧庆并希尹子同修国史把答、符宝郎漫带。是时，熙宗未有皇子，故嫉希尹者以此言谮之。"其中有一大争议，即《完颜希尹传》之"师臣"，中华书局点校本和修订本据《永乐大典》改作"帅臣"。① 这一校改，从史源、版本乃至史实来看，皆误。张汇《金虏节要》云：

> 诛兀室、萧庆诏：……日者帅臣密奏，奸状已萌，蚤弗加诛，死不瞑目。顾虽未忍，灼见非诬，心在无君，言尤不道。逮燕居而窃议，谓神器以何归。稔于听闻，迄致彰败。躬蹈前车之既覆，岂容蔓草之弗图。特进、尚书左丞萧庆，迷国罔悛，欺天相济，将致于理，咸伏厥辜，呜呼！赖天之灵，既诛两观之恶，享国无极，永保亿年之休。咨尔臣民，咸体予意。②

据此可知《完颜希尹传》所载诏书乃系节引，《金虏节要》所录更全面。修订本谓《三朝北盟会编》引《金虏节要》有作"帅臣"者，且目前较为通行的许涵度刻本也确为此二字。然而，《三朝北盟会编》的版本十分复杂，钞本众多。笔者核查中国国家图书馆藏 A00083、A08016、A02106 三种钞本，以及中华再造善

---

① 《金史》卷73《完颜希尹传》，第1686、1692页，校勘记⑥；修订本《金史》卷73《完颜希尹传》，第1798页，校勘记⑭。
② 徐梦莘：《三朝北盟会编》卷197，第1417页下栏—1418页上栏。

本影印明钞本和光绪四年（1878）袁祖安活字本，发现无不写作"师臣"，即与《完颜希尹传》相同，可证最初史源即为如此。另外，所谓"师臣密奏"，确有所指。《三朝北盟会编》引苗耀《神麓记》载希尹（悟室）酒后乱言，不仅辱骂宗弼（兀术），还扬言自己手握重兵，结果导致"兀术遂行。后具此言白东昏，使兀术亲弟燕京留守纪王阿鲁追兀术，至良乡及之。回，兀术密奏"。① 可知，是兀术向熙宗（东昏）告发希尹。天眷三年诏书以"师臣"指称宗弼，符合其身份和地位之尊崇。因此，《完颜希尹传》作"师臣"无误。

以上三类，是合理运用原始文本校勘《金史》之例。假若忽略源流关系，弄错文献层次，则会出现"关公战秦琼"式的错误。以下，通过中华书局修订本《金史》中的三个误校案例进行说明。

其一，《金史·礼志四·功臣配享》谓大定八年"上命图画功臣于太祖庙"，右庑最后一名为"右丞相金源郡王纥石烈志宁"。② 修订本校勘记引钱大昕《廿二史考异》谓："案《百官志》，纥石烈姓例封广平郡，《志宁传》亦云封广平郡王，此称金源郡，疑误。"③ 此说没有考虑到金朝郡王册封制度渊源及其演变过程。

纥石烈志宁封"金源郡王"，在本传中有明确记载。有金一代，非完颜氏出身之女真人封"金源郡王"者不只纥石烈志宁一人。笔者在《金史》中检到两例：大定十八年六月庚午，纥石烈良弼薨，"追封金源郡王"；大定二十九年七月丁卯，徒单克宁"改封金源郡王"。良弼与志宁同为纥石烈氏，其与徒单克宁之徒单氏均在《百官志一》"白号之姓"中，且皆封"广平郡"。④

那么，如何解释《百官志》所载制度规定与实际史料记载之间的矛盾呢？关键在于检讨《百官志》所载"白号之姓"、"黑号之姓"郡望形成定制的年代。《百官志》仅述白号、黑号两大姓氏及其所封郡望，未述这项制度具体颁布的时间，而姚燧《布色君神道碑》中留下了关键线索。碑文称：

---

① 徐梦莘：《三朝北盟会编》卷 197 引《神麓记》，第 1418 页。
② 《金史》卷 31《礼志四·功臣配享》，第 762 页。
③ 修订本《金史》卷 31《礼志四·功臣配享》，第 823 页，校勘记⑰。
④ 《金史》卷 87《纥石烈志宁传》，第 1934 页；卷 88《纥石烈良弼传》，第 1956 页；卷 9《章宗纪一》，第 211 页；卷 55《百官志一》，第 1230 页。

金有天下，诸部各以居地为姓。章庙病其书以华言为文不同，敕有司定著而一之。凡百姓，金源郡三十有六，广平郡三十，皆白书；陇西郡二十有八，彭城郡十有六，皆黑书。其等而别者甚严。布色氏于金源次居五，其素为华望之家，不言可喻。①

其中，"白书"、"黑书"即指《百官志》"白号之姓"、"黑号之姓"。②《布色君神道碑》所述祖先世系与《仆散忠义传》所载亦相契合。③据此确认，"布色"系清人改译为"仆散"。《布色君神道碑》又云："布色氏于金源次居五"，《百官志》"白号之姓"金源郡第五位恰是"仆散"。由此可知，《百官志》当为明昌初年制度，④而纥石烈志宁、纥石烈良弼及徒单克宁之"金源郡王"称号皆为世宗大定年间封赐，早于《百官志》所载纥石烈氏封"广平郡"。因此，不可以《百官志》章宗制度校改此前大定之事。

其二，《金史·兵志》谓天德二年（1150）九月"罢大名统军司，而置统军司于山西、河南、陕西三路，以元帅府都监、监军为使，分统天下之兵"。⑤修订本校勘记认为："本书卷六《世宗纪上》，大定三年五月'罢河南、山东、陕西统军司'。《大金国志》卷三八《统军司三处》载，'统军司三处，南京路南京置司，陕西路京兆置司，山东路益都置司'。与此异。"⑥但是，所引诸条史料反映的不是同一时期的制度，故不宜作简单的文字比较。

据《兵志》，天德二年汉地军事划分为三：山西路、河南路、陕西路统军司。《地理志》开封府条载"天德二年置统军司"，即置河南统军司；京兆府条载"天德二年置陕西路统军司"；山西路统军司无明文记载。不过，《斛英传》提到天德

① 姚燧：《牧庵集》卷17《南京兵马使赠正议大夫上轻车都尉陈留郡侯布色君神道碑》，《姚燧集》，北京：人民文学出版社，2011年，第276页。
② 贾敬颜：《女真姓氏》，《民族历史文化萃要》，长春：吉林教育出版社，1990年，第74—77页。
③ 《金史》卷87《仆散忠义传》，第1935页。
④ 陈述：《金史氏族表叙例》，《金史拾补五种》，北京：科学出版社，1960年，第4页。
⑤ 《金史》卷44《兵志》，第1003页。
⑥ 修订本《金史》卷44《兵志》，第1084页，校勘记㉓。

二年"改山西路统军使"。① 笔者将《百官志》与《三朝北盟会编》引范成大《揽辔录》比较后发现，两者所述金朝官制整体框架大体一致。据后者载，可知其系大定二年制度。《揽辔录》云："诸州刺史、同知，防御、同知，总（统——引者改）军，招讨、都监，猛安谋克、群牧。"② 尽管未详列诸刺史、防御、统军等名称，但可断定《百官志》统军司条下列河南、山东、陕西为大定二年官制。③《世宗纪上》大定三年五月己亥条载："罢河南、山东、陕西统军司，置都统、副统。"所罢三统军司与《百官志》完全吻合。与前引《兵志》"山西、河南、陕西三路"统军司比较，可知大定年间已无山西路，而新增山东路。《夹谷胡剌传》谓正隆末"山东路统军司选诸军八百人作十谋克"，④ 可以佐证此时山西路统军司已被山东路统军司取代。⑤ 易言之，设置统军司一事，《兵志》所载为天德二年制度，《百官志》所载则为大定二年新变动，《大金国志》又系明昌之制，⑥ 故不可作文本校勘。

其三，《金史·后妃传下》世宗元妃李氏条载："元妃李氏，南阳郡王李石女。"⑦ 修订本校勘记认为："本书卷八六《李石传》，'以太保致仕，进封广平郡王。十六年，薨'。卷三一《礼志四·功臣配享》，亦称李石为广平郡王。"⑧ 参考《李石传》及《世宗纪中》大定十四年二月庚午条"以太尉、尚书令李石为太保，致仕"，可知李石封广平郡王应为十四年二月事。《礼志四·功臣配享》谓"至明昌四年，次序始定"，西廊有"太保尚书令广平郡襄简王李石"，⑨ 此称"广平"乃李石在世时所封郡王号。元好问《中州集》李献可小传称其为"太师

① 《金史》卷25《地理志中》，第589页；卷26《地理志下》，第641页；卷72《穀英传》，第1662页。

② 徐梦莘：《三朝北盟会编》卷245引《揽辔录》，第1759页下栏、1760页下栏。

③ 《金史》卷57《百官志三》，第1327页。此条"陕西"下有"益都"二字，为衍文。

④ 《金史》卷6《世宗纪上》，第131页；卷86《夹谷胡剌传》，第1924页。

⑤ 余蔚：《中国行政区划通史·辽金卷》，上海：复旦大学出版社，2012年，第506—507页。

⑥ 孙建权：《〈大金国志·京府册军〉记事系年辨正》，《东北史地》2014年第3期。

⑦ 《金史》卷64《后妃传下》，第1523页。

⑧ 修订本《金史》卷64《后妃传下》，第1635页，校勘记⑥。

⑨ 《金史》卷86《李石传》，第1913—1915页；卷7《世宗纪中》，第160页；卷31《礼志四》，第762—763页。

金源郡王石之子"，① 可知文献所载李石郡王号存在不同说法。

笔者认为，"金源郡王"、"南阳郡王" 当为卫绍王在位前后改赠李石的郡王号。《后妃传下》世宗元妃李氏条载："卫绍王即位，追谥光献皇后，赠妃弟献可特进。贞祐三年九月，削皇后号。"② 李氏为卫绍王允济生母，卫绍王即位后追谥其皇后号。与此同时，李氏弟献可获赠特进。元好问《中州集》载："卫绍王即位，以仲和元舅赠特进、道国公。"③ 李氏父李石原本以太保致仕，大定十六年薨，《中州集》称其为 "太师"，郡王号亦抬升为 "金源"，当为卫绍王时期追赠。到宣宗执政时，不仅贬卫王为东海郡侯，而且禁锢其家属。受此影响，李氏亦被削皇后号。《后妃传下》所载 "南阳郡王"，地位低于金源郡王、广平郡王，盖宣宗所为。也就是说，广平郡王、金源郡王、南阳郡王实系李石在不同时期受封或改赠的郡王号，史文不宜改动。

### （二）厘清史料层次

校勘《金史》需要整合各类文献，构筑起史料群。实际操作时，不能不加辨析，而应重视源流关系，厘清文本层次，区分不同文献系统的差异。文献史料可分为两个层面：一是传世文献与石刻文献，这是以记述载体的性质进行划分；二是本朝文献与他方文献，这是以记述主体的属性进行划分。

整理元修三史，自然离不开石刻材料。袁桷《修辽金宋史搜访遗书条列事状》指出："纂修史传，必当先以实录小传，附入九朝史传，仍附行状、墓志、神道碑，以备去取。"④ 苏天爵《三史质疑》也强调："辽、金大族如刘、韩、马、赵、时、左、张、吕，其坟墓多在京畿，可模碑文，以备采择。"⑤ 现存金代碑传资料主要见于元好问、赵秉文等人文集，考古出土石刻虽然丰富，但能与《金史》比勘者则不多。据《金史·文艺传上·王竞》："皇统初，参政韩昉荐

① 元好问编：《中州集》卷8《李特进献可》，第506页。

② 《金史》卷64《后妃传下》，第1523页。

③ 元好问编：《中州集》卷8《李特进献可》，第506页。

④ 袁桷：《清容居士集》卷41《修辽金宋史搜访遗书条列事状》，《四部丛刊》，集部，第296册，第37页。

⑤ 苏天爵：《滋溪文稿》卷25《三史质疑》，第423页。

之，召权应奉翰林文字，兼太常博士。诏作金源郡王完颜娄室墓碑，竞以行状尽其实，乃请国史刊正之，时人以为法。"① 据此推测，金代一定级别官员的行状、碑志与国史本传的撰写，似有一套成熟制度，而碑刻材料与《金史》列传之间应该存在紧密关系，以下试析两例。

先看《金史·娄室传》。王竞奉敕采其行状作《完颜娄室墓碑》，可惜今已无考。所幸，大定十七年王彦潜撰《娄室神道碑》提供了线索。《娄室传》叙天辅六年败西夏事云：

> 夏人救辽，兵次天德，娄室使突捻、补撅以骑二百为候兵，夏人败之，几尽。阿土罕复以二百骑往，遇伏兵，独阿土罕脱归。时久雨，诸将欲且休息，娄室曰："彼再破吾骑兵，我若不复往，彼将以我怯，即来攻我矣。"乃选千骑，与习失、拔离速往。斡鲁壮其言，从之。娄室迟明出陵野岭，留拔离速以兵二百据险守之。获生口问之，其帅李良辅也。将至野谷，登高望之。夏人恃众而不整，方济水为阵，乃使人报斡鲁。娄室分军为二，迭出迭入，进退转战三十里。过宜水，斡鲁军亦至，合击败之。②

中华书局点校本校勘记认为："将至野谷登高望之。原脱'谷'字。按本书卷二《太祖纪》，天辅六年六月，'斡鲁、娄室败夏人于野谷'。又卷六〇《交聘表》，天辅六年'六月，夏遣李良辅率兵三万救辽，斡鲁、娄室败之于野谷'。卷七一《斡鲁传》、卷一三四《西夏传》等亦记此事，皆作'野谷'。今据补。"点校者虽征引《太祖纪》等材料，但因后者属于《太祖实录》系统文本，故其结论仍难坐实。今检《娄室神道碑》天辅六年事：

> 以二将与王偕行，将至耶俞水，登高以望，夏军队伍不整。方济水，遣使驰报斡鲁曰："今观敌众而无威，易与耳，将挑战伪遁以致之，请速以师进。"王乃分所将为二旅，更出□□□□□□□□引却，其□继出，进退

---

① 《金史》卷 125《文艺传上·王竞》，第 2722—2723 页。
② 《金史》卷 72《娄室传》，第 1650、1667—1668 页，校勘记③。点校本作"突捻补撅"，修订本作"突捻、补撅"，从之。

以诱之。退凡□□过□水，乃再整行列，奋锐气驰击，敌兵遂却退，我大军亦至，合击之，敌乃大溃，追至耶俞水，杀数千人。①

该记载与《娄室传》相契合。其中，"将至耶俞水登高以望"应指《娄室传》"将至野□□登高望之"，可证娄室登高望远地点"耶俞水"于《金史》中脱文。"耶"和"野"读音一致，两词系同名异译。揆诸文义，野谷之战发生于耶俞水战斗之后。《娄室传》所载"野谷"，见于《太祖纪》天辅六年六月条、《交聘表》、《西夏传》，② 都源于《太祖实录》，而与"耶俞水"分属不同文献脉络。所以，不宜采用非同源系统的史料加以校正。

再看《金史·李晏传》。传文叙李晏经历：

> 历中牟令。会海陵方营汴京，运木于河，晏领之。晏以经三门之险，前后失败者众，乃驰白行台，以其木散投之水，使工取于下流，人皆便之。丁内艰，服除，召补尚书省令史。③

中华书局点校本指出："丁内艰。按下文有'以母老乞归养，授郑州防御使，未赴，母卒'。则是时其母未卒，疑此是'外艰'之误。"上述判断虽然正确，但无确切证据。笔者注意到，许安仁撰《李文简公神道碑铭》所叙李晏仕履十分重要：

> 正隆之季，调开封府中牟县令。时营汴都，公驰驿河东，督运材木，三门天下之险，前后失败甚众。公恻然伤之，驰至行省，白所以为害之状，若将大木散投而下，指要津而提取之，物或少有失，人必无患。果如其言。未几，以正奉君忧去官，服除，勾充省掾。④

---

① 罗福颐辑：《满洲金石志》，《石刻史料新编》第 1 辑，台北：新文丰出版公司，1977 年，第 23 册，第 17494 页下栏—17495 页上栏。

② 《金史》卷 2《太祖纪》，第 37 页；卷 60《交聘表上》，第 1388 页；卷 134《西夏传》，第 2865 页。

③ 《金史》卷 96《李晏传》，第 2125、2140 页，校勘记②。

④ 《山西通志》卷 15《李文简公神道碑铭》，《四库全书存目丛书》，济南：齐鲁书社，1996 年，史部，第 174 册，第 588 页。

不难看出两者叙事契合，《李晏传》谓其任中牟令时"丁内艰"，正对应神道碑之"以正奉君忧去官"。所谓"正奉君"，即晏之父李森。李晏撰《先考正奉君墓志》详载李森去世事云："晏为中牟令日，先人卒于廨舍之正寝，时正隆庚辰上元日。餔时，忽索盥漱云：'上帝召我，南岳有职。'易衣毕就枕而逝，门卒皆闻车马丝竹之音，腾空而去，享年七十有五。"① 据此可知，正隆五年李晏任中牟令时丁父忧，服除所充"省掾"，即尚书省令史。以此为据，将"丁内艰"校改作"丁外艰"殆无疑问。

以上两个例证或可帮助我们重审关于《金史》的校勘思路。陈垣谓本校法为"以本书前后互证"，谓他校法为"以他书校本"。但实际操作时，由点校者界定征引文献的内与外，有时会割裂史源线索。譬如上述《娄室传》之脱文，以本校法勘正未必可行，而引《娄室神道碑》则相对有力；《李晏传》"丁内艰"之勘正，据上下文内证则证据不足，由同源文本《李文简公神道碑铭》则能获得确证。有鉴于此，《金史》校勘似不应拘泥于文本归属，而应以同源与否为准的。

本校与他校的界限是相对的。即便是同一文本，在本朝文献与他方文献中都有可能存在歧异，主要原因是各方的文化背景、史学传统、政治立场等迥然有别，这在金宋并立的环境下尤为突出。典型案例即皇统二年金宋签订的绍兴和议。在双方文献记载中，和议的主体部分基本一致，但表述双方地位关系的内容，如"臣构言"、"世世子孙，谨守臣节"等卑服之辞，② 皆被宋朝编纂者删削殆尽。③ 当然，这一现象不只是文献节略的问题，还涉及更为复杂的政治斗争。④以下，通过解析《交聘表》进行说明。

《金史·交聘表》系统记录了金宋双方使节往来及两国交往的情况。校勘此表，自然牵涉宋方文献。《交聘表》天辅元年十二月条"宋遣登州防御使马政来聘"，二年正月条"遣散睹报聘于宋"，三年六月条"宋遣马政及其子宏

---

① 《山西通志》卷15《先考正奉君墓志》，《四库全书存目丛书》，史部，第174册，第587页。
② 《金史》卷77《宗弼传》，第1755—1756页。
③ 李心传：《建炎以来系年要录》卷142，绍兴十一年十一月庚申，北京：中华书局，2013年，第2685—2686页。
④ 参见樊文礼：《"绍兴和议"中宋方文献讳载的几个情节》，《文献》1999年第4期。

来聘"，四年四月条"宋复遣赵良嗣以书来议燕京、西京之地"，及与此同源的《太祖纪》诸条目，中华书局点校本均引徐梦莘《三朝北盟会编》进行校正，认为其所记宋方遣使时间有误。① 然而问题是，不同系统的文献不应相互勘正。

《交聘表》与本纪同源于实录，前者详载正副使，后者仅记正使。太祖天辅年间的交聘记录稍有特殊，兹列如下。②

**表 2　天辅时期宋金交聘史料对照表**

| 《交聘表》 | 《太祖纪》 | 《吊伐录》 |
|---|---|---|
| 天辅元年十二月,宋遣登州防御使马政来聘,请石晋时陷入契丹汉地 | 是月,宋使登州防御使马政以国书来,其略曰:"日出之分,实生圣人。窃闻征辽,屡破勍敌。若克辽之后,五代时陷入契丹汉地,愿畀下邑。" | 《与宋主书》:天辅元年十二月,宋主遣登州防御使马政来,曰:"日出之分,实生圣人。窃闻征辽,屡败勍敌,若克辽之后,五代时所取燕云两京地土,愿畀下邑。" |
| 二年正月,遣散睹报聘于宋,所请之地,与宋夹攻得者有之,本朝自取,不在分割之议 | 二年正月庚寅……使散睹如宋报聘,书曰:"所请之地,今当与宋夹攻,得者有之。" | 《与宋主书》:二年正月乙巳,宋使马政回。遣撒睹报聘,与宋约夹攻燕西二京,随得者取其地,若出国所取,即不在分割 |
| 三年六月,宋遣马政及其子宏来聘 | 六月辛卯……散睹还自宋。宋使马政及其子宏来聘。散睹受团练使,上怒,杖而夺之。宋使还,复遣学堇辞列、曷鲁等如宋 | 《与宋主书》:三年夏四月(丙——引者补)子朔,使南宋撒睹回,同宋使赵良嗣及其子宏来。撒睹受宋国团练使官,上命杖而削之。南使回,遣学堇厮勒、曷鲁等同往 |
|  | 四年二月,辞列、曷鲁还自宋 | 《与宋主书》:四年二月己亥,使南宋厮勒等回 |
| 四年四月,宋复遣赵良嗣以书来议燕京、西京之地 | 宋使赵良嗣、王晖来议燕京、西京地 | 《与宋主书》:同宋使赵良嗣、王晖,复以祈请燕西二京地界书来 |
|  | 十二月,宋复使马政来请西京之地 | 十二月丁卯朔,宋使马政复来请燕地,命如前约 |
|  | (六年四月)壬辰,遣徒单吴甲、高庆裔如宋 | 《与宋主书》:六年夏四月壬寅,遣徒单乌贾、高信哥使于宋 |

---

① 《金史》卷60《交聘表上》，第1414—1415页，校勘记③、④、⑥、⑦。
② 《金史》卷60《交聘表上》，第1387—1390页；卷2《太祖纪》，第30—41页；《吊伐录》卷上，《四部丛刊三编》，史部，第18册，第1—7页。

续表2

| 《交聘表》 | 《太祖纪》 | 《吊伐录》 |
| --- | --- | --- |
| 七年正月,宋复遣赵良嗣来议燕京、西京地,答书如初约,合攻随得者有之,今自我得,理应有报。赵良嗣言,奉命若得燕京,即纳银、绢二十万匹、绫二万匹,以代燕地之租税 | 七年正月己卯,宋使来议燕京、西京地 | 《与宋主书》:七年正月己卯,与宋书……是以宣谕赵良嗣等,合取时贡银绢共准一百万贯。良嗣等言:"奉旨并请西京路地界,若不从所请,止得燕京,(即纳——引者补)二十万匹两;设犹未允,更加绫二万匹,外不敢擅加。今相度燕京诸州土广人众,今取与未决,岂可轻易便行分付? 请抽退临边士卒。" |
| 二月,宋复遣赵良嗣来定议,加岁币代燕地租税,并议画疆、遣使、置榷场、复请西京等事 | 二月癸巳,宋使赵良嗣来,请加岁币以代燕税,及议画疆与遣使贺正旦生辰、置榷场交易,并计议西京等事 | 天辅七年二月十九日《答宋主书》:二月癸卯,遣宇董银木(术)可、铎剌为宋使副,以乌林答赞谋为议事……来书云:"所言代税物货,并事目所载色数价直,交割月日所,与画定界至,遣使贺正旦生辰及置榷场事,并如来示所谕。"《白札子》(与书同封):今来又令良嗣等许(计)议西京,欲一就收复 |
| 癸卯,遣宇董银术可、铎剌报聘于宋,许以武、应、朔、蔚、奉圣、归化、儒、妫等州,其于西北一带接连山川及州县,不在许与之限 | 癸卯,银术哥、铎剌如宋 | 天辅七年二月十九日《答宋主书》:今差宇董银木(术)可、铎剌克(为)国信(使——引者补)副,及赞谋充议事《白札子》:今特许与西京武、应、朔、蔚、奉圣、归化、儒、妫等州,并土地民户。其已西并北一带接连山后州县土地人民,不在许与之限 |
| 戊申,诏平州官与宋使一同分割所与燕京六州之地 | 戊申,诏平州官与宋使同分割所与燕京六州之地 | |
| 三月,宋使卢益、赵良嗣、马宏以誓书来 | 三月戊午……宋使卢益、赵良嗣、马宏以国书来 | 《南宋回书》:三月戊午,命马同权管勾燕京事,将以其地付宋故也。丙寅,宋使卢益、赵良嗣、马扩以回书来 |
| 四月,复誓书于宋 | 四月壬辰,复书于宋 | 《回南宋国书》:夏四月壬辰复宋书。癸巳,以宋所增银绢令于燕地交付。壬辰系初九日 |

经比较,《交聘表》与《太祖纪》相对接近,仅详略有所不同。《交聘表》缺载天辅四年二月、十二月及六年四月之事。除天辅七年二月戊申条外,其余均见于《吊伐录》,且后者载录了更加详细的原始交聘文书。[①] 据此可知,《太祖实

---

① 天辅元年十二月、正月庚寅,三年六月辛卯,四年二月、十二月,六年四月壬辰,七年正月己卯诸条与《与宋主书》相合;七年二月癸巳、癸卯两条与天辅七年二月十九日《答宋主书》及其所附《白札子》相同;三月戊午条见于《南宋回书》,四月壬辰条对应《回南宋国书》。

录》的交聘记事采据于两朝文移，是为金朝外交文书的体现。《金史》所载交聘情况与《三朝北盟会编》有所出入的根源，在于两者是不同文献系统下的产物，① 一方为金朝官书档案，另一方为宋使语录，故不宜相互校勘。

### （三）辨析"史料"与"观点"

元朝史官纂修《金史》不仅有剪裁和摘录，而且有总结和解释。需要注意的是，修撰者有时会把当时的知识，乃至自己的误读掺和着史料一并写进《金史》。如不加以甄别，极易造成困惑。

其一，剪裁、改编史料失误，张冠李戴。《金史》编撰者将金末三位同名"娄室"的事迹混杂在同一列传中。《完颜娄室传》载："完颜娄室三人，皆内族也，时以其名同，故各以长幼别之。"又称"正大八年，庆山奴弃京兆，适鹰扬都尉大娄室运军器至白鹿原，遇大兵与战，兵刃既尽，以缘系掉金牌，力战而死"。② 王鹗《汝南遗事》评论哀宗"遴选武臣"条称赞大娄室等人"天兴初皆死于王事"。③ 《完颜娄室传》赞语贬称"两娄室谗贼人也"，④ 乃指中娄室和小娄室。由于天兴元年两娄室作为主帅一同与蒙古兵作战，故其事迹多混淆。

学者指出，《完颜娄室传》取材于《汝南遗事》。⑤ 按《完颜娄室传》天兴二年六月哀宗奔蔡州云："及上将幸蔡，密召中娄室引兵来迓，娄室迟疑久之，乃率所招卒奉迎。"《汝南遗事》"诏蔡息帅臣来迓"条云：天兴二年六月六日，"密诏蔡、息、陈、颍便宜总帅乌库哩镐（即乌古论镐——引者注）……及征行总帅内族罗索各遣军马来迓。""罗索"应是清人改译自"娄室"，小注云："时在息州。"由此可知，迎驾者娄室的身份为征行总帅。据《汝南遗事》"乌库论镐权参政、胡土为点检"条载八月十五日奉迎之经过："满城之败，征行军马总帅内族娄室（俗呼小娄室）领败亡数百骑，由徐永间济河，时睢阳已被围，娄室等奔蔡，镐素知娄

---

① 《三朝北盟会编》的史料来源及权威性值得推敲，表2天辅年间纪事，如关于马政、赵良嗣的记载，有可能是根据马扩《茅斋自序》及赵良嗣《燕云奉使录》等语录编写。

② 《金史》卷119《完颜娄室传》，第2597页。

③ 王鹗：《汝南遗事》卷4，《中国野史集成》，第10册，第430页上栏。

④ 《金史》卷119《完颜娄室传》，第2603页。

⑤ 任崇岳：《王鹗与〈汝南遗事〉》，《驻马店师专学报》1990年第1期。

室跋扈，辞以无中旨弗纳。内族娄室等怒，复奔息。息帅石抹九住纳之……及上将幸蔡，征蔡、息军马来迓，以蔡重镇，且欲为行在，虑有不测，诏镐勿远迎，令别将领军以来，故娄室独得见上于双沟。且拜且泣，屡诬镐罪。"① 可以明确，征行军马总帅为小娄室，他与哀宗单独会合于双沟，并借此机会诬告乌古论镐。《乌古论镐传》载"避雨双沟寺中"及"是日小娄室自息来迓"与《汝南遗事》皆相契合。② 此外，《汝南遗事》"蒲鲜等进职"条云："征行元帅权总帅内族娄室签枢密院事。"③ 没有明言任总帅者为哪个娄室。《完颜娄室传》称"中娄室以同签枢密院事为总帅"，显系元朝史官臆改，进而将双沟迎驾事也归于中娄室。

其二，阅读粗疏，理解有误，以致无中生有。这个问题，在论述金代"奴婢户"中表现得十分明显。《金史·食货志一》曰："其为户有数等，有课役户、不课役户，本户、杂户，正户、监户、官户、奴婢户、二税户。"④ 对于其中"奴婢户"的性质，学界分歧甚大。王曾瑜认为，金朝奴婢在总人口中占有相当大比例，即确实存在"奴婢户"。⑤ 宋立恒承袭此说。⑥ 刘浦江则认为，"奴婢户"一词在《金史》中仅此一见，在当时或属泛称或习称，既非金朝实际存在户类，亦非户籍制度中正式户名。⑦ 张博泉、武玉环认为，"奴婢户"乃系《金史》作者概括。⑧

诸家各举史料论证己说，而未从史源与文献编纂的角度加以思考。《食货志一》"国之有食货，犹人之有饮食也"至"咸著于篇，以备一代之制云"，系元朝史官概述之文。上引记载有"奴婢户"的文字，与其说是叙述金代户等种类，不如说是对《食货志一》的简要总结。《食货志一》"户有数等"的全部内容皆源自本卷"户口"条系事。（1）课役户、不课役户。"户口"条云："金制，男女二岁以下为黄，十五以下为小，十六为中，十七为丁，六十为老，无夫为寡妻

① 《金史》卷119《完颜娄室传》，第2598页；王鹗：《汝南遗事》卷1，《中国野史集成》，第10册，第412页下栏；卷2，《中国野史集成》，第10册，第420页下栏。
② 《金史》卷119《乌古论镐传》，第2600—2601页。
③ 王鹗：《汝南遗事》卷1，《中国野史集成》，第10册，第415页上栏。
④ 《金史》卷46《食货志一》，第1028页。
⑤ 王曾瑜：《金朝户口分类制度和阶级结构》，《历史研究》1993年第6期。
⑥ 宋立恒：《关于金代奴婢的几个问题》，《内蒙古社会科学》2010年第4期。
⑦ 刘浦江：《金代户籍制度刍论》，《民族研究》1995年第3期。
⑧ 张博泉、武玉环：《金代的人口与户籍》，《学习与探索》1989年第2期。

妾，诸笃废疾不为丁。户主推其长充，内有物力者为课役户，无者为不课役户。"
（2）本户、杂户。"户口"条谓："明昌六年二月，上谓宰臣曰：'凡言女直进
士，不须称女直字。卿等误作回避女直、契丹语，非也。今如分别户民，则女直
言本户，汉户及契丹，余谓之杂户'。"（3）正户、监户、官户。"户口"条曰：
"凡汉人、渤海人不得充猛安谋克户。猛安谋克之奴婢免为良者，止隶本部为正
户。凡没入官良人，隶宫籍监为监户，没入官奴婢，隶太府监为官户。"（4）二
税户。"户口"条云："世宗大定二年，诏免二税户为民。初，辽人佞佛尤甚，多
以良民赐诸寺，分其税一半输官，一半输寺，故谓之二税户。辽亡，僧多匿其
实，抑为贱，有援左证以告者，有司各执以闻，上素知其事，故特免之。"① 通
过逐一排比，可知"奴婢户"一词源自第三条。元朝史官盖据"没入官奴婢，隶
太府监为官户"而提出"奴婢户"一说，但这不过是对史文理解有误，错将
"奴婢"与"监户"、"官户"视为同一种户口类别。

其三，出处有据，但理解上需加分析。《金史·后妃传上》载："贞、慈、光
献、昭圣虽庶姓，皆以子贵。"② 中华书局点校本采纳施国祁《金史详校》意见，
将"贞"、"慈"点断，意指两位皇后。修订本校勘记谓"或当为'贞懿慈
宪'"，③ 这句话出自元朝史官撰写的序文，旨在概括金朝诸帝后妃出身及册后、
祔庙情况。我们要从整体语境来分析这句话的意涵。

首先梳理"光献"、"昭圣"。《后妃传下》元妃李氏条云："南阳郡王李石
女。生郑王允蹈、卫绍王允济、潞王允德……大定元年，封贤妃。二年，进封贵
妃。七年，进封元妃……卫绍王即位，追谥光献皇后。"昭圣皇后刘氏条曰："辽
阳人……大定元年，选入东宫，时年二十三。三年三月十三日，宣宗生……宣宗
即位，追尊为皇太后，升祔显宗庙，追谥昭圣皇后。"④ 可以看出她们的身份有
两点特征：一是均为汉人，即所谓"庶姓"；二是均在死后由于其子成为皇帝而
被追谥为皇后。

据此再检讨把"贞慈"点断后出现的两位皇后。《后妃传上》海陵母大氏条

① 《金史》卷46《食货志一》，第1027—1036页。
② 《金史》卷63《后妃传上》，第1498页。
③ 修订本《金史》卷63《后妃传上》，第1611页，校勘记④。
④ 《金史》卷64《后妃传下》，第1523、1526页。

曰："天德二年正月，与徒单氏俱尊为皇太后。"贞元三年（1155）九月，"尊谥曰慈宪皇后"。大氏为渤海人，在世时已于天德二年正月被尊为皇太后，与史官所称"皆以子贵"标准不符。再检《后妃传下》贞懿皇后李氏条云："世宗母，辽阳人……正隆六年五月，后卒。世宗哀毁过礼，以丧去官。未几，起复为留守。是岁十月，后弟李石定策，世宗即位于东京，尊谥为贞懿皇后，其寝园曰孝宁宫。"李氏卒于正隆六年五月，大定元年十一月甲申追尊为贞懿皇后。[①] 她与上述光献、昭圣的经历极其相似，符合元朝史官的归类标准。综合判断，"贞慈"未必称两位皇后，很有可能是元朝史官将"贞懿"误书作"贞慈"。

类似例子并不鲜见。《金史·文艺传下·王庭筠》载："王庭筠字子端，辽东人。"中华书局点校本指出："'辽'原作'河'。按本书卷一二八《王政传》，'王政，辰州熊岳人也'，'子遵古'，遵古即庭筠之父。辰州熊岳县属东京路，见本书卷二四《地理志》，自当称'辽东'。今据改。"[②] 金元文献所见王氏家族成员皆以辰州熊岳籍贯自居，故王庭筠为辽东人当无异议。但问题是为何致误，这还需从史料编纂过程着手。

《文艺传下·王庭筠》的主体部分取资元好问撰《王黄华墓碑》。此碑叙述王庭筠家族谱牒颇为翔实："家牒载其三十二代祖烈，太原祁人，避汉末之乱，徙居辽东。曹公特征，不应，隐居终身。其后辽东亦乱，子孙散处东夷。"[③] 王氏追述东汉王烈为始祖。《后汉书·王烈传》谓："王烈字彦方，太原人也……察孝廉，三府并辟，皆不就。遭黄巾、董卓之乱，乃避地辽东，夷人尊奉之。太守公孙度接以昆弟之礼，访酬政事。欲以为长史，烈乃为商贾自秽，得免。曹操闻烈高名，遣征不至。建安二十四年，终于辽东，年七十八。"[④] 王氏"家牒"所叙与《后汉书》大体相合。元朝史官据《王黄华墓碑》进行改编时，可能舍去其家牒内容，而只采其始祖为"太原祁人"之说，且笼统称之为"河东人"。因

---

① 《金史》卷 63《后妃传上》，第 1507 页；卷 64《后妃传下》，第 1518—1519 页；卷 6《世宗纪上》，第 124 页。

② 《金史》卷 126《文艺传下·王庭筠》，第 2730、2743—2744 页，校勘记②。

③ 元好问：《遗山先生文集》卷 16《王黄华墓碑》，姚奠中主编，李正民增订：《元好问全集》，第 393 页。

④ 《后汉书》卷 81《王烈传》，北京：中华书局，1965 年，第 2696—2697 页。

此，校勘该条史料应该考虑元修《金史》的文本环境。

最后需要指出的是，元朝史官的知识结构会影响《金史》文本的措辞，这点在地名方面表现得十分明显。《金史·卫绍王纪》大安三年十一月条谓："是时，德兴府、弘州、昌平、怀来、缙山、丰润、密云、抚宁、集宁，东过平、滦，南至清、沧，由临潢过辽河，西南至忻、代，皆归大元。"《康锡传》云："转右司都事、京南路司农丞，为河中路治中。河中破，从时帅率兵南奔，济河，船败死。"《文艺传上·党怀英》谓："大定十年，中进士第，调莒州军事判官，累除汝阴县尹、国史院编修官、应奉翰林文字、翰林待制、兼同修国史。"《循吏传·李瞻》载："宋王宗望嘉之，承制以为兴平府判官。"《循吏传·孙德渊》谓德渊"兴中州人也"。《循吏传·石抹元》云："石抹元字希明，懿州路胡土虎猛安人。"① 上述所见"怀来"、"河中路"、"兴平府"、"兴中州"、"懿州路"皆非金时地方建置，金时亦无"汝阴县尹"之类以"尹"为名的官职。中华书局点校本指出，"是此时怀来当作妫川"，并将"兴中州"改作"兴中府"，"汝阴县尹"改作"汝阴县令"以符合金朝制度。② 然而，《金史》出现地理知识错位仅为表面现象，其深层原因值得重视。以下，从史源角度展开分析。

先说官称。《康锡传》所见"河中路治中"，检元好问撰《大司农丞康君墓表》谓康锡"因以飞语中之，出为河中府治中"。③《文艺传上·党怀英》所见"累除汝阴县尹"，其本传据赵秉文《翰林学士承旨文献党公碑》作："大定十年，中进士优等，调城阳军事判官，迁汝阴令。十八年，充史馆编修、应奉翰林文字、翰林修撰、翰林待制。"④ 元好问撰党怀英小传亦书作"汝阴令"。⑤ 再说地名。

① 《金史》卷13《卫绍王纪》，第294页；卷111《康锡传》，第2461页；卷125《文艺传上·党怀英》，第2726页；卷128《循吏传·李瞻》，第2762页；卷128《循吏传·孙德渊》，第2766页；卷128《循吏传·石抹元》，第2769页。《文艺传上·党怀英》之"汝阴县尹"、《循吏传·李瞻》之"兴中州"，笔者据百衲本等回改。
② 《金史》卷13《卫绍王纪》，第299页，校勘记⑥；卷128《循吏传》，第2776页，校勘记⑥；卷125《文艺传》，第2728页，校勘记⑩。
③ 元好问：《遗山先生文集》卷21《大司农丞康君墓表》，姚奠中主编，李正民增订：《元好问全集》，第489页。
④ 赵秉文：《闲闲老人滏水文集》卷11《翰林学士承旨文献党公碑》，马振君整理：《赵秉文集》，第294页。
⑤ 元好问编：《中州集》卷3《承旨党公》，第162页。

《卫绍王纪》所见"怀来"，实际早在明昌六年便已更名作"妫川"。《元史·地理志》龙庆州条称"延祐三年，割缙山、怀来来隶大都"，"领一县：怀来"。《循吏传·李瞻》载"兴平府判官"，据《元史·地理志》永平路条："金为兴平军。元太祖十年，改兴平府。"《循吏传·孙德渊》载"兴中州"，而《元史·地理志》兴中州条叙其沿革："元初因旧为兴中府，后省。至元七年，又降府为州。"① 《循吏传·石抹元》称"胡土虎猛安"所在驻地为"懿州路"，而《石抹仲温传》和《奥屯忠孝传》皆作"懿州胡土虎猛安"，并无"路"字。据《地理志上》可知，金朝无"懿州路"之设置，② 但此地名并非史官捏造。《元史·地理志》辽阳路条载："懿州，下。初为懿州路。"《元史·顺帝纪》至正十九年（1359）正月丙午条云："辽阳行省陷，懿州路总管吕震死之。"③ 以上种种表明，元朝史官引据原始文献时按照当时地理知识改写，给《金史》打上了浓重的元代烙印。

纵观《金史》文献研究，自钱大昕《廿二史考异》，到施国祁《金史详校》、张元济《金史校勘记》，均堪称校勘《金史》之杰作。中华书局点校本和修订本遵循现代古籍整理规范，集中吸收前人成果，再度提升校勘水平，是为当代最可信赖的《金史》通行本，对辽金史研究起到巨大推进作用。然而，古籍整理是一项不断进步的综合性工程。作为其核心议题的史源、纂修、校勘，三者缺一不可。我们要全面把握《金史》文献的整体构架，厘清纪、传、表、志的史源构成，了解诸文本间内在的同源关系，抓住元朝史官改编金朝实录这条修纂主线。只有这样，才有助于规范校勘的尺度和标准，进一步提升《金史》的点校和研究品质。

〔作者陈晓伟，复旦大学历史学系青年研究员。上海　200433〕

（责任编辑：高智敏）

---

① 《元史》卷 58《地理志一》，北京：中华书局，1976 年，第 1349、1352 页；卷 59《地理志二》，第 1397 页。

② 《金史》卷 103《石抹仲温传》，第 2274 页；卷 104《奥屯忠孝传》，第 2298 页；卷 24《地理志上》，第 560 页。

③ 《元史》卷 59《地理志二》，第 1396 页；卷 45《顺帝纪八》，第 946 页。

# 入关前清政权对朝交涉及其
# 正统观念的形塑

## 王元崇

**摘　要：** 1616 年至 1643 年清政权与朝鲜关系的演进，表明清政权在"华夷之辨"语境内通过政治话语建设，逐步扭转了长期被明朝和朝鲜视为"夷"的身份，并反过来指明朝为"南朝"、"汉夷"，逐步培养正统观念。尤其是在1637 年初与朝鲜正式建立宗藩关系后，清政权通过利用使节交聘和文书往还，设置理藩院管理蒙古各部等举措，逐步建成一个完善的、以清政权为中心的多边等级体系。与此同时，清政权付诸文本的政治话语日臻成熟，逐渐将周边政权描绘为外围附属，建构起其为天下正中的认同。入关之后，清朝以与朝鲜的宗藩关系为参照，与周边政权展开对外交往，进而加强了自身的统治合法性。

**关键词：** 清入关前　朝鲜　正统观念　宗藩关系

史家论及有清一代，通常以 1644 年清军入关为起点，因为定鼎北京是清政权统治走向更为广阔空间的起点。一般历史叙事虽认定 1636 年皇太极建立"大清国"（满文转写为 Daicing gurun）的事实，① 但多将此与 1644 年后的清朝分别阐述，导致入关前清政权的历史变得相对模糊，其正统性与合法性被忽视，这对

---

① 1616 年，努尔哈赤建立后金政权，建元"天命"；1636 年，皇太极称帝，改国号为"大清"，改元"崇德"；1644 年，清军入关，清朝确立对全国的统治。基于此，本文对不同时期清政权的名称作不同处理，涉及 1616—1636 年时称后金，1636—1644 年时则用清政权、大清等，1644 年以后多称清朝、清代。此外，本文满文罗马字转写均照穆麟德（Möllendorff）体系，下不另注。满文并无大小写之分，笔者按学界惯例将满文罗马转写中的人名、地名等专有词汇首字母大写。

我们今天重新理解清代以来的中国历史影响较大。在过去 30 年间，中外学界就清代中国历史研究的视角与观点展开了诸多争论，乃至于清政权之正统观念亦成为一大议题，然而这些讨论主要关注清入关后，因此重审其入关前的政权建设也就显得尤为必要。①

目前学界对入关前清政权与朝鲜关系的研究，主要集中在双方建立宗藩关系的过程，及这一双边关系对朝鲜内部政局和周边政治格局的影响。② 本文以双方宗藩关系的建立为线索，详细考察各自历史文本和政治话语的演变，旨在揭示清政权在"华夷之辨"的语境内，通过对与朝鲜交往的政治话语的有意识建设，逐步扭转了长期被明朝和朝鲜视为"夷"的身份，并反过来指明朝为"南朝"、"汉夷"，塑造自身的正统观念，成功奠定其统治合法性基础。③ 在这一过程中，清政权内的汉人官吏与知识分子利用包括与朝鲜交往在内的诸多资源，扮演了至关重要的核心角色。

1627 年，后金同朝鲜建立了兄弟关系，就此与朝鲜展开基于明朝与朝鲜的宗藩关系基础上的使臣交聘、文书往还和礼仪实践。1637 年初，已经改名为"大清国"的清政权与朝鲜正式建立君臣父子伦理基础上的宗藩关系，加之设置理藩院

---

① 相关讨论可参见 Pamela Kyle Crossley, *A Translucent Mirror：History and Identity in Qing Imperial Ideology*, Berkeley：University of California Press, 1999; Gang Zhao, "Reinventing China：Imperial Qing Ideology and the Rise of Modern Chinese National Identity in the Early Twentieth Century," *Modern China*, Vol. 32, No. 1, 2006, pp. 3 – 30；黄兴涛：《清代满人的"中国认同"》，《清史研究》2011 年第 1 期；Yuanchong Wang, "Civilizing the Great Qing：Manchu-Korean Relations and the Reconstruction of the Chinese Empire, 1644 – 1761," *Late Imperial China*, Vol. 38, No. 1, 2017, pp. 113 – 154.

② 刘家驹：《清朝初期的中韩关系》，台北：文史哲出版社，1986 年；孙卫国：《试论入关前清与朝鲜关系的演变历程》，《中国边疆史地研究》2006 年第 2 期；王臻：《清朝兴起时期中朝政治秩序变迁研究》，北京：商务印书馆，2017 年；孙卫国：《从"尊明"到"奉清"：朝鲜王朝对清意识的嬗变（1627—1910）》，台北：台大出版中心，2018 年。

③ 笔者曾在拙著 *Remaking the Chinese Empire：Manchu-Korean Relations，1616 – 1911*（Ithaca：Cornell University Press, 2018）第 1 章中简略描述此现象，本文在中文语境内作更具体的考察。有关正统论的探讨，参见饶宗颐：《中国史学上之正统论》，北京：中华书局，2015 年；刘浦江：《正统与华夷：中国传统政治文化研究》，北京：中华书局，2017 年。就清朝入关前的正统性问题，史家多有探察，参见张存武、刘家驹、黄枝连、全海宗、丘凡真、孙卫国、王元周、王臻、桂涛等的研究，此不赘述。

管理蒙古臣服各部等举措，逐步建成一个较为完善的以清政权为中心的多边等级体系，并使付诸文本的政治和文化话语日臻成熟，进而日趋将周边政治单元描绘为"夷"和"远人"，增进其天下正中的正统观念。这一正统观念的形成，为清政权入关后与其他政治单元展开对外交际，进而获取和加强其在儒家伦理体系内的统治合法性，夯实了基础。此外，上述宗藩体系内双边关系及其发展，亦可体现清代中国自身的演变。①

## 一、皇帝、汗与国王：金明战争中后金与朝鲜的交往

### （一）后金的崛起

明万历四十四年正月初一，即 1616 年 2 月 17 日，东北建州卫首领努尔哈赤在赫图阿拉接受部下八旗诸王诸大臣拜贺，并受尊号，此为建立"金国"（Aisin gurun）之始，后人称之为"后金"。② 努尔哈赤建立政权深受蒙古部落的影响，是满族

---

① 通过中朝关系观察清代中国之演变的近期探讨，除上举拙著之外，可参见 Kirk W. Larsen, *Tradition，Treaties，and Trade：Qing Imperialism and Chosŏn Korea，1850 - 1910*, Cambridge：Harvard University Press, 2008；Seonmin Kim, *Ginseng and Borderland：Territorial Boundaries and Political Relations between Qing China and Chosŏn Korea，1636 - 1912*, Berkeley：University of California Press, 2017；Nianshen Song, *Making Borders in Modern East Asia：The Tumen River Demarcation，1881 - 1919*, Cambridge：Cambridge University Press, 2018. 通过中国周边和世界史的视角，来探讨清朝和东亚世界变化方面的著述甚多，诸如冈田英弘编：『清朝とは何か』、東京：藤原書店、2009 年；葛兆光：《宅兹中国——重建有关"中国"的历史论述》，北京：中华书局，2011 年；구범진：『청나라，키메라의 제국』、서울：민음사、2012 年；Matthew W. Mosca, *From Frontier Policy to Foreign Policy：The Question of India and the Transformation of Geopolitics in Qing China*, Stanford：Stanford University Press, 2013；Evelyn S. Rawski, *Early Modern China and Northeast Asia：Cross-Border Perspectives*, Cambridge：Cambridge University Press, 2015；刘晓原：《边疆中国：二十世纪周边暨民族关系史述》，香港：香港中文大学出版社，2016 年；Timothy Brook, Michael van Walt van Praag and Miek Boltjes, eds., *Sacred Mandates：Asian International Relations since Chinggis Khan*, Chicago：University of Chicago Press, 2018.
② 自 20 世纪 70 年代以来，陈捷先、蔡美彪、刘厚生等借助大批出版的满汉文档案，已基本厘清此国号问题。参见蔡美彪：《大清国建号前的国号、族名与纪年》，《历史研究》1987 年第 3 期；刘厚生：《旧满洲档研究》，长春：吉林文史出版社，1993 年，第 82—93 页。

发展史上的一个重要转折点，也是清朝崛起并统一天下之关键一步。① 努尔哈赤的尊号起初并不划一，待乾隆年间重新抄录并删改修订《满文老档》时，将其统一为 abka geren gurun be ujikini seme sindaha genggiyen han，直译为"上天任命的养育列国（或万民）的英明的汗"，汉文统一为"天任覆育列国英明汗"。② 嗣后经自崇德至乾隆年间编纂和历次修订《太祖高皇帝实录》，这一称号改为"覆育列国英明皇帝"。③ 自皇太极建元崇德以降，有清历代君主称"皇帝"（hūwangdi），亦称"汗"（han），这在玉玺印文的满文中表现得尤为一贯和明显。④ 但在努尔哈赤时期，文书中尚不用 hūwangdi，即便在指明朝皇帝时亦用 han，因此称努尔哈赤为"英明皇帝"系后世追饰。至于建元，努尔哈赤建国前后曾铸过一印，印文系 abkai fulingga aisin gurun han-i doron，意即"天命金国汗之印"（印文见图1）。虽有学者认为"天命"一词并非年号，只是受命于天之意，且不见于满文记载，只出现在部分汉文文献和文物中，只有干支而无年序，所以"天命"起初主要为汉臣所用，似非其建元年号。但据朝鲜1619年收到的末署"后金天命二年"的信，以及萨尔浒大战后后金官员责问朝鲜答书内为何不

---

① 入关前满洲政权的发展脉络及蒙古文化对其影响，参见刘小萌：《满族从部落到国家的发展》，沈阳：辽宁民族出版社，2001年，第150—156页。

② 广禄、李学智据旧满洲档册中所记称号 abka geren gurumbe ujikini seme sindaha（amba）genggiyen han，将其译为"天任养育列国（大）庚寅汗"，参见《清太祖朝老满文原档（第一册荒字老满文档册）》，台北：台湾"中研院"历史语言研究所，1970年，第63页；刘厚生：《旧满洲档研究》，第39—40页。清朝改定后的统一称号，参见中国第一历史档案馆整理、编译：《内阁藏本满文老档》，沈阳：辽宁民族出版社，2009年，第1册，天命元年，第197页；满文老档研究会译注：『満文老檔』、東京：東洋文庫、1955年、第I册『太祖1』、丙辰年（天命元年）正月元日、第67页。满文尊号中的 geren gurun 素来被译为"列国"，然正如李学智、刘厚生等已提出的，gurun（固伦）是多义词，除指代当时的"国"外，还可指代两个以上的人、众人或部众等，故而 geren（各、诸多）加上 gurun，亦有"众民"、"万民"之意，也符合养育（ujimbi）之义。韩国学者崔鹤根即持此论，他将努尔哈赤称号解释为"仁慈地扶持万民的太祖英明皇帝"，参见《蒙文满洲实录》，汉城：同文馆，1976年，第1册，第391页。揆诸有清占有天下之史实，后世多以"国"而不以"众"解，亦有道理。

③ 《太祖实录》卷5，天命元年正月壬申，《清实录》第1册，北京：中华书局，1986年，第63—64页。此版影印的是乾隆初期再次改定的《太祖实录》。

④ 参见《交泰殿宝谱》，北京：故宫博物院文献馆，1929年。如其中"皇帝奉天之宝"，其满文就是 han-i abka de jafara boobai，且这方宝玺是以老满文刻的。

书"我国后金号"来看，最晚在1618年，"天命"已被作为年号使用，至少在后金的汉臣中是如此的。①

**图1　天命金国汗之印**

说明：满文印文转写为 abkai fulingga aisin gurun han-i doron。较早载有该印文的档案文书，可参见李光涛编著：《明清档案存真选辑》初集，台北：台湾"中研院"历史语言研究所，1959年，第85—86页。

　　努尔哈赤所在的建州女真靠近朝鲜平安道（关西）西部与咸镜道（关北）南部，双方有着诸多历史恩怨。明宣德年间，朝鲜趁建州左卫衰落，向北扩张，武力驱逐了鸭绿江中上游东岸和南岸及图们江中下游以南地区的女真人，分别设立了会宁、稳城、钟城、庆源、庆兴和富宁"东北六镇"与闾延、慈城、茂昌、虞芮"西北四郡"，并大肆移民，沿着这两条江奠定了中朝边界的大体走向。② 后来女真

---

① 对"天命"建元的质疑，参见蔡美彪：《大清国建号前的国号、族名与纪年》，《历史研究》1987年第3期。朝鲜所受署有"天命"年号的信，参见《朝鲜王朝实录·光海君日记》（太白山本）卷49，光海君十一年四月壬戌，第111页a，韩国国史编纂委员会在线资料库：http：//sillok. history. go. kr/main/main. do。后金官员之质疑，参见李民寏：《栅中日录》，辽宁大学历史系编印：《〈栅中日录〉校释、〈建州闻见录〉校释》，1978年，第14—15页。

② 明清以降，虽然中朝双方关系稳定在宗藩框架之内，但实际上边界纠纷持续不断，特别是图们江流域的边界划定问题，从康熙朝持续到光绪朝，并最终和后来的"间岛"问题密切相连。相关研究参见杨昭全、孙玉梅：《中朝边界史》，长春：吉林文史出版社，1993年；陈慧：《穆克登碑问题研究——清代中朝图们江界务考证》，北京：中央编译出版社，2011年；李花子：《清朝与朝鲜关系史研究——以越境交涉为中心》，延吉：延边大学出版社，2006年；李花子：《朝清國境問題研究》，경기도 파주시：集文堂，2008年；李花子：《明清时期中朝边界史研究》，北京：知识产权出版社，2011年；李花子：《清代中朝边界史探研——结合实地踏查的研究》，广州：中山大学出版社，2019年；Seonmin Kim, *Ginseng and Borderland：Territorial Boundaries and Political Relations between Qing China and Chosŏn Korea，1636 – 1912*；Nianshen Song, *Making Borders in Modern East Asia：The Tumen River Demarcation，1881 – 1919*；김형종：『1880 년대 조선 청 공동감계와 국경회담의 연구』，서울：서울대학교출판문화원、2018年。历史上的中朝边界问题，除上述杨昭全之书外，近来的作品可参见刁书仁、王崇时：《古代中朝宗藩关系与中朝疆界历史研究》，北京：北京大学出版社，2021年。

施以反击，朝鲜西北四郡尽失，成了朝鲜所谓"废四郡"问题。朝鲜总体上视女真诸部为"胡虏"，对其情况所知甚少。[①] 在努尔哈赤时期也是如此，蔑称努尔哈赤"老酋"、"奴儿哈赤"等，并未加深了解或接触，只以满浦、茂山等地的开市贸易来笼络女真，确保边境安定。

朝鲜之所以奉命明朝，在于双方之间的宗藩关系。1392 年，高丽王朝大将李成桂起兵，推翻了自 1259 年以来就臣服于蒙古政权的高丽王朝，并遣使前往明朝首都南京进贡请封。明太祖朱元璋钦定"朝鲜"为李氏政权的国号，但他认为李氏建国属犯上作乱、僭越王权，故而一直没有册封其为朝鲜国王。及至明靖难之役期间，建文帝朱允炆为寻求朝鲜支持，于建文三年（1401）册封朝鲜第三代君主李芳远为国王（即太宗），双方正式建立宗藩关系，次年赐其九章冕服，系明朝皇室宗藩的亲王服色（天子十二章冕服，亲王九章，清代皇帝不用冕服，但朝鲜国王继续使用明朝所赐之九章冕服）。靖难之后，明成祖朱棣于永乐元年（1403）继续之前的宗藩关系，赐李芳远九章冕服，再次确认朝鲜国王的亲王等级。永乐三年，朱棣颁赐 100 本明朝皇历《大统历》给朝鲜使臣，内有"黄绫面一本"，此种黄绫面历书即"王历"，是明朝亲王用历，这也是朝鲜国王位同中国亲王之明证。[②] 明正统十四年（朝鲜世宗三十一年，1449），朝鲜世宗李祹谈及龙衣时曰："昔予服四爪龙衣，后闻中朝亲王服五爪龙，予亦服之，以待天使，其后，帝赐五爪龙服，今令世子服四爪龙，则于我无嫌，于朝廷法制亦无妨焉。"[③] 自世宗以降，朝鲜国王的龙衣皆系五爪龙，至清代亦然，此系李祹引入明朝亲王服制的结果，也明白显示其自认与中国亲王地位相当。

长期以来，学界形容中国与朝鲜之间这种关系的用词不一，或曰"朝贡"，或曰"册封"，或曰"宗属"，或曰"封贡"，或几类兼而有之。在英文学界，"朝贡体系"一词对应的 tribute system 或 tributary system，自美国史家费正清等在

---

① 有关明代女真的历史，可参见河内良弘：『明代女眞史の研究』、京都：同朋舍、1992 年。
② 汪小虎：《明朝颁历朝鲜及其影响》，《史学月刊》2014 年第 7 期，第 57 页。
③ 《朝鲜世宗实录》卷 125，世宗三十一年九月己卯，第 18 页乙面。

20 世纪中期推广以后变得十分流行，并影响了东亚学界。① 然而，"朝贡"只是突出了这一体系的一个层面，即中国春秋时期"朝聘"之"朝"的含义，却难以同时涵盖宗藩体系的其他重要层面。这种术语之辨，所关匪小。笔者倾向于使用"宗藩"一词，盖因明廷对朝鲜王室的册封等级系藩王一级，这是明朝内部宗藩封建体制的外扩，故而明朝、朝鲜两个王室之间具有家庭伦理秩序，既是君臣，又系父子，这完全符合双方都认同的儒家文化体系。② 这还类似天子所在的中国与外服诸侯的关系，也是朝鲜自称"诸侯"史不绝书的缘故，如朝鲜国王李玜在道光七年（1827）上道光皇帝的谢恩表内云："蕞尔马韩，拱于象魏，春秋朝聘，粗效事大之忱……臣……采勤侯度，益戴皇灵。"③ "拱于象魏"即拱卫朝廷之意，"春秋朝聘"是指"事大"之传统，"侯度"则进一步体现了朝鲜国王乃中国天子之诸侯的地位和角色。有学者倾向于将"宗藩"的"宗"，解释为

① 参见 J. K. Fairbank and S. Y. Têng, "On The Ch'ing Tributary System," *Harvard Journal of Asiatic Studies*, Vol. 6, No. 2, 1941, pp. 135 –246; J. K. Fairbank, "Tributary Trade and China's Relations with the West," *The Far Eastern Quarterly*, Vol. 1, No. 2, 1942, pp. 129 – 149; John King Fairbank, ed., *The Chinese World Order: Traditional China's Foreign Relations*, Cambridge: Harvard University Press, 1968; 坂野正高:『近代中国政治外交史: ヴァスコ・ダ・ガマから五四運動まで』、東京: 東京大学出版会、1973 年; 浜下武志:『朝貢システムと近代アジア』、東京: 岩波書店、1997 年; 李云泉:《朝贡制度史论——中国古代对外关系体制研究》，北京: 新华出版社，2004 年; Kirk W. Larsen, "Comforting Fictions: The Tribute System, the Westphalian Order, and Sino-Korean Relations," *Journal of East Asian Studies*, Vol. 13, No. 2, 2013, pp. 233 –257; 陈尚胜:《中国传统对外关系研究》，北京: 中华书局，2015 年，第 12—18 页。就中朝双边此种历史关系的探究，参见付百臣主编:《中朝历代朝贡制度研究》，长春: 吉林人民出版社，2008 年。

② 中文学界采取"宗藩"者，参见张存武:《清韩宗藩贸易 1637—1894》，台北: 台湾"中研院"近代史研究所，1985 年; 孙宏年:《清代中越宗藩关系研究》，哈尔滨: 黑龙江教育出版社，2006 年; 扎洛:《清代西藏与布鲁克巴》，北京: 中国社会科学出版社，2012 年; 张启雄:《东西国际秩序原理的差异:"宗藩体系"对"殖民体系"》，《"中央研究院"近代史所集刊》第 79 期，2013 年。就"宗藩"在英文学界的推广，参见 Nianshen Song, *Making Borders in Modern East Asia: The Tumen River Demarcation*; Yuanchong Wang, *Remaking the Chinese Empire: Manchu-Korean Relations, 1616 – 1911*. 就儒家化体系及其理论探讨，参见黄枝连:《东亚的礼义世界——中国封建王朝与朝鲜半岛关系形态论》，北京: 中国人民大学出版社，1994 年。

③ 《清代朝鲜国表章·朝鲜国王李玜呈赏赐使臣谢恩表》，国立中央研究院历史语言研究所编:《明清史料》甲编第 7 本，上海: 上海商务印书馆，1931 年，第 653 页。

19 世纪西方国际法术语传入以后的 suzerainty（即宗主权），实际并非如此，盖自蒙古征服以降，中国与朝鲜的双边关系就适用于"宗藩"之义和家庭伦理框架。[①] 在宗藩体系内，明朝册封和赐谥朝鲜国王及王室主要成员，是"中国"、"天子"、"天朝"、"上国"；朝鲜对明朝贡，系"外服"、"诸侯"、"小邦"、"远国"。因此，朝鲜王国悉数引进明朝文物制度，从语言文字到科举制度再到会典律例，自号"小中华"，然而在以中国为中心的"华夷之辨"语境中，朝鲜又不得不位列"东夷"。据宗藩关系的"事大"与"字小"原则，明朝有义务维系朝鲜的安全。在 16 世纪 90 年代，日本丰臣秀吉侵略朝鲜，万历皇帝发兵救援，朝鲜感激明朝的"再造之恩"，视其为"父母之邦"。明朝、朝鲜之间的宗藩关系，决定了朝鲜难以在努尔哈赤与明朝的冲突中独善其身。

万历二十三年（朝鲜宣祖二十八年）九月，朝鲜尚在与日本作战的壬辰战争期间，明朝辽东官员通知朝鲜称，努尔哈赤集合人马准备在鸭绿江结冰之后越江抢掠朝鲜西部边境，朝鲜国王派南部主簿申忠一为回答使，前往后金打探虚实。申忠一于十二月二十二日从满浦镇出发，抵达赫图阿拉后居住了 7 天，面见努尔哈赤，并赠送了礼物，回国后将其亲历之事汇报给国王，并附有山川道里途程，即《建州纪程图记》一书。[②] 申忠一之行的主要目的是侦探情报，并非建立正常的信使往来渠道，所以此后朝鲜对建州女真的了解仍旧十分有限，唯有一边提高警惕，一边开边市笼络。

努尔哈赤建国一个多月后，朝鲜平安和咸镜两道对形势变化已有所察觉，司谏院上启朝鲜国王李珲（即光海君）说，咸镜道收到"老酋精兵无数出来"的消息，当地人惊慌失措，乃至"荷担出城，相继道路"，甚属狼狈。虽系虚惊一场，但司谏院认为"老酋兵势近益强盛，出没无常，迅如风雨，在我阴雨之备，

---

① 参见 Yuanchong Wang, "Provincializing Korea: The Construction of the Chinese Empire in the Borderland and the Rise of the Modern Chinese State," *T'oung Pao*, Vol. 105, 2019, pp. 128 – 182. 主张从宗主权的角度来解释这一制度的，参见冈本隆司：『属国と自主のあいだ：近代清韓関係と東アジアの命運』、名古屋：名古屋大学出版会、2004 年。冈本氏亦考察了"宗主权"之世界史，参见冈本隆司编：『宗主権の世界史：東西アジアの近代と翻訳概念』、名古屋：名古屋大学出版会、2014 年。

② 《申忠一建州闻见录》，林基中编：《燕行録全集》，首尔：東國大學校出版部，2001 年，第 8 册，第 127—185 页；申忠一的记录常以《建州纪程图记》一名出现。

不容少缓"。① 这表明，自 1595 年到 1616 年，努尔哈赤部实力大增，对朝鲜沿边地区威慑甚大，而朝鲜也意识到了这一巨大挑战。

1618 年 5 月 17 日，努尔哈赤宣布"七大恨"，起兵反明，并将之通报了朝鲜边境官员。② "七大恨"写就之时应有汉文本并散布过，只是未能流传下来。③ 其较早的满文本收录在《旧满洲档》内，但此档册亦经后世抄录修改。④ 孟森曾于 1936 年撰文指出，《清太祖实录》《东华录》及清亡后金梁翻译的《满洲老档秘录》等内所载的"七大恨"俱经改篡，而曾收藏于北京大学的清内阁大库所收之天聪四年（1630）正月晓谕关内外军民木刻黄榜内所录"七大恨"，当更接近天命三年之原文。孟森之说很有说服力，但黄榜之文也只是接近而已，其在天聪年间被修改的痕迹相当清楚。据此榜文，皇太极承认努尔哈赤是为明朝"看边进贡"，其部与"北关"（即海西女真四部之一的叶赫部）原本"同是外番"，且说"北关与建州，同是属夷"。⑤ 因此，此榜文当出自天聪朝汉臣之手。

随着在与明朝战事中战果的扩大，后金问鼎中原的目标逐步明确。而此一过程中尤为重要的一环，是模仿明朝进行制度和文化建设，特别是形成一整套以自身为中心的政治话语体系，建设并巩固自身的正统性和政治合法性。后金本以征服周边的海西女真、野人女真和蒙古部族为主，除明朝外，周边有较完整、成熟的政治话语体系的只有朝鲜。因此，从与朝鲜交往的角度来观察其政权嬗变过程，特别是其如何整合与朝鲜交流的资源，具有独特的意义。另外，清军入关前的满汉文书经过了皇太极到乾隆年间的屡次篡改笔削，而其与朝鲜的往来文书，在朝鲜得到相对妥善的保存，修改较少，这为本文提供了较好的文献基础。

---

① 《朝鲜光海君日记》卷 35，光海君八年二月丁卯、戊辰，第 62 页 b、63 页 b。
② 《朝鲜光海君日记》卷 44，光海君十年三月甲子，第 6 页 b。
③ 如努尔哈赤在攻下抚顺以后，曾在当地挑选来自山东、山西等省的商人 16 名，给其路费盘缠，让其携带七大恨文书回去原籍，参见《清太祖朝老满文原档（第一册荒字老满文档册）》，第 85 页。
④ 经过修改后的"七大恨"满汉文内容参见《清太祖朝老满文原档（第一册荒字老满文档册）》，第 79—82 页；满文老档研究會譯注：『滿文老檔』、第 I 册『太祖 1』、戊午年（天命三年）四月十三日、第 86—89 页；《太祖实录》卷 5，天命三年四月壬寅，《清实录》第 1 册，第 69 页。
⑤ 孟森：《清太祖告天七大恨之真本研究》，《明清史论著集刊》，北京：中华书局，1959 年，第 203—217 页。

### （二）萨尔浒大战与后金、朝鲜之间的文书接触

努尔哈赤起兵反明后，为防止腹背受敌，屡次投书朝鲜，阻其出兵助明。在此过程中，后金已开始有意识地贬低明朝。万历四十六年闰四月，明辽东地方接获努尔哈赤即将攻打抚顺的消息，辽东巡抚李维藩飞咨朝鲜，令备7000名火器手"作为声援"，待明军开拔进剿努尔哈赤时"合兵征剿"。朝鲜政治中枢备边司（即备局）认为，女真十余年来扩张迅猛，"境连我国，有早晚必噬之形"，"虽以天下之兵，恐难剿灭"，且"女真兵满万，天下不能敌"，所以对出兵助战顾虑重重；但因久为明朝外藩属国，念"我国与天朝有父子之义"，"有同一家"，且在壬辰战争期间明朝对朝鲜有"再造之恩"，于是决定召集兵丁协助明军。①

努尔哈赤十分了解明朝与朝鲜的关系，在攻打抚顺前曾两度致书朝鲜边境官员，意在阻止朝鲜出兵助明，其中"屡屡恐吓，终以南朝伤害朝鲜等语，交构百端"。由此可知，至晚在1618年，后金文臣已称明朝为"南朝"，将其视为一个与后金对等的政权。朝鲜成均馆大司成朴自兴尖锐地提出："试以胡书言之，起初不过求索禄俸、貂价而已，到今以天朝为南朝，至欲反面争地。"② 后金此时给朝鲜的书信格式也发生了重大变化。同年五月十六日，12名女真骑兵越边投书平安道满浦镇，满浦佥使蒋后琬向汉城汇报说，书信封皮上直接题写"朝鲜国王开拆"，这种两相对等的格式让蒋后琬等大惊失色。蒋氏让通事告诉后金来使，"自前文书相通之规，无直达朝廷之礼，捧纳极难"，还取出之前的文书作为对比，但来使说："持书出来而已，如此事体，何以知之？"蒋氏于"胡馆"厚待来使，并令女真训导房应斗、乡通事河世国"问房中事情"，打探抚顺之战况。③最后，蒋氏决定将原信放于满浦，誊本上送朝廷，但朝鲜没有存留下这封书信。

壬辰战争期间曾领兵入朝作战的杨镐出任辽东经略后，要求朝鲜将出兵人数从7000提到10000，朝鲜只好照办。国王李珲任命晋宁君姜弘立为都元帅，以议政府左参赞衔率兵10000渡江助战。朝军包括姜弘立在内共7名将官，姜氏系唯

---

① 《朝鲜光海君日记》卷45，光海君十年闰四月丁丑、五月壬辰，第45页a、93页a。
② 《朝鲜光海君日记》卷45，光海君十年闰四月庚午、甲戌、丁丑，五月壬辰，第25页a、33页b、45页a、93页b。
③ 《朝鲜光海君日记》卷45，光海君十年五月丙辰，第126页a。"迷劣胡人"系朝鲜贬低之词。

一文职；士兵包括3500名炮手和6500名射手，均出自半岛西部的平安道、黄海道、全罗道和忠清道，其中以靠近鸭绿江的平安道出兵最多（3500人），其他东部四道并未出兵。

1619年4月5日，姜弘立率军渡江，随后迅速与明军会师前线。14日（三月初一），杨镐四路部队的中路左翼在山海关总兵杜松率领下冒进到萨尔浒地方，遭金兵伏击。此前半个月，努尔哈赤命15000步兵至萨尔浒搬运石料修筑城池，并派400骑兵守护，因此在该地伏击杜松所部，实据天时地利，更属以逸待劳。激战两日后，明军全军覆没，朝兵亦死伤枕藉，从平壤来的400炮手中有330人阵亡。穷途末路之下，姜弘立派人联络金兵大营，于初五晨亲率残部5000余人下山向大贝勒代善投降。后金记曰："朝鲜都元帅衔大员姜弘立率军五千下山来降，见大贝勒。见毕，以见面礼，俱筵宴之。宴毕，命送入都城谒汗。"① 据同时被俘的时年46岁的将军幕僚李民寏记录，朝军自始至终都处在粮草困乏中，渡江后被明军催促前行，"三营军卒，不食屡日"，乃至李氏发出"白首老书生不免为沙场之骨"的感慨。在投降后前往赫图阿拉途中，李民寏记载所见战地情景，"僵尸如麻，数十里不绝"。② 明朝、朝鲜联军之一败涂地，由此可窥一斑。

姜弘立降金成为双方交往的转折点，因为一方面姜氏得以亲自斡旋于后金和朝鲜之间，另一方面努尔哈赤得以利用这个机会致信朝鲜国王，谋求对方承认后金的合法性。在姜弘立、金景瑞与努尔哈赤相见时，努尔哈赤手持弓箭据床而坐，"甲士数千，排列庭之左右"，两帅登阶对努尔哈赤行揖礼。达海责问为何朝鲜官员见杨镐时行再拜礼而此时只行揖礼，努尔哈赤虽也不满，但未深究，允许两帅据椅而坐。据李民寏所见，后金并没有像明朝或朝鲜那种拜兴礼数，将官拜见努尔哈赤时"脱笠叩头"，士兵拜见上官时也一样；不论男女，"亲旧相见者，必抱腰接"。这大约是努尔哈赤并未深究姜弘立等行礼一事的原因。至于文字，

---

① 滿文老檔研究會譯注：『滿文老檔』、第Ⅰ册《太祖1》、己未年（天命四年）三月初一日、第134—135页。朝鲜史料中所记战斗日期并不准确，参见《朝鲜光海君日记》卷49，光海君十一年三月乙未，第75页a。为还原文本原意，文中所引『滿文老檔』汉译文，特别是长句或段落，均系笔者在参照满文罗马转写、东洋文库日译本和中国相关汉译文基础上的翻译，下不另注。

② 李民寏：《栅中日录》，辽宁大学历史系编印：《〈栅中日录〉校释、〈建州闻见录〉校释》，第5—10页。

后金皆书满文，通信朝鲜时先起草满文底本，再译为汉文，"胡将"中只有"红歹是"（皇太极——引者注）认识汉字。①

努尔哈赤很快命人写了一封致朝鲜国王的信，派硕隆国（Šolonggo，朝鲜称为"小弄耳"或"小弄贵"）携被俘朝鲜从事官郑应井、通事河瑞国等同赴汉城送信。之前建州的书信，原本留在满浦等接待"胡差"的朝鲜边境，誊本上送汉城，但这次是在萨尔浒大败之后，情形迥异，"胡差"和原信都直达汉城，国王急召二品以上大员讨论如何回复。② 努尔哈赤在信中说：

> 对尼堪汗的七大恨之事，皆缮成书，至其小愤，亦添书于此，再相告我与尼堪开战缘由。昔金汗、蒙古汗征服三四国归于一统，然后世终未久延，此系我所素知者。兴此兵端，非我愚钝，彼尼堪逼我太甚，无奈之下，故有此举。若素来有意与大国之汗结怨，天必鉴之，天何以我为是耶，岂天私我而薄尼堪汗乎？天非非是是，秉公而断，故天以我为是而非责尼堪也。尔索勒豁兵来助尼堪伐我，我知索勒豁兵本不愿来，乃为报尼堪胜倭子之恩而来。昔我金大定汗时，索勒豁大臣赵位宠率四十余城来降，我金大定汗曰："我金国征讨尼堪之赵徽宗、赵钦宗汗，索勒豁汗无所倒向，是正直之国。"遂不纳而还。由此思之，我等两国初无嫌隙，今擒获尔大小统兵官十人，念尔索勒豁汗而收纳之。今之结局，尔索勒豁汗当知之矣。天下何国不有，岂大国独存之，小国皆亡乎？曾思此大国之尼堪汗必奉天道而行，讵料该尼堪汗不尊上天法度，肆意乖张，举国受苦。尔索勒豁汗岂能不知哉？据闻，尼堪汗欲遣其诸子主索勒豁国及我国，此尼堪汗欺凌我两国甚矣。索勒豁汗，尔心中我等两国素无嫌恶，今我等两国合议以仇尼堪耶，抑或不愿背尼堪而我一国独抗尼堪耶？愿闻尔言。③

---

① 李民寏：《栅中日录》、《建州闻见录》，辽宁大学历史系编印：《〈栅中日录〉校释、〈建州闻见录〉校释》，第 11、37、44 页。

② 《朝鲜光海君日记》卷 49，光海君十一年四月乙卯，第 101 页 b。

③ 参见满文老档研究会译注：『满文老档』、第 I 册『太祖 1』、己未年（天命四年）三月初一日、第 142—144 页。这段话在《太祖实录》汉文本中被改动，"赵位宠"也被误译为"赵惟忠"，参见《太祖实录》卷 6，天命四年三月甲辰，《清实录》第 1 册，第 84—85 页。

努尔哈赤在此信中称明朝皇帝、朝鲜国王、金朝皇帝、宋朝皇帝等一律为"汗",均属对等用法,称呼明朝皇帝时偶用"大国之汗"或"大国之尼堪汗",将后金置于与明朝、朝鲜、蒙古相等的地位,构建了一种列国并立、诸汗齐肩的景象。其中称呼高丽和朝鲜时均用其部普遍指代朝鲜人的 Solho(即索勒豁),称呼宋朝和明朝均用普遍指代汉人的 Nikan(即尼堪),皆未加区分,体现了当时后金或多或少是从族群的角度看待不同政权的。

朝鲜对努尔哈赤的书信十分不满,备边司评论说,"此贼立国建元,谕贴称朕,则凶滑已极"。朝鲜史官也记载说,"奴酋既送郑应井等,又遣差人致书,称以天命二年后金国汗谕朝鲜国王,枚数七宗恼恨,归怨中朝,且求助己,约以通和息兵"。①"谕贴"系当日通信之拜帖通名,上书有投书人和受书人,从这个记录看,努尔哈赤手下的汉臣在拜帖上写有"天命"年号,即朝鲜所谓"立国建元",时在 1619 年,却写为"天命二年",盖因汉臣是以发布"七大恨"的 1618年为元年,这和日后以 1616 年为建元之年有别。这封书信经文臣之手译成汉文后,不免意思大变。后来史家大都对这些词语按语境进行了翻译,这就掩盖了当日努尔哈赤政权政治话语的本色,消解了字里行间的政治意味。

朝鲜国王及备边司主张走务实路线,援引唐朝与回纥约和故事,为同后金约和作铺垫,而国王也认为"大概今此胡书,系国存亡"。② 然而,若国王回复的话,就成了朝鲜国书,相当于认可了努尔哈赤与朝鲜国王之对等地位,这有碍朝鲜与明朝的关系,于是君臣讨论后,决计绕开国王和朝廷,下移至道,让平安道观察使朴烨出面回复。

备边司听说"胡人"致书朝鲜时自称"建州卫马法",认为"所谓马法,似指偏裨而言也",遂主张照此式样,回信封皮右边书"朝鲜国平安道观察使书",左边书"建州卫部下马法开拆",里面书"朝鲜国平安道观察使朴烨奉书于建州卫马法足下",署年号后钤朴烨的平安监司印信。实际上,"马法"系满文 mafa(即祖父)音译,非指偏裨,而备边司也认识到这样做"非直答于奴酋者",因此建议在信末添上"此意转告幸甚",这样一来亦非朴烨直答努尔哈赤,以期避开双方直接

---

① 《朝鲜光海君日记》卷49,光海君十一年四月壬戌,第111页 a。
② 《朝鲜光海君日记》卷49,光海君十一年四月壬戌、甲子,第111页 a、114页 a。

书信往还的等级问题。努尔哈赤来信上钤有一印，备边司"令解篆人申汝櫂及蒙学通事翻解，则篆样番字，俱是'后金天命皇帝'"，备边司对此称号不满，建议不必照字解释，装作没有看懂，即所谓"泛然以不可解见之意，删改宜当"。这方印就是上文提到的刻有满文 abkai fulingga aisin gurun han-i doron 七字之印，即"天命金国汗之印"，通事译为"后金天命皇帝"。揆诸朝鲜与女真自明初以来的交往，朝鲜对女真部落首领称"汗"并不十分意外，将之译为"皇帝"，则性质大变。

备边司如此费心斟酌书信格式，旨在规避以国书的形式承认后金的合法性。与此同时，信中称"建州"为"贵国"，等于委婉地承认了后金已非明朝一卫，而为一独立政权，同时表示"两国境土相接，共惟帝臣，同事天朝者二百年于兹"，强调明朝"之于我国，犹父之于子也"，希望对方与明朝停战，这样朝鲜与后金可以"两国各守封疆，相修旧好"。① 此种虚与委蛇之法，系夹在明朝和努尔哈赤之间的光海君，早在出兵之前就十分倾心的务实政策。后来光海君在政变中被废黜，这些都成了他不忠于明朝的罪名。②

努尔哈赤对姜弘立等降将则多加优待，以招降抚顺李永芳之例加以笼络，甚至试图与其联姻。五月初五，努尔哈赤在衙门宴请时，在衙门两侧搭了八个凉棚，诸贝勒大臣就座于此，大贝勒代善、二贝勒阿敏、三贝勒莽古尔泰和四贝勒皇太极及"朝鲜二大官"（当系都元帅姜弘立与副元帅金景瑞）六人在矮桌就座。这是后金史上第一次诸贝勒用桌筵宴，之前都是席地而坐，朝鲜人之被优待，由此可见一斑。长远来看，这也是日后清代赐宴朝鲜使臣时，规格高于越南、琉球等的历史渊源。

五月二十八日，努尔哈赤收到朝鲜差官梁谏带来的复信，但他对复信不满意，一来朝鲜国王没有直接回复，二来对方未感谢后金收留朝鲜将士并放回部分朝鲜人。③ 据李民寏记载，文书抵达后金前，后金准备如果来信写得好，就宰牛

---

① 《朝鲜光海君日记》卷49，光海君十一年四月己巳、壬申、甲戌，第120页 a、123页 a、125页 b。

② 此一时期光海君对后金的政策，可参见李丙焘：「光海君의對後金政策」、『國史上의諸問題』第1辑、1959年。

③ 满文老檔研究會譯注：『滿文老檔』、第 I 册『太祖 1』、己未年（天命四年）五月二十八日、第146页。

设宴款待朝鲜差官，如果不好，就只供鸡鸭，后金译官刘海见到书信后失望地说，"文书无一句好话"。① 此时，姜弘立开始居中调停，于六月初一向努尔哈赤身边的亲信阿敦（朝鲜称"阿斗"）、扬古利（朝鲜称"彦加里"）、达海、刘海等逐句解释朝鲜来书是如何有礼有节。阿敦问询了诸如为何以平安道观察使身份答书、为何不书"我国后金号"却只称建州、"马法"何意等，姜弘立均一一辩解。姜弘立的文臣身份帮了朝鲜大忙，在后金对朝鲜汉文书信的文辞文义不甚通晓的前提下，朝鲜方面得以模糊过关。后金虽接受了这封答书，然"始终以非国书轻之也"。②

努尔哈赤很快复信国王，要求对方停止助兵明朝，且答书内必须使用"御印"，即要求以国书回复，并进一步提议两国盟誓互信。这封信由差官梁谏、通事金彦春于七月十四日携至汉城，其中提到朝鲜回信中所谓"天朝"一词"谅必南朝所言也"，而"南朝"即后金对明朝的贬称，因此对朝鲜用"天朝"指代明朝表示不快。信末提议两国结盟，"杀白马祭天、乌牛祭地，当天歃血，焚香盟誓，方为可信也"。③

朝鲜收到此信时，明朝敕使袁见龙也抵达汉城宣读皇敕，赏赐朝鲜国王出兵之功银一万两。同时面对后金和明朝，朝鲜左右不安，既无法回复后金书信，又不敢开罪明朝来使。恰在此时，朝鲜君臣从赴明的千秋使李弘胄等奏报中，得知明朝一些官员怀疑朝鲜与后金暗通款曲，建议万历皇帝加强与朝鲜的交流。李弘胄等抄录的左春坊左赞善兼翰林院检讨徐光启于当年六月二十八日所上的《辽左阽危已甚疏》，让朝鲜君臣尤为震惊。该疏论及当时形势曰："逆奴稔祸，建国僭号，攻陷开原，将士覆没，辽阳广宁，岌岌不保，关内人心，惶惶靡措，此其势

---

① 朝鲜的文献中有两个"刘海"，第一个是朝鲜和明朝间的朝鲜信使，第二个是被称为"刘兴祚"的汉人。此处刘海就是"刘兴祚"，他投降努尔哈赤后深得其信任，被称"爱塔"，1627 年充当后金和朝鲜间的信使，往返两者之间，次年反金并加入毛文龙部，1632 年为金兵射杀。参见全海宗：「倭亂·胡亂時의劉海와劉興祚」、『韓中關係史研究』、서울：一潮阁、1970 年、第 139—155 页；郭成康、成崇德：《刘兴祚论》，《清史研究》1994 年第 2 期。

② 李民寏：《栅中日录》，辽宁大学历史系编印：《〈栅中日录〉校释、〈建州闻见录〉校释》，第 14—15 页。

③ 《朝鲜光海君日记》卷 50，光海君十一年七月己未，第 71 页 b。

非昔年之俺答，实宋朝之兀术、完颜亮也。"为此，徐氏提出了求人才、造大炮、建城围等五条建议，其第五条是"亟遣使臣监护朝鲜，以联外势"。徐氏认为朝鲜在萨尔浒大败后，受努尔哈赤恐吓拉拢，以至于"赟币饩牵，交酬往还"，因此又认为"鲜、奴之交已合"，而努尔哈赤"荡然无复东方之虞矣"。徐氏进而提出仿古制监护朝鲜的解决之法：

> 臣考古制，天子使大夫监于方伯之国，汉开河西四郡，通西域，置护羌戍己校尉、都护、长史、司马，以控制诸国，断匈奴右臂，监者察其情形，护者扶其颠危也。朝鲜形势略似西域，寇氛之恶，亟于匈奴，安可置之度外乎？皇上数年宵旰，殚财竭力，争灭国于强倭之手，契而与之，今者不赖其用，而弃以资敌，失策之甚者也。……臣之愚计，谓宜仿周汉故事，遣使宣谕，因而监护其国，时与阐明华夏君臣，天经地义。加以日逐警醒，使念皇上复国洪恩，无忘报答。……大都出疆机事，难可豫拟，总其大指，不出监护二端。①

徐氏自荐前往朝鲜监护该国，万历皇帝没有批准，朝鲜上下却一片恐慌，认为"中朝之疑我，不独一光启而已"，很快出现一些对徐氏奏疏的误读。当年末，国王召见将前赴明朝的陈奏上使李廷龟和副使尹晖时，李廷龟说："镇守、监护，则虽是泛称，而今此监护之名则曰'监'者，监其政刑也；'护'者，扶其颠危云，故有异于此矣。"② 所谓"监其政刑"实系对徐氏原文"察其情形"的误读，大约因"情形"、"政刑"在韩语中写法和发音一致（皆为정형，chŏnghyŏng）。③

---

① 《徐光启集》，王重民辑校，北京：中华书局，2014 年，第 113—114 页。

② 《朝鲜光海君日记》卷 51，光海君十一年十月壬子，第 145 页 a。

③ 有关李廷龟等人的误解，参见 Seung-Beom Kye, *In the Shadow of the Father：Court Opposition and the Reign of King Kwanghae in Early Seventeenth-Century Chosŏn Korea*, Ph. D. dissertation, University of Washington, 2006, pp. 203 – 204. 有关朝鲜君臣对徐光启奏疏的反应，参见권인용：「明末朝鮮監護論에대한朝鮮의認識」、『명청사연구』第 33 期、2010 年。有学者认为徐氏作为天主教徒，主动请缨前往朝鲜，是想借机在朝鲜发展天主教，参见 Gregory Blue, "Xu Guangqi in the West：Early Jesuit Sources and the Construction of an Identity," in Catherine Jami, Peter Engelfriet and Gregory Blue, eds., *Statecraft and Intellectual Renewal in Late Ming China：The Cross-Cultural Synthesis of Xu Guangqi*（1562 – 1633）, Leiden：Brill, 2001, p. 39.

当此之时，朝鲜又得知辽东经略熊廷弼题请明朝皇帝发兵两万，分置于镇江和义州（镇江系今丹东市一带的中国边城，义州系鸭绿江对面的朝鲜边城），备边司认为熊氏所请虽系"防守辽东、保护属国之深谋胜算"，但也怀疑明廷自听到朝鲜要联合"奴贼"后起了疑心，熊氏布兵于义州之议或与徐光启等的建议"相为表里"。①

### （三）朝鲜致后金国书及其对后金的承认

虽然朝鲜极力想向明朝辩明自己并未勾结努尔哈赤，但北方边境的形势已非朝鲜可左右。后金早在当年（1619）八月，就举兵攻灭了宿敌叶赫部；十一月初，努尔哈赤又与喀尔喀蒙古五部贝勒盟誓修好。至该年底，其领土四至为"自尼堪国迤东至日出之海，索罗豁国以北，蒙古国以南，诸申语言之诸国俱征服也"。② 朝鲜国王哀叹："此贼不有天下兵威，连陷大镇，如摧枯拉朽，其破竹之势，孰能御之乎？矧我国无兵之小国，其可当方张之贼兵乎？此乃尺童所知。"③审时度势之后，朝鲜国王决定继续走对明表忠、对金羁縻的折中路线。

朝鲜尽量避免以国书形式回复后金来信，希望以满浦等地方接待金使的先例来处理双边关系，同时担心与后金交往会引发明朝的责备。备边司观察得非常清楚："奴酋之要得国书者，其意不专在于和好，实欲执此而行间于辽、广，夸示我国通书乞和，以为离间天朝之计也。"然而，明朝在对后金战役中不断失利，1620年秋，万历皇帝、泰昌皇帝接连去世；1621年夏，努尔哈赤率部攻占了重镇辽阳。朝鲜国王感慨道："中原事势，诚为岌岌，此时内为自强，外为羁縻，一如高丽所为，则庶可保国。"④ 当时，明朝游击毛文龙重新率军攻占了镇江城，成为地理上嵌在朝金之间、政治军事上联合朝鲜以抗击后金的新势力。后来毛部为金兵所败，退居朝鲜平安道西北方向的铁山和椵岛一带，依旧通过游击战对后

---

① 《朝鲜光海君日记》卷52，光海君十二年一月丁酉，第17页b。
② 满文老档研究会译注：『满文老档』、第 I 册『太祖1』、己未年（天命四年）十一月初一、八月、第196、189页。
③ 《朝鲜光海君日记》卷52，光海君十二年一月壬寅，第23页a。
④ 《朝鲜光海君日记》卷52，光海君十二年四月壬戌，第116页a；卷56，光海君十三年六月丙子，第68页a。

金构成威胁，直至毛文龙于 1629 年 7 月被袁崇焕矫诏斩杀，后金才算去除一个腹背大患。毛文龙盘踞这一地区长达 8 年，对后金与朝鲜关系的发展产生重大影响。[1]

后金此时不断致信拉拢朝鲜，离间明朝与朝鲜的关系。如天命六年（1621）七月初八，后金遣所俘两名朝鲜人携书信回国，其中要求朝鲜归还逃至该国的辽东人，建议一起抗明，还责备朝鲜没有回复后金书信，最后说："我闻尼堪之武王汗（Nikan-i U wang han）封其大臣箕子为索勒豁国一代之汗，且辽东系尔索勒豁之地，为尼堪所夺取，［索勒豁人］倍贱于尼堪人，尼堪人养其若包衣阿哈（booi aha，家奴、家仆之意——引者注）也。"[2] 后金的意图在这封信内体现得很明显。

朝鲜国王一直以来非常担心遭到后金攻击，对联明抗金并不积极，此时继续对金羁縻。[3] 九月初十，朝鲜国王派满浦佥使郑忠信同后金来使硕隆国一起，秘密前往后金，试图取得努尔哈赤的谅解。郑忠信一行于九月廿四日抵达辽阳城南城，努尔哈赤的三个女婿乌尔古岱额驸、抚西额驸（即抚顺降将李永芳，亦称抚顺额驸）和施吾理额驸（即抚顺降商佟养性），以及总兵官巴都里与额尔德尼等五大臣出城迎接。后金相关记载为："索勒豁王派遣官员郑判事，将银百两、绵绸五十匹、贴纸五十刀、夏布二十匹、布五十匹、小刀五十把、油纸十刀等贡物（alban），在汗前叩头来献。"[4] 在朝鲜看来，郑氏携带的是双边赠答礼物，但后金史官将此视为朝鲜向后金臣服并"叩头来献"贡物，这种颇具政治意味的叙述将在 1627 年双方建立兄弟关系后大幅深化。郑忠信同接待他的雅希禅布库、达海、李永芳、佟养性等作了深入交流，基本辩明了朝鲜在金明战争中的困难处

---

[1] 有关毛文龙所部对朝鲜造成的沉重负担，参见李光涛：《毛文龙酿乱东江本末》，《中央研究院历史语言研究所集刊》第 19 本，1948 年。

[2] 满文老档研究会译注：『満文老檔』、第 I 册『太祖 1』、辛酉年（天命六年）七月八日、第 352 頁。

[3] 学者对此期间朝鲜国王（即光海君）的实用主义路线已久有分析，可参见稻葉岩吉：『光海君時代の満鮮關係』、京城府：大阪屋號書店、1933 年、第 4—6 章；李丙燾：「光海君의對後金政策」、『國史上의諸問題』第 1 辑、1959 年、第 135—173 頁。

[4] 满文老档研究会译注：『満文老檔』、第 I 册『太祖 1』、辛酉年（天命六年）九月廿四日、第 394—395 頁。

境。努尔哈赤通过精通汉文的达海，再次责问朝鲜为何在复信中称"建州卫马法"而不书"后金国汗"，以及在从海上截获的朝鲜致明朝的陈慰咨文中为何称后金为"贼"等。郑忠信并未接受努尔哈赤派使者携带礼物去汉城交聘的意见，努尔哈赤因此没有收受郑氏所带礼物。

郑忠信此行使朝鲜方面首次获得大量可靠的一手情报，国王和备边司也首次知晓了努尔哈赤的个人情况，包括其"英勇超人"却"内多猜忌"的儿子"洪太主"（即皇太极），以及努尔哈赤统领的八旗劲旅。郑忠信此行并没有携带朝鲜方面的正式书信，特别是后金期待的朝鲜国书。备边司在给国王的奏疏中特别指出，郑氏是作为"差官"前往的，并非像派去日本那样的交邻使臣，所以不可轻易以国书形式回复后金。但国王担忧不送国书必遗后患。①

天命六年五月底，明朝南路监军、河南按察司梁之垣，携带新登基的天启皇帝赏赐的三万两白银赶赴朝鲜，希望朝鲜继续出兵抗金。梁之垣贪墨无度，在汉城勒索巧取，朝鲜国王在顺水推舟满足其私欲之余，并未答应出一兵一卒，梁氏在汉城待了50余天后无功而返。朝鲜史臣日后激烈批评国王不愿出兵助明，只求自保，指责他遣郑忠信一行，"交通虏穴，孤恩负德，何以自立于天地间"。②朝鲜国王所为，虽非清议名理之儒臣士子所喜，实系救国于危难的自保之道。此时，朝鲜一直负责对后金翻译的通事河瑞国赴金之后忽然被杀害，更加剧了国王对后金的疑惧。国王一边任命文希贤为负责对金翻译的新译官，一边决定以交邻之道回复后金的书信，待文希贤北上时携带入金。

在华夷观念影响下，朝鲜官员纷纷拒绝以自己的名义和后金书信沟通。平安道观察使朴烨、礼曹参议睦长钦均推辞，备边司秘密对国王建议说，既然无人出面，不如填入一个假姓名，但国王否定了这一提议，决定在答书中填入礼曹正郎李谭的名字。国王还专门命备边司制造一方同国王御宝一样大小的印，上刻"交邻以信之印"。就此，朝鲜对后金的答书从之前的平安道上升到汉城朝廷，回书开始成为国书，这意味着朝鲜国王承认了后金的政治合法性。议政府左相（左议政）朴弘耇在奏疏中直接称此书信为"国书"，可照对日本书信格式书写，右相

---

① 《朝鲜光海君日记》卷58，光海君十三年九月戊申、己酉，第21页b、30页a。
② 《朝鲜光海君日记》卷61，光海君十四年五月丙午，第43页a。

赵挺也提议直接在封皮上书"建州卫后金国可汗"。对这一重大格式变更，承政院都承旨李德洞建议询问司宪府、司谏院和弘文馆的长官。此三司负责进谏论政，言官众多，李德洞的建议旨在堵住言官讽谏。三司长官都对书信格式表示赞同：大司宪南瑾认为，"既以邻国待之，则国书始面以号书送，不知其不可也"；弘文馆副提学郑造认为，"以待倭之礼为之似当，南夷北狄，有何异焉？以御宝印送，未为不可"；大司谏俞大建亦赞成"以邻国之礼待之为当"。① 天命六年秋，文希贤携交邻国书入金，此系后金与朝鲜交往的转折点。

## 二、由敌我而兄弟：朝鲜政变与丁卯之役

### （一）"仁祖反正"与朝鲜对后金政策的剧变

就在朝鲜国王以国书同后金展开沟通不久，朝鲜内部发生了一场政变，深刻改变了朝鲜内外政策及其历史命运。天命七年三月十二日深夜，绫阳君李倧，即朝鲜宣祖大王李昖（1568—1608 年在位）之孙、宣祖第五子定远君李琈之长子，率领一干官员和将士发动政变，占领了王宫。绫阳君李倧释放了被李珲囚禁的大王大妃即仁穆王后，并获得后者支持。三月十四日，大王大妃废除李珲的国王身份，复称其光海君，废世子李祬为庶人，同时命李倧即王位，即日后的仁祖。这场政变即朝鲜史上著名的"仁祖反正"，取其拨乱反正之意。

仁祖反正发生在明金战争的关键时期，固然是光海君的统治手段引发两班内部朋党势力的不满所致，而光海君之所为又和壬辰战争以来王位继承问题密不可分。被解救的仁穆王后系宣祖大王李昖次妃，1602 年被册为王妃，1606 年诞下永昌大君李㼁。宣祖长子临海君李珒曾在壬辰战争中被日本俘虏，声名狼藉，因此宣祖册封次子光海君为王世子。明朝遵照立嫡长子原则，以及明廷内部的嫡庶册封之议，使其数次拒绝册封李珲为王世子，但最终还是妥协了，永昌大君出生后，加剧了光海君对失去王世子身份的担忧。1608 年宣祖逝世后，光海君即位，次年即将临海君杀害。1614 年，光海君杀死永昌大君及试图拥立永昌大君继位的大王大妃之父延兴府院君金悌男，并在三年后囚禁了大王大妃。就此而言，在努

---

① 《朝鲜光海君日记》卷 62，光海君十四年八月辛卯，第 68 页 a。

尔哈赤起兵反明前后，光海君刚刚通过杀害同胞兄弟和幽禁嫡母等手段保障自己的王位稳定。光海君的个人经历对他在明朝与后金之间推行中间路线影响很大，而大王大妃废黜李珲的理由之一，恰是他"忘恩背德，罔畏天命，阴怀二心，输款奴夷……皇敕屡降，无意济师"。① 李珲父子很快被迁往江华岛安置看管。

因事涉仁祖之降的王室正统，朝鲜史官竭力维系仁祖反正之正当性，将光海君描述为"灭天理，斁人伦，上以得罪于皇朝，下以结怨于万姓"的昏君奸主，大王大妃罗列的罪名多达 36 条。相形之下，新国王李倧必须反转政策，上协助明朝，下抚慰百姓，而协助明朝一款，即全盘推翻李珲的中间路线，彻底地联明抗金。光海君的策略确保了后金难以找到借口进攻朝鲜，以政变篡位的李倧为了自身统治的合法性，大肆宣扬事大字小的君臣伦理和春秋大义，虽占领了道德制高点，却在现实中迅速丧失了斡旋于明朝与后金之间的空间，导致朝鲜与后金关系全面恶化。朝鲜很快遭到后金两次回击而举国受辱，并于 1636 年皇太极称帝之际，在对清政策上走到无可转圜的地步。

上台伊始，李倧杀戮了一大批光海时期的中枢官员和道调度使，迅速任命他所信任的西人党官员，控制了议政府、三司（司宪府、司谏院和弘文馆）和六曹（吏、户、礼、兵、刑、工，类似中国的六部，因中朝宗藩等级关系之故，称"曹"而不称"部"）等中央机构，如任命李元翼为议政府领议政、吴允谦为大司宪、李廷龟为礼曹判书、金鎏为兵曹参判、洪瑞凤为兵曹参议、李圣求为司谏、赵翼和崔鸣吉为吏曹左郎等。其中，"英敏有才、性且机警"的崔鸣吉在光海时期罢官居家，却与申景禛等结义密谋，成为辅助李倧反正的元老之一。而 14 年后，也恰恰是崔鸣吉，在清兵围城、国难当头之时建议李倧投降。李倧一边派遣问安使南以恭北上通知毛文龙反正之事，一边通过大王大妃向明朝通报反正之举并请求明朝册封其为新国王。

就与后金的边事而言，李倧不乏危机感，但他必须先根除光海时期的平安官员，另起炉灶。早在举兵反正翌日，李倧就派都元帅韩浚谦将一直负责打探后金消息的平安监司朴烨和义州府尹郑遵，以"贪虐掊克"、"流毒一路"罪名诛杀。即位后，李倧任命金荩国为新的平安监司，交代后者说"奴贼情形，早晚必一入

---

① 《朝鲜光海君日记》卷 64，光海君十五年三月甲辰，第 64 页 a。

寇，备御之道，岂容小忽"，并要善待边境的"天朝将官"（即毛文龙部）。① 此外，李倧屡次表示要北上"亲征"，昭示其联明抗金的决心。② 朝鲜的倾向由此发生了根本变化。

不久，副元帅李适与龟城巡边使韩明琏起兵反叛，一番腥风血雨之后，李倧镇压了叛乱，进一步巩固了统治。韩明琏之子韩润与堂弟韩义出逃后金，投降努尔哈赤，并鼓动后者出兵攻击义州、平壤和汉城。③ 但努尔哈赤没有采纳韩氏的建议，韩氏一族也自此留在后金再未归国，于 1644 年从龙入关，为八旗朝鲜人中的一支。李倧政变后，明朝内部一度就是否应该册封李倧发生分歧，但在李倧的连次册封请求，以及他所积极拉拢的毛文龙的协助下，最后还是册封了李倧为新国王。天启四年（1624）四月二十日，明朝册封李倧为国王、封其妻为王妃的敕书抵达汉城，李倧于城西外慕华馆迎接，敕书中有言："封尔为朝鲜国王，统领国事。仍令整兵索赋，同平辽总兵官联络声势，策应军机，侦探情形，设奇制胜，固以壮我外徼，亦以奠尔提封。"④ 这一敕书并非正式册封诰命，当时东北陆路不通，明朝文臣无人愿以钦使身份前赴朝鲜，派遣武臣又与册封体制不符，故决定次年再派使者前往汉城。天启五年六月三日，明朝遣王敏政、胡良辅两位太监以敕使身份，携带册封国王和王妃的诏、敕、诰命抵达汉城，完成了正式册封。

在这两三年间，毛文龙部驻扎平安道西北的铁山与椵岛地区，背靠越海可至的山东登、莱州以便寻求明朝本土接济，并在当地收容大批越境前来的辽东流民。毛文龙部开支浩繁，时常派差官向朝鲜索要战马、火枪和粮食，并私下与朝鲜私商在椵岛买卖人参，导致朝鲜参价上涨，破坏了经济稳定。毛文龙部还在铁山开设互市、试辟屯田，欲长久盘踞。毛文龙部军纪败坏者颇多，肆意搜刮和扰乱地方百姓，不堪其苦的朝鲜地方官对为非作歹的毛文龙部下的合法惩处，在毛文龙等看来也是"子孙之国"朝鲜藐视"天朝父母之邦"、罔念明朝壬辰出兵恩

① 《朝鲜仁祖实录》卷 1，仁祖元年三月戊申，第 17 页 a。
② 《朝鲜仁祖实录》卷 1，仁祖元年四月辛巳，第 54 页 a。
③ 满文老档研究会译注：『满文老档』、第Ⅲ册『太祖 3』、天命十年正月初二日、初六日、第 953—958 页。
④ 《朝鲜仁祖实录》卷 5，仁祖二年四月癸卯，第 47 页 b。

德的罪状，甚至投诉到朝鲜国王那里，引发风波。对朝鲜而言，毛文龙部的危害远甚后金，然而新国王在联明抗金政策下，顾及自身军力薄弱，只能重名轻利，倚靠毛文龙部抵御后金威胁，尽量满足毛之索求，导致自身财政巨大亏空，备边司称之"数年之间，主客俱病"。①

### （二）丁卯之役

1626年秋，努尔哈赤因战伤逝世，代善等拥戴皇太极为大汗，即"天聪汗"，并以次年为天聪元年。当时明朝行天启年号，"天聪"一词可谓针锋相对。天聪元年正月初八，皇太极命阿敏、济尔哈朗、阿济格、杜度、岳托和硕托领兵东伐毛文龙。此次军事行动虽"非专伐朝鲜"，但"若朝鲜可取，顺便取之"，②金兵出战后颇为顺利，于是很快将征讨朝鲜提上日程。

在出兵攻伐毛文龙的同一天，皇太极还致信辽东巡抚袁崇焕，历数努尔哈赤起兵时的"七大恨"，提出议和条件，让袁崇焕转达北京。议和条件即明朝送黄金10万两、白银100万两、缎100万匹、毛青细蓝布1000万匹。而达成议和后，后金每年送给明朝东珠10颗、貂皮1000张、人参1000斤；明朝送给后金黄金1万两、白银10万两、缎10万匹、毛青细蓝布30万匹。皇太极声明，明朝若不答应，就将继续战事。③ 除内容外，书信格式特别是抬格的处理，颇能体现后金对双边关系的认定。正月初八的信没有留下原件，无从看到其格式如何，但现存四月初八皇太极由明使杜明忠给袁崇焕及居中调和人李喇嘛的信，作为之前收到的三月初五袁崇焕信和李喇嘛信的复信，其中提到为何出兵朝鲜及索要"讲和之礼"，皆与正月初八致袁崇焕的信内容相似，因此，四月初八书信格式足资参考。皇太极在信中自称"汗"，称袁崇焕为"袁老先生大人"，呼明朝为"南朝"，称金、明为"两国"，末署"天聪元年四月初八"，逢"汗"字抬一格，逢"天"字抬三格，逢"皇帝"、"皇上"、"圣德"等抬两格，其余不抬格，如表1所示。

---

① 《朝鲜仁祖实录》卷9，仁祖三年六月乙巳，第31页a。
② 满文老档研究会译注：『满文老档』、第Ⅳ册『太宗1』、天聪元年四月、第38页。
③ 满文老档研究会译注：『满文老档』、第Ⅳ册『太宗1』、天聪元年正月初八日、第5页。

表 1　《天聪元年四月初八日金国汗致袁崇焕书稿》抬格格式

| H | G | F | E | D | C | B | A | / |
|---|---|---|---|---|---|---|---|---|
| ○ | ○ | ○ | ○ | 天 | 天 | ○ | ○ | 1 |
| ○ | 皇 | 皇 | ○ | 爱 | 道 | ○ | ○ | 2 |
| ○ | 帝 | 上 | ○ | X | X | ○ | 汗 | 3 |
| 国 | X | ○ | 大 | X | X | 袁 | 致 | 4 |
| 家 | X | ○ | 人 | X | X | 老 | 书 | 5 |
| X | X | X | X | X | X | 先 | ○ | 6 |
| X | X | X | X | X | X | 生 | ○ | 7 |
| X | X | X | X | X | X | 大 | ○ | 8 |
| X | X | X | X | X | X | 人 | ○ | 9 |
| X | X | X | X | X | X | X | ○ | 10 |

说明：A—H 等列代表汉字笔书自右而左之列（原件多于 8 列），1—10 等行表示汉字笔书自上而下之行（原件中多于 10 行），每格代表一个汉字，X 代表一字，○表示无字的抬格和其他留空处。

资料来源：《天聪元年四月初八日金国汗致袁崇焕书稿》，李光涛编著：《明清档案存真选辑》初集，图版第 28 号，第 66—67 页。

四月初八这封信的草稿最后一部分，再次提出议和条件为明朝需要给后金黄金 5 万两、白银 50 万两等，议和后明朝每年给黄金 1 万两、白银 10 万两等，比四月初一提出的条件稍低。但参照《满洲老档》及入关后编修的《太宗实录》可知，当时发给袁崇焕的书信末尾增加了一部分，专门交涉文书格式之事。《太宗实录》中记之曰：

> 尔前来书尊尔皇帝如天，李喇嘛书中，以我邻国之君，列于尔国诸臣之下，如此尊卑倒置，皆尔等私心所为，非义礼之当然也。夫人君者，代天理物，上天之子也。人臣者，生杀予夺，听命于君者也。今以小加大，以贱妨贵，于分安乎？我揆以义、酌以礼，书中将尔明国皇帝，下天一字书，我下尔明国皇帝一字书，尔明国诸臣，下我一字书，已为允协。以后尔凡有书来，当照此书写。若尔国诸臣，与我并书，我必不受也。[①]

这段话中有多处内容是后来重修实录的史官润色的，如称袁崇焕为“尔”，实际上当时汉文书信中尊称“袁老先生大人”，满文中称“袁大人”和“袁都堂”。

---

[①]　《太宗实录》卷 3，天聪元年四月甲辰，《清实录》第 2 册，北京：中华书局，1985 年，第 42 页。

据《满洲老档》，当日书信内曰：

> 袁都堂信内将尼堪汗与天齐书，喇嘛信内将异国之主之汗（encu gurun-i ejen han）书于尼堪官员之下，此等皆系汝等偏心所书，非义也。汗乃天佛之子（abka fucihi-i jui），官员嘉此则一日升擢，不知此则一日黜为民。我等依义计划，尼堪汗书于天一字之下，我书于尼堪汗一字之下，尼堪国之官员书于我一字之下。汝等若欺凌诈伪，一经察觉，则由我使者退去。诸凡往来文书，汝等俱将尼堪汗高我一字书即可。汝等诸官若与我齐书，我则不受也。①

虽然这两段满汉文记载略有不同，但对明朝来信抬格要求是一致的。抬格之所以重要，在于其体现了上下尊卑的等级秩序和礼仪规范，后金这种明确要求，表明其当时已相当重视文本及其背后的政治秩序。后金在信中已明确将自己与朝鲜和明朝并列，如称呼"朝鲜与我国两国"（Solho meni juwe gurun），与明朝也是"两国"（juwe gurun）。直接促使后金强调抬格体例的是三月初五袁崇焕致皇太极的信，袁氏在信中将皇太极汗置于与自己（辽东巡抚）平等的地位，同为明朝天子之臣，逢"天"、"天朝"、"天道"、"皇上"，均抬两格，"中国"则抬一格（表2）。皇太极对此很不满，所以才在复信中提出了要求。袁崇焕等自然不会遵照后金的格式要求，后金也奈何不得。当时真正遵照了后金抬格要求的是毛文龙，其致皇太极书信均将"汗"、"足下"等比自己高一格。②

表2 《袁崇焕致金国汗书》抬格格式

| H | G | F | E | D | C | B | A | / |
|---|---|---|---|---|---|---|---|---|
| 皇 | ○ | ○ | 天 | 天 | 天 | ○ | ○ | 1 |
| 上 | ○ | 中 | 道 | 朝 | X | ○ | ○ | 2 |
| X | 不 | 国 | X | X | X | 汗 | 辽 | 3 |
| X | 佞 | X | X | X | X | 帐 | 东 | 4 |

① 参见满文老档研究会译注：『满文老档』、第Ⅳ册『太宗1』、天聪元年四月初八日、第28页。
② 《袁崇焕致金国汗书》，李光涛编著：《明清档案存真选辑》初集，图版第36、37号，第78—81页。

续表2

| X | X | X | X | X | X | 下 | 提 | 5 |
|---|---|---|---|---|---|---|---|---|
| X | X | X | X | X | X | X | 督 | 6 |
| X | X | X | X | X | X | X | 部 | 7 |
| X | X | X | X | X | X | X | 院 | 8 |
| X | X | X | X | X | X | X | ○ | 9 |
| X | X | X | X | X | X | X | ○ | 10 |

说明：表例同表 1。

资料来源：《袁崇焕致金国汗书》，李光涛编著：《明清档案存真选辑》初集，图版第 27 号，第 63—65 页。

战事初期，驻扎在朝鲜西北的毛文龙部被后金击退，退守海岛，后金一时无法渡海击溃毛文龙部。然而，对朝鲜的进攻远比预想中顺利，朝鲜军队无力招架，望风而靡，这让皇太极看到了改善窘迫局面的机会。

天聪元年正月二十六日，阿敏率军夺取了朝鲜旧都平壤，继续推进到中和驻军。朝鲜国王从汉城仓皇逃至仁川附近江华岛，[1] 并遣姜弘立之子与朴兰英之子携信于次日赴阿敏大营，诘问为何无故兴兵。阿敏复信历数朝鲜七宗罪，包括资助毛文龙、后金归还萨尔浒降将而国王却"不遣一介来谢"等，最后要求国王速来请和，双方"申盟天地，重修和好"。[2] 几天后，阿敏以"大金国二王子"（二王子即二贝勒）的身份致书朝鲜国王，要求"不必仍事南朝，绝其交往，而我国为兄，贵国为弟"，提议"两国告天盟誓，永为兄弟之国，共享太平"。[3] 此时阿敏一心想"吹角进兵，直趋王京"，但济尔哈朗等担心毛文龙部从背后反扑截断退路，于是阿敏进驻平山城扎营，继续与朝鲜交涉议和事项。

朝鲜国王于二月初五命晋昌君姜绸假以刑曹判书之衔前往阿敏大营回信。在晋昌君启程前一天，太学生尹鸣殷等上疏，希望国王将前来送信的后金使臣、朝鲜翻译朴兰英斩首，并"函送天朝，举义斥和，背城一战"。国王则称："观此疏

---

[1] 《太宗实录》卷 2，天聪元年正月辛巳，《清实录》第 2 册，第 35—36 页。

[2] 《金贝勒阿敏责朝鲜之罪》，天聪元年正月二十七日，张存武、叶泉宏编：《清入关前与朝鲜往来国书汇编，1619—1643》，台北："国史馆"，2000 年，第 9—10 页。

[3] 《朝鲜仁祖实录》卷 15，仁祖五年二月己亥，第 22 页 b。

章，忠义凛凛，令人觑颜，但羁縻之道，自古有之，姑许息兵，未为不可矣。"①即既要讲究对明朝的忠义仁孝，也要承认羁縻后金才是要紧时务。晋昌君在抵达金军大营的次日早晨与皇太极及诸大臣会面，他先向皇太极行九跪大礼，然后坐于诸王右侧。② 晋昌君所携国书内有言："我国臣事皇朝二百余年，名分已定，敢有异意？我国虽弱小，素以礼仪著称，如使一朝而负皇朝，则贵国亦将以我国何如也？事大交邻，自有其道。"③

双方书信中的用词体现了政治认知上的差别，如阿敏信中称明朝为"南朝"，朝鲜国王沿袭事大之礼称明朝为"皇朝"，但也称后金为"贵国"，承认了后金政权合法性。当然，朝鲜实际上并未改变在文化层面上对后金的轻蔑，这可从其对待后金信使的方式中看出来。阿敏的四名信使本是奉命要面见国王的，但朝鲜并未答应其请求，在送他们离开汉城时设酒宴款待，并"给赐物"，谢恩时，信使需从招待的榻上下来，对着王宫所在的"北面再拜叩头"。④

阿敏并不满意朝鲜如此对待信使，亦责备国王书信"照旧书南朝天启年月"，于是威胁朝鲜若不请和，他将率兵"至王京驻下，耕种一年也不回去，贵国那时追悔何及"。在此胶着之时，刘海自请以副将身份前往朝鲜，但他在国王和大臣面前甚为无礼，乃至于国王接见他时因未及时举手示意，刘氏"怒甚起出"，大臣莫不骇然。⑤《太宗实录》中亦记："兴祚乘舟，抵江华岛，见李倧。李倧端坐，不出一言。兴祚曰：'汝何物，做此土偶状耶？'李倧色赧，无以答，乃曰：'吾因母丧未终故耳。'"⑥ 在刘海的催促下，朝鲜国王派遣原昌君李玖（《太宗实录》称为"李觉"）以王弟身份前往金军大营讲和，但仍坚持"天朝则义不可绝"的政策。为保障李玖不被后金挟持为人质，刘海还和朝鲜大臣在燕尾亭盟

---

① 《朝鲜仁祖实录》卷 15，仁祖五年二月庚子，第 24 页 a。
② 满文老档研究会译注：『満文老檔』、第Ⅳ册『太宗1』、天聰元年正月二十八日、第 45 頁。
③ 《朝鲜仁祖实录》卷 15，仁祖五年二月壬寅，第 25 页 b。
④ 《朝鲜仁祖实录》卷 15，仁祖五年二月庚子，第 23 页 a。
⑤ 《朝鲜仁祖实录》卷 15，仁祖五年二月甲辰、戊申，第 29 页 a、35 页 a。
⑥ 《太宗实录》卷 2，天聰元年三月辛巳，《清实录》第 2 册，第 35 页；满文老档研究会译注：『満文老檔』、第Ⅳ册『太宗1』、天聰元年正月二十八日、第 47 頁。

誓。李玖与阿敏等见面时的程序也颇讲究："八旗诸将齐列，阿敏贝勒坐役所之榻上，五台吉分翼列坐。朝鲜王弟自役所旁门入，行一叩头礼，又抱贝勒膝相见，又以次见五台吉。"[1]

李玖带去的国书称："兹遣弱弟原昌君玖，往赴军前，共定约誓，贵国便可退师还去，毋留我境。自今以后，两国兵马，更不过鸭绿江一步地，各守封疆，各遵禁约，安民息兵，父子夫妇，各相保存。"但国书所用的天启年号，引起阿敏等的极大不满，令刘海退回国书，并致信朝鲜国王说："看来贵国拿天启来压我，我非天启所属之国也。若无国号，写我天聪年号，结为唇齿之邦。我国有事，尔来救我；尔国有事，我国救尔，永不失信。"[2] 最后朝鲜国王和刘海都赞成使用揭帖，正如袁崇焕所送的揭帖那样，不署明朝年号，避免后金不满。实际上，明朝文书体系内的揭帖末尾通常也是署年号和日期的，只是袁崇焕等当日略作变通，朝鲜如此模仿，亦是权宜之计。

### （三）江华岛盟誓与兄弟关系的建立

国书格式问题解决后，双方就朝鲜国王是否参与盟誓一事反复商讨，虽然后金提议的盟誓礼仪不合朝鲜礼制，但朝鲜最终还是与后金议定了国王亲行焚香、双方大臣一起誓天的计划。后金遂遣刘海、库尔缠及八旗诸将前往江华岛参加盟誓。

三月初三夜，朝鲜君臣和后金大臣在江华岛行宫举行盟誓典礼，朝鲜实录载之甚详，共分为两大环节。第一环节是国王立誓，其誓文曰："朝鲜国王，以今丁卯年某月日，与金国立誓。我两国已讲定和好，今后各遵约誓，各守封疆，毋争竞细故、非理征求。若我国与金国记仇，违背和好，兴兵侵伐，则亦皇天降灾；若金国仍起不良之心，违背和好，兴兵侵伐，则亦皇天降祸。两国君臣各守信心，共享太平。皇天后土，岳渎神祇，监听此誓。"立誓后，焚誓文于西阶桌上。第二环节是双方大臣立誓，由刘海陪同朝鲜大臣吴允谦、金鎏、李贵、李廷

---

[1] 满文老档研究会译注：『满文老档』、第Ⅳ册『太宗1』、天聪元年正月二十八日、第49页；《太宗实录》卷2，天聪元年三月辛巳，《清实录》第2册，第38页。《太宗实录》内俱载"贝勒"名号，实际上当时仅阿敏为贝勒，其余五人为台吉。

[2] 《朝鲜仁祖实录》卷15，仁祖五年二月壬子、戊午，第37页 b、42页 a。

龟、申景禛、申景裕、许完、黄履中等到誓坛，后金方面出人员宰牛和马，并"盛血骨于器"，然后由朝鲜大臣李行远读誓文，文曰："朝鲜国三国老、六尚书某等，今与大金国八大臣南木太、大儿汉、何世兔、孤山太、托不害、且二革、康都里、薄二计等，宰白马乌牛立誓，今后同心同意，若与金国计仇，存一毫不善之心，如此血出骨暴；若金国大臣仍起不良之心，亦血出骨暴，现天就死。二国大臣，各行公道，毫无欺罔。欢饮此酒，乐食此肉，皇天保佑，获福万万。"而后，后金南木太等誓曰："朝鲜国王今与大金国二王子立誓，两国已讲和美，今后同心合意。若与金国计仇，整理兵马，新建城堡，存心不善，皇天降祸。若二王子仍起不良之心，亦皇天降祸。若两国二王，同心同德，公道偕处，皇天保佑，获福万万。"① 此一盟誓既是建立在国王和阿敏之间，也是建立于国王和皇太极之间。参与盟誓的后金八大臣，实系皇太极即位后任命的八位旗主（固山额真，即 gūsa-i ejen，朝鲜史料内有时称"固山"为"高山"，系 gūsa 之音译），也就是上文提到的八旗诸将，包括正黄旗固山额真纳穆泰（南木太）、镶黄旗固山额真达尔哈（大儿汉）、正红旗固山额真和硕图（何世兔）、镶蓝旗固山额真顾三台（孤山太，乃阿敏属下）、正蓝旗固山额真拖博辉（托不害）、镶白旗固山额真车尔格（且二革）、正白旗固山额真喀克笃里（康都里）、镶红旗固山额真博尔晋（薄二计）。

宰白马乌牛盟誓既是中国历史上刑牲盟誓传统的延续，亦是自努尔哈赤时期以来为获取军事和政治保障而推行的一种策略。如早在万历二十五年初，被击败的叶赫、乌拉、哈达、辉发等海西女真四部遣使同努尔哈赤和好，"宰白马，削骨，设酒一盅、肉一碗，血、土各一碗，歃血会盟"，盟誓"自此以后，若不结亲和好，似此屠牲之血、蹂踏之土、剐削之骨而死；如践盟和好，食此肉、饮此血，福寿永昌"。② 努尔哈赤就此统一海西女真。万历三十六年三月，

---

① 《朝鲜仁祖实录》卷15，仁祖五年三月庚午，第50页a。

② 《满洲实录》卷2，北平：文殿阁书庄，1926年，第48页。《太祖实录》中所记誓词较简略："更推牛，刑白马，祀天，设卮酒、块土，及肉血骨各一器，四国相继誓曰：'既盟以后，若弃婚姻，背盟好，其如此土、如此骨、如此血，永坠厥命。若始终不渝，饮此酒、食此肉，福禄永昌。'"（卷3，丁酉春正月壬辰朔，《清实录》第1册，第42页）

努尔哈赤部与明辽东副将及抚顺所备御一同"刑白马乌牛，誓言天地"。①
1616 年努尔哈赤建立后金后，类似的歃血盟誓依旧推行，如天命四年十一月，
后金与喀尔喀蒙古五部"刑白马乌牛，设酒一器、肉一器，血、骨及土各一
器，昭告天地"，一起抵抗明朝，倘若互相背离就"溅血蒙土、暴骨以死"。②
从这些案例中不难看出，盟誓过程可谓骨血四溅，十分粗犷，誓文虽经后世润
色，仍不失直白。此种歃血立盟是以皇天后土为见证者，参与盟誓者必须遵循
约定。

　　江华岛盟誓后，库尔缠轻装回沈阳报信，路上遭到尚未收到双方盟誓、战事
停歇消息的朝鲜兵围追堵截，突围后成功回到沈阳。在平壤，阿敏携八位旗主与
李玖和朝鲜大臣于三月十八日"复誓天地"，"刑白马乌牛，焚香，设酒、肉、
骨、血、土各一器"，诸将行九拜礼，读誓后焚之。誓言内曰：

　　　　自盟之后，朝鲜国王李倧应进满洲国皇帝礼物，若违背不进，或不以待
　　明国使臣之礼待满洲国使臣，仍与满洲结怨，修筑城池、操练兵马，或满洲
　　俘获编入户口之人逃回，朝鲜容留不行遣还，或违王所言，与其远交明国，
　　毋宁近交满洲之语，当告诸天地，征伐之。天地谴责朝鲜国王，殃及其身。
　　朝鲜国王若不违誓词，共相和好，满洲国大贝勒阿敏无故加兵，殃亦如之。
　　两国永遵誓词，天地垂佑，历祚延长。③

这份誓文中诸如"满洲国皇帝"、"满洲"等词，当系入关后所改。誓文规范了
五项原则：第一，朝鲜向后金进呈礼物，相当于进贡；第二，以接待明朝使臣的
礼仪规格接待后金使臣；第三，不能修筑城池和操练兵马；第四，不能收容已被
后金俘获并编入户口内的朝鲜人；第五，遵守远交明国不如近交后金的原则。这

---

① 《太宗实录》卷 2，天聪元年正月丙子，《清实录》第 2 册，第 31 页；《太祖实录》中只
　记载"刑白马誓天"。（卷 3，戊申年三月戊子朔，《清实录》第 1 册，第 50 页）满文老
　檔研究會譯注『滿文老檔』第Ⅳ册『太宗 1』亦记："杀白马对天、乌牛对地而誓"。
　（第 4 页）
② 《太祖实录》卷 6，天命四年十一月庚辰朔，《清实录》第 1 册，第 93 页。
③ 《太宗实录》卷 2，天聪元年三月乙酉，《清实录》第 2 册，第 39—40 页；满文老檔研究
　會譯注：『滿文老檔』、第Ⅳ册『太宗 1』、天聰元年正月二十八日、第 56—57 页。

一份誓文并不见于朝鲜记载，因为誓天后阿敏不让朝鲜官员看誓文，三天后才派信差送给朝鲜国王一份誊本，而非原文。朝鲜国王对大臣们说，"贼之誓文，未能解见，而大概与当初誓意，大相不同"，"当初誓意"即江华岛誓文。崔鸣吉表示："渠亦知我国之必不从，欲以此五条为后日执言之计也。"① 君臣欲将此誓书退回，终因时势作罢。江华岛誓文旨在双方各守封疆、互不挑衅；平壤誓文则是后金强加给朝鲜的五项不平等条款，确有天壤之别。事实证明，崔鸣吉的担心不无道理，1636 年皇太极改元称帝后发兵攻打朝鲜时，原因之一便是朝鲜不守平壤之盟。

值得指出的是，双方盟誓的前提是"两国告天盟誓，永为兄弟之国，共享太平"，因此盟誓后双方就变为"兄弟之国"了，后金为兄、朝鲜为弟，而据平壤誓文，朝鲜要向后金进献礼物。同年五月三十日，皇太极遣英俄尔岱（朝鲜据其名字满语发音称为"龙骨大"）和刘海致国王书信一封，其中提到"今后我两国永为兄弟之好"，并称朝鲜国王为"王弟"。② 两次盟誓后金兵北归，由此开启了双方长达十年的和平。在这十年内，后金一方面并不挑战朝鲜与明朝之间的宗藩关系，另一方面沿着宗藩关系对双边关系进行再塑造，以加强与明朝分庭抗礼的政治文化基础。

### 三、参汉酌金：后金对朝关系的再塑造

#### （一）丁卯之役后的后金与明朝关系

朝鲜称丁卯之役为"丁卯胡乱"，所谓"胡"是从文化上对后金之蔑视。战争结束后，朝鲜需要每年春秋二季遣使后金呈进礼物，而后金的当务之急是促使朝鲜在义州开市，以弥补内部物资的严重不足。义州一带新经战乱，米粮和布匹供应不足，双方多次讨论后，延迟到次年二月二十一日方才开市，即"中江开市"，英俄尔岱作为主要负责人往来后金与朝鲜之间。朝鲜亦同意了后金每年春秋二季在会宁开市的要求。两国互市时，后金卖给朝鲜的主要是人参和貂皮，朝

---

① 《朝鲜仁祖实录》卷 15，仁祖五年三月戊子，第 61 页 a。
② 《朝鲜仁祖实录》卷 16，仁祖五年五月乙未，第 39 页 a。

鲜卖给后金的是绵绸和青布，实际上，朝鲜的绵绸和青布是以人参、貂皮等与毛文龙部交换得来的，因此双方贸易实则是后金、朝鲜、明朝三方贸易，毛文龙部成了中转站。①

在东击毛文龙和朝鲜时，后金面临着巨大的经济压力，军事上亦要左右防备，于是主动向明朝妥协。天启七年八月廿二日，天启皇帝去世，崇祯皇帝继位。十月初二，皇太极致信崇祯帝，自称"金国汗"，称崇祯皇帝为"大明国皇帝"，提到"若谓兵戈非吉，太平乃吉，则差人来，彼此皆得好人通往，将心事尽讲明，而后和成"。② 就格式而言，"大明国皇帝"顶天，"金国汗"低一格，首行首字比"金国"低两格（表3），表示后金依旧尊重明朝高一等的地位。该信末时间上用满文朱印 abkai fulingga aisin gurun han-i doro，即"天命金国汗之印"，当因此时皇太极尚未铸印，但此信用天聪年号。

**表3 《金国汗致大明皇帝书》抬格格式**

| H | G | F | E | D | C | B | A | ／ |
|---|---|---|---|---|---|---|---|---|
| ○ | ○ | ○ | ○ | ○ | ○ | 大 | ○ | 1 |
| ○ | ○ | ○ | ○ | ○ | ○ | 明 | 金 | 2 |
| ○ | ○ | ○ | ○ | ○ | ○ | 国 | 国 | 3 |
| X | X | X | X | X | X | 皇 | 汗 | 4 |
| X | X | X | X | X | X | 帝 | 奉 | 5 |
| X | X | X | X | X | X | ○ | 书 | 6 |
| X | X | X | X | X | X | ○ | ○ | 7 |
| X | X | X | X | X | X | X | ○ | 8 |
| X | X | X | X | X | X | X | ○ | 9 |

说明：表例同表1。

资料来源：《金国汗致大明皇帝书》，李光涛编著：《明清档案存真选辑》初集，图版第31号，第71页。

---

① 就后金与朝鲜的开市与交易情形及皮岛的居中地位，参见刘家驹：《清朝初期的中韩关系》，第49—98页。本文关注的是双边信使交聘中的礼仪问题，以及后金从政治话语层面对朝鲜信使的塑造。

② 《金国汗致大明皇帝书》，李光涛编著：《明清档案存真选辑》初集，图版第31号，第71页。

崇祯皇帝并未答应议和，袁崇焕继续率军与后金对垒。1629年（崇祯二年，天聪三年）正月，皇太极遣秀才郑伸与百总任得良送书袁崇焕，称"我与朝鲜共弃前非，已当天立誓，永结和好"，试图和谈。这封信的抬格中将"金国汗"与袁崇焕置于同等地位，和袁崇焕致皇太极的书信格式一致，但与天聪元年四月皇太极所定格式不符，实属自降地位（表4）。同年秋，后金与蒙古地方皆发生严重饥荒，皇太极率十万大军绕道察哈尔蒙古，于十月二十七日过喜峰口，突入北京城下，此即明朝所谓的"己巳虏变"。史家多认为此次出兵目标系伐明，但姚念慈认为皇太极最初目标可能是联合蒙古喀喇沁和喀尔喀诸部追击向西迁移的察哈尔部林丹汗，但就客观而言，金兵并未追击察哈尔部，终究南下击明。① 李光涛认为己巳之役是皇太极对明"求款"讲和的手段，② 但事实上，后金此时已打败朝鲜并约为兄弟之国，毛文龙也早为袁崇焕斩杀，腹背敌势大消，所以后金当时因饥荒而表现出的"求款"姿态，其经济目的恐要远大于军事和政治目的。孟森曾提出，皇太极在抽兵北归前的天聪四年正月颁发木刻黄榜告关内官民，榜文只在开始时的"我祖宗以来为大明看边"与"七大恨"中第三恨的"先汗忠于大明"出现了两次"大明"，其余地方均称"南朝"，呼明朝皇帝为"南朝皇帝"，皇太极还自称"朕"，告诫关内官民"今日抽兵回来，打开山海，通我后路，迁都内地，作长久之计"，其与明争天下的野心暴露无遗。当时皇太极面临很多困难，所以榜文中也退一步说："若皇天佑朕，得成大业，尔等自然安康；若朕大业不成，尔等仍事南朝臣子，朕亦毫不忌怪。"③ 为渡过难关，后金的文臣谋士也在思考如何对明朝采取妥协策略。天聪四年二月十二日，高鸿中建议，若明朝真心讲和，后金可以考虑"比朝鲜事例，请封王位，从正朔"，否则继续用兵。④ 皇太极没有接纳此议，而是继续突然出兵南下京畿一带抢掠。同时，朝鲜每年两次遣使进献礼物，也有助于后金纾解财力危机。

---

① 姚念慈：《定鼎中原之路：从皇太极入关到玄烨亲政》，北京：三联书店，2018年，第15—34页。

② 李光涛：《论崇祯二年"己巳虏变"》，《中央研究院历史语言研究所集刊》第18本，1948年。

③ 孟森：《清太祖告天七大恨之真本研究》，《明清史论著集刊》，第209—211页。

④ 《明清史料》丙编，台北：维新书局，1972年，第1本，第45页。高鸿中的条陈并没有具体年份，李光涛认为应出于天聪四年，笔者赞同此议。

表4 《天聪三年正月金国汗致袁崇焕书》抬格格式

| H | G | F | E | D | C | B | A | / |
|---|---|---|---|---|---|---|---|---|
| ○ | ○ | ○ | 天 | 天 | 天 | ○ | ○ | 1 |
| ○ | ○ | ○ | X | X | X | ○ | ○ | 2 |
| ○ | ○ | 大 | X | X | X | 袁 | 金 | 3 |
| X | X | 人 | X | X | X | 老 | 国 | 4 |
| X | X | X | X | X | X | 大 | 汗 | 5 |
| X | X | X | X | X | X | 人 | 奉 | 6 |
| X | X | X | X | X | X | ○ | 书 | 7 |
| X | X | X | X | X | X | 阁 | ○ | 8 |
| X | X | X | X | X | X | 下 | ○ | 9 |
| X | X | X | X | X | X | ○ | ○ | 10 |
| X | X | X | X | X | X | X | ○ | 11 |

说明：表例同表 1。

资料来源：《天聪三年正月金国汗致袁崇焕书》，李光涛编著：《明清档案存真选辑》初集，图版第 39 号，第 85 页。

## （二）后金对朝鲜的"准宗藩"政治话语的使用

朝鲜每年赴沈阳的春秋信使的主要目的，是进献礼物兼打探消息，但因义州和会宁的互市远不能满足后金需求，使行也成为双边商贸之渠道，很多朝鲜商人跟着使团前去，乃至于备边司在 1631 年说："春秋信使之行，买卖无异于开市。"① 朝鲜视后金为一平等之国，认为遣使是"交邻"之举，使臣是"信使"，而非遣往明朝的"贡使"；所给之物也不外乎"土产"、"礼物"，而非"贡物"；进呈皇太极的礼物单子称"礼单"，而非"贡单"。正如朝鲜国王在 1633 年拒绝后金要求增加礼物时所说的："两国相交，信使往来，各以土物相遗，礼也。"② 然而后金逐渐发展出一套和朝鲜相异的话语，这与后金当时的政权建设密切相关。③

---

① 《朝鲜仁祖实录》卷 24，仁祖九年二月丙午，第 7 页 a。

② 《国王致金国汗书》，天聪七年正月初九日，张存武、叶泉宏编：《清入关前与朝鲜往来国书汇编，1619—1643》，第 100 页。

③ 参见 Gertraude Roth Li, "The Manchu-Chinese Relationship, 1618 - 1636," in Jonathan D. Spence and John E. Wills, Jr., eds., *From Ming to Ch'ing : Conquest, Region, and Continuity in Seventeenth-Century China*, New Haven: Yale University Press, 1979, pp. 2 - 38; Gertraude Roth Li, "State Building before 1644," in Willard J. Peterson, ed., *The Cambridge History of China*, Vol. 9, *Part One : The Ch'ing Empire to 1800*, New York: Cambridge University Press, 2002, pp. 9 - 72; 刘小萌：《满族从部落到国家的发展》，第 311—395 页。

早在万历二十一年之前，努尔哈赤部已模仿蒙古建立了掌管诉讼刑狱的"札尔固齐"（jarguci）之制，但当时尚无具体规制，到了天聪年间，仿效明代进行制度化改革。① 天聪元年正月初一，皇太极率领诸贝勒大臣及文武官员拜天时，行三跪九叩礼，嗣后诸贝勒大臣及文武官员对皇太极又行三跪九叩礼。行礼之时，皇太极两侧有两人侍立，一人鸣赞曰："某贝勒、某大臣率众行礼，庆贺元旦。"另一人赞曰："叩拜。"然后众人即叩拜。② 由此可见，至晚在1627年，后金已确立了比较固定的三跪九叩礼，这成为清代最高等级的礼节，虽和明朝朝觐皇帝的稽首叩首五拜有别，但仍有强烈的中原色彩，这与后金文臣推动的治国理政方面的建设密切相关。天聪五年，后金仿照明朝设置了吏、户、礼、兵、刑、工六部，"各以贝勒一人领之"。③ 从天聪六年正月初一开始，后金又对礼制进行重要调整。当然，皇太极携诸贝勒拜天谒神，并接受八旗诸贝勒、察哈尔和喀尔喀蒙古贝勒、汉官、八旗总兵官、蒙古各部使者、朝鲜使臣等挨次叩拜，这是皇太极首次"南面独坐"接受八旗诸王叩拜，八旗叩头行礼的顺序也从之前按年龄改为"照旗分"。④ 从职官机构到礼仪刑名均模仿明朝的行政体制，大大加强了皇太极的个人权力和权威，塑造了类似明朝以君主为中心的制度，对后金发展影响深远。

后金统治者并不精于类似的治国策略，所倚靠的主要是一大批汉臣，包括高鸿中、宁完我、范文程、佟养性、鲍承先、高士俊、杨方兴、刘学成、马光远、丁文盛、李栖凤、王文奎等。这些人基本都供职于"文馆"（即bithe boo，书房），而文馆又以懂汉文的达海为中心，负责处理日常的文书事务，发挥了类似内阁的功能。⑤ 天聪六年达海病逝后，书房秀才李栖凤上奏皇太极，"臣一向蒙大海（即达海——引者注）及众榜式言臣小心勤慎，说奏过皇上，遂令臣办写国书。收掌一应文书，总在大海经营，今大海病故，书房事宜竟无专责，其柜子中

---

① 有关札尔固齐，参见刘小萌：《满族从部落到国家的发展》，第147—148页。
② 满文老档研究会译注：『満文老檔』、第Ⅳ册『太宗1』、天聪元年正月一日、第1页。
③ 《清史稿》卷114《职官志一》，北京：中华书局，1970年，第3273页。
④ 满文老档研究会译注：『満文老檔』、第Ⅳ册『太宗1』、天聪六年正月一日、第619—621页；《太宗实录》卷11，天聪六年正月己亥，《清实录》第2册，第150页。
⑤ 有关当时"书房"和文人等的重要作用，参见刘小萌：《满族从部落到国家的发展》，第324—328页。

收贮文书，人得乱动"，① 点出了文馆事务由达海总管并派李氏等书写的运作情形。《太宗实录》中赞颂达海"九岁读汉书，通晓满汉文义，自太祖以来，凡与明国及朝鲜往来书翰，皆出其手，文词敏瞻，居心醇厚，识解聪明"。② 实际上，达海主要依靠手下汉臣处理"与明国及朝鲜往来书翰"。这批文臣大都是秀才或明朝将官出身，并不懂满文，因此屡屡上陈皇太极，改革这种满汉官员不能有效沟通的局面。但这批文臣是后金模仿明朝进行治国理政的核心，他们做的一项影响深远的工作是借用明朝政治文化术语，对后金进行体制化建设。这包括行政机关的设立、官吏的任免和考核、公文格式的采用、书面辞令的择取、各项章程的设置、衙署日常管理的规范、赋税的征收和礼仪典章的创设等，都是满人并不熟悉的知识和不具备的能力，也是刚创制不久的满文无法表达的内容。

就此而言，天聪朝这批深受儒家经典影响、通晓明朝典章制度的汉人官员书吏，对后金制度进行了改造，并在之后利用清政权与朝鲜交流的资源来强化清政权体制性建设。清亡后，罗振玉等编印的《天聪朝臣工奏议》，汇集了诸多汉臣出谋划策的条陈，包罗万象，足备史家稽参。如天聪六年十一月二十八日，明朝降将马光远以"正蓝旗总兵官"之职"敬献愚忠，以正国本"，声称"一点犬马报主之心，无日不为我皇上深谋远虑也"，并宣称："我皇上威服列国，德治群雄，中原渐为我有，四海指日归宁，而深根固本之着，亦宜早早安排。"马氏评论说："如其厉兵秣马、破阵冲锋，皇上自有神谋妙算，非臣敢赘言也。至于治国抚民之事，臣当仿古效今，以献一得之愚。"马氏在此认为皇太极精于战事但短于治国，这种观点在当时汉臣中比较普遍。天聪八年十二月二十四日，甲喇章京朱继文之子朱延庆上书直陈："我国之攻城破敌、斩将搴旗者，实不乏人；守地治民、安内攘外者，概未多见。往年遵化、永平之役，得有四城，随以鲍、高、宁、范分守其地。假使再获数城，将于汉官中，复加遴择，恐仓卒之际，或难名实相称也。""鲍、高、宁、范"即鲍承先、高鸿中、宁完我和范文程，可见后金可用之才确实不多。马光远认为设立六部和文馆虽好，还应有总裁和经理之人，建议选二三人立为总裁，"于皇上大门以里，盖建内阁三间，令各总裁每日

---

① 《李栖凤请示书房事宜奏》，天聪六年十一月二十一日，罗振玉编：《天聪朝臣工奏议》，潘喆等编：《清入关前史料选辑》第 2 辑，北京：中国人民大学出版社，1989 年，第 40 页。

② 《太宗实录》卷 12，天聪六年七月庚戌，《清实录》第 2 册，第 167 页。

黎明入阁。凡八家固山、六部承政，有疑难大事，先赴内阁公议，务要便国利民，方得奏请圣旨，裁夺施行"。此即设立内阁的建议。马氏亦奏请设六科经理，以免耽误六部之事，以及设立八道言官主管纠察等。① 书房秀才杨方兴亦上奏建议五事，其中第二条是"编修国史"：

> 从古及今，换了多少朝廷，身虽往而名尚在，以其有实录故也。书之当代，谓之实录；传之后世，谓之国史，此最紧要之事。我金国虽有榜什在书房中，日记皆系金字，而无汉字，皇上即为金汉主，岂所行之事，止可令金人知，不可令汉人知耶。辽金元三史，见在书房中，俱是汉字汉文，皇上何不仿而行之，乞选实学博览之儒，公同榜什，将金字翻成汉字，使金汉书共传，使金汉人共知，千万世后，知先汗创业之艰难，皇上续统之劳苦。②

可见，当时文馆已有用满文记录每日大事之例，形成了留存后世的满文旧档（即《满文老档》），杨方兴提议同时以汉字翻译和书写实录，这对后金而言意义重大，不过后来的历史证明，时人未将满文档案系统地译成汉文。顺治六年（1649），清朝开始编修《太宗实录》，范文程、宁完我等都在总纂官之列，直到乾隆朝才最终定本。其中很多针对后金与朝鲜和蒙古各部关系的用语，是入关前汉臣一直使用的，纂修时不过是信手拈来。这些汉臣早在天聪初期就在奏文中自称"臣"，且除循例称呼皇太极为"汗"外，在天聪五年六部建制之后开始普遍称其为"皇上"，并使用"皇衷"、"皇恩"、"圣意"、"圣哲"、"圣裁"、"圣恩"、"圣谕"等词汇，一如对明朝皇帝。换言之，在皇太极于1636年称帝前，范文程等汉臣早就已将其视为后金的君王、皇帝，他们的建策建言，也都是着眼于夺取天下与长治久安。

《太宗实录》中对朝鲜春秋信使的记载，足以体现当时后金对朝鲜的定位，

---

① 《太宗实录》卷21，天聪八年十二月丙午，《清实录》第2册，第284页；《马光远敬献愚忠奏》，天聪六年十一月二十八日，罗振玉编：《天聪朝臣工奏议》，潘喆等编：《清入关前史料选辑》第2辑，第40页。

② 《杨方兴条陈时政奏》，天聪六年十一月二十八日，罗振玉编：《天聪朝臣工奏议》，潘喆等编：《清入关前史料选辑》第2辑，第42页。

与汉人臣工奏文中的表述毫无二致，更与崇德二年（1637）双方正式建立宗藩关系后的描述相符。如天聪六年九月初四，朝鲜信使朴兰英到达沈阳，满文史料记载："朝鲜国王李倧派遣朴兰英，带着出产的物件作为秋季礼物送来并叩头。"①《太宗实录》则记："朝鲜国王李倧遣朴兰英来朝，贡秋季方物。"在汉文语境内，朝鲜遣使变成"来朝"，呈送礼物变成了"贡"，朝鲜礼物也变成了"方物"，上下等级立判、内外之别昭彰。同期蒙古阿禄部首领孙杜稜等率 22 匹马、3 峰骆驼来皇太极前叩头以献，满文记为"对汗叩头"，而汉文实录称之为"来朝"。蒙古察哈尔梼纳楚虎尔率 12 名男子、6 名女子和 160 匹马逃到后金，汉文实录则称以"来归"。② 类似满文白话记录在汉文文献中被更改、转换的例子有很多。

值得特别指出的是，后金当年在使用满文记载时已明白区分 gurun（音写"固伦"，即国）与 aiman（音写"爱曼"，即部落），前者如朝鲜和察哈尔，后者如阿禄部。这种多边、多单元的关系描绘，为后金逐步构建一个以自身为中心的政治秩序奠定了基础，并随着实力的日渐强大而变得更为明显，③ 后金也变成了多民族政权，八旗融合了女真人、蒙古人、汉人和朝鲜人等。刘厚生曾就此提出："从天命四年八月以后，直到崇德元年（1636）皇太极定国号为大清，这十七年间的《旧满洲档》，除个别几处外（后面将有分析），只能见到关于女真（jušen）的记述，而绝对没有女真国（jušen gurun）的记述。太祖朝一百五十余处和天聪朝九十多处，凡见 jušen 字样，皆不再和 gurun 连用，这不可能是偶然的现象。它反映了记述《旧满洲档》或整理、改窜、重抄时的观念。统一女真各部

---

① 中国第一历史档案馆整理、编译：《内阁藏本满文老档》，第 12 册，天聪六年九月初四日，第 6448—6449 页。

② 《太宗实录》卷 12，天聪六年九月乙亥，《清实录》第 2 册，第 171 页。

③ 有关"gurun"一词在不同语境内的释义，特别是有关"国"、"部落"、"族众"等不同解释，参见陈捷先：《满洲丛考》，台北：台湾大学文学院，1963 年，第 1—9 页；赵志强：《〈旧清语〉研究》，北京：燕山出版社，2002 年，第 69—70 页；Mark C. Elliott, "Manchu (Re) Definitions of the Nation in the Early Qing," *Indiana East Asian Working Papers Series on Language and Politics in Modern China*, Vol. 7, 1996, pp. 46–78；Mark C. Elliott, *The Manchu Way: The Eight Banners and Ethnic Identity in Late Imperial China*, Stanford: Stanford University Press, 2001, pp. 63–72。

后向辽沈地区扩张的女真国，其成员构成上已经不仅仅是女真族人，有蒙古族人，更有大量的汉族人被纳入这个国家，它的国人（gurun）的概念，已经超出了女真（jušen）族的范围，其国（gurun）是由三种不同族属的国人（gurun）组成的，所以不能再用女真国人（jušen gurun）来代表这个国家的所有国人。只能用 jušen（女真）monggo（蒙古）nikan（汉）来表示三种不同族属的国人。"①在此背景下，后金逐步构建了一种多层次的管理体系，与元朝及明朝的多元治理已十分相似，同时还要树立起自身的正统观念，获取统治合法性，去除长久以来"夷"的身份，以便控驭多元社会，为进一步发展奠定基础。

同期以后金为天下中心的话语建设中更重要的一环，是开始将明朝定义成南蛮，将明人视为"远人"。如在孔有德和耿仲明于天聪七年春投降后金后，正黄旗和镶黄旗的教书秀才黄昌、于跃龙在给皇太极的奏书中称之为"皇上仁明英武，远人来归"。② 所谓"远人"即指孔有德等人，而对明朝而言，"远人"指的是朝鲜和建州女真等。同年八月初九日，宁完我奏请参考《大明会典》设立六部通事，开篇即说：

> 我国六部之名，原是照蛮子家立的，其部中当举事宜，金官原来不知。汉官承政当看会典上事体，某一宗我国行得，某一宗我国且行不得，某一宗可增，某一宗可减，参汉酌金，用心筹思，就今日规模，立个金典出来，每日教率金官到汗面前，担当讲说，务使去因循之习，渐就中国之制。必如此，庶日后得了蛮子地方，不至于手忙脚乱。③

所谓"蛮子家"和"蛮子地方"均指明朝，而模仿《大明会典》修金典的建议

---

① 刘厚生：《旧满洲档研究》，第 85 页。就后金建立的这种多元体制及其分析，可参见上揭 구범진：『청나라, 키메라의 제국』，第 223—251 页。

② 《黄昌等陈顺天应人奏》，天聪七年四月十二日，罗振玉编：《天聪朝臣工奏议》，潘喆等编：《清入关前史料选辑》第 2 辑，第 57 页。有关孔有德投降后金，可参见神田信夫：「孔有德の後金への来帰」、『清朝史論考』、東京：山川出版社、2005 年、第 179—192 页。

③ 《宁完我请变通大明会典设六部通事奏》，天聪七年八月初九日，罗振玉编：《天聪朝臣工奏议》，潘喆等编：《清入关前史料选辑》第 2 辑，第 82 页。

意义重大。宁完我曾在天聪四年作《行军律》，但达海认为不能行于后金而没有呈报皇太极。现达海谢世，宁氏希望后金可以多仿照明朝制度，以为长久之计。到了天聪九年正月，大凌河都司陈锦建议皇太极攻取北京，称"目今朝鲜受款，汉夷响（向）风，越海投归者接踵，插夷远来者络绎"。① 后金史官将此话译为满文，其中"朝鲜受款"被记为"朝鲜国朝贡"（Solgo gurun alban banjimbi），"汉夷向风"作"汉人越海来降"（Nikan edun i ici be tuwame mederi doome dahame jiderengge），"插夷远来"作"察哈尔蒙古远来"（Cahar-i Monggo gorokici jiderengge，"插夷"在明代史料中亦称"插汉"，系 Cahar 音译）。② 其中"汉夷"之说实属罕见，陈锦以一名汉官用此说法，足以表明当时汉官已开始提倡并建设后金的天下中心地位。

　　同年八月，据守皮岛的明将刘兴治决计投降后金，在给皇太极的密函中高呼"汗大一统之机会，不容一判失也"，表示"惟听汗令调遣，或攻山海，或征山东，仰赖弘福，共成大业。事成之后，莫言天无二主之说也"。③ 天聪九年二月，新归附的生员杨名显、杨誉显、杨生辉也迫不及待地上书皇太极，请求攻取北京，其中提到"今皇上仁风远播，遐迩归心，诸国早降，四夷咸服，此人心顺而天意归，上帝不为不祐也"。④ 此"四夷"一词无疑也有强烈的政治含义，蒙古各部、朝鲜、明朝归附之人均在其中，因此满文译为"四方之国的人都来归降"。⑤ 天聪八年，皇太极改沈阳为"盛京"，次年底规定嗣后"国名为满洲"，不能继续用"诸申"等号。⑥ 以此为契机，文臣将之前满文中的一些 jušen（诸申、女真）改作 manju（满洲），这也是现在《满文老档》等整理本中，"满洲"

---

① 《陈锦请攻北京及甄别人才奏》，天聪九年正月二十五日，罗振玉编：《天聪朝臣工奏议》，潘喆等编：《清入关前史料选辑》第 2 辑，第 106 页。

② 神田信夫ほか譯注：『舊滿洲檔・天聰九年 1』、東京：東洋文庫、1972 年、天聰九年正月二十七日、第 43 頁。

③ 《天聪四年八月二十三日金国收刘兴治致皇太极函》，《各类稿簿》，文献编号古 5710—5—4，韩国首尔大学奎章阁藏。

④ 《杨名显等谨陈四款奏》，天聪九年二月初十日，罗振玉编：《天聪朝臣工奏议》，潘喆等编：《清入关前史料选辑》第 2 辑，第 109 页。

⑤ 神田信夫ほか譯注：『舊滿洲檔・天聰九年 1』、天聰九年二月十八日、第 73 頁。

⑥ 《太宗实录》卷 25，天聪九年十月庚寅，《清实录》第 2 册，第 330—331 页；神田信夫ほか譯注：『舊滿洲檔・天聰九年 2』、天聰九年十月二十四日、第 324 頁。

一词不断出现在 1634 年之前史实中的主要原因。① 长远来看，无论在满文还是汉文语境中，这些都是后金重新界定自身认同和去除"夷"之身份的重要一步，诸多汉臣也开始从各方面加强后金作为天下中心的话语建设。

### （三）后金汉化进程的加快与朝鲜的作用

除话语建设外，汉臣特别注重实际生活中礼仪制度的建设。天聪八年，正白旗备御刘学成上奏"立坛郊社敬事上帝后土"，具体办法是：

> 我国门外设立堂子凡初一十五，汗驾亲去叩拜，岂不敬奉天地？这还是寻常的事，昧行天子的礼，还不为大敬。我汗既为天地宗子，须要象汉朝立天地坛，凡行兵出征，天年旱潦，汗当步行到坛祷祝，命道士设斋念经，每年冬至日郊天，用牛一只祭，夏至日社地，用猪羊祭，再把始祖神位入坛配享，道官唱礼，我汗当九升九奏，这便是天子敬天地的道理，朝廷当行的一宗要务。②

即仿照明朝在盛京城外建天地坛，由"天子"皇太极每月朔、望前往祭拜，冬至、夏至宰牲祭祀，并将努尔哈赤等先祖配享，合之以太庙之功用，如此便可以"汉朝"之礼做好"天子敬天地"之事。从统治合法性的角度而言，刘氏建言的根本目的是，将皇太极这位满洲大汗塑造为传统意义上的"天子"。

一些学者认为此时后金主要是向蒙古汲取治国政治观念，而不是向汉人汲取，也有学者反对"汉化"（Sinicization）的观点。③ 事实上，后金是多方位汲取

---

① 有关满洲档案的篡改等诸多问题，参见刘厚生：《旧满洲档研究》，第 1—104 页。有关"诸申"的分析，见同书第 94—104 页。

② 《刘学成请设立坛郊社及设通政司奏》，天聪八年十二月十四日，罗振玉编：《天聪朝臣工奏议》，潘喆等编：《清入关前史料选辑》第 2 辑，第 101 页；《太宗实录》卷 21，天聪八年十二月甲辰，《清实录》第 2 册，第 283 页。

③ David M. Farquhar, "The Origins of the Manchus' Mongolian Policy," in John King Fairbank, ed., *The Chinese World Order*, pp. 199 – 200; Peter C. Perdue, *China Marches West: The Qing Conquest of Central Eurasia*, Cambridge: Harvard University Press, 2005, pp. 122 – 127; Evelyn S. Rawski, "Reenvisioning the Qing: The Significance of the Qing Period in Chinese History," *Journal of Asian Studies*, Vol. 55, No. 4, 1996, pp. 829 – 850.

治国之术的，其长期汉化过程历历可观。[1] 在入关前，力推汉化者是达海、宁完我、高鸿中、范文程等精通传统典籍和典章制度的满汉臣工，但并非完全照搬明制，而是进行诸多变通和改革，使之更符合后金的实际情况。如模仿明朝设置六部，但同时在各部之内设立 4 名启心郎，作为负责部务贝勒的顾问，启心郎这个职务就属于后金创制。[2] 也就是说后金的建设是一种超越某一族群的"治国之术"，此即马光远所谓之"治国抚民"。然而，"汉化"并不是后世史家赋予的历史叙述，而是早在努尔哈赤和皇太极时期就已十分明显的历史趋势。努尔哈赤曾希望以山海关和辽河作为明朝与女真的分界线，并引辽、金、元三朝旧史来说明南下中原后遭到同化的危险："昔日的大辽、大金、大元各不居住在各自的地方，进入尼堪之内地居住后皆变为尼堪了。尼堪在山海关开始那边居住，我等在辽东地方放居住，尼堪和诸申各自为国。"[3] 即汉文实录中的"昔日辽、金、元，不居其国，入处汉地，易世以后，皆成汉俗"。[4] 到天聪朝中后期，虽然皇太极也着意提醒满人不能"忘旧制、废骑射以效汉俗"，[5] 但主要着眼于保持族群认同的角度。就治国理政层面而言，"效汉俗"不仅不可避免，而且需快速推进，此即"汉化"，或按满文字面意思解释为"尼堪化"（Nikanization）。就此而言，一些学者认为汉化理论（Sinicization thesis）"是 20 世纪汉民族主义对中国既往的解释"的看法，[6] 不符合历史事实。

内蒙古师范大学图书馆现存天聪朝赐马光远诰命一份，给我们提供了一个观察清代治理理念与方式变迁的很好的切入点。该诰命用五色纻丝，满汉合璧，收录有天聪八年、顺治四年、顺治九年、康熙二十五年（1686）、雍正二年

---

① Pingti Ho, "In Defense of Sinicization: A Rebuttal of Evelyn Rawski's 'Reenvisioning the Qing'," *Journal of Asian Studies*, Vol. 57, No. 1, 1998, pp. 123 – 155; Pei Huang, *Reorienting the Manchus: A Study of Sinicization, 1583 – 1795*, Ithaca: Cornell East Asia Program, 2011.

② 刘小萌：《满族从部落到国家的发展》，第 331—332 页。

③ 满文老档研究会译注：『满文老档』、第Ⅳ册『太宗 1』、天聪元年四月初八日、第 29—30 页。

④ 《太宗实录》卷 3，天聪元年四月甲辰，《清实录》第 2 册，第 42 页。

⑤ 《太宗实录》卷 32，崇德元年十一月癸丑，《清实录》第 2 册，第 404 页。

⑥ Evelyn S. Rawski, "Reenvisioning the Qing: The Significance of the Qing Period in Chinese History," p. 842.

（1724）、乾隆五年（1740）、乾隆三十七年、嘉庆十二年（1807）的册诰文，钤满汉合璧"制诰之宝/hese wasimbure boobai"之印。① 印文自天聪八年至雍正二年一以贯之，和册封朝鲜国王的诰命上所用之印一样，乾隆初年因统一满文篆字而重刻很多印玺时此宝亦改铸为篆文，所以此件诰命当系入关后重制，但其内容当与天聪八年的一致。册封马光远为一等子爵（即"一等京奇尼哈番"或"一等精奇尼哈番"）的诰命汉文曰：

奉天承运，皇帝制曰：朕惟尚德崇功，国家之大典，输忠尽职，臣子之常经。古圣帝明王戡乱以武，致治以文，朕钦承往制，甄进贤能，特设文武勋阶，以彰激劝受。兹任者必忠以立身，仁以抚众，智以察微，防奸御侮，机无暇时，能此则荣及前人、福延后嗣，而身家永康矣。敬之勿忽。

马光远，尔原系故明参将，征北京时，取永平府后，尔率建昌城兵民来降，尔母及兄弟妻子仍在北京城内，尔遣人取至，故授为一等京奇尼哈番。

天聪八年五月十七日。

这篇诰命的满文曰：

abkai hesei forgon be aliha han i hese。

erdemu be tukiyere, gung de karularangge, gurun i amba kooli, tondo mujilen i afaha weile be akūmburengge, ambasai jurgan。julgei enduringge han se, coohai horon i gurun be toktobuhabi。bithei erdemui doro be dasahabi。bi julge be alhūdame, gung erdemu be tukiyeme, bithe, coohai hafan ilibuha。ere ejehe be gaiha niyalma, tondo mujilen i beye be yabubu。sain mujilen i geren be uji。mergen mujilen i majige ba be kimci, jalingga be sere。gidašara be ilibu。beye be šolo ume tucibure。enteke be mutebuci。kesi, ama, mafa de isinambi。hūturi, juse omosi de tutambi。beye boo enteheme wesihun banjimbi kai。ginggule ume heoledere。

---

① 《马光远诰命》，文献编号图 02648，内蒙古师范大学图书馆古籍部藏。衷心感谢内蒙古师范大学张建军教授的支持。

ma guwang yuwan si dade nikan i c'yanjan bihe。bejing de cooha genehe mudan de yuing ping be gaiha manggi。jiyancan i hoton i cooha irgen be gaifi dahaha。eme, ahūn, deo, juse, sargan bejing ni hoton de bihe。niyalma takūrafi gajiha seme uju jergi jingkini hafan obuha。

sure han i jakūci aniya sunja biyai juwan nadan de。

将诰命满汉文本作一比较的话，可知此时虽然满文中皇太极仍称"汗"（han），汉文已用"皇帝"，满文"我"（bi）在汉文中为"朕"。另外，在描述马光远身份时，满文写为"尔原系尼堪参将"（si dade nikan i c'yanjan bihe），而汉文却称"尔原系故明参将"，其中"故明"与 Nikan（尼堪）语意差别甚大，或系入关后修改。然而，马氏诰命足以说明，至晚在 1634 年，后金已建立了较完备、成熟的文武勋阶系统，投诚之人可以迅速补入这一系统内。

后金在学习、继承中国传统典章制度方面的长足进展，还表现在文书的系统化或体制化（documentary institutionalization）。[①] 在这种背景下，天聪九年十二月，后金将文馆改为"内阁中书科"（Nei g'o Sung šu k'o），进而明官制、别服色、置官阶、用内监，整体的文官体制、军事体制、行政机构等建设再度大踏步前进。[②] 就在称帝不久前的天聪十年三月四日，皇太极设内三院，即国史院（Gurun i suduri ejere yamun，意即"记录国家历史的衙门"）、秘书院（Narhūn bithei yamun，意即"机密文书的衙门"）和弘文院（Kooli selgiyere yamun，意即"传递典例的衙门"）。[③] 这些机构的建立，进一步加速了文书的系统化及行政体系和官僚体制的建设。

后金迅速汉化的治理之术在与朝鲜的交往中体现得尤为清晰，在使臣交聘、

---

① 柯娇燕在考察《满洲源流考》基础上，认为这一文书系统化主要发生在入关后到乾隆时期，参见 Pamela Kyle Crossley, "*Manzhou Yuanliu Kao* and the Formalization of the Manchu Heritage," *Journal of Asian Studies*, Vol. 46, No. 4, 1987, pp. 761–790. 实际上，文书的格式化和体制化建设，清政权在入关前已经做得相当完备。

② 《太宗实录》卷 28，天聪九年十二月丁酉，《清实录》第 2 册，第 340 页；神田信夫ほか譯注：『舊滿洲檔·天聰九年 2』、天聰九年十二月二十一日、第 366—367 頁。

③ 满文老檔研究會譯注：『滿文老檔』、第 Ⅵ 册『太宗 3』、天聰十年三月四日、第 956—957 頁。

礼仪往还、互市贸易和越境交涉等方面尤其如此。朝鲜信使抵达盛京时，后金设下马宴款待，觐见皇太极时行跪拜礼，离开之时又有上马宴，皇太极也对朝鲜国王、信使、通事等各有赏赐，这些大多模仿明朝和朝鲜之间的宗藩礼仪。又如，信使对皇太极所行五跪五叩头礼，其实是朝鲜朝贡陪臣对明朝皇帝所行的最高等级的礼仪；信使与后金内院官员会面时所行四拜礼，也是朝鲜贡使对明朝礼部官员所行之礼，且稽首四拜亦是明朝百官觐见东宫（太子）和亲王之礼。① 再如，天聪四年五月十六日朝鲜信使离开盛京时，后金待之以上马宴，达海等陪宴，达海作为负责朝鲜文书往来事务的主要官员，在此场合相当于明朝负责外藩朝贡事务的礼部官员。② 天聪九年三月，史官记载，朝鲜"使者会见终了以后，款待以茶，于下马之衙门，以下马宴款待之"。③ 此种接待礼仪相当正式，与清入关后的礼制没有太大差别。就朝鲜而言，他们称后金使臣为"金差"，与明朝使臣一样，由礼宾寺款待于慕华馆和南别宫，亦有下马宴、上马宴，并觐见国王等，相关礼仪也是参照宗藩制度，因此照样推行于 1637 年双方建立宗藩关系后，只是清使代替了明朝的"天使"而已。

在这一时期内，朝鲜继续遣使北京对明朝贡，后金对此是了解的，也未加阻拦，而朝鲜亦能灵活应对。如天聪九年夏，朝鲜赴明进贡使团一行 34 人在海上遇风漂到后金地界获救，六月十三日，朝鲜国王派义州通事崔马兔携致皇太极的书信前往盛京带回"本国进贡员"，国王在信中说"盖两国一家，我国之人即贵国之人，处置自当如此，然兄弟情好之笃，于此益甚"，④ 足以反映双边关系是在家国理念之内运转的，而后金之后也不断对朝鲜使用同样言辞来强化这种家国伦理。

在此期间，皇太极在致朝鲜国王书信的用词与格式，遵照兄弟之国关系，将

---

① 朝鲜信使在在盛京对皇太极行五拜礼，参见满文老档研究會譯注：『滿文老檔』、第Ⅳ册『太宗1』、天聪四年三月一日、第 332 頁；在盛京对内院官员行四拜礼，参见同书第Ⅵ册『太宗3』，天聪十年四月初二，第 982 頁；在北京礼部行四拜礼，参见《朝鲜仁祖实录》卷35，仁祖十五年七月庚午，第 9 页 b。

② 满文老檔研究會譯注：『滿文老檔』、第Ⅳ册『太宗1』、天聪四年五月十六日条、第 386 頁。

③ 神田信夫ほか譯注：『舊满洲檔·天聰九年1』、天聪九年三月十四日、第 89 頁。

④ 《朝鲜国王为进贡使蒙救谢金汗书》，天聪九年六月十三日，张存武、叶泉宏编：《清入关前与朝鲜往来国书汇编，1619—1643》，第 157 页。

自己与朝鲜国王置于平等地位（表5）。但 1627 年后，后金也对形容朝鲜国王的满文用词作了调整，从之前的"朝鲜汗"逐渐统一为"索勒豁王"和"朝鲜国王"。① 后金书信在"天"、"贵国"、"先汗"等词的抬格标准上并不完全一致，但"金国汗"与朝鲜国王是一直并列的，书信一般以"金国汗致书朝鲜国王"开始。虽然皇太极自收兵以后，就在致朝鲜国王的信中时常称对方为弟，后者却并不呼前者为兄，甚至在天聪三年九月前，书信不写明收信人，试图规避将兄弟关系付诸纸面。在遭皇太极责问后，朝鲜国王在天聪三年九月十八日复信中以"微文小节固不足屑屑也"搪塞，同时开始使用"朝鲜国王答书金国汗阁下"开头，或曰"朝鲜国王奉书金国汗"，抬格平等，逢"天朝"（明朝）时抬格较后金和朝鲜国王略高，仍系朝鲜与明朝往来公文格式的体现。1635 年底，后金曾诘责朝鲜为何将书信开头的"奉书"改为"致书"，朝鲜解释说"奉"和"致""均为邻国相敬之称"。② 但双方芥蒂日深，在朝鲜就书信格式作出解释后不久，皇太极即改元称帝，后金与朝鲜矛盾终至无法调和，导致双方的第二次战争。

表5　1627—1636 年皇太极致朝鲜国王书信格式

| H | G | F | E | D | C | B | A | / |
|---|---|---|---|---|---|---|---|---|
| ○ | ○ | ○ | ○ | ○ | 天 | ○ | ○ | 1 |
| ○ | ○ | ○ | ○ | 贵 | ○ | 朝 | 金 | 2 |
| ○ | ○ | ○ | ○ | 国 | ○ | 鲜 | 国 | 3 |
| X | X | X | X | X | X | 国 | 汗 | 4 |
| X | X | X | X | X | X | 王 | 致 | 5 |
| X | X | X | X | X | X | ○ | 书 | 6 |
| X | X | X | X | X | X | ○ | ○ | 7 |
| X | X | X | X | X | X | X | ○ | 8 |
| X | X | X | X | X | X | X | ○ | 9 |

说明：表例同表 1。

资料来源：《各项稿簿》，韩国首尔大学奎章阁藏，文献编号古 5710—5—4。

---

① 有关满文记录中对朝鲜国王的称呼的统计，参见铃木开：「『満文原檔』に見える朝鮮国王の呼称」、川原秀城編：『朝鮮朝後期の社会と思想』、東京：勉誠出版、2015 年、第 83—98 頁。

② 《金汗责朝鲜国王背盟及朝鲜国王答书》，天聪九年十二月卅日，张存武、叶泉宏编：《清入关前与朝鲜往来国书汇编，1619—1643》，第 168—169 页。

## 四、由兄弟而君臣：丙子之役及双边宗藩关系的建立

### （一）皇太极称帝与双方关系的变化

天聪八年十二月十五日，蒙古察哈尔部的墨尔根喇嘛在林丹汗败亡后，将嘛哈噶喇金像运到盛京，嘛哈噶喇又称"玛哈噶喇"、"摩诃迦罗"等，即佛教中的大黑天神。据记载，此佛像乃元世祖时国师八思巴用千金铸成，初祀于五台山，后移至"蒙古萨思遏地方"（即西藏日喀则的萨迦寺，系萨迦派主寺），再后来移到林丹汗的察哈尔部供奉，至金兵征讨察哈尔部，"墨尔根喇嘛见皇上威德遐敷，臣服诸国，旌旗西指，察哈尔汗不战自遁，知天运已归我国，于是载佛像来归"。① 嘛哈噶喇长期以来在藏传佛教世界中被视为护国佛像，因此此像的"来归"表明后金成为藏传佛教世界的中心，这对于笼络蒙古和西藏具有极大意义。而皇太极也很快在盛京修建实胜寺以供奉此佛，入关后历代清朝皇帝均十分重视该寺，实胜寺香火一直延续到今天。② 天聪九年八月，出征蒙古林丹汗察哈尔部的多尔衮等汇报从苏泰太后手中得到了"历代传国玉玺"，上刻汉篆"制诰之宝"四字，认为是"一统万年之瑞也"（图 2）。③ 在当时后金的记述中，元顺帝被明军打败后北逃大漠，玉玺随之遗失，200 多年后被一个放羊人在野外发现，归元朝后裔博硕克图汗，后归察哈尔林丹汗，而林丹汗亦是元朝后裔。按这一叙述逻辑，皇太极获得"传国玉玺"意味着他获得建立帝业的合法性，后金是直接上承元朝与历代王朝的正统政权。然而，这方玉玺实系赝品。此时明朝的"制诰之宝"尚在北京紫禁城中。若说皇太极所得的是元朝之"传国玉玺"，那么，自铸"制诰之宝"的明朝则不再是秉承天命之中国正统朝代。此种荒诞剧目，不过

---

① 《太宗实录》卷 21，天聪八年十二月丁酉，《清实录》第 2 册，第 282 页。

② 实胜寺开建于崇德元年，三年竣工，有关修建实胜寺的《莲华净土实胜寺碑记》，参见河内良弘訳註·编著：『中国第一歴史檔案館藏内国史院满文檔案訳註：崇德二·三年分』，京都：松香堂书店、2010 年、崇德三年八月二十三日条、第 531—538 頁；Kam Tak Sing，"Manchu-Tibetan Relations in the Early Seventeenth Century：A Reappraisal," Ph. D. dissertation, Harvard University, 1994, pp. 131 – 147. 实胜寺内这尊玛哈噶喇像于 1946 年 3 月丢失，2016 年重塑佛像在西藏大昭寺加持和开光后入驻实胜寺。

③ 《太宗实录》卷 24，天聪九年八月庚辰，《清实录》第 2 册，第 317 页。

是历史上之鱼腹藏书、篝火狐鸣的翻版，原不足论，亦不足信。时人反而大肆宣传，只因借此塑造政治合法性。乾隆初期重铸印信时，这方"制诰之宝"被认定为赝品而销毁。

图2　中国第一历史档案馆藏崇德元年七月初十日册封永福宫庄妃
册文上的"历代传国玉玺"印文

以获得佛像和玉玺为契机，满汉蒙诸臣纷纷劝说皇太极称帝，皇太极表示"宜令朝鲜王知之"，即希望朝鲜国王一同劝进。① 十月十五日，朝鲜信使朴簹叩见皇太极时，皇太极出示了"传国玉玺"，朴氏十分惊讶。天聪十年二月初二日，皇太极派户部承政英俄尔岱和马福塔（Mafuta，又作"马付达"、"马夫达"）出使朝鲜，趁凭吊王妃之机，劝说国王拥戴皇太极称帝。二月十六日，英俄尔岱和马福塔率领47位蒙古大将、30名次将和98名从人，浩浩荡荡渡过鸭绿江抵达义州府，告诉府尹李浚后金"既获大元，又得玉玺"，"诸王子愿上大号，欲与贵国议处"。消息迅速报至汉城朝廷，君臣震动，有的大臣甚至提出要斩杀来使。掌令洪翼汉上疏痛斥"金汗称帝"，本着尊奉明朝的春秋大义说，"我国素以礼仪闻天下，称之以小中华，而列圣相承，事大一心，恪且勤矣"。如果朝鲜赞同"虏之称帝"，则后金"将以称于天下曰：'朝鲜尊我为天子'"。弘文馆认为："彼既欲僭窃伪号，则必不待我以邻国，将臣妾我也，属国我也。……岂忍以堂堂礼仪之邦，俯首犬羊之虏，竟遭不测之辱，重为祖宗之羞乎？"群情激愤，其清论高议，大略如斯。

---

① 《太宗实录》卷27，天聪十年二月丁丑，《清实录》第2册，第347页。

二十四日，英俄尔岱和马福塔等抵达汉城，呈皇太极致朝鲜国王书信两封、吊文一度，以吊唁王妃。此外，英俄尔岱又出示接待官员两封书信，即所谓"别书"，其中一封封面题"金国执政八大臣奉书朝鲜国王"，另一封封面题"金国外藩蒙古奉书朝鲜国王"，前者是指八旗旗主，后者是蒙古诸部王公。接待官员认为"人臣无致书君上之规"，欲不受书，双方大吵一通，不欢而散。二十五日，太学生金寿弘等138人联名上书，要求"斩虏使、焚虏书，以明大义"，但国王认为不可激进行事。① 当日，英俄尔岱等一行吊祭王妃于昌庆宫明政门外。完城君崔鸣吉建议国王，此番金使只是以春信和吊祭为名，皇太极的书信除了吊祭之外未旁及他事，不符礼制的"别书"则是"八高山和蒙古王子"所书，因此不妨"答其循例之书，而拒其悖理之言，君臣之义、邻国之道，得以两全"。备边司于是请国王照此实行，"别作答书"，但国王不同意。

与此同时，英俄尔岱等已十分不满，并发现被昼夜监视，遂冲出城门到了西大门外的慕华馆，备边司急忙派朴兰英到慕华馆请留。英俄尔岱等以朝鲜接受"别书"为回到汉城的条件，最终朝鲜方面召集译官，拆见"别书"。英俄尔岱等同日决定返回，"其出城也，观者塞路，群童或掷瓦以辱之"。② 朝鲜虽急忙修书三封作为答复，但深知双方关系已无法调和。三月初一日，国王下教八道，号召举国"誓死同仇"、"共济艰难"，不啻为一份全国动员令。这份教旨在由备边司派人送往平安道观察使途中，被北归的英俄尔岱一行截获，所以皇太极等很快看到朝鲜国王对后金的不满和贬低，后金大臣十分愤怒，要求立即发兵攻灭朝鲜。③

英俄尔岱和马福塔所带两份书信的主要内容，是劝说朝鲜国王一起襄赞皇太极称帝。其中一封代表后金内部大臣，另一封代表后金外藩大臣，很多用语是一致的。八旗旗主等在致国王书信中说，他们与"外路诸王"商议，认为"天意相合"，朝鲜国王作为汗弟，当和他们一起劝汗"上定大号"，并借用《尚书·蔡

---

① 《朝鲜仁祖实录》卷32，仁祖十四年二月辛卯、丙申、庚子，第8页b、9页b、10页b。

② 《朝鲜仁祖实录》卷32，仁祖十四年二月辛丑，第10页b。朝鲜官员南磼曾记录当时情况："汗使人来云：'吾即皇帝位，国号清，建元崇德，兄弟之国，义当相告，故通之耳。'议者多以为，既与结和，不若善遇，以观其变。洪翼汉等唱声曰：'彼既称帝建元，则称臣奉贡之胁，不朝即夕，不如先明大义，斩使绝和之愈也。'胡使闻之，即还其国。"（《南汉日记》，文献编号TK3487.6.4210，美国哈佛大学哈佛燕京图书馆藏，第6页）

③ 满文老档研究会译注：『满文老档』、第Ⅵ册『太宗3』、天聪十年三月二十日、第971页。

仲之命》"皇天无亲，惟德是辅"一语，称"天下者非一人之天下，乃天下人之天下，惟有德者居之"，[1] 意指明朝失德、后金有德。这句话后被皇太极和雍正帝等屡次提及，用以支持清朝统治的合法性。诸蒙古部落王子书信，与八旗旗主等的大体相同，只是首先指出是因明朝官员奸诈无德而背明，且称"窥以天意，大明国必亡"，所以号召朝鲜一同拥戴皇太极。在这两封信的满文本中，皇太极仍被称为"金国汗"，汉文本中均已写作"满洲国皇帝"；满文本称蒙古四十九部落为"外部落"，汉文本中写作"外藩"和"外藩蒙古"。[2] 后金以自己为天下中心、取明朝而代之之意，已跃然纸上。

后金与朝鲜的矛盾终于在皇太极称帝改元时彻底爆发。天聪十年四月初五日，和硕墨尔根戴青贝勒多尔衮捧满文表文一道，科尔沁土谢图济农巴达礼捧蒙古字表文一道，都元帅孔有德捧汉文表文一道，率各满洲、蒙古和汉人官员一起进请皇太极上尊号称帝，向其行三跪九叩礼，皇太极答应称帝。在蒙古诸部看来，皇太极是"博格达彻臣汗"，即聪明睿智的汗之意。次日，礼部定十一日为祭天地吉日。初八，皇太极率众臣祭告天地后斋戒三日。十一日，礼部主持登基大典，皇太极上尊号"宽温仁圣皇帝"，建国号"大清"，改元"崇德"，众臣对皇太极行三跪九叩头礼。满文记载皇太极称帝一事较为简单，只有短短三句话，包括皇太极率诸贝勒大臣祭告天地，然后登大座，命杨古利率众臣读祭"太祖之庙"祝文。汉文记载却极其详细，包括行礼次序、仪仗陈设、祝文内容等，流程完善，这或许是后世修史之时的追忆和想象。[3] 大清国就此建立，天聪十年改为崇德元年，国号大清和年号崇德明显针对大明和崇祯。建元不久后的满文记载里仍称皇太极为 Enduringge han（圣汗）或 Gosin onco hūwaliyasun enduringge han（宽温仁圣汗），后来才改为 Gosin onco hūwaliyasun enduringge hūwangdi（宽温仁圣皇帝）。清帝祭天及诸臣对清帝所行的三跪九叩礼也正式固定下来，成为清代

---

① 对照下文提到的皇太极称帝后致朝鲜国王书中同样使用的"皇天无亲，惟德是辅"，可知此处当系编纂实录时馆臣的汉文翻译词不达意。

② 满文老档研究会译注：『满文老档』、第Ⅵ册『太宗3』、天聪十年二月二日、第904—911页；《太宗实录》卷27，天聪十年二月丁丑，《清实录》第2册，第348页。

③ 《旧满洲档》，台北："台北故宫博物院"，1969年，第10册，（天聪十年）四月十一日，第4733页；《太宗实录》卷28，天聪十年四月乙酉，《清实录》第2册，第360—362页。

最高礼节，远过于明朝臣下见君上的五拜礼，即"先拜首稽首四拜、后一拜叩头成礼"。① 在十一日上尊号时，朝鲜春信使罗德宪和回答使李廓二人拒绝拥戴皇太极称帝，不行三跪九叩礼。皇太极认为二使所为是国王"有意构怨"，于十五日遣其携带致国王书信两封归国，并赐二使及其家丁、通事和仆人总计 286 人貂皮、人参等，一遵 1627 年以来的礼制。

皇太极致朝鲜国王两封信的汉文本，均以"大清国皇帝致朝鲜国王"开头，满文记载系 Daicing gurun i han（大清国之汗）。第一封是对回答使的礼尚往来，寥寥数语；第二封是责备朝鲜违背兄弟之义并论证大清建国的合法性，篇幅颇长。在第二封信中，皇太极指出：

> 尔国以明为天子，岂明国朱姓之始即有为帝王乎？古云：皇天无亲，惟德是辅。又云：民罔常怀，怀于有仁。由此观之，匹夫有大德，可为天子；天子若无德，可为独夫。是故大辽，乃东北夷，而为天子。大金以东夷，灭辽举宋，而有中原。大元以北夷，混一金宋，而有天下。明之洪武，乃皇觉寺僧，而有元之天下。凡此诸国，皆尔朝鲜世修职贡者。以此推之，则享有天下惟有德之故，非世为君长之故也。②

这与之前八旗旗主致朝鲜国王要求共同拥戴皇太极称帝的信的主要内容一致，即表明皇太极是有大德之君，受皇天庇佑。"民罔常怀，怀于有仁"一语出自《尚书·太甲》，值得注意的是，满文本中并没有这句话。此信更列举辽、金、元、明故事，表明匹夫居德者可成天子，且不避"华夷之辨"，直认辽为东北夷、金为东夷、元为北夷，所以被朝鲜视为夷的满洲自然也可以入主中原，朝鲜也可以像对辽、金、元、明那样同样对清"世修职贡"。满文中不存在"夷"这一意向，所以这封信满文中"夷"均译为 jušen，即"诸申"。例如辽之"东北夷"为 dergi amargi jušen、金之"东夷"为 dergi jušen，而元之"北夷"特别翻译为 amargi monggo（北蒙古）而非 amargi jušen，当系此时强调满蒙一家所

① 申时行等修：万历《大明会典》卷 44《百官朝见仪》，北京：中华书局，1989 年，第 313 页。
② 《太宗实录》卷 28，天聪十年四月己丑，《清实录》第 2 册，第 371 页。

致。罗德宪和李廓离开盛京时，英俄尔岱和马福塔将"封缄甚固"的清方书信交给他们，不许他们拆开阅看，但到了十里河堡清将返回以后，罗李二人拆开书信，发现书面称号系"大清国皇帝"，信末印文也已经有了变化，内称呼朝鲜为"尔国"，"无复兄弟相敬之道，而视如奴隶"。在走到通远堡时，他们以马匹得病为由，将清方书信藏于驿馆内杂物中，仅带了抄文回到汉城。① 朝鲜方面的记载并未说明信末的印文为何，但应已由之前努尔哈赤时代就使用的 abkai fulingga aisin gurun han-i doron 满文印信，变为钤盖传国玺的"制诰之宝"。

　　朝鲜国王于六月复信皇太极，信封上写"清国"，默认了大清国的名分，但信中表示："我国自前代事中朝、称东藩，未尝以强弱成败，变其臣节。我国之素称礼义自守者，专在于此。今我大明，乃二百余年混一之主，我国安得以一失辽沈一片地，辄盟异心，从贵国所为耶?"② 朝鲜舆论也以"尊中国、攘夷狄"为主，斥责皇太极"僭号"，认为朝鲜必须保持"尊周之大义"，尊奉明朝到底。弘文馆诸臣也认为"我国之于天朝，名分素定，非若罗、丽之事唐、宋也"。在此尊周攘夷的思想之下，只有完城君崔鸣吉等极少数官员主张推行实用主义道路，以避战祸，崔鸣吉因此被群臣参劾。国王则自始至终维护自 1623 年反正以来一直是其忠实支持者的崔鸣吉，决定依崔鸣吉之意派遣译官赴清，以为羁縻之法。国书书封也再度定书"清国"，这引发了兵曹判书李圣求的不满："丁卯以后称以金国，盖已十年。今之称清，乃其僭号建国之名。"大司宪李景奭也认为："称清一节，所关非细。以义理利害，反复思惟，则金是称汗时号，清是僭号后号。"③ 在此情况下，朝鲜中枢出现了义理与务实的分化，义理派迅速占据了道德高地，因为就认可天子与皇帝而言，朝鲜除明朝外没有第二个选择，毕竟连国王都是明朝皇帝册封的。如此，朝鲜自 1627 年以来一面对金称弟、一面对明继续称臣的政策就走到了尽头，而皇太极也决定再度出师伐鲜。

----

① 《朝鲜仁祖实录》卷 32，仁祖十四年四月庚子，第 22 页 b。
② 《朝鲜仁祖实录》卷 32，仁祖十四年六月庚寅，第 30 页 a。
③ 《朝鲜仁祖实录》卷 33，仁祖十四年九月癸亥、十月丁丑、十一月甲子，第 24 页 b、27
　　页 b、37 页 a。

### （二）丙子之役及双方宗藩关系的建立

　　崇德元年十二月一日，皇太极自盛京挥师南下，直指朝鲜王京。清军前锋所向披靡，半月之内克义州、下平壤，蜂拥挺向汉城。十二月十三日，朝鲜国王在听闻平壤失守后决定去邠，次日离开汉城前往汉江之南的军事要塞南汉山城，国王次子凤林大君李淏、三子麟坪大君李㴠，以及世子之嫔姜氏等大臣妃嫔则分至江华岛（江都）避难。十四日，国王前往南汉山城时非常匆迫，乃至于王世子（东宫）执鞭策马，"大驾所至，群臣皆不及下马"，"苍黄窘急之状，不可尽言。前后射队旗麾仪仗，颠倒失次。城中士女，跣足徒步，与大驾相杂而行。或母子相失，或夫妇相离，颠沟赴壑，哭声震天"。① 时任管粮使罗万甲记称："都城士女，哭声载路。"② 到了南汉山城后，都元帅金瑬认为山城孤城难守，力劝国王移避江华岛，洪瑞凤、李圣求等大臣亦赞成移驾，但三司相争不下，最后国王"定移驾之计，一夜之间，城中鼎沸"，形势越发混乱。次日晨"鸡三鸣"后，国王一行试图移驾江华岛，但风雪太大，山路冰滑，马匹无从落足，国王舍马徒步，险些跌倒，无法成行，只好返回山城，彻底放弃移到江华岛的计划。③ 后来的事实证明，国王如果成功移驾江华岛，会和凤林大君等一起成为清军俘虏。

　　这场战争是在寒冬腊月中进行的。这对清军而言并没有特别麻烦，行军速度很快，在红衣火炮协助下，野战能力已远超过1627年首次东击朝鲜之时。朝鲜部队素乏训练，在严酷天气下更难组织起有效防御，纷纷溃败，各路勤王援军亦被击溃。国王派往清军假装王弟的议和官员也被清方识破，与清方斡旋多年的官员朴兰英当场被杀，可见清方此次态度的决绝。清军围城，山城坐困无援，十八日夜南礏守城南门之时，"夜观胡兵，环伏城外，处处燃火，皆近城四五里，夜分乃灭，或达夜不灭。西望百许里，烟焰涨天，可想其为京西江上及沙院以南矣"。从汉城麻浦西江一带到南汉山城这几十公里内，清军连绵不绝，据被清军

---

① 南礏：《南汉日记》，第8页。
② 罗万甲：《丙子录》，文献编号고서（I）951.63，笔写本，原件无页码，韩国延世大学国学资料室藏书。
③ 《朝鲜仁祖实录》卷33，仁祖十四年十二月甲申，第41页。

俘虏后成功逃脱的人描述，"贼阵中妇女无数，阵外儿尸极多"，① 惨状可见一斑。十二月二十四日，国王率群臣在南汉山城"行圣节望阙礼"，庆贺崇祯皇帝万寿圣节。不久后的丁丑年正月初一，国王又率群臣行望阙礼。而当天，皇太极合清军于一处，结阵炭川，号称30万大军，皇太极本人"张黄伞，登城东望月峰，俯瞰城中"。② 在此情况下，国王采纳崔鸣吉之言，决定遣使清营请和，而皇太极也以"大清国宽温仁圣皇帝"之名向朝鲜官民人等发布劝降书。

正月初三，国王遣洪瑞凤、金荩国、李景奭等赴清军大营，致书皇太极，希望对方退兵，其信开篇即称："朝鲜国王谨上书于大清宽温仁圣皇帝，小邦获戾大国，自速兵祸，栖身孤城，危迫朝夕。"并强调"皇明是我父子之国，而前后大国兵马之入关也，小邦未尝以一镞相向，无非以兄弟盟好为重也。"③ 此信乃崔鸣吉所撰，不仅承认了皇太极和大清的名号和名分，称清为"大邦"，更自称"小邦"，此亦朝鲜对明朝的宗藩用语，其委曲求全之意一览无余，但书信最后并没有使用清的年号。这封书信中，"大清国"、"皇帝"均抬三格，"朝鲜国王"抬两格，只比"大清国宽温仁圣皇帝"低一格。④ 皇太极并不满意，于正月十七日复书，以"大清国宽温仁圣皇帝诏谕朝鲜国王"开篇，招国王出城投降称臣，强调"若尔国尽入版图，朕岂有不生养全安，字之若赤子者乎"。但国王并不愿称臣，所以十八日复书中仍未改变立场。十九日，清军为震慑对方，对山城进行短暂炮轰，城中人心惊惧，群臣态度更为分化。二十日，大司宪金寿贤等仍认为名分最重，不能称臣，而崔鸣吉认为不能不顺势俯首，金鎏亦说："今若不称臣字，徒以前样文书往复，则彼必生怒，更无可为矣。自古外服诸侯，安有为上国付节死义者哉？"⑤ 言外之意，朝鲜没必要为明朝殉葬，而应对清称臣。

二十一日，朝鲜国王又致书皇太极，以"朝鲜国王臣李倧谨上书于大清国宽温仁圣皇帝陛下"开篇，信中遇"大清国"、"陛下"、"大国"等皆抬三格，"朝

---

① 南碟：《南汉日记》，第14、22页。
② 《朝鲜仁祖实录》卷33，仁祖十四年十二月甲午，第45页b；卷34，仁祖十五年正月辛丑，第1页a。
③ 《朝鲜仁祖实录》卷34，仁祖十五年正月癸卯，第2页b。
④ 《崇德二年正月初五日朝鲜国王来书》，《朝鲜国来书簿》，档案号古5710.5，韩国首尔大学奎章阁韩国学研究院图书馆藏，第2册，原档无页码。感谢首尔大学张东勋博士提供的帮助。
⑤ 《朝鲜仁祖实录》卷34，仁祖十五年正月丁巳、庚申，第8页b、10页b。

鲜国王"不抬格，"臣"字以小一号偏右下书之，最后署以"崇德二年正月二十一日"。① 实际上这种抬格格式，仍远不如对明朝之格式，从现存的朝鲜国王至崇祯皇帝奏本可见，在遇到"奏"字等抬两格，遇到"天"、"圣"、"皇"等字抬六格。② 在对明朝兵部和礼部的咨文中，国王抬两格。③ 此时对清帝抬三格，表面上尊敬了很多，实际上不过是对明朝皇帝的一半而已，故仅从抬格而言，仍可见国王对清方的轻视。清人当初也并不觉得有何不妥，因为范文程、高鸿中等并没有见到国王致崇祯皇帝的奏表文书，而在对袁崇焕、毛文龙等的文书中，抬两格已属尊敬。不过，这封信的格式毕竟与国王呈明朝皇帝的表文相似，标志着国王俯首称臣，是双边关系的转折点。然而，清方仍坚持国王出城投降，所以当日书信同样发回山城未受，只留下抄件。

二十四日，国王再度上书皇太极称："小邦壤地相接，服事已久，固宜首先归顺，为诸国倡……况臣之躬被再造之赐者乎？今之所以称臣奉表，愿为藩邦，世事大国者，亦出于人情天理之不容已，此臣所谓君臣之名，非可以苟立者也。自兹以往，事大之礼，悉照常式，永世不绝。臣方以诚信事陛下，陛下亦以礼义待小邦，君臣之间，各尽其道。"④ 此信亦是崔鸣吉所撰，明确表示朝鲜愿意成为清的"藩邦"并"世事大国"，双方建立"君臣名分"，一切事大礼仪均按程式进行。清方毫不动摇，继续坚持国王出城投降，所以次日将此信同样发回山城，仅留抄件。此时江华岛已被多尔衮攻陷，凤林大君、麟坪大君和世子妃连同一干大臣悉数被俘。消息于二十六日传到山城，君臣更感绝望。

正月二十七日，国王认为"宗社已陷，吾无可为者"，表示愿意出城归降皇太极，并在山城中焚烧了近期文书，以防日后清方见到文书中"奴"、"贼"等字而横生事端。朝鲜官员对此颇为痛心，礼曹判书金尚宪试图自缢，礼曹参判郑蕴亦拔刀自戕，后均被救。⑤ 次日皇太极下诏国王，"详定规例，以为君臣世守

① 《朝鲜仁祖实录》卷34，仁祖十五年正月辛酉，第11页b。
② 参见《崇祯三年四月二十五日朝鲜国王李倧陈慰奏本》，李光涛编著：《明清档案存真选辑》初集，图版第108，第205—208页。
③ 参见《崇祯三年十二月朝鲜国王李倧致兵部咨文》，李光涛编著：《明清档案存真选辑》初集，图版第110，第210页。
④ 《朝鲜国王李倧正月二十四日来书》，《朝鲜国来书簿》，第2册，原档无页码。
⑤ 南礵：《南汉日记》，第54—55页。

之信义"，包括十项内容：

一、将明朝所与之诰命、册、印献纳请罪，绝其交往，去其年号，一应文移奉我正朔。

二、尔以长子及再一子为质，诸大臣有子者以子，无子者以弟为质。万一尔有不虞，朕立质子嗣位。

三、朕若征明朝，降诏遣使调尔步骑舟师，或数万、或刻期会处，不得有误。朕今回兵攻取椵岛，尔可发船五十只，水兵枪炮弓箭俱宜自备。

四、大兵将回，宜献犒军之礼。

五、其圣节、正旦、冬至、中宫千秋、太子千秋及有庆吊等事，俱须献礼。命大臣及内官奉表以来。其所进表笺程式及朕降诏敕或有事遣使传谕，尔与使臣相见或尔陪臣谒见及迎送馈供之礼，毋违明朝旧例。

六、军中俘系自过鸭绿江后，若有逃回者，执送本主，若欲赎还，听从本主之便。盖我兵死战俘获之人，尔后毋得以不忍缚送为辞也。

七、与内外诸臣缔结婚媾以固和好。

八、新旧城垣不许缮筑。

九、尔国所有兀良哈人俱当刷还。

十、日本贸易听尔如旧，但当导其使者赴朝，朕亦将遣使至彼也。其东边兀良哈避居于彼者，不得复与贸易，若见之便当执送。①

这就是崇德四年末《大清皇帝功德碑》中所说的"皇帝孔仁，诞降恩言，十行昭回，既严且温"。该碑树立在国王向皇太极投降的三田渡。十条内容旨在朝鲜全面结束和明朝的关系，变为奉大清正朔的外藩属国，并通过朝贡、出兵和通婚等加强这种关系。皇太极强调此番是对朝鲜"国家之再造"之恩，朝鲜不能违背信义。同时提出每年纳岁币：黄金 100 两、白银 1000 两、水牛角弓面 200 副、豹皮 100 张、鹿皮 100 张、茶 1000 包、水獭皮 400 张、青皮（即青鼠皮）300 张、胡

---

① 参见《清诏谕朝鲜降后两国关系》，崇德二年正月二十八日，张存武、叶泉宏编：《清入关前与朝鲜往来国书汇编，1619—1643》，第 213—214 页。

椒 10 斗、好腰刀 26 把、顺刀 10 把、苏木 200 斤、好大纸 1000 卷、好小纸 1500
卷、五爪龙席 4 领、各样花席 40 领、白苎布 200 匹、各色绵绸 2000 匹、各色细
麻布 400 匹、各色绸布 1 万匹、布 1400 匹、米 1 万包。① 当时虽没有从欧洲舶来
的条约，但实际上清方提出的十项条件和贡物就是以条约形式来规范双边关系的。
与 1627 年平壤盟约提出五项条款相似，此次可以视为双方历史上第二次达成条约。

当时清方并不十分清楚宗藩礼制的具体操作流程，所以英俄尔岱持正月二十
八日诏敕抵达南汉山城城门时，问前来迎接的洪瑞凤、崔鸣吉和金荩国："尔国
受南朝敕书时，礼仪如何？"洪瑞凤回答："奉敕者南向立，陪臣跪受矣。"然后
双方"依此授受"，即英俄尔岱持敕书面南背北站立授诏敕，洪瑞凤等作为"陪
臣"面北背南跪着接受。这一事件意义重大，表明清政权开始在中朝双边交往中
取代明朝。授受之礼完成后，双方进一步就十款条件作了短暂的交流，并商定国
王次日下山投降的衣着服色和路线等事宜。正月三十日，李倧着蓝染衣、乘白
马，由山城西门出城，率王世子和百官，下山到汉江南岸三田渡新筑九层高的受
降坛，在英俄尔岱和马福塔的带领下觐见皇太极，行三跪九叩礼。朝鲜还将明朝
所颁印玺呈缴清方，册诰之类因一时找不到而未上缴。同日，国王得还汉城昌庆
宫。② 这是有清一代清朝皇帝和朝鲜国王的唯一一次会面，也是最为关键的确立
双边宗藩关系的一次会面，双方的历史记录均载之甚详。

二月初二，李倧"在路傍跪上"一份奏文给皇太极，提到"土贡或非地产，
虽系地产，力有所不逮"，并强调"名分已定"，朝鲜会"尽事大之诚"，请求清
方理解并予以舒缓。③ 国王"在路傍跪上"之举，足见朝鲜的窘迫。后来清方也
的确没有在贡物方面做太多的文章。

二月初五，皇太极拔营北归，王世子李淏和世子妃、凤林大君和夫人，以及
11 位大臣，一同北上为质，麟坪大君及夫人获释回到汉城。李淏此后在盛京当了
7 年人质，1644 年夏随多尔衮进入北京，次年初获释回国不久后暴亡，谥"昭
显"，史称"昭显世子"。仁祖死后，同样在盛京当过人质的次子凤林大君李淏即

---

① 《朝鲜仁祖实录》卷 34，仁祖十五年正月戊辰，第 20 页 a。

② 《朝鲜仁祖实录》卷 34，仁祖十五年正月戊辰、庚午，第 20 页 a—23 页 a。

③ 《清崇德间与朝鲜往来诏敕章表稿簿》，国立中央研究院历史语言研究所编：《明清史料》
甲编第 7 本，第 612 页。

位，即孝宗。他具有强烈的反清思想，甚至有"北伐"之论。丙子之役（朝鲜称为"丙子胡乱"）后，昭显世子等留在沈阳为质，以及清方将朝鲜洪翼汉、尹集、吴达济等反清大臣押赴盛京杀害，但随着清军入关，入质之例彻底结束，到康熙中后期双边关系日趋稳定。类似崇德年间清方屡次要求朝鲜发兵助战或接济米粮等事，到了顺治年间即俱为停止。

就丙子之役而言，如果朝鲜国王李倧能同被他推翻的光海君李珲对待努尔哈赤和明朝那样，对皇太极称帝一事推行实用外交策略的话，双方未必走到兵戎相向的地步。然而，朝鲜的主要问题在高唱义理的清议一派，将整个对清交往推到了无可回旋的地步。洪翼汉在盛京被清杀害前，仍坚持尊明大义，自称"大明朝鲜累臣"，不忘明朝对朝鲜的"字小之恩"和自己对明朝的"臣子分义"。同时，李倧是以政变上台的，很难公开仿效被他以不忠大明等理由废掉的光海君，所以只能依靠崔鸣吉等出面推行务实政策，这也是很多大臣和军士在南汉山城要求国王斩杀崔鸣吉等时，国王绝不同意的原因。经历了南汉山城之围的官员南礞就认为，朝鲜在丁卯（1627）结和以后，"不有自强之策，而经先绝和，自以为得计者，不亦迂乎？"丙子之时，若"待之以礼，不减于前日，则喜人怒兽之性，虽不可谓终无胁迫之理，彼既卜日炼卒，锐意西往，则岂有回军东抢，若此之速之理乎？"南礞进一步指出"若干高论之士，不自量力，徒奋义气，先之以斩使之说，继之以恶草之待，挑怨速祸，自取颠覆。兹事首末，正与景延广相类，可胜惜哉？"[1] 景延广系五代时期后晋的大将，因自不量力挑衅契丹而致契丹出兵击晋，延广大败，南礞用此典故来影射朝鲜对清交涉失当，亦属咎由自取。[2]

丁丑年（1637）二月二十八日，朝鲜国王依照备边司的启奏，决定"自今以后，大小文书，皆用崇德年号"。[3] 此即宗藩关系中奉正朔之重要体现。自四月初四起，朝鲜各司开始统一使用崇德年号，南礞记录丙子大变的日记也终结于这一天，带有强烈的政治含义。[4] 四月，清军孔有德部等顺利攻破椵岛，彻底铲除

---

① 南礞：《南汉日记》，第 139、115—116 页。
② 参见《旧五代史》卷 88《晋书十四·景延广传》，北京：中华书局，1976 年，第 1143—1146 页。
③ 《朝鲜仁祖实录》卷 34，仁祖十五年正月戊戌，第 32 页 a。
④ 南礞：《南汉日记》，第 90 页。

自毛文龙以来的腹背之患，明军在此地势力终结。自朝贡北京的陆路被阻断之后，朝鲜与明朝的主要往来是通过椵岛的将官进行的，此次椵岛被破，对朝鲜而言亦系朝天之路永绝。

"丙子胡乱"对朝鲜而言是天崩地裂之事，抵制和贬低清政权的论调不绝于书，在明朝灭亡和满洲入关之后，尊明贬清的思想意识在崇尚春秋义理并深受宋明理学浸染的知识分子中间延续了很长时间，其国内的"小中华"认同空前强化。① 自仁祖朝以降，朝鲜文人士子对丁丑年"仓皇辞庙"和"归为臣虏"之经历，形成了一种特定的群体记忆。

然而，丙子之役对清方而言也是转折点。清政权和朝鲜政权都是要加强对自身政权的文明中心地位的建设，不唯说明正统在兹，亦要证明道统在兹。相比朝鲜而言，清政权在这方面所作的努力影响更为深远，因为它要将清政权建设成为天下正中。

## 五、树立"远人"：宗藩话语建设与中国认同的强化

丙子之役后，清政权在宗藩体系内取代了明朝的地位，通过朝鲜这个外藩，强化了自身天下正中的地位。与此同时，通过崇德元年六月正式运作的"蒙古衙门"，管理与蒙古各部的事务，治国理政之术得到长足进步。② 在这一变革中，朝鲜等充当了"藩篱"，更在传统中原王朝政治话语中，沿着"华夷之辨"充当"远人"的角色，烘托了清政权的中心地位。这种建设是双向的、互相作用的，朝鲜在这一过程中通过恪守宗藩方寸的遣使、朝贡、礼仪和文本，推动了入关前清政权宗藩体制的建设，加强其中国认同，这对清政权在"华夷之辨"语境内改变其地位有着至关重要的意义。

### （一）宗藩框架内的使行往还

丁丑年四月十九日，朝鲜国王派左议政李圣求、副使怀恩君李德仁、书状官

---

① 参见孙卫国：《大明旗号与小中华意识——朝鲜王朝尊周思明问题研究（1637—1800）》，北京：商务印书馆，2007 年；王元周：《小中华意识的嬗变：近代中韩关系的思想史研究》，北京：民族出版社，2013 年；孙卫国：《从"尊明"到"奉清"：朝鲜王朝对清意识的嬗变（1627—1910）》。

② 蒙古衙门在崇德元年六月开始运作，参见赵云田：《清代"蒙古衙门"设置时间辨析》，《内蒙古社会科学》1983 年第 6 期。

蔡裕后，奉谢恩表，前赴沈阳谢恩，这是朝鲜在宗藩体系内前往清政权的第一个正式使团。朝鲜国王在致礼部的咨文中声明："专差陪臣议政府左议政李圣求、怀恩君李德仁等赍擎管领，前赴京师进谢。"① 在这一语境内，"陪臣"指前往觐见天子的诸侯之臣，盛京被称作"京师"，而此前朝鲜所言"京师"均指明朝北京。李圣求所率谢恩使团总计 315 人，于五月初三抵达盛京，将国王表文、贡物、贡物表和致礼部咨文都上交礼部，礼部派人检查贡物，并招待来使。十八日，李圣求在崇政殿觐见皇太极，行三跪九叩礼，随后礼部设下马宴招待使行。六月初四，李圣求等在大清门外领受皇太极致朝鲜国王敕书与赐物，并行三跪九叩礼，再赴礼部参加上马宴，而后归国。② 该使团在盛京前后"留馆四十日"，对接待使行的清方礼部官员行四拜之礼，和朝鲜贡使之前在北京对明朝礼部官员所行礼数一样。六月十八日，使行回到义州，朝鲜当地官员出迎，"行礼一如皇朝时例"，即按照明朝时仪轨行礼。③

此后，朝鲜祝贺清帝万寿圣节使团、冬至使团和年贡正朝使团等，迎送接待都严格按宗藩礼仪实行，开启了双边宗藩交际的新时代。朝鲜使团和清朝敕使团都走陆路，按 1641 年赴沈阳的朝贡副使李景严的记载，自汉城至义州 1070 里，从义州至沈阳 595 里，总计 1665 里，往返 3330 里，过山涉川，十分辛苦，尤其冬季使行，更是风雪交加，冰滑难行。李景严一行从离开汉城到返回汉城，前后共 65 天，其中在沈阳馆舍停留 11 天，在义州等处因整理贡物停留 6 天，其余 48 天都在赶路，以至于李景严在返回汉城后感慨"百痛交作，万事休矣"。④ 自 1637 年李圣求谢恩使团开始，朝鲜赴中国的朝贡使臣的纪行即所谓"燕行录"，重心开始从明转移到清。

## （二）清政权的外藩属国与理藩院的建立

与此同时，清政权的整套官僚体系也因与朝鲜的宗藩往来而有效运作，负责

---

① 韩国国史编纂委员会编：《同文汇考》，首尔：国史编纂委员会，1978 年，第 2 册，第 1533 页。
② 《太宗实录》卷 35，崇德二年五月庚午、乙酉，《清实录》第 2 册，第 451、454 页。
③ 《朝鲜仁祖实录》卷 35，仁祖十五年正月戊戌，第 6 页 a。
④ 李景严：《赴沈日记》，林基中编：《燕行録全集》，第 15 册，第 445—446 页。林基中误认此日记作者是李景稷，实际上是当年圣节冬至兼年贡使行副使李景严，参见藏书阁：《清选考》，首尔：探求堂，1972 年，第 2 册，第 407 页。

朝鲜朝贡事务等的礼部与工部、户部、兵部、内秘书院、都察院及蒙古衙门分工合作。如李圣求五月十八日觐见皇太极时，亦有蒙古阿禄部等使臣纳莫浑津叩拜，礼成之后，皇太极"命礼部承政宴朝鲜陪臣李圣求等于礼部，都察院承政宴阿禄部落贡使纳莫浑津等于蒙古衙门"。这表明，当时清政权在处理外藩交际事务上已有礼部和蒙古衙门这两个机构，就在朝鲜成为清政权外藩属国一年半后的崇德三年六月廿九日，清"更定蒙古衙门为理藩院"。① 理藩院满文名系 tulergi golo be dasara jurgan，即"管理外属的机构"之意，其中 tulergi golo 可译作"外藩"、"外省"。有清一代，"外藩"既可指外藩蒙古，相关事务主要由理藩院负责；又可指朝鲜、安南等，由礼部主管相关事务，各有定章成例，并不混淆。丙子之役后，双方宗藩关系的确立，与之后理藩院的设置尤其是更改其汉文名的关系，虽无档案记载，却也可以从"外藩"一层上看出端倪。礼部与理藩院平行管理外藩的制度架构，入关后继续存在，只是扩大了负责范围，一直到清朝灭亡才结束。

### （三）宗藩文书往还体系的成熟

在当时向清政权归附或臣服的诸多政权中，朝鲜是儒家化程度最深的，因此，朝鲜成为清政权属国的重大意义在于，能推进早在天聪时就开始的沿着中原王朝之路发展的治理之术。朝鲜国王上呈清统治者的表、笺，从用词到抬格体例等，都沿袭自对明朝皇帝的规范，直接在文书体系方面促进了清方宗藩政治话语的成熟。李圣求之行带往盛京的朝鲜国王上清帝的谢旋师表就是一个很好的例子，表文云：

> 朝鲜国王臣李倧上言，钦蒙皇恩矜愍，小邦宥释前愆，六师言旋，再造疆场，臣与一国臣民不胜感激，谨奉表称谢者。
>
> 臣倧诚惶诚恐，稽首顿首，伏以邱山衅重，自干九伐之威，天地仁深，获荷再造之泽。惊魂甫定，感涕随零。伏念臣猥以薄材，守此偏壤，慕大邦之高义，虽幸托于帡幪，袭先世之恒规，未敢轻于去就，终致玉帛之后，至遂烦旌师之遥临。孤城见朝暮之危，阖境有摧残之惧。孽由己作，宁辞斧钺

---

之加，爱欲其生，特展绥怀之略。既沾雷雨之渥，复睹龙凤之章。风挥日舒，所谓有征无战，海涵川纳，方知两国一家。枯木回春，寒灰嘘暖。兹盖伏遇宽温仁圣皇帝陛下神武不杀，圣度能容，膺景命而居尊，瑶图肇启，驭群英以辟远，卉服咸宾。爰俾倾覆之踪，亦被陶镕之德。臣敢不铭肝省咎，涤虑图新，星拱北辰，仰宸仪而恒惕，土全东社，修职贡而罔渝。臣无任望天仰圣，激切屏营之至。谨奉表以闻。

　　崇德二年四月十九日朝鲜国王臣李倧谨上表。①

在此表文内，清为"大邦"，李倧自称"臣"，朝鲜为"小邦"、"偏壤"，朝鲜人是着"卉服"的边远夷人，而表文抬格体例总体遵照对明旧式。就此，华夷之分发生了根本转折，清政权是文明"大邦"，朝鲜成为远人，这既强化了清在双边关系内的中心地位，又渲染了一种以清为中心的天下秩序。表文亦赞颂清对朝鲜有"再造之泽"，犹如"枯木逢春，寒灰嘘暖"，故而朝鲜一定"修职贡而罔渝"。表文又言及"两国一家"，表明宗藩体系内的家族伦理关系。朝鲜国王同时准备了给清帝和皇后的礼物，均和赴北京对明朝贡时一致。

　　李圣求等携回国的还有皇太极的两道敕谕，第一道是就李圣求使行的复文，曰：

　　　　宽温仁圣皇帝敕谕朝鲜国王李倧：惟尔黾勉作忠，洗心陈谢，吐丹诚于表状，倾葵节于包茅。王既坚事大之志，朕爰弘字小之恩。特赐王鞍马、白金、貂皮等物，以示优眷，令陪臣李圣求赍还，王其佩服休命，宜励忠勤。钦哉。故谕。②

敕谕强调了朝鲜"事大"和清方"字小"的宗藩之义，其中的"表状"指国王上的表、笺，"包茅"则指朝鲜贡物。

　　同年十一月二十日，清使英俄尔岱、马福塔、戴云以册封使之行抵达汉城。

---

① 《太宗实录》卷 35，崇德二年五月乙酉，《清实录》第 2 册，第 453—454 页。
② 《太宗实录》卷 36，崇德二年六月辛丑，《清实录》第 2 册，第 459 页。

国王到慕华馆郊迎，此系其首次出城迎清方之敕，并先后于敕使下榻的城中南别宫、仁政殿筵宴，一切均照明朝与朝鲜的旧例举行。敕书曰：

> 皇帝敕谕朝鲜国王李倧：朕惟礼不废玉帛，赏以劝忠，诚所从来尚矣。念尔归命，宜有封赐，今特遣英俄尔岱、马福塔、达云，封尔为朝鲜国王，赍赐玉纽金印、诰命，并黑狐套一领、制帽黑狐皮一张、貂皮百张、镀金雕鞍良马一匹。王其祗受，以见朕优赉至意。故谕。

其册封国王诰命正文曰：

> 奉天承运，宽温仁圣皇帝制曰：天地布寒燠之令，帝王操赏罚之公。惟叛服之无常，顾恩威之异用。念尔朝鲜，系我邻国，往来行李，不啻兄弟。朕方期金石之坚，王忽起参商之异，拒我信使，戒尔边臣，王实兴戎，朕方耀武。虽云问罪以致讨，惟图格面而回心。王今既悔前非，朕岂仍念旧恶。从兹创始，嘉与维新，既定藩封，宜申新命。爰销传国之印，用颁同文之符。特遣使臣，赍捧印诰，仍封尔李倧为朝鲜国王，嘉乃恭顺，金章宝册，重新作我藩屏，带河砺山不改，立一时之名分，定万载之纲常，天地无移，冠履不易。王其洗心涤虑，世修职贡之常，善始令终，永保平康之福。敬之懋哉，勿替朕命。①

此系清政权首次正式册封朝鲜国王诰命，总30行，② 格式和行文均与明代诰命相似。在诰命中，清方指责朝鲜国王"忽起参商之异"，认定"王实兴戎"，然后清方才"耀武"。同时明确了朝鲜系大清"藩封"、"藩屏"，且这一地位"带河砺山不改"，即所谓"立一时之名分，定万载之纲常"。此次册封正式确立两国延续257年之久的宗藩关系，朝鲜也的确做到了诰命所要求的"世修职贡"，直到1895年中日《马

---

① 《太宗实录》卷39，崇德二年十月庚申，《清实录》第2册，第510—511页；朝鲜《朝鲜仁祖实录》中所记敕谕和制文不全，且有删节和别字，见《朝鲜仁祖实录》卷35，仁祖十五年十一月甲申，第35页 a。

② 《清崇德间敕朝鲜国王稿》，国立中央研究历史语言研究所编：《明清史料》甲编第7本，第638页。

关条约》结束这种关系为止。在此框架内，朝鲜国王需要清帝册封，其政治合法性完全仰赖大清天子，而这也是 19 世纪 80 年代朝鲜与列国签约并通商以来，中国、朝鲜与英、法、美、日等国围绕朝鲜国际地位展开一系列外交辩论的核心所在。

诰命中明确指出"销传国之印"、"颁同文之符"，销毁国王在三田渡上缴的明朝颁发的印（图 3），改为清方铸造的"金章"，即玉纽金印。"同文之符"指该印当时只刻有满文 coohiyan gurun i wang ni doron，意即"朝鲜国王之印"，未刻汉字（图 4）。直到顺治十年三月二十五日，内三院接圣谕："朕览朝鲜国王所进表疏，印文篆有清字，无汉字，著礼部即行改铸兼有清汉篆文给赐该王，令王国臣民咸与知之。尔内院即传与礼部遵行。"[①] 此次礼部铸印加上汉字篆文"朝鲜国王之印"，满文文体也有较大变化（图 5）。乾隆十三年，清朝全面厘定满文篆书，重铸中外印信，包括朝鲜国王印，乾隆四十一年，礼部颁发新印给朝鲜国王（图 6）。[②] 此后至宗藩关系结束的 1895 年，朝鲜国王在致清朝皇帝表文上一直钤盖这方印玺，然而自 1882 年朝鲜对美国等通商后，国王在对美、法等国国书上加盖了 1882 年朝鲜按交邻原则铸造的汉字篆文"大朝鲜国大君主宝"印（图 7）。待 1897 年朝鲜国王称帝及朝鲜改称"大韩帝国"后，其印玺又有变化。因此，从朝鲜国王玉玺文字的变化，亦足窥双方关系数百年之嬗变。

**图 3　明朝所颁朝鲜国王印文**

资料来源：李光涛编著：《明清档案存真选辑》初集，图版 108，第 208 页。

---

① 《礼科史书》，顺治十年三月二十五日，档案全宗 2—3，中国第一历史档案馆藏。

② 李光涛：《〈老满文史料〉序》，李光涛、李学智编著：《明清档案存真选辑》二集，台北：台湾"中研院"历史语言研究所，1973 年，第 2 页。

**图4　崇德二年清所颁朝鲜国王印**

资料来源：李光涛、李学智编著：《明清档案存真选辑》二集，图版3。

**图5　顺治十年清所颁朝鲜国王印**

资料来源：李光涛、李学智编著：《明清档案存真选辑》二集，图版4。

**图6　乾隆四十一年清重铸朝鲜国王印**

资料来源：李光涛、李学智编著：《明清档案存真选辑》二集，图版5。

**图7　1882年朝鲜自铸国王印玺**

资料来源：《朝鲜国致法国国书》，1887年12月3日，韩国学中央研究院藏书阁编纂：《藏书阁所藏古文书大观》第3辑《外交类》，城南市：韩国学中央研究院出版部，2012年，第112—113页。

从1637年到1643年，清政权向朝鲜派遣了12个使团28名钦使，平均每年1.7次；同期朝鲜向清政权派遣了56个使团102名陪臣，平均每年8次。如此频繁交往，促使双边宗藩体系快速成熟，朝鲜源源不断地将其与明代200多年宗藩体系的政治、文化因素，渐次输进新建立的宗藩关系框架内。清政权开始按照明朝的方式，对朝鲜推行怀柔策略。如崇德五年十一月初一，皇太极以本年大赦，并言"朕思中外俱属我国，国内既赦，亦宜恩及外藩"，遂将朝鲜贡米1万包减去9000包，只保留1000包。朝鲜国王在谢表中说这是皇太极"厚往薄来"之举，"恩罔间于四裔"，"普施外藩"。类似的政治语言在这7年中被频繁使用，清政权被塑造成一个恩被四裔的天朝上国，为其入关后借鉴与朝鲜之间的交往模式，建立同安南、琉球、南掌等的宗藩关系，奠定了坚实基础。如果从中国传统王朝礼制和礼治角度考量，清政权在入关前已经很好地进行并初步完成了这一重要转变。这是清代不同于元代的地方之一，亦可为清领有天下近 300 年的解释之一。

## 六、大清皇帝功德碑：宗藩关系的实物表征

### （一）大清皇帝功德碑的建立

三田渡受降礼后，皇太极拔营北归，朝鲜王世子等一行北上作为质子。不久，清方要求朝鲜在三田渡受降坛树碑，颂扬清帝功德。崇德二年六月二十六日，朝鲜国王"命改筑三田渡坛所，铺转造阁，以将立碑石撰述清人功德故也"。① 但朝鲜并不乐意树碑，所以工事迁延不前。十一月二十日，清使英俄尔岱和马福塔等前往汉城册封李倧为朝鲜国王，催促朝鲜上送碑文，并为碑文事"咆哮益甚"。② 国王遂"命张维、李庆全、赵希逸、李景奭撰三田渡碑文"，但遭到强烈抵制，"维等皆上疏辞之，上不从，三臣不得已皆制进。而希逸故涩其辞，冀不中用，李庆全病不制，卒用景奭之文"。③ 李景奭最初所写碑文底稿，恐系朝鲜时人录于《丙子录》中的文本，④ 与日后碑文的最大区别，在于底稿只写了丙子之役，没有追溯己卯之役及兄弟之盟一事，即没有后来碑文中"小邦之获罪上国久矣"之后到"小邦君臣及其被获眷属复归于旧"之间的大约 214 字，而这 200 余字重点阐述了 1627—1636 年朝鲜败盟之故事，对清方而言，是阐明战事责任的主要部分。

崇德三年正月十八日，朝鲜国王派遣右议政申景禛和大司成李行远，作为答谢清方册封之恩的谢恩使前往盛京。⑤ 申景禛在呈递谢恩表和贡单的同时，将张

---

① 《朝鲜仁祖实录》卷 35，仁祖十五年六月癸亥，第 9 页 a。
② 罗万甲原著，朝鲜仁祖时人扩著：《丙子录》，京城：朝鲜博文社，1928 年，第 115 页。
③ 《朝鲜仁祖实录》卷 35，仁祖十五年十一月己丑，第 36 页 a。
④ 罗万甲原著，朝鲜仁祖时人扩著：《丙子录》，第 116—117 页。
⑤ 《朝鲜仁祖实录》卷 36，仁祖十六年正月壬午，第 7 页 a。

维和李景奭所拟碑文呈递礼部。朝鲜国王在致礼部的咨文中谓："此系颂上国之功德，治金伐石，垂诸无极者，固非小邦所敢擅定。兹依敕使分付，赍擎前往，仰禀取舍，烦乞贵部将前项碑文二道，详细看过，于内择取合用者定夺以还，使小邦速完竖立之役，毋致迟滞，不胜幸甚。"① 清方留存下来的入关前《朝鲜国来书簿》中，只记载了李景奭的碑文，② 已极其接近碑上文字，特别是将其中的"不蕾"写为"不翅"，和碑上文字一样。此时碑文内容中也已包含对 1627—1636 年双边关系演变的叙述。朝鲜所送碑文经范文程等查看后，礼部于正月二十六日回咨朝鲜国王："前行碑文合用者，已经面谕来使。今准前因拟合回复，为此合咨贵国，烦为查照施行。"③ 碑文随之基本定稿。

朝鲜史官将与清方交涉三田渡碑文一事记于二月初八："以张维、李景奭所撰三田渡碑文，入送清国，使之自择。范文程等见其文，以张维所撰，引喻失当，景奭之文可用，而但中有添入之语，令我国改撰而用之。上命景奭改之。"④ 李景奭本不愿修改碑文，国王单独召见，称："彼以此文，欲验向背，此正国家存亡所判。勾践臣妾会稽，而终致治吴之绩。他日自强，惟在于今日之事。但当于文字，务中其意，毋致事机转激。"⑤ 李景奭才承命修改。《朝鲜仁祖实录》中所记李景奭的汉文碑文，同碑上所刻内容基本一致，仅有三处很小的差异，即"承皇帝命"一语多一"帝"字，将"由予惛惑"的"惛"写为"昏"，以及保留"不翅"的原词"不蕾"。⑥ 这一版本和之前《朝鲜国来书簿》中记载的碑文几乎一致，可见在范文程等对李景奭所拟碑文提出"中有添入之语"的意见后，李景奭实际上并没有对底稿做明显改动。所以，一些学者认为汉文碑文是范文

---

① 《丁丑年（崇德二年，1637）朝鲜国王致清国礼部"请择定三田渡碑文咨"》，（朝鲜）《同文汇考·别编》卷 4，韩国国史编纂委员会编：《同文汇考》，第 2 册，第 1535—1536 页。

② 《朝鲜国来书簿》，第 2 册，"崇德三年正月分十八日"条，原档无页码。该碑文录件的排印本见张存武、叶泉宏编：《清入关前与朝鲜往来国书汇编，1619—1643》，第 269—271 页。

③ 韩国国史编纂委员会编：《同文汇考》，第 2 册，第 1536 页。

④ 《朝鲜仁祖实录》卷 36，仁祖十六年二月壬寅，第 14 页 b。

⑤ 罗万甲原著，朝鲜仁祖时人扩著：《丙子录》，第 115 页。

⑥ 《朝鲜仁祖实录》卷 36，仁祖十六年二月壬寅，第 14 页 b。

程等修改后的文本，有偏颇不察之虞。至于与李景奭所拟碑文一起被送往盛京的张维所拟碑文，在双方官方记载中从未留下任何记录。但据此可知，张维所拟碑文中曾用过《左传》的"郑伯牵羊"等语，范文程等认为此典"本出诸侯相侵事"，[①] 不能与彼此之间的君臣关系类比，这便是朝鲜所记"范文程等见其文，以张维所撰，引喻失当"之所指。

然而，清方礼部所谓"已经面谕来使"和朝鲜记载中"中有添入之语"，背后确有一番故事。据清方档案可知，在崇德二年十二月时，礼部官员曾写了一份功德碑文稿让朝鲜使臣抄录带回，据时间来看，恰是申景禩和李行远一行。这份文稿是以朝鲜的口吻起草的。

己未年，我朝鲜令姜弘礼等，领兵协助明朝，兵将大败，被杀者有之，被擒者有之。我太祖武皇帝，以和好为贵，所擒之兵将，俱放回。我朝鲜仍助明朝，复得罪于大清。于是，丁卯年，皇帝命大兵征讨。我国君臣，不能当其锋，遂遁江华岛，求和于军前。皇帝允之，犹视为兄弟国，所得土地尽还之，姜弘礼亦令还国。十年以来，皇帝不废兄弟之礼，我朝鲜国如醉如迷，仍助明朝，不以兄视大清，先自起兵端，申饬边臣，云使忠义之士各效策略，勇敢之人自愿从征等语，大清国来使拾得此文，与皇帝看明，知我朝鲜坏和，犹以好生为心，明数其罪，于某年月日往征之。凡征讨是非，明明教我，如天之灾异示人，如父教子，如兄教弟，若真有杀害我国之心，必出其不意，攻其无备，岂有明教我乎？国王犹不醒悟，故皇帝亲统大兵，征我朝鲜，莫敢与拒。我君臣之妻子，皆遁于江华岛。国王身栖于南汉山，皇帝以大兵围之，城内人如釜中鱼。东南道兵将，相继崩溃，西北道绕峡，一步不能进。我朝鲜国王，内无粮草，外无救兵，势穷力竭。江华岛被克，我君臣妻子，尽为皇上所得。皇帝以包容万物之心，我君臣妻子，俱勿令兵将扰害，令朝鲜官并太监看守。皇帝降（命英娥代、马副答赍）敕赦罪，我朝鲜君臣人民，如大旱得雨，如陷溺得援，且喜且惧，诣皇帝军前请罪。恩赏遍及我君臣，所获妻子，尽还之都城。已绝之宗祀复续，已破之朝鲜五旬中复

① 罗万甲原著，朝鲜仁祖时人扩著：《丙子录》，第 115 页。

立。因此，我国君臣万民，称颂皇帝功德恩泽，愿顶戴之皇帝功德与天地同久。我国得享太平，皆皇帝到此地定之故也。故于皇帝驻跸坛场，伐石立碑以彰之。

原稿之"降敕"的"降"字被改为"命英娥代、马副答赍敕"，所谓"英娥代"即英俄尔岱，"马副答"指马福塔。文稿最后又说明："附二年十二月内稿，此稿不是奉旨与他的，止写出与他陪臣看了记去，此稿存簿，以便后日稽查。"① 这一文稿以白话文居多，平淡如水，无文采可言，相对于碑身文稿来看，在叙事上有不少类似之处，但缺少最后层层铺陈的赋的部分。据时间线索来看，所谓"写出与他陪臣看了记去"，应该就是范文程等给朝鲜使臣看了这一稿件，并让对方抄去，因此极有可能是范文程等见到李景奭等所撰碑文后，又写了这个草稿，"面谕来使"，让朝鲜方面参考此稿加以修改，然而他们写的这个稿子不外乎是李景奭所拟碑文的半白话解释，其中"釜中鱼"之喻尤其突兀，当系范文程等对李景奭所拟碑文中"万姓鱼肉"一语的解释。李景奭实际上并未照此修改。

此后，树碑之事又延宕了一年多，直到崇德四年六月二十五日，清使又到汉城时才有了实质进展。当日，朝鲜国王下令："三田渡碑文，速印以送，然后可免贻弊。书写官不可互相推诿，其令吴竣书写，而给发发送。篆文令申翊圣书写。"次日，东阳尉申翊圣上疏拒绝："以臣为三田渡碑文书写之官，臣既不能死于主辱之日，常怀痛恨，决不敢以病败之身当此事也。"② 申翊圣曾在三田渡国王投降后随访多尔衮之时，虽饥肠辘辘，仍拒食多尔衮分赠的食物，③ 其傲骨如此，决不会书写碑文。朝鲜官员对树碑一事的强烈抵制，由此可窥一斑。

崇德四年七月二日，在沈阳的官员朴簪奏报朝鲜国王说，据英俄尔岱的传话，本次前往朝鲜的清方钦使主要是看三田渡碑石，"碑文书写、解蒙书人等，

① 《拟朝鲜称颂皇帝功德碑文稿》，国立中央研究院历史语言研究所编：《明清史料》甲编第 7 本，第 639 页。
② 《朝鲜仁祖实录》卷 38，仁祖十七年六月辛亥、壬子，第 38 页 a。
③ 罗万甲：《丙子录》，丁丑二月初六日。

未及出送"，"书写人则当从后出送"。① 由此处的"人等"二字可知，派遣的是两人或以上，而所谓"碑文书写"当指满文碑文的书写，"解蒙书"者指的是通晓和书写蒙古文的人。可见，三田渡碑的满、蒙古文碑文书写人员是由清方派出的。自 1619 年以来，朝鲜与清政权的文书交流一直使用汉文，从未使用过满文和蒙古文，当是朝鲜尚无通晓满文的人才。② 朝鲜负责"事大交邻"翻译事务的司译院虽早就设有女真学，③ 但在当时已经式微，并未研习努尔哈赤时期的老满文，也未顾及三田渡碑满文碑文所使用的新满文。恰恰在 1637 年，司译院开始通过译官申继黯将原本女真学教材译成满文。④ 正因为满、蒙古文碑文是清人翻译和书写的，才能够较好地解释为何满碑文中的很多字是按汉语发音拼写的，如其中 jiyangjiyūn（将军）、du yuwanšuwai jiyang hūng li（都元帅姜弘立）、taidzu（太祖）、nan han（南汉）、giyang du（江都）、taigiya（太监）、han sui（汉水）、san tiyan du（三田渡）以及 san han（三韩）等。

七月二十八日，朝鲜"印出三田渡碑文，送于清国"，⑤ 这一呈送本应该就是定本。清方当是在此时派员前往朝鲜负责翻译和书写满、蒙古文碑文。朝鲜方面曾记载："马夫达等来督役，令清、蒙人翻书碑前。转往南汉，毁山城炮楼。"⑥ 所谓"马夫达等"，除马福塔外，还包括刑部参政宗室吴达海，以及礼部参政超哈尔，即朝鲜《燃藜室记述》中"清使马夫达及吴、超等来监督碑役"中的"吴"与"超"。⑦ 所谓"令清、蒙人翻书碑前"，即让清方所派之满人和蒙

---

① 《朝鲜仁祖实录》卷 39，仁祖十七年七月丁巳，第 1 页 b。
② 双方书翰往来，可参见张存武、叶泉宏编《清入关前与朝鲜往来国书汇编，1619—1643》；清方以满文所载的相关朝鲜来函，参见『满文老档』及东洋文库清代史研究委员会著『内国史院档：天聪七年』（东京：东洋文库、2003 年）与『内国史院档：天聪八年』（东京：东洋文库、2009 年）。
③ 朝鲜司译院原设汉、蒙、倭、女真四学，"女真学"在康熙丁未年（1667）改称"清学"，到了乾隆乙酉年（1765）"清学序于蒙学之上"。参见《通文馆志》卷 1《沿革·官制》，首尔：首尔大学奎章阁韩国学研究院，2006 年，上册，第 25 页。
④ 宋基中：《朝鲜时代的女真学与清学》，李贤淑译，《满语研究》2004 年第 2 期。
⑤ 《朝鲜仁祖实录》卷 39，仁祖十七年七月癸未，第 9 页 a。
⑥ 韩国国史编纂委员会编：《同文汇考》，第 2 册，第 1536 页。
⑦ 朝鲜古书刊行会编印：《燃藜室记述》，京城：朝鲜古书刊行会，1913 年，第 5 册，第 194 页。

古人照汉文碑文译出满、蒙古文碑文，且译者职位不高，可能只是一般的满文和蒙古文笔帖式，所以最后满、蒙古文碑文上并未像汉文碑文那样，留下书刻人的名字。学者后来在中国第一历史档案馆中发现了入关前内国史院三田渡碑满文碑文的记录，使满文碑文系清人所书一事更为明确。这份满文旧档虽然存在一些词句错漏，和碑上碑文有所不同，参酌朝鲜方面的记载，当系前往朝鲜翻译满文碑文者留下的一个翻译底本。满文碑文直接采用很多汉字音译，反映了当时满文词汇不足，但碑文行云流水，可与康雍乾时期的碑文相媲美，足见撰书之人笔法娴熟。

崇德四年十一月六日，皇太极收到朝鲜国王有关树立三田渡碑之事的奏报，遂"遣内院官查布海、李栖凤、毕礼克图，偕户部承政马福塔、礼部参政超哈尔、刑部参政宗室吴达海等，往观之"。① 派出的这些官员中，马、吴、超三人曾前往监工。十一月十五日，随同清廷敕使前往汉城的译官郑命寿告诉朝鲜远接使郑太和："三田渡碑前面当书蒙书，后面当刻我国碑文，须趁敕使入京之前，先刻后面以待之，俾无久滞之弊。"郑命寿本系朝鲜平安道殷山人，1619 年萨尔浒大战之后随姜弘立降金，取满文名"古尔马浑"（gūlmahūn，兔子之意，汉名亦为"古儿马红"、"谷儿马洪"等，郑命寿以此为名，甚不可解），此后屡以使者的身份前往朝鲜，朝鲜也对郑命寿的弟子亲属加封官爵以示好，所以郑命寿所谓"我国碑文"的"我国"，当指朝鲜。这说明，朝鲜方面首先在三田渡碑的碑身上刻了汉文碑文，以向清廷敕使展示立碑进展，消除对方的怀疑。同时表明，朝鲜无法翻译满、蒙古文碑文，且在朝鲜国王上奏清廷时，三田渡碑其实尚未刻完。十二月初五，国王"以三田渡碑役完毕，赏赐监役官以下有差"，树碑一事告竣。记录此事的朝鲜史官评论曰，"受赏之人，苟有士夫之心，岂不以为耻乎?"可见，朝鲜上下对此碑恨之入骨。十二月初六，清使查布海等"往观三田渡碑"，并顺便前往南汉山城察看后，对三田渡碑并无异议，但认为朝鲜违背清廷意愿重修城墙，回到馆所后对朝鲜官员大发雷霆。② 值得指出的是，三田渡碑的碑文上最后说是"崇德四年十二月初八日立"，后来研究者多以此日为立碑之

---

① 《太宗实录》卷49，崇德四年十一月己未，《清实录》第 2 册，第 653 页。
② 《朝鲜仁祖实录》卷39，仁祖十七年十一月戊辰、十二月丁亥、戊子，第 21 页 a、23 页 a。

日，然而这和上述朝鲜实录中的记载不符。崇德四年十二月二十八日查布海等回到盛京复命，一并"录其碑文进呈"。[①] 布海所进汉文碑文，应是十二月初六前往三田渡考察时抄录的，但与三田渡碑所刻汉文碑文相较，有21处差异，不如两年前《朝鲜国来书簿》中的记载准确。所以，不能轻信或轻易援引《清太宗实录》中所载查布海所呈的汉文碑文。

从1637年夏到1639年冬，三田渡碑在朝鲜满朝上下的痛恨之中，拖延两年半之久才最终树立起来。《丙子录》记述树碑历史说："作彩阁，设层阶，立崇碑其中，围以垣墙，工役浩大且巧。"[②] 可见不只是树碑而已，尚有垣墙等从属工程。在朝鲜京畿道编纂的用于接待敕使的《京畿支敕定例》中，有条目为"三田渡"的详细附录，明确记载"碑阁八间"，"三门三间"，而其"墙垣周回三十二把"。[③] 从19世纪末西方外交官的实地考察报告中还可以知道，朝鲜当年在树碑时，不仅将按中国形制制作的"大清皇帝功德碑"立于碑阁中，同时还在碑阁外，按朝鲜形制另树一个较小的石碑，一大一小、一内一外，可谓君臣上下等级立判。[④] 三田渡碑被朝鲜士人视为国家耻辱，必欲毁之而后快。崇德五年二月十一日，朝鲜京畿道监司许启奏请国王，请求"定军守直三田渡碑阁"，兵曹建议"以犯罪者三四人定配守直"，国王允准并下教曰："令本道检饬守护，俾无虚疎之患。"[⑤] 可知时人已开始谋图破坏三田渡碑，京畿道官员为避免引发事端，不得不派人守护，但因其系耻辱之碑，所以也不屑于派驻正式兵丁，只派几名罪犯前往守直以为敷衍。

---

① 《太宗实录》卷49，崇德四年十二月庚戌，《清实录》第2册，第656—658页。
② 罗万甲：《丙子录》，无页码。
③ 《京畿支敕定例》，笔写本（编纂时间不详），文献编号奎17196，韩国首尔大学奎章阁韩国学研究院图书馆藏。据朝鲜当时的度量衡标准，1把约等于现在的1.543平方米，可知碑阁占地大约50平方米。
④ 现存首尔的三田渡碑碑阁中除了三田渡碑之外，尚保留另外一只较小的龟趺，但其上石碑已无存。在小的龟趺旁边，韩国政府放置了一个说明，称因为建碑过程中清方要建更大的石碑，小龟趺遂弃而不用。然而这一说明，不仅不能解释为何小龟趺能在清方钦使的严格探察之下以无石碑的情形存在，更不能解释为何它和大龟趺在形制、石料、风格等方面截然不同。结合后文所述，大龟趺是否从清朝直接运送到朝鲜，也是值得考虑的一个问题。
⑤ 《朝鲜仁祖实录》卷40，仁祖十八年二月壬戌，第11页a。

清方对三田渡碑可能遭到毁坏一事，亦颇为警惕。1640 年，清方要求朝鲜发舟师攻打明军，朝鲜岭南士子前往汉城赴阙谏止，有传言说这批士子在谏言未见用之后，"发愤而去，捶碎三田渡碑石"。在此传言下，清方使臣先后于崇德五年十月三十日、六年十一月初八、七年十二月十六日前往三田渡碑阁查看。① 最后一次勘察的次年，即 1644 年清军入关，此后清廷赴朝鲜的钦使再也没有前往三田渡碑查看。值得指出的是，朝鲜方面所谓岭南士子"捶碎三田渡碑石"的传言，也未必虚妄，可能捶碎的是碑阁外较小的石碑。自此至 19 世纪末，除如魏源以三田渡碑为皇太极歌功颂德外，② 几乎没有其他学者对此碑产生兴趣。以至于到了 1885 年中朝联合会勘图们江边界时，在中方代表询问朝方为何康熙年间所立的穆克登碑只有汉字而非满汉合璧时，朝方代表解释说："皇清开国以后，与敝邦往来文字，本不以满文登诸公迹。敝邦广州三田渡地方有太祖皇帝丙子东征碑刻，有数千言，无一满州文字。"③ 中方代表并未对此反驳，可见对三田渡碑已不甚了解。

### （二）大清皇帝功德碑的汉、满、蒙古文碑文

大清皇帝功德碑由龟趺、碑身和螭首三部分组成，通高 5.23 米，碑身正面为满、蒙古文（满文在左，蒙古文在右），自左而右、自上而下勒文，正文各 20 行；碑身背面为汉文，自右而左、从上而下勒文，正文共 24 行。满文碑名 daicing gurun i enduringge han i güng erdemui bei，其中 güng 字是蒙古文而非满文。碑文以朝鲜的谦卑口吻，叙述了 1619 年以来双方关系的历史，包括从 1627 年结"兄弟国"以后，朝鲜背盟，致使 1637 年清兵入朝鲜，国王投降，以彰显清帝再造朝鲜的"仁声武谊"。汉文碑文共分三部分：一是碑题"大清皇帝功德碑"，凡 7 字，自右而左篆书；二是正文，自右而左、自上而下勒文，共 24

① 《朝鲜仁祖实录》卷 40，仁祖十八年五月丁酉，第 28 页 b；卷 41，仁祖十八年十月丁丑，第 15 页 b；卷 42，仁祖十九年十一月庚辰，第 35 页 b；卷 43，仁祖二十年十二月辛巳，第 38 页 a。

② 魏源：《圣武记》，北京：中华书局，1984 年，上册，第 259 页。魏源在记载了丙子之役后说："朝鲜臣民树碑颂德于三田渡坛下。"

③ 《（圖們江勘界）問答記》，胶片目录 75—103—27—N，韩国首尔大学奎章阁韩国学研究院图书馆藏，第 34 页。

行，凡 914 字，楷书；三是落款，自右而左、自上而下勒文，共 4 行，凡 81 字，楷书。汉文碑面共计汉字 1002 字。其中正文部分，每逢"皇帝"一词重起一行，以恪遵抬格体例，如此先后凡 18 处，其中 17 处指"宽温仁圣皇帝"皇太极，1 处指"太祖武皇帝"努尔哈赤。此外，正文中每逢"降"、"谕"、"锡"、"上"、"大"、"德"、"威"等字，均前空两格以示尊敬，逢"皇"、"天"、"帝"时前空三格以示尊崇，此种抬格凡 26 处。落款中逢"教"字（按宗藩礼制，朝鲜国王之旨意不能称"旨"，而称"教"）之前空两格。另外，正文中"大清"二字前空两格；因碑身大小所限，正文中另起一行续书之时便空三格，这和 1637 年朝鲜国王在南汉山城给皇太极的降书中的抬格体例一致。

有关此碑的树立和碑文，学界已多有研究，笔者亦曾撰文指出碑文主要内容来自丙子之役及战后朝鲜对清方的各种文书。[1] 鉴于这一碑文在其他文献（如《清太宗实录》）和研究成果内存在各种错误，下文照录汉碑文的正文和落款，以存其真，以碑文为标尺录以繁体字，亦不予标点。每个"○"处代表碑文抬格处的一个汉字大小的空间，正文文字之前的阿拉伯数字代表碑身上自右而左的行序。笔者所参照的资料，主要是 1889 年以来的一些满、汉文碑文摹本、拓本和排印本等，如日本东京东洋文库馆藏的三田渡碑拓本照片，以及笔者 2010 年夏和 2015 年夏在首尔拍摄的三田渡碑碑文照片，同时参酌 1889

---

[1] A. Позднеева, "Каменописный памятник подчинения Маньчжурами Корей," *Записки Восточного Отделения Императорского Русского Археологического Общества*, Vol. 5, 1890, pp. 37 –55; M. Forbes A. Fraser, "The Manchu Part of a Monumental Inscription in Corea in Chinese, Manchu, and Mongol," *Tanggu Meyen and Other Manchu Reading Lessons*, London: Luzac & Co., 1924, pp. 174 –183; 鴛淵一：「清初に於ける清鮮關係と三田渡の碑文」、『史林』第 13 卷第 1—4 号、1928 年；金芳漢：「三田渡碑蒙文에關하여」、『東亞文化』第 4 輯、1965 年、第 59—96 頁；成百仁：「三田渡碑滿洲文」、『東亞文化』第 9 輯、1970 年、第 115—148 頁；崔鶴根：「所謂『三田渡碑』의滿文碑文註譯」、『國語國文學』第 49、50 合輯、1970 年、第 325—354 頁；陈捷先：《三田渡满文清太宗功德碑研究》，《满学研究》第 1 辑，长春：吉林文史出版社，1992 年，第 139—151 页；金在善：《韩国三田渡所立大清皇帝功德碑考述》，《清史研究》2001 年第 3 期；程龙：《三田渡碑的一段学术史》，《读书》2011 年第 4 期；王元崇：《三田渡"大清皇帝功德碑"满汉碑文再研究》，《中国边疆学》第 3 辑，北京：社会科学文献出版社，2015 年，第 271—308 页。

年以来特别是 1924 年后的英、美、俄、日、韩、中等国诸位先贤的成果
（表6）。

表6　大清皇帝功德碑汉文碑文

| | |
|---|---|
| 1 | ○大清皇帝功德碑 |
| 2 | ○大清崇德元年冬十有二月 |
| 3 | 寬溫仁聖皇帝以壞和自我始赫然怒以武臨之直擣而東莫敢有抗者時我寡君棲于南漢凛凛若履春氷而待白日者殆五旬東南諸道兵相繼崩潰西北帥逗撓峽内不能進一步城中食且盡當此之時以大兵薄城如霜風之卷秋籜 |
| 4 | ○○○爐火之燎鴻毛而 |
| 5 | 皇帝以不殺为武惟○○布德是先乃○○降勅諭之曰來朕全爾否屠之有若英馬諸大將承○○○皇命相屬於道於是我寡君集文武諸臣謂曰予托和好于○○大邦十年于玆矣由予惛惑自速○○○天討萬姓魚肉罪在予一人 |
| 6 | 皇帝猶不忍屠戮之○○諭之如此予曷敢不欽承以上全我宗社下保我生靈乎大臣協贊之遂從數十騎詣軍前請罪 |
| 7 | 皇帝乃○○優之以禮○○拊之以恩一見而○○推心腹○○錫賚之恩遍及從臣禮罷即還我寡君于都城立召兵之南下者振旅而西○○撫民勸農遠近之雉鳥散者咸復厥居詎非大幸歟小邦之獲罪○○上國久矣已未之役都元 |
| 8 | ○○○帥姜弘立助兵明朝兵敗被擒 |
| 9 | 太祖武皇帝只留弘立等數人餘悉放回○○恩莫大焉而小邦迷不知悟丁卯歲今 |
| 10 | 皇帝命將東征本國君臣避入海島遣使請成 |
| 11 | 皇帝允之視为兄弟國彊土復完弘立亦還矣自玆以往○○禮遇不替冠盖交跡不幸浮議扇動構成亂梯小邦申飭邊臣言涉不遜而其文为使臣所得 |
| 12 | 皇帝猶寬貸之不即加兵乃先○○降明旨諭以師期丁寧反覆不翅若提耳面命而終未免焉則小邦羣臣之罪益無所逃矣 |
| 13 | 皇帝既以大兵圍南漢而又○○命偏師先陷江都宮嬪王子暨卿士家小俱被俘獲 |
| 14 | 皇帝戒諸將不得擾害○○令從官及内侍看護既而○○大霈恩典小邦君臣及其被獲眷屬復歸於舊霜雪變为陽春枯旱轉为時雨區宇既亡而復存宗祀已絶而還續環東土數千里咸囿於○○生成之澤此實古昔簡策所稀覯也 |
| 15 | ○○○於戲盛哉漢水上游三田渡之南即 |
| 16 | 皇帝駐蹕之所也壇場在焉我寡君爰命水部就壇所增而高大之又伐石以碑之垂諸永久以彰夫 |
| 17 | 皇帝之功之德直與造化而同流也豈特我小邦世世而永賴抑亦○○大朝之仁聲武誼无遠不服者未始不基于玆也顧摹天地之大畫日月之明不足以彷彿其萬一謹載其大略銘曰 |
| 18 | 天降霜露載肅載育惟○○○帝則之並布○○威德 |

续表 6

| 19 | 皇帝東征十萬其師殷殷轟轟如虎如貔西蕃窮髮暨夫北落執殳前驅厥靈赫赫 |
|---|---|
| 20 | 皇帝孔仁誕降恩言十行昭回既嚴且温始迷不知自貽伊慼○○○帝有明命如寐之覺我后祗服相率而歸匪惟怛○○威惟○○德之依 |
| 21 | 皇帝嘉之澤洽禮優載色載笑爰束戈矛何以○○錫之駿馬輕裘都人士女乃歌乃謳我后言旋 |
| 22 | 皇帝之賜 |
| 23 | 皇帝班師活我赤子哀我蕩析勸我稼事金甌依舊翠壇維新枯骨再肉寒荄復春有石巍然大江之頭萬載三韓 |
| 24 | 皇帝之休 |
| 25 | ○○崇德四年十二月初八日　立 |
| 26 | ○○嘉善大夫禮曹參判兼同知義禁府事○臣○呂爾徵奉○○教篆 |
| 27 | ○○資憲大夫漢城府判尹○臣○吳竣奉○○教書 |
| 28 | ○○資憲大夫吏曹判書兼弘文館大提學藝文館大提學知成均館事○臣○李景奭奉○○教撰 |

从此碑树立以来，学者据碑身落款和文献记载，认为碑文是吏曹判书李景奭所写，所以多将此碑文作为一个文本来逐句分析，以观察李景奭如何在屈辱之下描述双方关系剧变。前述日本学者鸳渊一 1928 年的长文便是典型。笔者并不否认碑文是李景奭撰写的，然而，李景奭在双方战争时并未像完城君崔鸣吉那样主张向清方投诚求全，所以写这种为士林不齿的碑文对他而言尤为痛苦，那么其所撰碑文为何能被清方范文程等选中呢？

通过进一步研究后可发现，李景奭恰恰是利用了经过崔鸣吉执笔或点审过的朝鲜国王在投降前后致清方的若干文书，主要是自 1637 年 1 月底清军围困南汉山城到 1638 年 3 月初朝鲜上送李景奭所拟碑文之间的朝鲜国王上清方若干国书、表文和笺文，以及部分清方来书，并对之进行引用、归纳形成的。范文程等对经崔鸣吉之手斧削的谦卑文辞，较为熟悉和满意，择中李氏碑文也就势所必然。因此，碑文虽系李景奭所撰，而崔鸣吉的影响也历历可寻。

大清皇帝功德碑的满文碑文，碑题自左而右横书，凡 9 字，其下碑文正文和落款自左而右、自上而下勒文，共 20 行，941 字，格式与蒙古文碑文一样。碑文在涉及皇太极称号 enduringge han（圣皇帝）处，大都重起一行以示尊崇。在正文中，没有重新起一行的 enduringge han、abka（天）、abkai（天的）、dergi gurun（上国）等，之前均空汉字三格左右，逢 hese（敕谕）、kesi（恩）等，也基本前空汉字两格左右。当时清政权的汉化之深，由此满文碑文的抬格体例不难窥见。

另外，当时的满文仍无法十分精确地转译汉文文言（如满文碑文没有翻译汉文碑文最后的"于戏盛哉"、"何以锡之"等语），也不能精确地传达出相应的政治含义。然而，三田渡满文碑文的转译，却为清方的政治精英磨合满汉文政治术语转译提供了很好的机会。从这个角度上看，满文碑文中的一些用词，如enduringge han（圣皇帝）、amba gurun（大国）、dergi gurun（上国）、ajige gurun（小国）、mafari doro（宗社）、ming gurun（明国）等，为奠定宗藩关系内君臣上下的名分起到了关键作用，也为清统治者逐步确立传统王朝所追求的"上国"的政治地位奠定了基础。

表7为满文碑文的罗马字母转写。为厘清相关问题，笔者借鉴韩国崔鹤根发表的韩文论文中的体例，按满文碑文从左至右、从上而下的顺序转写，中括号内的阿拉伯数字表示正文及落款行序。碑身上的每一行满文在本文中均具体分A、B、C三行分别解析，A行系满文转写；B行系A行满文的汉文直译，采用宋体，为呈现当时的语言面貌，本文对这一部分的译文不予连贯润色；C行是汉文碑文原文，采用楷体。每个"○"代表满文碑文抬格处一个汉字的空间。本文的满文碑文转写和汉译，主要基于前述各种拓本、摹本、排印本和照片，并参照英国驻华外交官富美基（M. Forbes A. Fraser）等1924年以来诸位先贤的研究成果。

**表7　大清皇帝功德碑满文碑文**

| | | |
|---|---|---|
| 1 | A | daicing guruni enduringge han i güng erdemui bei ֎ |
| | B | 大清　国　之　圣　　汗之功　德　碑 |
| | C | 大清皇帝功德碑 |
| 2 | A | daicing guruni wesihun erdemunggei sucungga aniya tuweri jorhon biya de» |
| | B | 大清　国　之　崇　德　之　元　年　冬　十二　月　于 |
| | C | 大清崇德元年冬十有二月 |
| 3 | A | gosin onco hūwaliyasun enduringge han› acaha be efulehengge menci deribuhe seme› |
| | B | 仁　宽　温　　圣　汗　和　之　坏之事　自我　始之　为言， |
| | C | 宽温仁圣皇帝　　以坏和自我始 |
| | A | ambula jili banjifi coohai horon enggelenjifi dergi baru cing seme jici yayageleme alihakū» |
| | B | 大地　怒　以生　兵之　威　以临　东向着起 有如来 诸 惧 莫能承 |

续表7

| 3 | C | 赫然怒　　　　以武临之　　　　直捣而东　　　　　　莫敢有抗者 | | | |
|---|---|---|---|---|---|
| | A | tere fonde meni sitahūn ejen nan han de tomofi geleme olhome niyengniyeri juhe de | | | |
| | B | 彼 时 我们之 寡 君 南汉于 以栖 惧 畏 春 冰于 | | | |
| | C | 时我寡君栖于南汉　　　　　凛凛若履春冰 | | | |
| | A | fehufi gerendere be aliyara gese susai ci inenggi» dergi julergi geren jugūn i cooha | | | |
| | B | 以履 天明 之 待 有如第五十 日　　东 南 诸 道之兵 | | | |
| | C | 而待白日者　　　殆五旬　　　东南诸道兵 | | | |
| | A | siran siran i gidabuha» wargi amargi jiyangjiyūn se | | | |
| | B | 续 续之击破了 西 北 将军 等 | | | |
| | C | 相继崩溃　　　西北帅 | | | |
| | A | alin holo de jailafi bederecere goroki amasi emgeri | | | |
| | B | 山 谷在 避 退 远 后 一回 | | | |
| | C | 逗挠峡内 | | | |
| 4 | A | oksome mutehekū»　hecen i dorgi jeku geli wajiha»　tere fonde | | | |
| | B | 迈步 莫能　　城 之内谷 又 完了　彼 时 | | | |
| | C | 不能进一步　　　城中食且尽　　　当此之时 | | | |
| | A | amba cooha hecen be gaijarangge šahūrun edun bolori erin i mooi abdaha be sihabure› | | | |
| | B | 大 兵 城 之 取之事 寒 风 秋 季之木 叶 之 凋落 | | | |
| | C | 以大兵薄城　　　如霜风之卷秋箨 | | | |
| | A | tuwai gūrgin de gashai funggala be dejire gese bihe» ○○○ enduringge han› warakū be | | | |
| | B | 火之 火焰以 鸟之 羽毛 之 焚 有如 矣　　　　圣 汗 不杀之 | | | |
| | C | 炉火之燎鸿毛　　　　皇帝以不杀为武 | | | |
| | A | dele erdemu selgiyere be oyonggo obufi› ○○ hese wasimbufi ulhibume» | | | |
| | B | 上 德 传谕之事 之 紧要 以为　　敕旨 以降 晓之 | | | |
| | C | 惟布德是先　　　乃降敕谕之日 | | | |
| | A | jihede simbe yooni obure› jiderakū ohode suntebumbi sehe» | | | |
| | B | 来降时 将汝全 使 不来降 设若 杀绝 为言 | | | |
| | C | 来 朕全尔　　　不来 屠之 | | | |
| | A | tereci inggūldai mafuta geren jiyangjiyūn se | | | |
| | B | 彼时起 英俄尔岱马福塔 诸 将军 等 | | | |
| | C | 有若英马诸大将 | | | |
| 5 | A | enduringge hani hese be alifi amasi julesi gisureme yabure jakade» meni sitahūn ejen | | | |
| | B | 圣 汗之敕命之 以取 后 前 以言之 以行 以故 我之 寡 君 | | | |
| | C | 承皇命相属于道　　　　于是我寡君 | | | |
| | A | bithe coohai geren ambasa be isabufi hendume»　bi amba gurun i baru acafi | | | |
| | B | 文 武之 诸 臣 之召集 谓曰　予大 国之向 和好 | | | |
| | C | 集文武诸臣　　谓曰　　予托和好于大邦 | | | |
| | A | juwan aniya oho›　mini farhūn liyeliyehun de ○○○ abkai dailara be hūdulabufi | | | |
| | B | 十 年 成矣 予之 惛 惑 因　　天之 征讨 之 以速 | | | |
| | C | 十年于兹矣　　由予惛惑　　　自速天讨 | | | |
| | A | tumen halai irgen jobolon tušaha»　ere weile mini emhun beye de bi» | | | |
| | B | 万 姓黎民 灾祸 遭逢 此罪 予之 只 身所在 | | | |
| | C | 万姓鱼肉　　　此罪在予一人 | | | |

续表7

| | | |
|---|---|---|
| | A | enduringge han nememe wame jenderakū uttu ulhibure bade› bi ai gelhun akū mini |
| | B | 圣　　汗　愈加　以杀　不忍　如此　晓之　处　予何　敢不予之 |
| | C | 皇帝犹不忍屠戮之　　　　谕之如此　　　　予曷敢不钦承 |
| | A | dergi mafari doro be yooni obume› mini fejergi irgen be karmame ○○ |
| | B | 上　列祖　道之　全　以为　予之　下　黎民　之以保护 |
| | C | 以上全我宗社　　　　　下保我生灵乎 |
| 6 | A | hese be alime gaijarakū sehe manggi» |
| | B | 敕旨之 承取　不能　为言　之后 |
| | C | ［见上］ |
| | A | geren ambasa saišame dahafi uthai emu udu juwan moringga be gaifi› |
| | B | 众　　臣们以称赞 跟随 当即　数　十　骑　之以率 |
| | C | 大臣协赞之　　　　随从数十骑 |
| | A | coohai juleri jifi weile be alire jakade» |
| | B | 军之　前 以来 罪　之 承取　之时 |
| | C | 诣军前请罪 |
| 7 | A | enduringge han dorolome gosime› kesi i bilume» acame jakade mujilen niyaman be |
| | B | 圣　　　汗 以礼遇 以仁爱　天恩之 爱抚　会见　就　心　心脏之 |
| | C | 皇帝乃优之以礼　　　　抚之以恩　　　一见而推心腹 |
| | A | tucibume gisurehe› šangname buhe ○○ kesi› dahara ambasa de bireme isinaha» |
| | B | 推　为说　　赏　给之　恩　随行之 大臣等于 一概 到了 |
| | C | 锡贵之恩　　　　　遍及从臣 |
| | A | dorolome wajiha manggi› uthai meni sitahūn wang be amasi du hecen de bederebufi› |
| | B | 行礼　完毕　之后 立即我之寡　王之 向后 都　城　于使归还 |
| | C | 礼罢　即还我寡君于都城 |
| | A | ilihai andan de julesi genehecooha be bargiyafi wasihūn bedereme› irgen be bilure› |
| | B | 立时 顷刻 于向南 所行　兵　之以收　向西　以归　百姓 之以爱抚 |
| | C | 立召兵之南下者　振旅而西　　抚民 |
| | A | usini weile be huwekiyebure jakade» goroki hanciki samsiha irgen |
| | B | 田地之事之　以劝奖　以故　远方　近处　所流散 百姓 |
| | C | 劝农　远近之雏鸟散者 |
| | A | gemu dasame jifi tehengge amba kesi wakao» |
| | B | 俱　复　以来所居　大　恩　岂非 |
| | C | 咸复厥居　讵非大幸欤 |
| 8 | A | ajige gurun, ○○○ dergi gurun de weile bahafi goidaha» sohon honin aniya» |
| | B | 小　国　　上　国 于罪 以得 日久　己　未　年 |
| | C | 小邦之获罪上国久矣　　己未之役 |
| | A | du yuwanšuwai jiyang hūng li be takūrafi ming gurun de cooha aisilame genehengge |
| | B | 都　元帅　姜　弘立之以派遣 明　国 于兵　以援助　去之事 |
| | C | 都元帅姜弘立　　助兵明朝 |
| | A | gidabufi jafabuha manggi» |
| | B | 以败　被拿　之后 |
| | C | 兵败被擒 |

续表7

| | | |
|---|---|---|
| 9 | A | taidzu horonggo han›    damu jiyang hūng li jergi udu niyalma be bibufi gūwa be |
| | B | 太祖 武 汗 只 姜弘立 等 数 人 之以留 别人之 |
| | C | 太祖武皇帝    只留弘立等数人 |
| | A | gemu amasi bederebuhe» ○○○ kesi ereci amban ningge akū» |
| | B | 俱 向后 使归　　恩较此 大 者 无 |
| | C | 余悉放回　　　恩莫大焉 |
| | A | tuttu ocibe ajige gurun geli liyeliyefi ulhirakū ojoro jakade» |
| | B | 所以 虽 小 国 又 惛迷 不悟 以此之故 |
| | C | 而小邦迷不知悟 |
| | A | fulahūn gūlmahūn aniya» |
| | B | 丁 卯 年 |
| | C | 丁卯年　　　　今 |
| 10 | A | enduringge han jiyangjiyūn be takūrafi dergi babe dailanjiha manggi» |
| | B | 圣 汗 将军 之以差遣东 地方 征伐而至 之时 |
| | C | 皇帝　　　　命将东征 |
| | A | meni guruni ejen amban gemu mederi tun de jailame dosifi elcin takūrafi acaki seme baiha» |
| | B | 我之国之君 臣 俱 海岛于以避 进入 使者 以差遣 和亲 为言 求之 |
| | C | 本国君臣　　　避入海岛　　　　遣使请成 |
| | A | ○○○ enduringge han gisun be gaifi ahūn deo i gurun obufi» ba na be yooni obuha» |
| | B | 圣 汗 言 之以取兄弟之国 以作 土地之 俱 以为 |
| | C | 皇帝允之　　　视为兄弟国　　　　疆土复完 |
| | A | jiyang hūng li be nememe amasi bederebuhe» ereci amasi dorolohongge ebereke akū» |
| | B | 姜弘立 之益加 向后 使归　　自此 以后 行礼之事 衰落 没有 |
| | C | 弘立亦还矣　　　自兹以往　　礼遇不替 |
| | A | elcin takūrahangge lakcaha akū bihe» kesi akū oilori hebe |
| | B | 使者 派遣之事 完绝 无矣 幸 没有 偶然 众议 |
| | C | 冠盖交迹　　　不幸 |
| 11 | A | dekdefi facuhūn i tangkan baninafi» ajige gurun jecen i ambasa de gocishūn akū gisun i bithe |
| | B | 以浮 紊乱 之阶梯 以生 小 国边疆之臣等于 谦逊 无 言之书 |
| | C | 浮议扇动构成乱梯　　　小邦申饬边臣　　　言涉不逊 |
| | A | arafi unggihe» tere bithe be elcin jihe ambasa bahafi gamaha» ○○○ enduringge han |
| | B | 以书差送 彼 书之使者以来大臣等 入手 拿走矣　　　圣 汗 |
| | C | 而其文为使臣所得　　　　皇帝 |
| | A | hono oncoi gamame uthai cooha jihekū» nenere○○genggiyen hese be wasimbume |
| | B | 尚且 宽 以取 当即兵 不来 先 明 旨 之以降 |
| | C | 犹宽贷之　　　不即加兵　　　乃先降明旨 |
| | A | coohalara erin be boljome dahūn dahūn i ulhebuhengge |
| | B | 将行军 日期 之以约定 反复 反复 之使晓得之事 |
| | C | 谕以师期　　　丁宁反复 |
| | A | šan be jafafi tacihiyara ci hono dabali kai» tuttu ocibe geli urgunjeme |
| | B | 耳 之以提 教训 比尚且越过矣 然而 虽则 又 以喜 |
| | C | 不翅若提耳面命　　　而终 |

续表7

| | | |
|---|---|---|
| | A | dahahakūngge ajige gurun i gemu ambasai weile ele guweci ojorakū oho» ○○○ |
| | B | 不能服从之事 小 国 之 众 臣们之罪 益发 宽免 不能 矣 |
| | C | 未免焉 则小邦群臣之罪 益无所逃矣 |
| | A | enduringge hani amba cooha nan han be kafi geli ○○ hese wasimbufi neneme |
| | B | 圣 汗之大 兵 南汉之以围又 谕旨 以降 先 |
| 12 | C | 皇帝既以大兵围南汉 而又命 |
| | A | emu gargani cooha unggifi› giyang du be gaifi› wang ni juse sargan› ambasai hehe juse |
| | B | 一 支 之 兵 以遣 江 都 之以取 王之子 嫔 大臣等之妻 子 |
| | C | 偏师 先陷江都 宫嫔王子暨卿士家小 |
| | A | gemu jafabuha manggi» |
| | B | 俱 被俘 之后 |
| | C | 俱被俘获 |
| | A | enduringge han geren jiyangjiyūn be ume necire nungnere seme fafulafi› |
| | B | 圣 汗诸 将军 之勿 干犯 侵害 为言 以传令 |
| | C | 皇帝戒诸将 不得扰害 |
| | A | meni hafasa taigiyasa be tuwakiyabuha» tuttu amba kesi be isibure jakade» |
| | B | 我之大臣等 太监等 之令看护之 如斯 大 恩之以降 以故 |
| | C | 令从官及内侍看护 既而大霈恩典 |
| 13 | A | ajige guruni ejen amban jafabuha juse sargan gemu fe an i ofi› |
| | B | 小 国 之君 臣 被俘 子 女 俱 旧常之成 |
| | C | 小邦君臣及其被获眷属 复归于旧 |
| | A | gecen nimanggi kūbulifi niyengniyeri oho» olhon hiya forgošofi erin i aga oho gese» |
| | B | 霜 雪 以变 春 成矣 干枯旱 转为时之雨 成矣 如同 |
| | C | 霜雪变为阳春 枯旱转为时雨 |
| | A | ajige guruni gukuhe ba dasame bibuhe» mafari doro lakcaha be dahūme |
| | B | 小 国 之已灭 地 复改 存留矣 列祖之道 已绝之 复 |
| | C | 区宇既亡而复存 宗祀已绝而还续 |
| | A | siraha» dergi bai šurdeme ududu minggan bai niyalma› |
| | B | 承续矣 东 土之环绕 数 千 地之人 |
| | C | 环东土数千里 |
| | A | gemu banjibuha hūwašabuha ○○ kesi de horibuha» |
| | B | 俱 使之生 使之育 恩于囿矣 |
| | C | 咸囿于生成之泽 |
| | A | ere yargiyani julgei kooli de sabuhakūngge kai» |
| | B | 此 实 之古之 例典于 未见之事 也 |
| | C | 此实古昔简策所稀觏也 于戏盛哉 |
| 14 | A | han sui mukei wesihun san tiyan du bai julergi uthai○○○ enduringge han i isinjiha ba» |
| | B | 汉水 水之上流 三 田 渡地之南 即 圣 汗之到来之所 |
| | C | 汉水上游 三田渡之南 即皇帝驻跸之所也 |
| | A | tan soorin bi» meni sitahūn ejen jurgan i niyalma de hendufi tan soorin be |
| | B | 坛 宝位 在 我之寡 君 部院之人 就 以言坛 宝位之 |
| | C | 坛场在焉 我寡君爰命水部 就坛所 |
| | A | nonggime den amban badarabufi geli wehe be gaifi |
| | B | 以增添高 大 使扩充 又 石之以取 |
| | C | 增而高大之 又伐石 |

续表7

| | | | | | | | | | | | | |
|---|---|---|---|---|---|---|---|---|---|---|---|---|
| | A | bei ilibufi enteheme bibume○○○ enduringge han i gung erdemu be ○○○ | | | | | | | | | | |
| | B | 碑 以立　以永久　留住　　　　　圣　汗之功　德　之 | | | | | | | | | | |
| | C | 以碑之　　垂诸永久　　　　　　以彰夫皇帝之功之德 | | | | | | | | | | |
| | A | abka nai sasa okini seme temgetulehe» ere meni ajige gurun i teile jalan halame | | | | | | | | | | |
| | B | 天 地 之 齐　欲为言　旌表之　　此我之小　国　之独 世代 交换 | | | | | | | | | | |
| | C | 直与造化而同流也　　　岂特我小邦世世 | | | | | | | | | | |
| 15 | A | enteheme akdafi banjire anggala» amba gurun i gosin algin» horon i yabun de | | | | | | | | | | |
| | B | 永久　　信赖　以生 非但　　大 国 之 仁 声　武 之 行 于 | | | | | | | | | | |
| | C | 而永赖　　　　抑亦大朝之仁声武谊 | | | | | | | | | | |
| | A | goroki ci aname gemu daharangge inu ereci deribumbi kai» udu abka na i amban be araha» | | | | | | | | | | |
| | B | 远方自推　俱 服从之事亦于此　始　也　虽天地之大之营作 | | | | | | | | | | |
| | C | 无远不服者　　　未始不基于兹也　　　　顾摹天地之大 | | | | | | | | | | |
| | A | šun biya i genggiyen be niruha seme» terei tumen de emken inu duibuleci | | | | | | | | | | |
| | B | 日 月 之 明　　之 画　为言 彼之 万 之 一　亦 比较 | | | | | | | | | | |
| | C | 画日月之明　　不足以仿佛其万一 | | | | | | | | | | |
| | A | ojorakū» heni muwašame folome temgetulerengge ○○○ | | | | | | | | | | |
| | B | 不可　　　仅　粗略　以铭　旌表之事 | | | | | | | | | | |
| | C | 谨载其大略曰 | | | | | | | | | | |
| 16 | A | abka gecen silenggi be wasimbufi» fundehun obumbi banjibumbi» ○○○ | | | | | | | | | | |
| | B | 天 霜 露 之 以降　　萧索　　而　　使生 | | | | | | | | | | |
| | C | 天降霜露　　　载肃载育 | | | | | | | | | | |
| | A | enduringge han ede acabume horon erdemu be sasa selgiyembi» | | | | | | | | | | |
| | B | 圣　　汗因此 以迎合威　德　之 齐　传谕 | | | | | | | | | | |
| | C | 惟帝则之　　　并布威德 | | | | | | | | | | |
| | A | enduringge han dergi babe dailaha juwantumen cooha kunggur seme geren» | | | | | | | | | | |
| | B | 圣　　汗东 地之征伐　十　　万　兵　轰轰　以　众 | | | | | | | | | | |
| | C | 皇帝东征　　　　十万其师　　　　殷殷轰轰 | | | | | | | | | | |
| | A | tasha pi gurgu i gese» wargi amargi gurun gemu agūra be jafafi juleri ojoro be | | | | | | | | | | |
| | B | 虎　貔兽之如　　西 北　国　俱 戈矛之以取 前　为 之 | | | | | | | | | | |
| | C | 如虎如貔　　　西蕃穷发　　暨夫北落　　执殳前驱 | | | | | | | | | | |
| 17 | A | temšerengge horon ambula gelecuke kai» ○○○ enduringge han umesi gosin ofi | | | | | | | | | | |
| | B | 争先恐后之威　甚　　可怕　也　　　圣　汗甚 仁　因之 | | | | | | | | | | |
| | C | 厥灵赫赫　　　　皇帝孔仁 | | | | | | | | | | |
| | A | gosime wasimbuha hese gisun» juwan jurgan i wasimbuha bithe horonggo bime | | | | | | | | | | |
| | B | 以仁　降　恩言　十 行 之　降下　书 威严　以有 | | | | | | | | | | |
| | C | 诞降恩言　　　十行昭回　　　　威严且温 | | | | | | | | | | |
| | A | hūwaliyasun» dade liyeliyefi sarkū ofi beye jobolon be baiha» | | | | | | | | | | |
| | B | 温　　本初 以惛迷 不晓 因之 亲自 灾祸 之 求矣 | | | | | | | | | | |
| | C | 始迷不知　　　自贻伊戚 | | | | | | | | | | |

续表7

| | | |
|---|---|---|
| | A | enduringge hani genggiyen hese isinjire jakade，amhafi teni getehe gese» |
| | B | 圣 汗之明 旨 以至 之时 眠 才 醒来 有如 |
| | C | 帝有明命 如寐之觉 |
| | A | meni wang gaifi dahahangge horon de gelere teile waka» erdemu de dahahangge kai» |
| | B | 我之王 以率 降服之事 威武 于 惧 独 非 德 于 降从之事 也 |
| | C | 我后祗服 相率而归 匪惟怛威 惟德之依 |
| | A | ○○○ enduringge han gosifi kesi isibume dorolome sain cira injere arbun i |
| | B | 圣 汗 以仁 恩 以予 以礼 优 颜色 以笑容貌 之 |
| | C | 皇帝嘉之 泽恰礼优 载色载笑 |
| 18 | A | agūra be bargiyafi sain morin weihuken dahū šangnara jakade hecen i haha hehe |
| | B | 戈矛 之以收起好 马 轻 皮端罩 以赏 之时 城中 男 女 |
| | C | 爰束戈矛 何以锡之① 骏马轻裘 都人士女 |
| | A | uculeme maktarangge» meni wang ni bahafi bederehengge，○○○ |
| | B | 以歌 称赞之事 我之 王 之 以得 归还之事 |
| | C | 乃歌乃讴 我后言旋 |
| | A | enduringgehan i buhengge kai» |
| | B | 圣 汗之 给予之事 也 |
| | C | 皇帝之赐 |
| | A | enduringge han meni irgen be banjikini seme cooha be bederebuhe， |
| | B | 圣 汗 我之百姓 之活 为言 兵 之 使撤归 |
| | C | 皇帝班师 活我赤子 |
| | A | meni facuhūn oho samsiha be gosime，meni usin i weile be huwekiyebuhe» |
| | B | 我之 紊乱 已成 流散 之以怜 我之 田之事之 劝奖 |
| | C | 哀我荡析 劝我稿事 |
| | A | efujehe gurun da an i ohongge ere ice tan i turgun kai» |
| | B | 破坏之国 旧常之所以然者 此 新坛之情由 也 |
| | C | 金瓯依旧 翠坛维新 |
| 19 | A | olhoho giranggi de dasame yali banjibuha» |
| | B | 干枯 骨 于再 肉 使生 |
| | C | 枯骨再肉 |
| | A | tuweri orhoi fulehe geli niyengniyeri erin be ucaraha gese oho» |
| | B | 冬 草之根 又 春 季之得遇 如 矣 |
| | C | 寒荄复春 |
| | A | amba giyang ni da jakade den amba wehe ilibufi |
| | B | 大 江 之头处 高 大 石 建立 |
| | C | 有石巍然 大江之头 |
| | A | san hani ba tumen aniya ojorongge ○○○ enduringge han i sain de kai» |
| | B | 三韩之地 万 年 成为之事 圣 汗之美 于 也 |
| | C | 万载三韩 皇帝之休 |
| 20 | A | wesihun erdemunggei duici aniya jorgon biyai ice jakūn de ilibuha ✿ |
| | B | 崇 德 之第四 年 十二 月 初 八于 立 |
| | C | 崇德四年十二月初八日 立 |

---

① 满文碑文没有翻译"何以锡之"四字。

三田渡碑蒙古文碑文从碑题到落款共 20 行，内称清为 dayičing ulus 即"大清兀鲁斯"，"兀鲁斯"乃蒙古语"国"之意；称清帝为 boγda quγan，即"博格达汗"，乃聪明的大汗之意。笔者学力所限，无从解读蒙古文碑文，但为存整个碑文之完整，以下特录韩国金芳汉在《关于三田渡碑蒙文》① 中所示之蒙古文碑文的罗马转写（碑身文字漫灭之处代以□）：

**表 8　大清皇帝功德碑蒙古文碑文**

| 1 | dayičing ulus-un boγda quγan-u erdem bilig-i daγurisqaγsan bei |
|---|---|
| 2 | dayičing ulus-un degedü erdemutü-yin terigün on ebül-ün segül saradur |
| 3 | aγuda ürüsiyegči nayiramtaγu boγda qaγan solongγa ulus-i elsegsen törü-i ebtebe kemen yekede kilinglejü bürün qumuγ čerig-üd-iyen abun solongγa ulus-tur: čingda joriγlan iregsen čaγ-tur torutus irgen bügüdeger ayuγad: ken ber esergüljin ese čidaluγa: tere čaγ-tur üčüküken ulus-un ejen manu nan qan qota-dur-iyan qorγodaju saγuqui-dur qabur-un mülsün-i gesigegsen medü naran emiyegsen atala tabin qonuγ-un jaγura torona ümüne teki: |
| 4 | ayimaγ büri-yin čerig-üd manu ded ded-iyer taruγdaba baraγun qoyitu eteged teki čerig-ün tüsimed aγula qada-dur γarču nigekenber oroγsida alqun ese čidabai: qotan-u dotora ki ides-ben daγusču mengdegürekui čaγ-tur degedü čerig-ün aγuda küčün inu türgen salkin-dur namurun čaγ-tur modun-u nabčis onaqui medü: γal-un ilči-dür sibaγun-u ürbelge tüleküi bülüge ✧ |
| 5 | boγda quγan: erdem bilig-iyen aldarsiγulun: nigüleskui sedkil-iyen uqatuγai kemen jarliγ bolurun oroju ögbesü: bügüde-yi činu ečüs bolγamui kemen jarliγ boloqsan-u qoyina: ingguldai mafuta olan tüsimed ✧ |
| 6 | boγda qaγan-u: jarliγ-iyar inaγsi činaγsi elčilen yabuqui-dur: üčüküken ejen manu bičig-ün sayid čerig-ün tüsimed-iyen čuγlaγlju ügülerün: bida yeke ulus-luγa elsegseger arban jil boluγsan bülüge minu qarangγui mongqaγ-tur: tngri dayisun-i edügüljü tumen oboγtu irgen j oblang-dur očiraba: ende-ber gem-üd γaγča nada-ača bolbai ✧ |
| 7 | boγda qaγan jiči ürüsiyejü: soyon surγaγad uridus-un törü-ber yabuγulju ulus iregen-i manu mün kü nadur jongkilaγulun bügetele: bi ayuqu medü köndü jarliγ-ača inu yakin tabamu kemen üg ülegsendür olan tüsimed jübsiyeldüjü ele: taroi degree sayid-iyan daγaγulun yeke čerig-ün emüne irejü über-ün gem-üd-iyen medeged mürgün jalbariγsan-dur |
| 8 | boγda qaγan ürüsiyen jolγaγulγad sača gegegen teke ünen üges-iyen jarliγ boluγad wang kiged qaγaγsan tüsimed bügüde-dür üklige kesigiyen soyurqaju ele qoyinaγsida tu qota-dur qariγuluγad qumuγ čerig-üd-iyen quriyan: altan jiluγa-ban egejü: ulus irgen-i ürüsiyen tariyan-u üile-yi kijiyelgegsen-dür qola-ber üire tekin badaraγsan irgen urγun manu sinejilen irejü saγuγsan anu yeke ibegel bui j-a üčüküken ulus degedü ulus-tur gem-i üiledegsen üni ur-tu siraγčin qonin jil-a tu yuan šuai jiyangqungli ilegejü ming ulus-i ümülen čerig uduγad |

---

① 金芳汉：「三田渡碑蒙文에關하여」、『東亞文化』第 4 辑、1965 年、第 59—96 页。

续表8

| 9 | daruγdaju bariγdaγsan-u qoyina ❖ tayisu sun-du boγda jiyangqungliyin jerge-yin nigen kedün kedün-i saγulγaγad∶busu bügüde-yi inu qariγululuγa egün-eče ülemji ürüsiyel yaγun ajuγu teyin bügetele üčüküken ulus basa mongqaγuraju ese medegsen-dür ulaγčin taulai jil-a∶boγda quγan mani-yi dayila gejü čerig-üd-iyen ilegegsen-dür ulus-un ejen kiged tüsimed manu buruγulaju dalai-yin qoi-dur oroγad∶elči ilegejü elseye kemen ayilatqaγsan-dur ❖ |
|---|---|
| 10 | boγda qaγan jübsiyen soyorqaju degü ulus bolγan nutuγ usun-dur manu saγulγaγad jiyangqungli-yi qariγulju öggülüge tegün-eče inaγusita törü-yi sakiju elči-ben tasural ügei yabuγulun atala □ ögkü üčüküken ulus bida manjiyas sedkil-iyer jaγa-yin tüsimed-dür-iyen jokis ügekü üges-i bičijü ilegegsen bičig-i manu∶elči iregsen tüsimed □ □ ayilatγaγsan-dur ❖ |
| 11 | boγda qaγan∶basa aγuda sedkjü taroi degree čerig ese irelüge gegegen tegen sedkigsen-iyen oldan uqatuγai kemen∶čeriglekü čaγ-iyan dakin dabtan uqaγuluγsan inu čikin-eče bariju suγaγsan-ača ülemji buyu teyimü jarliγ-dur ese oroγsan olan tüsimed-ün gem-üd manu aburaju ulu bolqu bülüge boγda qaγan yeke čerig-iyer-iyen nan qan quta-yi qaγaju basa nigen ayimaγ čerig-iyen ilegejü∶dalai-yin qoi teki qota-yi abuγad wand-un qatud kübeküd kiged∶sayid-un eme |
| 12 | kübeküd bügüde-yi bariγsan qoyina ❖ boγda qaγan olan tüsimed-dür iyen buu köngdetgün kemen jarliγ bolju manu tüsimed tayijiyan-nar-iyan sakiγulbai∶teyimü yeke ürüsiyel kürtegsen-dür üčüküken ulus-un ejen tüsime briγdaγsan gergei kübeküd-dür-iyen neyiletüged ijaγur-un yosuγar boluγsan inu∶ebül-ün časun qabur-un čaγ-dur gesküi medü∶γungtaγsan γjar-a qura oroγsan medü üčüküken ulus-un ečüs bolqui inu |
| 13 | jiči bayiγulba∶ebüged-ün törü tasuraγsan-i takiju jalγamjilarγulba jegün eteged-ün kedün mingγan bere-yin γajar teki ulus iregen-i toγdaγsan inu ülemji ürüsiyel buyu eyimü ürüsiyel erten-eče edüged-tür kürtele ese sonostaluγa∶qansui müren-ü ügede santiyantu γajar-un emüne ❖ |
| 14 | boγda qaγan-u ögede bolju saγuγsan saγurin-i jasaqu-yin tulada üčüküken ejen manu üilečin-dür tusiyalγaju∶tabčang saγurin-i nemejü∶ündür yeke bayiγuluγad basa čllaγun-γar müngke bei bosqaju bür-ün ❖ boγda qaγan-u sayin aldar-i inu∶tenggeri γajar-luγa sačaγu boltuγai kemen temdegteye bayiγulbai∶üčüküken ulus bida üye-yin üye-dür kürtele idegen sitüjü amui yeke ulus-un aγui yeke aldar aγuda |
| 15 | küčün-dür inu∶qola ba oyira tekin bügüdeger orogu ögküi anu yaγun ögületele kedüi ber tenggeri γajar-un jileken-i üligerlen naran saran-u gerel-dür adalitaγan jirubasu ber adali bolqu qamiγa bui∶čitaqu činege-ber čoγolγaju temdeg bolγaγai∶jun-u orγuγsan čečeg∶tenggeri-yin küiten qiraγun-a qubiraγad jil tulaγan-a orγuqui medü∶degün-dür adali∶boγda qaγan aγui küčün kiged∶erdem bilig-iyen |
| 16 | neyide aldarsiγulumui∶boγda qaγan arban tumen čerig-iyer-iyen solongγa ulus-i dayilaγsan inu∶bars kiged fi görügesün medü qutal-dur taγurisbai yeke čerig-üd inu∶jai jaba-iyan bariju matal ügei joriγlaγsan sür jibqdang-ača inu masi ayuju medü bülüge ❖ boγda qaγan∶aγui gegegen sedkil-iyer-iyen ürüsiyejü bayulγaγsan jarlig kiged∶arban mür-iyer bičigsen bičig inu∶čoγ jibqoland yeke büged |
| 17 | masi nayiramtaγu buyu ruida mongqaγuraju ese medegsen-ü tulada übesüben erke-ber bida jobalang-ud-i∶boγda qaγan-u gegegen jarliγ kürjü iregsen-dür∶unii čaγan sayi serigsen medü∶wang oroju öggügsen siltaγan anu∶aγuda küčün-eče ayun bügetele erdem bilig-i inu küsen oroju öggügsen bui ja ❖ |

续表8

| 18 | boɣda qaɣan : ürüsiyel kesig öglige-ben soyurqaju ele gegen čirai kiged müsiyeküi aɣali-bar aburaju bolun : sayin mori sayin daqu soyurqaɣad wang-i manu jobalang-ača ɣarɣaju ilegegsen inu : boɣda qaɣan-u ürüsiyel bui j-a kemen : ulus manu bügüdeger bayasulčan daɣulaɣulumui ◊ boɣda čerig-iyen abun ögede boluɣsan anu : botaraɣsan ulus irgen-i manu : amutuɣai kemen ürüsiyeged : |
|----|---|
| 19 | tariyan-u üyile-i kičiyelgejü ele ebteregsen ulus-i edüge ajuɣui-un yosuɣar bolɣaɣsan inu qubaqai yasun-dur miqa bütügsen medü : ebül-ün ündüsün qabur-un čaɣ-luɣa učiralduɣsan medü bolbai : yeke müren-ü jaɣa-dur ündür yeke čilayun bayiɣulju : san qan-u ɣajar tumen on enggejikü inu : boɣda qaɣan-u : suu buyan-u küčün bui j-a ◊ ◊ |
| 20 | degedü erdem-tü-yin dörbedüger on ebül-ün segül sara-yin nayiman-a bayiɣulba ◊ : ◊ |

# 结语："大清国，尧以来所谓中国也"

清政权在入关之前，因受地缘政治格局影响，满蒙关系极其重要，而新兴的清政权在文字和制度上也多有取自蒙古者，有的学者据此认为当时清政权主要是一种蒙古化的进程，而非汉化。[①] 倘若就皇太极时期开展的一系列政治制度和对外关系体系的建设而言，则其模仿明朝以取而代之的目标已十分明显，蒙古方面所能提供的治国理政经验已不敷使用。本文探讨的天聪时期大批汉人文臣提出的种种有关治国理政的建议，以及后金推行之一系列政权建设，均属此种现象的直接反映。本文着眼于此，揭示了入关前清政权通过处理与朝鲜王国的关系，在 20 年间逐步将朝鲜与诸多蒙古部落一样，纳入以清政权为中心的藩属体系内，逐步剥离了自身在明朝宗藩体系中的"属夷"身份，并反过来指称明朝为"南朝"和"汉夷"。通过这种传统"华夷之辨"政治文化语境内的再调整，清政权强化了正统观念，满足了其在传统王朝语境内对统治合法性的强烈诉求。与此同时，这种诉求也突破了理念、话语层面，在实际操作中通过设置礼部和理藩院等中央管理机构，建成一套多层次的管理体制，并且通过与朝鲜及蒙古各部交往的宗藩礼仪，进一步强化了话语层面的层级制度。就此而言，即便清政权在 1644 年没有入关，其发展出和明朝相仿佛的一整套治国理政体制并自认中国之正统，也只是时间问题。1644 年入关改变了清政权自身政权建设的要求和方向，定鼎中原使

---

① David M. Farquhar, "The Origins of the Manchus' Mongolian Policy," in John King Fairbank, ed., *The Chinese World Order*, pp. 199 – 200.

清政权得以全面接收明朝的体制，直接进入了更大层面的建设进程，而清政权在天聪后期和崇德年间的巨大发展，已使其获得能够推行和监督执行这种政治建设进程的能力。换言之，清代中国从未脱离唐、宋、元、明之治国理路及其政治文化脉络，清政权的这种政治文化上的正统观念，在入关前就已经建设得非常到位。

从这个角度上看，本文探讨的入关前清政权和朝鲜关系所涉核心内容，是以清政权为中心的基于儒家化伦理关系之上的宗藩体系的建成和实践，关系着清政权在包括蒙古各部和朝鲜等在内的地缘政治体系内的重新定位，特别是确立其正统地位。这一建设，对入关后清政权从容地强化正统观念，并展开范围更广和运作更为成熟的宗藩体系建设，奠定了坚实的基础。① 历史也已经证明，入关后的清政权迅速转变为以儒家为主要政治文化的大一统政权，而这一嬗变的基础之一，恰是入关前清政权与朝鲜的关系及其处理。因之，本文对入关前清政权和朝鲜关系的考察，试图从学术史上使这一关系超越中朝关系史叙事的边界，达到探究其正统观念及对外关系体系变化的目的。清政权与朝鲜之间宗藩关系的运行机制，并非在 17 世纪 30 年代创立的，而是沿袭自明朝，因此这一双边交往从一开始就带有远超双方关系本身的诸多特征。换言之，清政权在入关前已经接触到明朝体系中最为传统的、界定中国认同的政治和文化资源，并且在与朝鲜交往中得到较好的双向实践。在这种实践中，朝鲜也扮演了重要角色，通过遣使朝贡、文书、礼仪、贸易等诸多方面，源源不断地从外围塑造清政权的正统地位。在这个过程中，清政权内的汉人知识分子发挥了重要作用，正是他们将包括与朝鲜政治和文化交往在内的诸多治国理政资源进行了统合、利用和呈现。

20 世纪 90 年代以来，中外研究者们日益重视有清一代之八旗特性、旗民分治、满蒙联姻、藏传佛教、多族群共处的边疆等议题，这些方面的考察对人们理解清代中国的整体运转有着重要作用，也是清代以来的中国学者从未忽略过的内容。笔者认为在更长的中国史时段内观察清代中国的治国理政及其政治文化认同，对理解其历史及其历史地位更为重要，在这一点上我们反而应该回到清代学

---

① 有关入关后清政权展开强化正统观念及更为成熟的宗藩体系的建设，参见拙著 *Remaking the Chinese Empire：Manchu-Korean Relations，1616 – 1911*，pp. 50 – 117.

者如祁韵士、龚自珍、魏源、张穆等的角度，去观察某一朝代的变和中国之不变。龚自珍曾曰："大清国，尧以来所谓中国也。"[1] 龚氏所言，非为皇朝盛世作的锦上添花之辞，诚系贯穿中国国史深邃之论。另就明清时期宗藩关系研究的学术史而言，主张超越费正清等在 20 世纪中期开始塑造的"朝贡体系"（tributary system）的学者，也在过去 30 年间日益增多，在历史学和国际关系学领域内都是如此，且以强调这一体系的多元性，以及清代中国在这一体系内的"霸权"（hegemony）或者"帝国主义"（imperialism）因素为主，此说并不准确，不过也体现了社会科学学说和理论不断渗入与影响人文研究的趋势。[2] 然而，伴随着学术理路的多样化，学者对这一体系的研究还远远不足，大量内容都没有被仔细观察和探讨，包括清代中朝关系、中琉关系、中越关系和中暹关系等。如上文所言，笔者主张用"宗藩体系"代替"朝贡体系"，也主张继续深化对宗藩体系的全方位考察，这一做法并非要以"中国中心"来取代和抹杀其他因素，而是要通过对宗藩关系的细致考察，更好地探究中国自身的发展及整个区域国际秩序的演变。本文之作，即希冀沿着这一方向进行有益的探索。

〔作者王元崇，美国特拉华大学历史系副教授〕

（责任编辑：黄　娟）

---

[1] 《龚自珍全集》，上海：上海人民出版社，1975 年，第 105 页。

[2] 例如 James L. Hevia, *Cherishing Men from Afar：Qing Guest Ritual and the Macartney Embassy of 1793*, Durham, NC：Duke University Press, 1995; David Kang, *China Rising：Peace, Power, and Order in East Asia*, New York：Columbia University Press, 2007; Kirk W. Larsen, *Tradition, Treaties, and Trade：Qing Imperialism and Chosŏn Korea, 1850 - 1910*; Ji-Young Lee, *China's Hegemony：Four Hundred Years of East Asian Domination*, New York：Columbia University Press, 2016. 实际上，费正清、邓嗣禹、杨联陞、王赓武、John E. Wills, Jr.、Mark Mancall、Alexander Barton Woodside 等一批学者，自 20 世纪中期以来就对明清中国之"朝贡体系"针对不同对象的不同表现进行探究，可惜的是很多后来的学者对此视而不见，然其貌似求新之解构性阐释（deconstructive interpretations）并未超出前者所论之范畴。

# 历代则例沿革考

杨一凡

**摘　要：** 则例由法律用语转化为法律形式，再由位阶较低的法律形式上升为国家基本法律形式，经历了一个漫长的演变过程。唐五代时，则例作为"标准"的同义语，并非独立法律形式。宋元时期，则例是诸多例中的一种，法律效力较低且影响有限。明代提升了则例的法律地位，使之成为国家的重要法律形式，主要用于规定食货管理等方面的标准及运作规则。清代则例突破前代范围，作为国家基本法律形式，扩展为规范中央各部门活动的规则。清代《会典》、刑律之外的数十种重大立法成果，大多以则例命名。历代则例的功能和法律地位不尽相同，不可笼统而论。

**关键词：** 则例　古代法律　唐五代　宋元　明清

在中国古代法律体系中，则例作为一种法律形式的称谓，有其特定内涵。"则"是标准或法则、准则、规则之意，"例"是指先例、成例或定例。则例是通过立法程序制定出来，并删定编次先例、成例和定例，最终由统治者确认的行为规则。从唐五代到宋元，则例经历由法律术语转化为法律形式的漫长变迁。明清时期，则例的法律地位、适用范围和功能又发生重大变化，即由国家重要法律形式进一步上升为基本法律形式，由主要表述食货管理等方面的标准及运作规则，扩展到主要用以规范中央各部门活动的规则。清朝颁行的数十种重要法律，除《大清会典》《大清律例》《大清通礼》外，几乎都以则例命名。明清则例对于完善这一历史时期的法制制度，发挥了极其重要的作用。

若要全面揭示古代法制特别是明清法制的面貌，必须注重对则例的研究。因清代则例文献浩瀚，而唐至明代的则例又大多亡佚，少数存世者散见于各类史籍和档案中，资料搜集和研究难度甚大，导致学界对这一领域的研究至今仍处在起始阶段。有鉴于此，本文就唐至清末则例编纂、沿革作简略考证。

# 一、唐五代则例

则例成为法律用语和诸多例中的一种称谓，始于唐代。《通志·艺文略三》记有"唐《中书则例》一卷"。① 《宋史·艺文志二》记有"杜儒童《中书则例》一卷"。② 杜儒童是武后时人，著有《隋季革命记》5 卷，天授元年（690）八月被武则天所杀。清人杭世骏为其友王弈山《中书典故汇纪》所作序中，记述了包括唐《中书则例》在内的 39 种唐、宋、元、明中书文献。古人所说的"典故"，通常指常例、典制和掌故。《中书典故汇纪》纪事限于官制、职掌、仪式、恩遇、建置、题名 6 个方面，③ 具体内容已不可考，但其记述无论是常例，还是典制、掌故，都不会超越《中书典故汇纪》限定的范畴。因此，把"中书则例"解读为唐代中书省的"先例"，应当是可以成立的。

在唐穆宗长庆三年（823）十二月浙西观察使李德裕奏疏中，记有"本官品第升降则例"：

> 今百姓等丧葬祭奠，并请不许以金银锦绣为饰。其陈设音乐者，其葬物稍涉僭越者，并勒毁除。结社之类，任充死亡丧服粮食等用使。如有人犯者，并准法律科罪。其官吏已上不能纠察，请加惩责。仍请委出使郎官、御史查访台司，伏请令文及故实不载者，令更条检校官。令文不载，令请检校官一品、二品，请同五品；三品已下，请并同九品。如有曾任正官，依本官品第仪则。其准敕试官，亦同九品仪。如升朝官者，请据本官品第升降则例……右具本朝旧本例如前。④

---

① 《通志》卷 65《艺文略三·史类第五》，北京：中华书局，1987 年，第 776 页。
② 《宋史》卷 203《艺文志二》，北京：中华书局，1977 年，第 5109 页。
③ 杭世骏：《道古堂文集》卷 5《中书典故汇纪序》，《清代诗文集汇编》，上海：上海古籍出版社，2010 年，第 282 册，第 50—51 页。
④ 《五代会要》卷 8《丧葬上》，上海：上海古籍出版社，2006 年，第 138 页。（标点有改动）

唐代对不同品级官员参加葬礼的服制、仪则、支请官物标准等有严格规定。所谓"升朝官",是指参加宫廷常朝的高级官员。"如升朝官者,请据本官品第升降则例"的意思是,升朝官参加葬礼的服制、仪则、支请官物等标准,按照朝廷旧例进行办理。

《唐会要》中有关于官吏驿路支给则例方面的记载。唐文宗大和四年(830)十月御史台奏:

> 近日皆显陈私便,不顾京国,越理劳人,递行县道,或非传置,创设供承。况每道馆驿有数,使料有条,则例常逾,支计失素。使偏州下吏,何以资陪?①

这里提到,国家规定的有关官员路经馆驿待遇支取标准的则例,往往得不到遵守,开支经常超标。这反映了因官员经常违制,晚唐馆驿开支增加,以致官府不堪重负的情况。

《册府元龟》记有唐武宗会昌六年(846)三月颁布的一条官吏俸禄方面的则例,就官吏俸禄相关标准作了规定:

> 三月户部奏百官俸料一半匹段给见钱则例。敕旨:其一半先给元估匹段者,宜令户部准元和十二年四月十三日敕例,每贯给见钱四百文,使起四月以后支给。②

该则例以皇帝"敕旨"的名义发布,要求支给官吏俸禄中现钱的数额,按照唐宪宗元和十二年(817)"敕例"规定的标准执行。

《文苑英华》也载有一件唐懿宗咸通八年(867)五月十八日发布的《疏理囚徒量移左降官等德音》:

---

① 《唐会要》卷61《御史台中·馆驿》,北京:中华书局,1955年,第1064页。
② 《册府元龟》卷508《邦计部·俸禄四》,北京:中华书局,1960年,第6094页。

应京畿及天下见禁囚徒，暑毒之时，要令疏理。牢狱之内，虑有滞冤，宜令台府及诸军司并所在州县长吏，据见禁囚徒流限，德音到后七日内，亲详罪名，疏理讫闻奏，不得更延引时日。除非巨蠹，有碍去年赦条外，余并节级递减一等，从轻处分。左降官及诸色流人，近虽累有赦令，皆已沾恩，欲其悔过自新，岂吝频施霈泽。经去年赦条已得量移者，更与量移，合复资者，准则例处分。[①]

所谓"量移"，是指罪谪官员等遇赦后，从流放地量情由远及近向长安迁移。故此则例应是罪谪官员等遇赦后，按照品级资格进行量移的具体标准。

传统文献中有关唐代则例的记载甚少，但分析这些记载可知以下信息。其一，就则例的名目而言，有中书则例、官员俸禄则例、官员本官品第升降则例、驿路支给则例、左降官等遇赦合资量移则例。除中书则例内容待考外，其他则例均是有关官吏俸禄、支给、优待标准方面的规定。其二，就则例的性质和法律效力而言，官员俸禄则例以皇帝"敕旨"的形式颁布，本官品第升降则例系重申实施的旧例，驿路支给则例虽未载例的具体内容，但从御史台奏文中"每道馆驿有数，使料有条"、"则例常逾"的记载来看，当是官吏路经馆驿待遇制度性规定，应具有法律效力。

唐代行政和经济管理日趋细化，例作为表述法律实施细则的一种法律形式被逐步使用，则例则是诸多例中的一种。唐例名目较多，有条例、格例、则例等。[②]从现存资料看，条例是例的泛称，适用于各个方面，凡是具有"分条列举"特征的例都称条例。格例与吏治关系较大，多用于规范官吏的选拔、任用、考核等方面。至于则例，从上引记载看，多是与"先例"、"旧例"、"敕例"相关联，内容多是与财政开支相关的标准。则例在唐代尚未得到广泛使用，只是被偶然用之、零星地发挥作用，因此，还不能说则例在唐代已是一种独立的法律形式。不过，唐代已将则例作为表述"标准"或"规则"的法律术语，是可以确定的。

---

① 《文苑英华》卷 441 《翰林制诏二三·德音八·杂音德二》，北京：中华书局，1966 年，第 2231—2232 页。

② 关于唐代例的称谓和条例、格例的制定情况，参见杨一凡、刘笃才：《历代例考》，北京：社会科学文献出版社，2012 年，第 76—90 页。

现存五代时期的则例，均为后唐、后周颁行。《全唐文》《五代会要》《册府元龟》记有五代则例7件，除2件为后唐颁布的宽待官吏的"葬仪则例"和"朝臣休假赐茶药则例"外，① 其余5件为官吏俸禄类则例和税收则例。后唐庄宗同光三年（925）颁布"重定诸道州县等官俸料则例"。② 后唐明宗长兴元年（930）颁布"税收则例"。③ 后周太祖郭威登基之初，针对富庶与边远地区官吏待遇相差悬殊的问题，于广顺元年（951）四月发布"均禄敕"，重定并公布"俸钱则例"；④ 广顺三年又发布"赐青州敕"，定"省司税收则例"。⑤ 后周世宗显德五年（958）十二月颁布"俸钱则例"。⑥ 五代十国时期，战争不断，政权频更，财政困难，保障官僚机构正常运转和军队日常供给，是维护国家政权的当务之急。后唐、后周频繁颁行俸禄和税收方面的则例，与当时国家急需相吻合。

后唐、后周虽短命而亡，但都很注重法制建设。后唐以光复大唐为开国宗旨，立法依照唐制，以律、令、格、式为基本法律形式。后周编集的《大周刑统》《大周续编敕》等，实际上也是沿袭唐朝律令。这两朝在立法中对例的运用，较之唐代无大的变化，仅是发布则例的次数有所增加，史籍中检索到的有关五代则例的记载有10余处，其中上述几件则例的内容比较完整。这一时期，则例大多以皇帝诏敕的形式发布，内容多与官员俸禄、税收和礼仪相关，无疑有其法律效力。由于还只是偶尔使用，故仍不能被视作一种普遍使用的、独立的法律形式。

## 二、宋元则例

到了宋代，随着社会经济的日益发展和新问题的不断出现，在具体法律实践中，常常遇到法无明文的问题，大量繁杂事务的管理也要求更加明确的标准，法

---

① 《五代会要》卷9《丧葬下》，第142—144页；卷12《休假》，第211—212页。
② 《五代会要》卷28《诸色料钱下》，第441—444页。
③ 《册府元龟》卷488《邦计部·赋税二》，第5840页。又见《五代会要》卷25《杂录》，第402—403页。
④ 《五代会要》卷28《诸色料钱下》，第446页。
⑤ 《册府元龟》卷488《邦计部·赋税二》，第5843页。
⑥ 《五代会要》卷28《诸色料钱下》，第446—447页。

律运行规则更加细致和规范，原有的律令体系越来越不能适应社会实际需要。在此情况下，变通性较强的例，作为对成文法的补充，逐渐受到统治者青睐。例的本义是"比"，是指对先前某一事案、准则、规则的参照。例的前身是秦汉的"比"和"故事"。魏晋至唐五代，例从法律用语到被统治者确认为国家的一种法律形式，经历了漫长曲折的演变过程。宋朝继受前代制例传统，又根据国家治理实际需要，扩大了例的适用范围和功能。

宋例称谓众多、内容纷杂、层次多样，然从其表述的内容来看，主要有司法例和行政例两类。司法例主要指断例，是在司法案件的基础上经过编修，成为成文法的补充，在之后的司法审判中可作为判决的依据。行政例主要有条例、格例、则例、事例，它们功能不同，但彼此间分工并不严格。一般来说，条例有"分条列举"的特征，编纂水平较之格例、则例、事例相对规范，且适用于多个方面；格例多用以表述官吏管理的有关规定；事例则包括一系列名称各异、用于处理各种具体事务的行政散例；则例主要用以表述与钱物管理相关的标准。①

两宋各朝都很重视则例的制定。以商税则例为例，《文献通考》载："宋太祖皇帝建隆元年，诏所在不得苛留行旅赍装，非有货币当算者，无得发箧搜索。又诏榜商税则例于务门，无得擅改更增损及创收。"这一记载后有宋人陈傅良的评论："此薄税敛初指挥也。恭惟我艺祖开基之岁，首定商税则例，自后累朝守为家法，凡州县小可商税，不敢专擅创取，动辄奏禀三司取旨行下。"这表明，颁行则例在宋朝建国之初就开始了。商税则例是以"指挥"这一法律形式发布的。宋代对商税则例的制定和实施要求十分严格，自太祖颁布商税则例后，后世若有小改动，也须经三司报皇帝批准。同书还收录有南宋光宗绍熙元年（1190）十一月诏："其有合税者，照自来则例，不得欺诈骚扰，如例外多收头子钱，许民越诉。"② 可见，直到南宋后期，商税则例仍得到严格执行。

宋代则例的制定、颁行情况，许多史籍有记载，其中以《宋会要辑稿》为最多。现将该书所记代表性则例的称谓和出处列出。（表 1）

---

① 关于宋代断例、条例和格例的立法情况，参见杨一凡、刘笃才：《历代例考》，第 91—99、110—115 页。

② 《文献通考》卷 14《征榷考一》，北京：中华书局，2011 年，第 401、411 页。

表1 《宋会要辑稿》所载则例

| 序号 | 则例名称 | 出处 |
|---|---|---|
| 1 | 请给则例 | 帝系二,职官六、十四、三十二,食货三十二 |
| 2 | 宗室公使钱则例 | 帝系五 |
| 3 | 尚书侍郎则例 | 帝系六 |
| 4 | 禄式则例 | 后妃二、四 |
| 5 | 赏给则例 | 礼二十五 |
| 6 | 宫人禄格则例 | 礼四十三 |
| 7 | 赙赠则例 | 礼四十四 |
| 8 | 割股则例 | 礼六十一 |
| 9 | 支给则例 | 礼六十二 |
| 10 | 民间工直则例 | 职官四 |
| 11 | 请受则例 | 职官八、二十二、三十六 |
| 12 | 日支钱米等第则例 | 职官十九 |
| 13 | 折券则例 | 职官二十五 |
| 14 | 杂卖场见请则例 | 职官二十七 |
| 15 | 工食则例 | 职官二十九 |
| 16 | 见管人数职次请给则例 | 职官三十二 |
| 17 | 火耗则例 | 职官三十六 |
| 18 | 添支则例 | 职官三十七 |
| 19 | 支费则例 | 职官四十一 |
| 20 | 犒设馈送则例 | 职官四十四 |
| 21 | 大理寺则例 | 职官四十七、四十八 |
| 22 | 百官添饶折支则例 | 职官五十七 |
| 23 | 平章事则例 | 职官五十七 |
| 24 | 御厨折食钱则例 | 职官五十七 |
| 25 | 宁国府官属支给则例 | 职官五十七 |
| 26 | 吏职俸减半则例 | 职官五十七 |
| 27 | 均税则例 | 职官六十八 |
| 28 | 推恩则例 | 选举十二 |
| 29 | 锄田客户则例 | 食货二 |
| 30 | 苗税则例 | 食货六 |
| 31 | 州县衮折则例 | 食货十一 |
| 32 | 税前则例 | 食货十七 |
| 33 | 物名则例 | 食货十七 |
| 34 | 名件则例 | 食货十八 |
| 35 | 铁钱则例 | 食货二十八 |

续表1

| 序号 | 则例名称 | 出处 |
|---|---|---|
| 36 | 分数则例 | 食货二十八、三十 |
| 37 | 加饶则例 | 食货三十四 |
| 38 | 收纳则例 | 食货三十四、三十五 |
| 39 | 陕西州军入中钱文则例 | 食货三十六 |
| 40 | 海州新茶入中则例 | 食货三十六 |
| 41 | 籴买粮草钱加饶支还则例 | 食货三十六 |
| 42 | 杂支见钱支还则例 | 食货三十六 |
| 43 | 粮草添饶钱数则例 | 食货三十六 |
| 44 | 榷茶入中则例 | 食货三十六 |
| 45 | 陕西州军入中钱文则例 | 食货三十六 |
| 46 | 京城则例 | 食货三十七 |
| 47 | 支还客人行货则例 | 食货三十九 |
| 48 | 添饶支还则例 | 食货三十九 |
| 49 | 三司则例 | 食货四十 |
| 50 | 和雇客船则例 | 食货四十三 |
| 51 | 脚钱则例 | 食货五十一 |
| 52 | 赏钱则例 | 兵十三 |
| 53 | 庆寿赏给则例 | 兵二十 |
| 54 | 添支口累重大钱则例 | 兵二十 |
| 55 | 赦文则例 | 兵二十 |
| 56 | 买马则例 | 兵二十二 |
| 57 | 赏格则例 | 兵二十四 |

除《宋会要辑稿》外，还有许多史籍记载有宋代则例。现把其他有代表性的宋代则例称谓和文献出处列出。（表2）

表2　其他史籍所载宋代则例

| 序号 | 则例名称 | 出处 |
|---|---|---|
| 1 | 收税则例 | 《宋史》卷184《食货志下六》<br>《景定建康志》卷23《城阙志四》<br>《续资治通鉴长编》卷180<br>胡太初《画帘绪论》理财篇第9<br>《建炎以来系年要录》卷172 |
| 2 | 驿券则例 | 《宋史》卷154《舆服志六》<br>《续资治通鉴长编》卷187、189、480 |

续表2

| 序号 | 则例名称 | 出处 |
|---|---|---|
| 3 | 诸渡月解钱则例 | 《宋史》卷97《河渠志七》 |
| 4 | 苗税则例 | 《宋史》卷410《范应铃传》 |
| 5 | 请给则例 | 《嘉定赤城志》卷18《军防门》<br>《建炎以来系年要录》卷133、154 |
| 6 | 戍边则例 | 《嘉定赤城志》卷18《军防门》 |
| 7 | 秘书省请给则例 | 程俱《麟台故事》卷4《官联》 |
| 8 | 宫人禄式则例 | 楼钥《攻媿集》卷29《奏议》 |
| 9 | 禁减则例 | 楼钥《攻媿集》卷106《志铭·参议方君墓志铭》 |
| 10 | 入纳则例 | 欧阳修《文忠集》卷115《论矾务利害状》 |
| 11 | 州军则例 | 周必大《文忠集》卷148《与吴挺》《与冯宪傅钧彭呆》 |
| 12 | 役钱则例 | 苏辙《栾城集》卷40《论傅尧俞等奏状谓司马光为司马相公状》<br>《续资治通鉴长编》卷386 |
| 13 | 税钱则例 | 朱熹《晦庵集》卷20《论木炭利害札子一》 |
| 14 | 州学则例 | 朱熹《晦庵集》卷100《潭州委教授措置岳麓书院牒》 |
| 15 | 禁军则例 | 李纲《梁溪集》卷100《申省相度吉州将兵状》 |
| 16 | 义郎则例 | 赵鼎《忠正德文集》卷2《奏议中·条具宣抚处置使司画一利便状》 |
| 17 | 祭祀忌日则例 | 赵鼎《忠正德文集》卷10《家训笔录》 |
| 18 | 京西、淮南田土税役则例 | 王之道《相山集》卷22《札子·乞将京西淮南逃绝田展免租课札子》 |
| 19 | 指挥则例 | 汪应辰《文定集》卷2《奏议·措置海道回奏》 |
| 20 | 取薪则例 | 黄榦《勉斋集》卷28《公札·申两司言筑城事》 |
| 21 | 经界则例 | 真德秀《西山文集》卷6《奏乞为江宁县城南厢居民代输和买状》 |
| 22 | 酒课分隶则例 | 《宝庆四明志》卷5《叙赋上》 |
| 23 | 商税则例 | 《宝庆四明志》卷5《叙赋上》<br>《文献通考》卷14《征榷考一》<br>黄震《古今纪要》卷17《宋朝》 |
| 24 | 分隶则例 | 《宝庆四明志》卷5《叙赋上》 |
| 25 | 请受则例 | 《宝庆四明志》卷7《叙兵》 |
| 26 | 义庄则例 | 《景定建康志》卷28《儒学志一》 |
| 27 | 正补官资则例 | 《景定建康志》卷35《文籍志三》 |
| 28 | 夏税科折则例 | 《景定建康志》卷40《田赋志序》 |
| 29 | 人户输纳物帛则例 | 《景定建康志》卷40《田赋志序》 |
| 30 | 赏赐则例 | 《景定建康志》卷40《田赋志序》 |
| 31 | 南北义阡则例 | 《景定建康志》卷40《风土志二》 |
| 32 | 卖盐则例 | 吴儆《竹洲集》卷2《奏议·论乞委漕臣同帅臣措置沿边》 |
| 33 | 各地秋苗税收纳则例 | 吴潜《许国公奏议》卷2《奏以造熟铁斛斗发下诸郡纳苗使用宽恤人户事》 |
| 34 | 御厨折食钱则例 | 周辉《清波杂志》卷9《御厨折食钱》 |
| 35 | 锄田客户则例 | 《文献通考》卷7《田赋考七》 |
| 36 | 推恩则例 | 《文献通考》卷33《选举考六》 |

续表2

| 序号 | 则例名称 | 出处 |
|---|---|---|
| 37 | 请俸则例 | 《文献通考》卷 51《职官考五》 |
| 38 | 库藏则例 | 《文献通考》卷 65《职官考十九》 |
| 39 | 宴设则例 | 徐松《中兴礼书》卷 204《嘉礼三十二》 |
| 40 | 使相生日支赐则例 | 高晦叟《珍席放谈》 |
| 41 | 差役则例 | 胡太初《昼帘绪论·差役篇第十》<br>陈襄《州县提纲》卷 2《差役循例》 |
| 42 | 祭祀则例 | 孔传《东家杂记》 |
| 43 | 审刑院则例 | 《续资治通鉴长编》卷 80 |
| 44 | 皇亲内外亲族吉凶吊省则例 | 《续资治通鉴长编》卷 202 |
| 45 | 敷钱则例 | 《续资治通鉴长编》卷 247 |
| 46 | 资级请受则例 | 《续资治通鉴长编》卷 324 |
| 47 | 官吏俸禄则例 | 《续资治通鉴长编》卷 359 |
| 48 | 南川寨御倭支给则例 | 《续资治通鉴长编》卷 402 |
| 49 | 禄廪则例 | 《续资治通鉴长编》卷 419 |
| 50 | 太府寺指挥合支名目则例 | 《续资治通鉴长编》卷 448 |
| 51 | 招纳爵赏锡赉则例 | 《续资治通鉴长编》卷 469 |
| 52 | 荆湖南路役兵裁减人额则例 | 《续资治通鉴长编》卷 476 |
| 53 | 支赐则例 | 《续资治通鉴长编》卷 512<br>高晦叟《珍席放谈》卷上 |
| 54 | 优赏诸军则例 | 《续资治通鉴长编》卷 520 |
| 55 | 诸色人食钱支给则例 | 李纲《梁溪集》卷 51《乞立定支破诸色人食钱札子》 |
| 56 | 禁军则例 | 李纲《梁溪集》卷 106《申省相度吉州将兵状》 |
| 57 | 俸给则例 | 《建炎以来系年要录》卷 94 |
| 58 | 国朝旧遣使命则例 | 《建炎以来系年要录》卷 128 |
| 59 | 天申节燕设则例 | 《建炎以来系年要录》卷 156 |
| 60 | 究折则例 | 《建炎以来系年要录》卷 161 |
| 61 | 宗女嫁资则例 | 李攸《宋朝事实》卷 8《玉牒》 |
| 62 | 免役则例 | 孙傅良《止斋文集》卷 21《转对论役法札子》 |

从表1、表2可以看出，宋代则例的称谓，有税收、俸禄、请给、赏赐、考核、推恩、祭祀、差役、中纳、禁军、戍边、驿券、州学等数十种，且几乎都是钱物管理和财政收支标准方面的规定；也有极少数与钱物管理无关，如《文献通考》所载南宋高宗绍兴三年（1133）颁布的《推恩则例》，是在科举考试中有关上、中、下三等取士和授职的标准，属于行政事务运作准则。①

---

① 《文献通考》卷 33《选举考六》，第 980 页。

现存宋代文献中，尚未发现当时所颁行则例的原始文书，大多只是记述了则例名称或仅有"则例"二字，未记其具体内容，少数简述了则例的主要规定。如《宋史·食货志六下》载，仁宗景祐年间，采纳翰林学士叶清臣建议，制定了《收税则例》："榷茶之利，凡止九十余万缗，通商收税，且以三倍旧税为率，可得一百七十余万缗，更加口赋之入，乃有二百一十余万缗，或更于收税则例，微加增益，即所增至寡，所聚愈厚，比于官自榷易，驱民就刑，利病相须，炳然可察。"① 这是有关茶叶专卖的规定。内容完整的则例在宋代文献中比较少见，《宝庆四明志》所记"分隶则例"，《景定建康志》所记"收税则例"，《宋会要辑稿》所载"分数则例"、"重禄请给则例"，② 就是这方面的代表。宁宗嘉定八年（1215）十二月，针对军帅巧作名色、随意升迁胥吏职位的问题，制定"见管人数职次请给则例"。③ 该则例长达 1500 余字，就军帅所属胥吏人数、职次和待遇作了详细规定，是目前所见篇幅最长、内容最完整的宋代则例。

宋代则例的制定要经过一定程序，途径有二：一是皇帝以诏、令、指挥等形式发布的法令；二是臣僚建议经皇帝批准后形成的法令。由朝廷制定和颁布的则例，必须经皇帝批准。宋代严禁擅自创立则例，"诸州应供给、馈送监司（属官、吏人同），辄于例外增给及创立则例者，以违制论"。④ 地方长官、朝廷派出巡察地方的官员及守边将领，在处理特殊情况或重大问题时，如需制定则例，也必须奏请皇帝批准。如宋哲宗元祐七年（1092），守边官员为了招抚西夏边民投诚归顺，制定了有关奖赐投诚者的具体标准并上奏："本路不住有落蕃人投来，及归顺蕃人，皆能详道其事。若今下诏，许其并边之羌纳款归命，锡以爵赏金帛，旌以服章银器，各许其耕垦故土，自为篱落，效顺者必众。所有拟定，招纳爵赏锡

---

① 《宋史》卷 184《食货志六下》，第 4495 页。

② 罗濬等：《宝庆四明志》卷 5《叙赋上》，景印文渊阁《四库全书》，台北：台湾商务印书馆，1986 年，第 487 册，第 78—80 页；周应合：《景定建康志》卷 23《城阙志四·诸仓》，景印文渊阁《四库全书》，第 489 册，第 497—500 页；《宋会要辑稿·食货三〇》，北京：中华书局，1957 年，第 5321 页；《宋会要辑稿·食货三二》，第 5361 页。

③ 《宋会要辑稿·职官三二》，第 3016—3017 页。

④ 《庆元条法事类》卷 9《职制门·馈送》，杨一凡、田涛主编：《中国珍稀法律典籍续编》，哈尔滨：黑龙江人民出版社，2002 年，第 1 册，第 168 页。

赉则例已具状奏闻。"① 又如高宗建炎二年（1128）六月诏，令"福建路提刑司募少壮武勇枪杖手五千人，专一准备东南捕盗使唤"，并"令提刑司立定则例，申尚书省"，② 强调地方长官制定的则例须经朝廷批准后才能生效。

宋朝统治者十分重视则例的公布和实施。为了使民众知晓则例的规定以便遵守，也为了防止官吏曲法为奸，凡是与民间事务相关的则例（特别是税收类），通常用榜文、告示进行公布，张贴在收税衙门或街市、交通要道之处，广为传播。宋代史籍中这类记载甚多，如高宗绍兴五年，诏令"仍将诸色税物合收税钱则例大字榜示，使客旅通知"；绍兴二十五年，采纳刑部尚书员外郎孙敏修建议，"以所收物名则例，大书版榜，揭务门外晓示"；孝宗淳熙七年（1180），诏"望下州郡，将旧来合收税钱则例，大书刻于板榜，揭寘通衢，令民旅通知"；宁宗嘉定八年，令"诸郡凡税物巨细，立定则例，揭之版榜"。为保障则例实施，朝廷对官员违反则例的行为严加处罚，如徽宗政和四年（1114），开德府税民乐珍等陈诉方田官新定税钱数额与元丰元年（1078）则例规定的数额出入较大，"轻重不当"，本路提刑司裁定"方田官刘恭革、赵希孟依政和二年十月朝旨，立定正次二十等，递减五厘，均定税钱委（于——引者补）元丰年所定则例上轻下重不均"，③ 给予刘赵二人降职处分。又如宋朝法律还规定，对在则例之外冒领请受者予以刑事处罚。哲宗元祐五年，户部建言："起支官员、殿侍、军大将、选人、将校请受添给，不以则例限内申户部者，杖一百；并擅给历，及不候分移历到而收并者，各徒二年。"朝廷采纳了户部意见，颁布了相应法律。据史家解释，这次立法主要是由于"起支请给旧无法禁，故多重叠伪冒，有已分移而他处全请，已身亡而分移处犹请者，故立是法"。④ 总体来看，宋朝则例的实施情况较好，在加强朝廷经济、财政管理方面发挥了一定作用。

宋代法律形式，主要有律、令、格、式、编敕、制、敕、宣、御笔、断例、

---

① 《续资治通鉴长编》卷469，元祐七年正月壬子，北京：中华书局，2004年，第11212页。（标点有改动）
② 《宋会要辑稿·兵一》，第6761页。
③ 《宋会要辑稿·食货一七》，第5101、5104页；《宋会要辑稿·食货一八》，第5113、5121页；《宋会要辑稿·职官六八》，第3923页。
④ 《续资治通鉴长编》卷439，元祐五年三月丁卯，第10569页。

申明等，例是其中效力较低的法律形式。神宗元丰二年对编敕、令、格、式的性质和功能作了新的界定，编敕为刑事法律规范，令、格、式、宣为非刑事、制度性法律规范，格是令的实施细则，式是有关令的各种公文程式。除制、敕、御笔、申明等综合性规范外，其他法律形式可区分为两大系统，即律、编敕、断例为刑事法律形式，令、格、式、宣为非刑事法律形式。宋代的例也有刑例与非刑事例之分，则例属于非刑事例的一种。以令、格、式和制、敕、宣、御笔、申明等形式颁布的法律，在法律体系中地位较高，以例的形式颁布的法令，则地位较低。例与前者的关系，是"法所不载，然后用例"，例的作用是对其进行补充。则例一般用具体数字表述，其制定和颁行，使法律规范更加具体、明确，对于完善宋代经济法律制度发挥了重要作用。

元朝是中国历史上第一个由少数民族建立的大一统政权，较之汉唐，疆域远为辽阔，不过其统治时间却比较短暂。由于元朝统治者缺乏立法经验，多是因事立法，故其法律体系没有唐、宋那样完备。

元代法制的一大特色，是突破了秦汉以来一直沿用的律令体系，以格、例为主要法律形式。元代条格具有类似唐、宋律的性质，《至元新格》《至正条格》两部重要"常法"就是以"格"命名的。元代有关例的法律形式和术语近20种，有格例、条例、断例、分例、则例、事例、禀例等，其中格例用以规范某一基本法律制度或设定罪名、刑名，在诸例中居于较高地位；断例主要用以表述定罪量刑的原则和规制；分例主要是关于各类往来使臣、官吏、公差及其随从人员的交通、住宿、饮食费用开支标准；禀例是指地方禀呈中央而形成的例；事例系君主因事因时发布的法令。元朝立法者未对各种例的内涵和功能予以明确和严格界定。以《元典章》为例，用例表述法律形式者有之，表述编纂体例者有之，表述法律术语者有之，含糊不清，今人只有通过研究比较，才能理解立法者本意，分清各种例的功能及彼此间的区别。

则例作为元代诸例的一种，主要用以表述钱物管理的收支标准及相关运作规则。《通制条格》《元典章》《元史》《新元史》《事林广记》等记载了20多条则例，其中绝大多数与钱粮和税收管理有关。元朝对金、银、铜、铁、盐、酒等重要产品实行专利垄断政策，其形式各有不同，酒、醋及金、银、铁等，由朝廷抽分而归商人和手工业者经营。世祖至元七年（1270）六月，颁行了"祇应酒面则例"，就酿造黄酒每石黄糯米应出酒量和每石小麦应磨成的面粉数量作了规定。①元朝差役名目繁多，有修治河道、堤岸、道路、桥梁等公共设施的夫役，有修葺各类城池、殿宇等土木工程的工役，有为各衙门官员服务的差役。至元二十五年三月，针对各衙门应支工匠等盐粮人口管理混乱的问题，颁行"工粮则例"，对工匠人户、驱口和本人每月口粮、食盐标准作了规定。②

　　元代还以则例的形式颁行了一些经济和财政管理方面的实施细则。成宗大德八年（1304），为解决京师缺乏喂马草料的问题，颁布"盐折草则例"，规定"每年以河间盐，令有司于五月预给京畿郡县之民，至秋成，各验盐数输草，以给京师秣马之用"。盐折草的标准是"每盐二斤，折草一束，重一十斤。岁用草八百万束，折盐四万引云"。③ 大德九年，为加强对黄河渡口摆渡收费管理，颁布"船钱则例"，对过往黄河上下渡口的大小官吏、公差者、百姓客旅和车骑行货挛畜等应收摆渡船钱的标准作了规定。元朝还制定了"皮货则例"，对在市贸交易或向国家交税时，貂皮与虎皮、金钱豹皮、熊皮、土豹皮、鹿皮、葫叶豹金丝织皮、豺狼皮、青狼皮、山羊皮、粉獐皮、狐皮等之间的折算标准作出详细规定。④

　　在仓粮管理和运输方面，元朝曾多次修订"鼠耗则例"。据《大元海运记》载，至元二十二年时施行的"鼠耗则例"，规定"依江南民田税石，拟合依例每石带收鼠耗分例七升，内除养赡仓官斗脚一升外，六升与正粮一体收贮。如有短折数目，拟依腹里折耗例，以五年为则，准除四升。初年一升二合，次年二升，三年二升，四年三升四合，五年共报四升。余上不尽数目，追征完官。若有不及，所破折耗从实准算，无得因而作弊多破官粮。外据官田带收鼠耗分例，若依行省所拟，比民田减半，每石止收三升五合"。因实际破耗情况与则例规定"委实不敷"，次年朝廷对则例进行修订，就船运、站车运粮到不同地方的耗粮标准作了调整。由于"鼠耗则例"的施行能够给官员带来额外收入，大小官吏便多次要求提

---

① 《元典章》卷 16《户部二·分例·祇应》，北京：中华书局、天津：天津古籍出版社，2011 年，第 571—572 页。

② 《大元通制条格》卷 13《禄令·工粮则例》，北京：法律出版社，2000 年，第 153—154 页。

③ 《元史》卷 96《食货志四·市籴》，北京：中华书局，1976 年，第 2470 页。

④ 《元典章》卷 59《工部二·造作二·船只》，第 1990 页；卷 38《兵部五·捕猎》，第 1314 页。

高鼠耗标准,朝廷也不得不多次修正则例。如至元二十六年闰十月省臣奏:"各仓官员告称,往岁定到鼠耗分例数少,仓官赔偿,破其家产,鬻其妻小者有之,因此多欠粮数。"为此,朝廷又颁行"南北仓添鼠耗则例"。至元二十九年八月,又因大小官吏要求提高鼠耗标准,朝廷再次颁布了新的鼠耗则例。大德三年,又制定粳米、香莎、糯米等鼠耗则例:"比附散装糙米破耗定例,三分中量减一分。海运至直沽每石破耗八合,河西务至通州李二寺每石破耗一升。如直沽装船经由通惠河径赴大都交卸,止依至通州李二寺,每石破耗一升八合。"①

市舶税收是元朝财政的重要来源。《元典章》中记有"市舶抽分则例",所谓"抽分",就是民户按一定比例向国家交税。至元年间颁行的"市舶抽分则例",规定"粗货十五分中一分,细货十分中一分"。在执行过程中,泉州市舶司却在商船按规定交税后,"更于抽讫物货内,以三十分为率,抽要舶税钱一分,通行结课"。其他市舶司也要求这样做。后经朝廷批准,于至元三十年颁行新的"抽分则例",确定各市舶司按泉州市舶司的做法办理,要求"各处市舶司所在官员奉行谨守,不得灭裂违犯。行御史台、廉访司常加体察,毋致因循废弛"。②仁宗延祐元年(1314)七月十九日,鉴于"香货药物销用渐少,价直陡增,民用阙乏",朝廷在恢复设立广东、泉州、庆元市舶提举司和"杭州依旧设立市舶库,专知市舶公事,直隶行省管领"的同时,重申严格执行"抽分则例":"粗货十五分中抽二分,细货十分中抽二分,据舶商回帆已经抽解讫物货,市舶司并依旧例,于抽讫物货内以三十分为率,抽要舶税一分,通行结课,不许非理刁蹬舶商,取受钱物。违者,计赃以枉法论罪。"③

元朝还颁行"抽分羊马牛则例"。元时蒙古贵族仍然保持草原习俗,羊是他们主要的肉食来源,马是运输工具和军队的主要装备,牛是主要的生产工具之一,元朝驿站也需要大量牲畜。元朝除设有专门畜牧管理机构外,还采用抽分制向牧民和牧户征收牲畜税。大德八年之前,羊、马、牛的税额是"各路分里一百口羊内,抽分一口羊者。不勾一百口羊,见群抽分一口者"。牧养百口以下者,

---

① 《大元海运记》卷下,《大元仓库记 大元海运记》,台北:广文书局有限公司,1972 年,第 87—88、90—93 页。
② 《元典章》卷 22《户部八·课程·市舶》,第 875、882 页。
③ 《大元通制条格》卷 18《关市·市舶》,第 238 页。

无论养多养少，都按一口交税，显然很不公平。为此，大德八年七月颁行了新的"抽分羊马牛则例"："今后依在先已了的圣旨体例，一百口内抽分一口，见群三十口抽分一口，不到三十口呵，休抽分。这般立定则例。宣徽院官人每根底说了，选差勾当里行的好人每，与各处管民官一员一同抽分。"① 延祐元年，朝廷又重申严格执行"抽分羊马牛则例"，中书省奏："前哈赤节次阅讫官牝羊三十余万口……拟依照原定则例，从实抽分。若有看循作弊，从严究治。"②

至元到延祐年间，针对原先商税交纳中有关规定不够公平和严密的问题，朝廷修订了"抽分则例"，有利于国家税率统一，也有利于防止官吏作弊。元朝甚少见刑法方面的则例，目前仅见《至元杂令》中所记有"笞杖则例"、"诸杖大小则例"。③

上述元代则例，凡是出于《通制条格》和《元典章》者，大多曾在较长时间内实行。元代则例既有经济方面的，也有刑事方面的，都是有关事务管理标准的规定。宋元时期，例逐渐成为国家常用立法形式，且称谓纷杂。宋例是国家法律体系中位阶较低的法律形式，则例虽使用比较广泛，但其重要性并未超过条例和格例。元例中的断例、格例已成为国家重要法律形式，而则例却依然受到轻视。总体而言，宋元两代则例还不是普遍适用的重要法律形式，在社会经济生活中发挥的作用有限。然而，这一时期则例编纂实践积累的经验，为明清时期则例更加广泛地使用作好了铺垫。

## 三、明代则例

注重制例、提升例的法律地位，是明代立法的显著特色。例是明代法律体系的核心内容，其称谓有条例、则例、事例、榜例之别。明代则例作为主要规范食货管理等方面标准及运行规则的法律形式，在国家经济社会生活中扮演极其重要的角色。

① 《元典章》卷 57《刑部一九·诸禁·杂禁》，第 1947—1948 页。
② 柯劭忞：《新元史》卷 100《兵志三》，上海：上海古籍出版社、上海书店，1989 年，第471 页。
③ 黄时鉴辑点：《元代法律资料辑存》，杭州：浙江古籍出版社，1988 年，第 43—45 页。

### （一）洪武朝法律体系变革中则例的作用

洪武年间，朱元璋为革除前代法律形式混杂、条文繁冗之弊，变革传统律令法体系，创建了新的法律体系。从"当计远患"、"当适时宜"、"法贵简当、稳定"的指导思想出发，明初确立了"常经之法"与"权宜之法"并重的立法方略，精心修"常法"，注重制例，以垂后世。洪武二十六年（1393）《诸司职掌》修成，形成了以"典"为纲、以《大明集礼》《大明律》等为基本骨干、以例为变通之法的法律体系，为明中后期典例法律体系的确立奠定了基础。在新法律体系中，《诸司职掌》是全面规范国家根本制度的"大经大法"。洪武年间，朱元璋往往是用例而不用"常法"，司法和执法实践中实行的法律实际上是以例为主。由于明代从开国至《诸司职掌》颁行前，在很长一段时间内通行的基本法律，除《大明令》外，多属于刑事和礼仪类法律，而《大明令》的规定又过分简约，使得国家在行政、经济管理等很多方面处于无法可依的窘境。面对这种情况，朱元璋通过颁行包括则例在内的大量事例，以弥补成文法之不足。

明初则例始颁于何时？检阅史籍，可以肯定在洪武元年就颁行了。《续文献通考》中记载了洪武元年至十六年制定的"优免则例"。① 在明代史籍中还有不少有关"国初"颁行则例的记载：

> 国初兵荒之后，民无定居，耕稼尽废，粮饷匮乏。初命诸将分屯于龙江等处，后设各卫所，创制屯田，以都司统摄。每军种田五十亩为一分，又或百亩，或七十亩，或三十亩、二十亩不等。军士三分守城，七分屯种，又有二八、四六、一九、中半等例，皆以田土肥瘠、地方冲缓为差。又令少壮者守城，老弱者屯种，余丁多者亦许。其征收则例，或增减殊数，本折互收，皆因时因地而异云。②

---

① 王圻：《续文献通考》卷21《职役考》，《续修四库全书》，上海：上海古籍出版社，2002年，第762册，第187—190页。

② 施沛：《南京都察院志》卷14《职掌七·屯田事宜·户部会典》，《四库全书存目丛书补编》，济南：齐鲁书社，2001年，第73册，第415—416页。又见万历《明会典》卷18《户部五·屯田》，北京：中华书局，1989年，第119页。

国初论功行赏，皆临时取旨，差次重轻，不预为令。承平以后，意存激劝，率以首功定赏格，条例渐广。凡官及军有功，查勘明白，造册到部。当升赏者，各照立功地方则例，具奏升赏。其论功，以擒斩北虏为首，辽东女直次之，西番及苗蛮又次之，内地反贼又次之。①

正德《明会典》的"凡例"对"国初"起讫时间作了界定："洪武初，草创未定及吴元年以前者，则总书曰'国初'。"② 这一原则为万历《明会典》所沿用。因此，上述两件则例颁行时间，应是洪武初年或更早以前。

能否尽快恢复残破的社会经济，保持国家正常运转，关系到明政权的兴衰存亡。为加强经济、财政管理，朱元璋以则例的形式颁布很多钱、物管理及相关运作的具体标准。洪武年间，制定颁行则例是治理国家的重要措施，也是经常性的立法活动。不过，因相关文献缺失，这一时期颁行则例数量已无法进行全面统计。但从已查阅到的资料看，洪武年间，则例的颁行不曾中断。如洪武三年六月，因大同粮储自陵县运至太和岭路远费重，朱元璋采纳山西行省建议，定"中盐输米则例"："令商人于大同仓入米一石、太原仓入米一石三斗者，给淮盐一小引。"③ 六年，"又定给赏则例。北平军士：永平、居庸、古北口为一等，密云、蓟州为一等，北平在城为一等，通州、真定为一等"。同年，"又令亲王钱粮，就于王所封国内府分，照依所定则例期限放支，毋得移文当该衙门，亦不得频奏。若朝廷别有赏赐，不在已定则例之限"。④ 八年定"马夫免粮则例"："自京至宿州十三驿，马夫田租全免。自百善道至郑州，免三分之二。自营阳至陕西、山西、北平，免三分之一。"⑤ 十三年定"支给草料则例"："令广东、广西、福建、

---

① 万历《明会典》卷 123《兵部六·功次》，第 631 页。
② 正德《明会典》，景印文渊阁《四库全书》，第 617 册，第 6 页。
③ 嵇璜等：《钦定续文献通考》卷 5《田赋考》，景印文渊阁《四库全书》，第 626 册，第 129 页。
④ 万历《明会典》卷 40《户部二十七·经费一·赏赐》，第 283 页；卷 38《户部二十五·廪禄一·宗藩禄米》，第 272 页。
⑤ 袁黄：《苏州府赋役议》，黄宗羲编：《明文海》卷 76《议》，北京：中华书局，1987 年，第 1 册，第 726 页。

浙江、湖广、江西布政司，淮安、苏州等卫，马草不许科收，马料不许支给。"①
二十一年十一月，编逃故军士鄙册，并颁布"月粮则例"，"各处卫所军士有逃故
者，令本官编成鄙册，送兵部照名行取，不许擅差人役于各府州县勾扰。其州县
类造军户文册，遇有勾丁按籍起解。其民匠充军者，月支米八斗，牧马军士支一
石。以后复令民丁充军在边操练者，月支米一石"。② 二十四年，朱元璋下令：
"公侯大官以及民人，不问何处，惟犁到熟田，方许为主。但是荒田，俱系在官
之数，若有余力，听其再开。其山场水陆田地，亦照原拨赐则例为主，不许过分
占为己有。"③ 二十六年春正月，户部奏定"云南乌撒中盐则例"："凡输米一斗
五升给浙盐一引，输米二斗给川盐，输米一石八斗给安宁井盐，输米一石六斗给
黑盐井盐。"④ 同年二月，免各处解纳泥污绢布者之罪，遂定立"折纳则例"，
"令拣各布政司并直隶府州县解纳绢布。如泥污水迹堪染颜色及稍破坏者，皆不
必赔。糜烂、破损不堪用者，准赔补，亦不治罪"。同月定"折纳绢布则例"：
"每丝二十两及十八两，折绢一匹长三丈二尺、阔二尺，绵布每匹长三丈二尺、
阔二尺八寸，重三斤。"⑤ 二十七年，定"灾伤去处散粮则例"："大口六斗，小
口三斗，五岁以下不与。"⑥ 二十八年，定"开中纳米则例"，令出榜召商，于缺
粮仓分上纳。⑦

　　万历《明会典》所载洪武二十六年颁行且记有内容的则例9件，多从同年颁
布的《诸司职掌》中辑录而来，但《诸司职掌》所载则例并不一定是当年制定：
"会典旧列，《诸司职掌》于前，历年事例于后。然《职掌》定于洪武二十六年，
而洪武事例有在二十六年之前者，不无先后失序，今皆类事编年。凡《职掌》旧
文，俱称洪武二十六年定。"⑧ 因此，万历《明会典》所载这9件则例，应视为

① 王圻：《续文献通考》卷4《田赋考》，《续修四库全书》，第761册，第583页。
② 佚名：《秘阁元龟政要》卷14，明抄本，未标页码。
③ 万历《明会典》卷17《户部四·田土》，第112页。
④ 《太祖实录》卷224，《明实录》，台北：台湾"中研院"历史语言研究所，1962年，第3275页。
⑤ 佚名：《秘阁元龟政要》卷16，未标页码。
⑥ 《大明律附例》卷5《户律二》，明嘉靖刻本，第5页。
⑦ 万历《明会典》卷34《户部二十一·课程三·盐法三》，第238页。
⑧ 万历《明会典》，书首"重修凡例"，第7页。

洪武年间所颁。①

其他一些明代史籍中，也记载了某一则例在洪武年间或某一朝编纂的沿革情况。这类记述以《万历会计录》和《续文献通考》居多。以《续文献通考》所载洪武年间"审编则例"为例：

> 审编则例：太祖洪武三年，令各处军民，凡有未占籍而不应役者，许自首。十七年，令各处赋役，必验丁粮多寡、产业厚薄，以均其力。违者，罪之。十八年，令有司第民户上、中、下三等为赋役册贮于厅事，凡遇徭役取验，以革吏弊。二十一年，令税课司局巡栏，止取市民殷实户应当，不许佥点农民。二十四年，令寄庄人户，除里甲原籍排定应役，其杂泛差役，皆随田粮应当。二十六年，定凡各处有司十年一造黄册，分豁上、中、下三等人户，仍开军民灶匠等籍。除排年里甲依次充当外，其大小杂泛差役，各照所分上、中、下三等人户点差。三十一年，令各都司卫所在营军士，除正军并当房家小，其余尽数当差。②

洪武年间补充修订"审编则例"不少于7次。其他很多则例的编纂也有类似情况。这从一个侧面表明，洪武时期一直很重视则例的制定。洪武年间，还颁布了"官田则例"、"银钱则例"、"屯田则例"、"铸钱则例"、"吏员升用则例"等数十种则例。综合分析这一时期各种则例的制定背景、内容及实施状况，可对则例性质、功能有基本认识。

其一，在明初法律体系中，则例是事例的一种，属于"权宜之法"范畴，也是例的重要法律形式之一。明代建国之初，百废待兴，统治者无暇精心编纂法典、法律，也缺乏立法经验，加之朱元璋为治乱世，法令数变，在很长一段时间

---

① 万历《明会典》卷12《吏部十一·考功清吏司·考核一·官员》，第76页；卷17《户部四·田土》，第112页；卷17《户部四·农桑》，第116页；卷29《户部十六·征收》，第219页；卷30《户部十七·仓库一》，第221页；卷34《户部二十一·课程三·盐法三》，第238页；卷40《户部二十七·经费一·赏赐》，第283页；卷101《礼部五十九·丧礼六·恩恤》，第559—561页；卷206《工部二十六·夫役》，第1027页。
② 王圻：《续文献通考》卷21《职役考》，《续修四库全书》，第762册，第186页。

内，明代"常经之法"不够健全。则例的颁行极大地弥补了国家法制的缺失。

其二，则例是明初经济立法的重要形式。洪武年间颁行的国家"常经之法"，仅有《大明律》《诸司职掌》《大明令》涉及经济、财政管理。《大明律》是刑事法律，包括惩处、打击经济犯罪方面的规定，对基本经济制度较少涉及。《诸司职掌》颁行于洪武后期。《大明令》颁行于洪武元年，其中有关食货方面的立法不足 20 条，且都是言简意赅的原则性规定，无法用来调整复杂多变的社会经济关系。则例具有立法适时和规范具体的双重优点，明初在经济和社会秩序较为混乱的情况下，通过颁行各种则例，有效加强了对国家经济、财政和其他重要事务的管理。

其三，则例是国家"常法"的来源。洪武年间在制定国家基本法律的过程中，把一些普遍适用的则例编入国家"常经之法"中，如《御制大诰续编》中收入食钱则例、路费则例，《诸司职掌》收入简繁则例、田土起科则例、没官则例、桑株起科则例、灾伤赈济则例、赏赐则例、开中盐粮则例、在京征收刍草则例、优给则例、工役囚人则例、铸钱则例、赋役则例等。这些则例编入《诸司职掌》和《御制大诰续编》后，成为国家常用法律的组成部分，具有长期稳定性和广泛适用性，不再属于"权宜之法"。则例的编纂，对于完善明代法律制度和法律体系，具有重要意义。

### （二）永乐至弘治间则例的大量颁行

《明会典》的编纂始于弘治十年（1497）。经历靖难之役短暂的波动，永乐至弘治间政局相对稳定，这一时期立法的基本状况可概括为：遵祖宗成宪，广泛制例，以例补法。则例在弥补原有法律体系不足、进一步完善明代食货法律制度方面，担当了重要角色。

遵祖宗成宪是朱元璋为后嗣君主立下的一条规矩，也是他要求子孙在法律制度建设上必须恪守的原则。他死前留下遗训——"已成之法，一字不可改易"。[1]"群臣有稍议更改，即坐以变乱祖制之罪。"[2] 朱元璋立此遗训，目的是保障他颁

---

① 《皇明祖训·序》，杨一凡、田涛主编：《中国珍稀法律典籍续编》，第 3 册，第 483 页。
② 《明史》卷 93《刑法志一》，北京：中华书局，第 2279 页。

行的成法能够传之万世，但却忽略了"法随情变、当适时宜"这一立法精神，给后世创新法制造成了障碍。朱棣发起靖难之役，即以建文帝"变乱祖制"为借口，所以在法制建设方面极力推崇祖制。其后仁宗、宣宗、英宗等君主，都仿效明成祖"恪守祖训"。在这种历史背景下，从永乐到弘治各朝，仅在洪武朝颁行的《军政条例》和《宪纲》基础上，续编了一些新条款，在制定新的"常法"方面没有多少建树。

然而，刑书所载有限，天下之情无穷。随着社会发展和各种新问题不断出现，国家行政运转机制和社会生活管理体系日趋复杂和多样化，明太祖制定的"常经之法"逐渐不能满足国家治理需要。由于不愿意承担"变乱祖制"的罪名，明代历朝君主只能以事例、则例、榜例等对原来的法律体系进行补充，或对一些不适用的条款进行修正。各朝事例一般先由中央各部门议定或朝臣题奏，最后由皇帝批准实施。

制例是这一历史时期立法的基本活动，诸多史书都用"浩瀚"二字形容当时制例的状况。永乐至弘治各朝颁行则例数量尚难详考。检索《明史》《明实录》《国榷》等多种文献，记载这一时期则例达 170 件（表 3）。

表 3  25 种文献所载永乐至弘治则例①

| 制例时间 | 则例名 | 出处 |
| --- | --- | --- |
| 永乐二年(1404) | 苏、松等府水淹去处给米则例 | 《续文献通考》卷 33 |
| 永乐二年 | 复定屯粮则例 | 《明史》卷 125 |
| 永乐三年 | 更定屯田则例 | 《续文献通考》卷 14<br>《南京都察院志》卷 14 |
| 永乐三年 | 屯田子粒则例 | 《国榷》卷 95 |
| 永乐七年 | 兑运加耗则例 | 《明史》卷 99 |
| 永乐十年 | 减凉州盐粮则例 | 《国朝典汇》卷 96 |
| 永乐十年 | 在京文官俸粮本折则例 | 《万历会计录》卷 34 |
| 永乐十六年 | 开中四川、河东、云南、福建盐粮则例 | 《太宗实录》卷 197 |
| 永乐二十二年 | 用钞中盐则例 | 《续文献通考》卷 10 |

---

① 此表共列举则例 140 件。《明宪宗实录》所记成化朝"开中则例"30 件未列入。参见杨一凡、刘笃才：《历代例考》，第 201—202 页。

续表3

| 制例时间 | 则例名 | 出处 |
| --- | --- | --- |
| 永乐年间 | 天下卫所军事月粮本折则例 | 《明史》卷82 |
| 洪熙元年(1425) | 各盐司中盐则例 | 《续文献通考》卷20<br>《明史》卷80 |
| 宣德三年(1428) | 更定纳米中盐则例 | 《续文献通考》卷20<br>《明史》卷80 |
| 宣德五年 | 各处中纳盐粮则例 | 《宣宗实录》卷65 |
| 宣德六年 | 官军兑运民粮加耗则例 | 《国朝典汇》卷97<br>《明史》卷79<br>《天下郡国利病书·苏松备录》 |
| 宣德七年 | 在京文官俸粮本折则例 | 《万历会计录》卷34 |
| 宣德八年 | 松潘中纳盐粮则例 | 《宣宗实录》卷103 |
| 宣德九年 | 辽宁广宁卫于淮浙等处支盐则例 | 《宣宗实录》卷112 |
| 宣德十年 | 中盐运粮则例 | 《英宗实录》卷12 |
| 宣德十年 | 造胖袄则例 | 《登坛必究》卷29 |
| 宣德年间 | 内外官岁俸本色折色则例 | 《明史》卷105 |
| 正统元年(1436) | 运粮官军兑运各处民粮来京输纳加耗则例 | 《英宗实录》卷22 |
| 正统三年 | 独石、马营、云州召商中纳盐粮则例 | 《英宗实录》卷39 |
| 正统三年 | 宁夏卫冬衣布花则例 | 《万历会计录》卷27 |
| 正统四年 | 江西、浙江、福建等地官民田起科则例 | 舒化本《大明律附例》卷5<br>《续文献通考》卷3 |
| 正统七年 | 在京宣课、都税二司税钞则例 | 《英宗实录》卷88<br>《续文献通考》卷18 |
| 正统八年 | 陕西沿边中盐则例 | 《英宗实录》卷109 |
| 正统八年 | 征解夏税、丝绢则例 | 嘉靖《仁和县志》卷4 |
| 正统十年 | 定边等卫中盐纳马则例 | 《英宗实录》卷133<br>《弇山堂别集》卷89<br>《西园闻见录》卷71 |
| 正统十二年 | 秋粮加耗则例 | 嘉靖《仁和县志》卷4 |
| 正统十三年 | 云南腾冲卫指挥司中纳盐粮则例 | 《英宗实录》卷166 |
| 正统十三年 | 寺观庄田减轻则例 | 《大明律附例》卷5 |
| 正统十三年 | 沙塍、东湾埠等处起科则例 | 《万历会计录》卷16 |
| 正统十三年 | 纳马中盐则例 | 《万历会计录》卷27 |
| 正统十四年 | 囚犯运米则例 | 《英宗实录》卷184 |
| 正统十四年 | 官员依品级合用皂隶数则例 | 《国朝典汇》卷35<br>《典故纪闻》卷11 |
| 景泰元年(1450) | 各处中盐则例 | 《皇明大政记》卷8 |
| 景泰元年 | 山西代州纳米中盐则例 | 《英宗实录》卷193 |
| 景泰元年 | 湖广、四川、云南囚犯减轻纳米则例 | 《英宗实录》卷194 |

续表 3

| 制例时间 | 则例名 | 出处 |
|---|---|---|
| 景泰元年 | 湖广五开、清浪、偏桥等处减轻中盐则例 | 《英宗实录》卷 195 |
| 景泰元年 | 纳粮冠带则例 | 《英宗实录》卷 198 |
| 景泰二年 | 辽海、三万、铁岭等卫开中盐粮则例 | 《万历会计录》卷 17《英宗实录》卷 211 |
| 景泰二年 | 民田则例 | 《万历会计录》卷 23 |
| 景泰二年 | 肃州卫等处中盐减轻则例 | 《万历会计录》卷 28 |
| 景泰二年 | 崇文门分司收税则例 | 《嘉靖事例》 |
| 景泰三年 | 江西纳粟冠带则例 | 《英宗实录》卷 220 |
| 景泰三年 | 遵化县召商中纳粮米则例 | 《英宗实录》卷 221 |
| 景泰三年 | 贵州平越、都匀、普定、毕节四卫召商中盐则例 | 《英宗实录》卷 222 |
| 景泰三年 | 山西民纳米冠带则例 | 《英宗实录》卷 223 |
| 景泰三年 | 直隶等处罪人纳米赎罪则例 | 《英宗实录》卷 223 |
| 景泰四年 | 犯笞、杖、徒、流、杂犯死罪纳米赎罪则例 | 《英宗实录》卷 226 |
| 景泰四年 | 山东、河南等地罪人纳米赎罪则例 | 《英宗实录》卷 228 |
| 景泰六年 | 山东、河南、北直隶并顺天府减轻起科则例 | 《英宗实录》卷 254 |
| 景泰六年 | 在京法司并北直隶囚犯运米赎罪则例 | 《英宗实录》卷 256 |
| 景泰六年 | 北直隶并顺天府无额田地减轻起科则例 | 《万历会计录》卷 15 下 |
| 景泰七年 | 浙江嘉、湖、杭官民田征粮则例 | 《英宗实录》卷 270 |
| 景泰七年 | 永平府等地民田则例 | 《万历会计录》卷 18 |
| 天顺初 | 杭、嘉、湖官民田平米则例 | 《续文献通考》卷 2 |
| 天顺二年（1458） | 辽东各处召商中纳盐粮则例 | 《英宗实录》卷 294 |
| 天顺二年 | 徐州中纳盐粮则例 | 《英宗实录》卷 287 |
| 天顺三年 | 新开无额田地及佃种荒地减轻起科则例 | 《续文献通考》卷 2 |
| 天顺五年 | 淮、浙及河东运司召商中纳盐粮则例 | 《英宗实录》卷 325 |
| 天顺五年 | 赎罪则例 | 《英宗实录》卷 335 |
| 天顺六年 | 隐漏地土起科则例 | 《天下郡国利病书》引《杞乘》 |
| 成化元年（1465） | 赎罪通行收钞不准则例 | 《皇明条法事类纂》卷 1 |
| 成化二年 | 在京杂犯死罪并徒流笞杖纳豆则例 | 《皇明条法事类纂》卷 1 |
| 成化二年 | 陕西纳草赎罪则例 | 《宪宗实录》卷 27 |
| 成化二年 | 吏典纳草则例 | 《吏部四司条例》 |
| 成化二年 | 在京各衙门办事官吏纳豆出身则例 | 《皇明条法事类纂》卷 10 |
| 成化二年 | 申明办事官吏纳豆则例 | 《皇明条法事类纂》卷 10 |
| 成化二年 | 瘦损并倒失不即报官则例 | 《南京太仆寺志》卷 4 |
| 成化二年 | 征收夏税则例 | 《皇明条法事类纂》卷 2 |
| 成化二年 | 成造军器则例 | 《军政条例类考》卷 1 |
| 成化三年 | 漕运加耗则例 | 《明经世文编》卷 41 |
| 成化四年 | 有力囚人运石则例 | 《皇明条法事类纂》卷 1 |
| 成化五年 | 征收秋粮则例 | 《皇明条法事类纂》卷 2 |

续表3

| 制例时间 | 则例名 | 出处 |
|---|---|---|
| 成化六年 | 吏典纳草则例 | 《吏部四司条例》 |
| 成化六年 | 监生拨历则例 | 《国榷》卷 36 |
| 成化六年 | 太仓起剥则例 | 《续文献通考》卷 37 |
| 成化六年 | 河南、陕西杖罪以上官吏人等上纳粮米则例 | 《皇明条法事类纂》卷 1 |
| 成化六年 | 纳米赎罪则例 | 《皇明条法事类纂》卷 1 |
| 成化六年 | 广平府官粮则例 | 《宪宗实录》卷 86 |
| 成化六年 | 各王府及功臣之家赐田土佃户纳银则例 | 《续文献通考》卷 3 |
| 成化七年 | 茶课则例 | 《皇明诏令》卷 16 |
| 成化八年 | 山东囚犯纳米则例 | 《皇明条法事类纂》卷 2 |
| 成化九年 | 收受粮斛则例 | 《皇明条法事类纂》卷 15 |
| 成化十二年 | 流民、逃囚等附籍田地减轻起科则例 | 《宪宗实录》卷 160 |
| 成化十三年 | 福建、河东盐引米豆则例 | 《万历会计录》卷 17 |
| 成化十三年 | 辽东军士冬衣布花折色则例 | 《宪宗实录》卷 168 |
| 成化十四年 | 陕西秦、庆、肃、韩四府郡王以下府第工价则例 | 《宪宗实录》卷 176 |
| 成化十四年 | 辽宁二十五卫杂犯死罪以下纳草赎罪则例 | 《宪宗实录》卷 178 |
| 成化十四年 | 运米则例 | 《宪宗实录》卷 184 |
| 成化十五年 | 笞杖罪囚例该做工者出备工价修理监墙厅库则例 | 《皇明条法事类纂》卷 2 |
| 成化十六年 | 船料则例 | 《皇明条法事类纂》卷 2 |
| 成化十六年 | 河间府东光县开垦荒田则例 | 《宪宗实录》卷 203 |
| 成化十七年 | 军民耕赁住起科则例 | 《皇明条法事类纂》卷 2 |
| 成化十七年 | 云南救荒则例 | 《宪宗实录》卷 211 |
| 成化十七年 | 银钱通融则例 | 《宪宗实录》卷 212 |
| 成化十七年 | 知引、承差、吏典捐纳米则例 | 《宪宗实录》卷 216 |
| 成化十七年 | 登、莱沿海瘠地轻科则例 | 《万历会计录》卷 38 |
| 成化十七年 | 长芦、山东中支引盐比照淮南正盐则例 | 《万历会计录》卷 39 |
| 成化十八年 | 苏、松等地三年、六年考满官员赈济纳米则例 | 《宪宗实录》卷 225 |
| 成化十八年 | 六年考满官纳米则例 | 《宪宗实录》卷 225 |
| 成化十八年 | 各王府坟茔准照夏邑郡王增减则例 | 《宪宗实录》卷 232 |
| 成化十九年 | 周府庄田征租则例 | 《宪宗实录》卷 240 |
| 成化十九年 | 囚犯纳米赎罪则例 | 《皇明条法事类纂》卷 2 |
| 成化十九年 | 凤阳等府折银则例 | 《续文献通考》卷 42 |
| 成化二十年 | 陕西秦州借贷则例 | 《宪宗实录》卷 254 |
| 成化二十年 | 浙江杭州府城南税课司抽分则例 | 《宪宗实录》卷 256 |
| 成化二十年 | 军职照地方品级上纳杂粮则例 | 《宪宗实录》卷 256 |
| 成化二十年 | 山西各府并天下生员游学山西者纳粟入监则例 | 《宪宗实录》卷 257 |
| 成化二十年 | 顺、永二府等处杂犯死罪以下囚犯运米则例 | 《皇明条法事类纂》卷 2 |
| 成化二十一年 | 指挥以上官种熟地则例 | 《宪宗实录》卷 263 |

续表3

| 制例时间 | 则例名 | 出处 |
|---|---|---|
| 成化二十一年 | 山西、陕西知印等役纳银冠带则例 | 《宪宗实录》卷 265 |
| 成化二十一年 | 漕运兑运则例 | 《宪宗实录》卷 269 |
| 成化二十一年 | 夏秋二岁改科数目则例 | 弘治《徽州府志》卷 3 |
| 成化二十二年 | 畿内庄田减轻纳税则例 | 《宪宗实录》卷 277 |
| 成化二十三年 | 俸禄则例 | 《弇山堂别集》卷 76 |
| 成化年间 | 梧州商税则例 | 《炎徼纪闻》卷 2 |
| 成化年间 | 成造军器则例 | 《军政条例类考》卷 1 |
| 弘治元年 | 巡捕官兵拿贼不获住俸等项则例 | 《皇明条法事类纂》附编 |
| 弘治元年 | 各钞关税课司局钱钞折银则例 | 《皇明条法事类纂》卷 13 |
| 弘治元年 | 崇文门抽分禁革奸弊则例 | 《皇明条法事类纂》卷 2 |
| 弘治元年 | 囚犯纸札则例 | 《皇明条法事类纂》卷 2 |
| 弘治元年 | 钞关、税课司局折收银两则例 | 《万历会计录》卷 42 |
| 弘治二年 | 顺天、保定等府已故太监庄田照民田起科则例 | 《明经世文编》卷 85 |
| 弘治二年 | 赃物估钞则例 | 《皇明条法事类纂》卷 5 |
| 弘治二年 | 各场灶丁折银则例 | 《古今鲝略》卷 4 |
| 弘治二年 | 官军月粮则例 | 《万历会计录》卷 28 |
| 弘治三年 | 积粮则例 | 《嘉靖事例》 |
| 弘治五年 | 养马贴户则例 | 《南京太仆寺志》卷 2 |
| 弘治六年 | 各王府及功臣之家赐田佃户该纳子粒征银则例 | 《万历会计录》卷 15 下 《续文献通考》卷 6 |
| 弘治六年 | 淮安、扬州、杭州船税则例 | 《天下郡国利病书·浙江备录上》 |
| 弘治六年 | 大同地土纳粮草则例 | 《万历会计录》卷 7 |
| 弘治六年 | 江西、浙江等地税课司局收税按月稽考则例 | 《续文献通考》卷 29 |
| 弘治六年 | 河西务、苏州、九江、临清钞折银则例 | 《续文献通考》卷 22 |
| 弘治六年 | 丁田则例 | 《南京太仆寺志》卷 10 |
| 弘治七年 | 协济水夫则例 | 《续文献通考》卷 100 |
| 弘治十年 | 山东长芦盐引减轻则例 | 《万历会计录》卷 17 |
| 弘治十四年 | 广东、肇庆河泊所随船大小取银则例 | 《万历会计录》卷 43 |
| 弘治年间 | 灾伤免粮则例 | 《续文献通考》卷 19 |

表3所列则例，内容涉及田土、税粮、草料、起运、漕运、仓庾、钱法、钞法、盐法、商税、时估、官员俸禄、军事供给、赏赐、马政、军器、捐纳、救荒、囚犯赎罪等诸多方面，详细规定相关事宜的运行规则和标准，从各个方面弥补了成法之不足。

明初颁行的法律中,《诸司职掌》虽然规定了明朝的基本经济法律制度,但田土、户口数字,税粮、盐茶等课额,各类物料的价值,官吏俸禄和军事供给的标准,囚犯物赎、力赎的标准等,均是按照洪武朝中后期的国情确定的。随着时间推移,《诸司职掌》很多具体规定已与发展变化了的经济状况不相适宜,永乐后各朝颁布的则例,适时对相关标准和规则作了调整,较好地保障了国家法律制度的实施。

### (三) 明代中后期典例法律体系的完善

明代中后期法制建设的重大成就,是颁行了正德《明会典》和万历《明会典》。《明会典》编纂始于弘治十年三月,十五年十二月成书,但还未及颁行,明孝宗就去世了。明武宗继位后,于正德四年(1509)五月命大学士李东阳等重校,六年颁行天下,世称正德《明会典》。正德《明会典》是全面整合明太祖颁行诸法律和历年事例,它的颁行是明代典例法律体系基本框架定型的标志。

正德《明会典》由明太祖成法中仍继续适合行用的条款,以及包括则例在内的累朝通行事例组成,内有国初至弘治十五年所颁行的则例 33 件。把正德《明会典》所收事例与《明实录》等史籍记载的则例相比较,可知正德《明会典》中收入的很多用数字表述钱物和财政收支标准的事例,在最初颁行时,也被称为则例,所以正德《明会典》收入的则例,远比实际颁行的要少。

明神宗万历四年(1576)六月,重修《明会典》,十三年书成,十五年二月刊行,世称万历《明会典》,增补了嘉靖二十八年(1549)至万历十三年事例。[1] 万历《明会典》以六部和其他中央机构为纲、以事则为目,分述明开国至万历十三年 200 余年间各行政机构的建置沿革及所掌职事,是明朝新的典章大全。万历《明会典》把制书中的相关条款与累朝事例合编,其中明确标有"则例"字样的定例为 76 件。

两部《会典》所收则例共 109 件,其中内容重复的有 17 件,实收则例 92 件。(表4)

---

[1] 今存《明会典》有内容简繁不同的两种版本,一般称引的《明会典》,多指万历本。

表4　《明会典》所载则例

| 则例名称 | 颁布时间 | 正德《明会典》 | 万历《明会典》 |
|---|---|---|---|
| 繁简则例 | 洪武年间 | 卷14《吏部十三·考核通例》 | 卷12《吏部十一·考核通例》 |
| 拨赐则例 | 洪武二十四年 | 卷19《户部四·田土》 | 卷17《户部四·田土》 |
| 江西、浙江、福建等地官民田起科则例 | 正统四年 | 卷19《户部四·田土》 | |
| 寺观庄田减轻则例 | 正统十三年 | 卷19《户部四·田土》 | |
| 浙江嘉、湖、杭官民田征粮则例 | 景泰七年 | 卷19《户部四·田土》 | 卷17《户部四·田土》 |
| 新开无额田地及佃种荒地减轻起科则例 | 天顺三年 | 卷19《户部四·田土》 | |
| 灾伤去处散粮则例 | 洪武二十七年 | 卷19《户部四·灾伤》 | 卷17《户部四·灾伤》 |
| 苏、松等府水淹去处给米则例 | 永乐二年 | 卷19《户部四·灾伤》 | 卷17《户部四·灾伤》 |
| 更定屯田则例 | 永乐三年 | 卷19《户部四·屯田》 | |
| 赏山西都司所属卫分布花则例 | 永乐十七年 | 卷26《户部十一·赏赐》 | |
| 大宁、万全二都司所属卫所赏赐布花则例 | 景泰三年 | 卷26《户部十一·赏赐》 | |
| 亲王钱粮放支则例 | | 卷28《户部十三·禄米》 | 卷38《户部二十五·宗藩禄米》 |
| 官田、民田起科则例 | 洪武年间 | | 卷17《户部四·田土》 |
| 没官则例 | 洪武年间 | | 卷17《户部四·田土》 |
| 浙江等因水塌涨去处民田起科则例 | 正统四年 | | 卷17《户部四·田土》 |
| 各处寺观僧道田土减轻则例 | 正统十三年 | | 卷17《户部四·田土》 |
| 新垦田地减轻则例 | 天顺三年 | | 卷17《户部四·田土》 |
| 各宫田土征银轻重则例 | 嘉靖八年 | | 卷17《户部四·田土》 |
| 直隶等府田地科则例 | 嘉靖九年 | | 卷17《户部四·田土》 |
| 编纳差粮则例 | 隆庆二年(1568) | | 卷17《户部四·田土》 |
| 各王府及功臣之家赐田土佃户纳银则例 | 成化六年 | | 卷17《户部四·给赐》 |
| 八府庄田税租折收银钱则例 | 嘉靖十六年 | | 卷17《户部四·给赐》 |
| 民间桑株起科则例 | 洪武年间 | | 卷17《户部四·农桑》 |
| 凤阳等府被灾秋粮折银则例 | 成化十九年 | | 卷17《户部四·灾伤》 |
| 征收则例 | 明初 | | 卷18《户部五·屯田》 |
| 屯田则例 | 永乐三年 | | 卷18《户部五·屯田》 |
| 顺圣拨军耕种地土起科则例 | 景泰六年 | | 卷18《户部五·屯田》 |

续表4

| 则例名称 | 颁布时间 | 正德《明会典》 | 万历《明会典》 |
|---|---|---|---|
| 山东登、莱沿海瘠地照轻科则例 | 弘治十七年 | | 卷18《户部五·屯田》 |
| 各城堡月粮则例 | 隆庆二年 | | 卷18《户部五·屯田》 |
| 优免则例 | 嘉靖二十四年 | | 卷20《户部七·赋役》 |
| 顺、永二府罪囚运米则例 | 成化二十年 | | 卷28《户部十五·边粮》 |
| 在京征收刍草则例 | 洪武年间 | | 卷29《户部十六·征收》 |
| 江西州县征粮则例 | 正德元年 | | 卷29《户部十六·征收》 |
| 改折则例 | 嘉靖三十二年 | | 卷29《户部十六·征收》 |
| 四川类解则例 | 万历六年 | | 卷29《户部十六·征收》 |
| 折纳绢布则例 | 洪武二十六年 | 卷33《户部十八·仓库》 | 卷30《户部十七·内府库》 |
| 折禄折俸罪赎则例 | 国初 | | 卷31《户部十八·钞法》 |
| 各场灶丁折银则例 | 弘治二年 | | 卷32《户部十九·盐法一》 |
| 盐课征银则例 | 嘉靖十年 | | 卷33《户部二十·盐法二》 |
| 盐法则例 | 隆庆四年 | | 卷33《户部二十·盐法二》 |
| 开中盐粮则例 | 洪武年间 | | 卷34《户部二十一·盐法三》 |
| 长芦运司灶户编审则例 | 正德十一年 | | 卷34《户部二十一·盐法三》 |
| 均徭则例 | 正德十一年 | | 卷34《户部二十一·盐法三》 |
| 余盐征银则例 | 嘉靖四十年 | | 卷34《户部二十一·盐法三》 |
| 大兴、宛平塌房收税则例 | 景泰二年 | 卷32《户部十六·课程》 | 卷35《户部二十二·商税》 |
| 正阳门等门税则例 | 正德七年 | | 卷35《户部二十二·商税》 |
| 收钞则例 | 宣德四年 | | 卷35《户部二十二·钞关》 |
| 九江、金沙洲监收钱钞则例 | 成化二年 | | 卷35《户部二十二·钞关》 |
| 各官收钞则例 | 弘治六年 | | 卷35《户部二十二·钞关》 |
| 江西、浙江等地税课司局收税则例 | 弘治六年 | 卷32《户部十七·课程》 | |
| 淮安、扬州钱粮少处折银则例 | 弘治六年 | 卷32《户部十七·课程》 | |
| 河西务、苏州、九江、临清钞折银则例 | 弘治六年 | 卷32《户部十七·课程》 | 卷35《户部二十二·钞关》 |

续表4

| 则例名称 | 颁布时间 | 正德《明会典》 | 万历《明会典》 |
|---|---|---|---|
| 开中纳米则例 | 洪武二十八年 | 卷36《户部二十一·盐法》 | 卷34《户部二十一·盐法三》 |
| 折银则例 | 弘治二年 | 卷36《户部二十一·盐法》 | |
| 楚府则例 | 嘉靖八年 | | 卷38《户部二十五·宗藩禄米》 |
| 主君病故仪宾禄粮则例 | 嘉靖十三年 | | 卷38《户部二十五·宗藩禄米》 |
| 各官折俸折绢折布则例 | 嘉靖三十三年 | | 卷39《户部二十六·俸给》 |
| 客兵行粮则例 | 嘉靖四十一年 | | 卷39《户部二十六·俸给》 |
| 北平军士给赏则例 | 洪武六年 | | 卷40《户部二十七·赏赐》 |
| 赏赐则例 | 洪武年间 | | 卷40《户部二十七·赏赐》 |
| 山西都司所属卫分布花则例 | 永乐十七年 | | 卷40《户部二十七·赏赐》 |
| 岁给军士冬衣、布、花则例 | 未记 | | 卷40《户部二十七·赏赐》 |
| 永乐后续定官员祭葬则例 | 永乐之后 | 卷94《礼部五十三·丧葬》 | |
| 优给则例 | 洪武二十六年，永乐以后续定，隆庆三年更定，万历六年更定，万历十二年续定 | 卷94《礼部五十三·丧葬》 | 卷101《礼部五十九·恩恤》 |
| 筵宴番夷土官卓面则例 | 永乐元年 天顺元年 | 卷103《礼部六十二·筵宴》 | |
| 立功地方则例 | 国初 | 卷106《兵部一·升赏功次》 | 卷123《兵部六·功次》 |
| 加赏地方则例 | 未记 | | 卷123《兵部六·赏格》 |
| 升赏功次则例 | 成化十四年 | 卷106《兵部一·升赏功次》 | |
| 马夫免粮则例 | 洪武八年 | 卷119《兵部十四·驿传》 | 卷148《兵部三十一·驿递事例》 |
| 协济水夫则例 | 弘治七年 | 卷119《兵部十四·水驿》 | 卷148《兵部三十一·驿递事例》 |
| 出银则例 | 正德六年 | | 卷148《兵部三十一·应付通例》 |
| 应合给驿及应付脚力则例 | 嘉靖年间 | | 卷148《兵部三十一·应付通例》 |

续表 4

| 则例名称 | 颁布时间 | 正德《明会典》 | 万历《明会典》 |
|---|---|---|---|
| 比较马匹则例 | 洪武年间 | | 卷153《兵部三十六·比较》 |
| 马船水夫则例 | 嘉靖元年 | | 卷158《兵部四十一·南京兵部》 |
| 船只则例 | 嘉靖三十一年 | | 卷158《兵部四十一·南京兵仗局》 |
| 时估则例 | 未记 | | 卷160《刑部二·名例上》 |
| 运灰脚价则例 | 成化二年 | 卷133《刑部八·五刑赎罪》 | |
| 囚犯赎罪则例 | 嘉靖七年 | | 卷176《刑部十八·五刑赎罪》 |
| 给价则例 | 成化十四年 | 卷147《工部一·郡王府制》 | 卷181《工部一·郡王府制》 |
| 准工则例 | 未记 | 卷154《工部八·工役囚人》 | 卷188《工部八·工匠一》 |
| 造胖袄则例 | 宣德十年 | 卷156《工部十·军器军装》 | |
| 成造军器则例 | 成化二年 | 卷156《工部十·军器军装》 | 卷193《工部十三·军器军装二》 |
| 铸造则例 | 未记 | 卷157《工部十一·窑冶》 | |
| 各处铸钱则例 | 洪武年间 | | 卷194《工部十四·铸钱》 |
| 铸钱则例 | 洪武、嘉靖、万历年间 | | 卷194《工部十四·铸钱》 |
| 造浅船遮洋船则例 | 万历年间 | | 卷200《工部二十·桥道》 |
| 送进内府银两则例 | 嘉靖八年 | | 卷201《工部二十一·斛斗秤尺》 |
| 镇国将军以下病故造坟价银给付递减则例 | 嘉靖四年 | | 卷203《工部二十三·王府坟茔》 |
| 优免则例 | 洪武年间 | | 卷206《工部二十六·夫役》 |
| 纱罗皮张等料则例 | 嘉靖元年 | | 卷207《工部二十七·四司经费》 |
| 造粮船则例 | 成化十七年议定，弘治三年议准 | 卷160《工部十四·船只》 | |
| 召商价银则例 | 嘉靖十年 | | 卷215《太常寺》 |

这些则例涉及官吏考核、田土、赋役、农桑、灾伤、征收、钞法、盐法、商税、官员俸禄、宗藩禄米、赏赐、驿传、铸钱、军器军装、工匠、恩恤、丧葬、囚犯赎罪等各个方面，明确规定了相关事宜的运作规则和标准。

收入《明会典》的则例，成为国家"大经大法"的组成部分。与作为"权宜之法"时不同，入典的现行则例具有长期稳定的法律效力，可以在全国范围内广泛适用；即使是先年则例，也具有行用或参用价值。《明会典》颁行后，其关于钱物管理和财政收支方面的规定基本上被遵用。在明朝始终未制定统一食货法典的条件下，则例收入《明会典》，极大提升了其法律地位。

由于社会经济仍在不断发展变化，万历、天启、崇祯各朝也从实际需要出发，颁布了不少则例，以作为《明会典》的补充。据史载，万历朝颁行的则例有相当的数量，仅《万历会计录》所记万历时期的则例就达 100 余件。这一时期所颁则例多数在万历十五年以后，如万历十六年七月颁布"派征粮差则例"，[①] 十七年颁布"陆饷货物抽税则例"，[②] 十八年十月颁布"输银助边升赏则例"。[③] 天启、崇祯年间颁行的则例也不少，因本文篇幅所限，仅举几例，如天启年间颁布"水灾漕粮改折则例"、"优免则例"、"抽分楠木则例"、"抽分杉条苗竹则例"等。[④] 崇祯元年（1628）七月颁布"田粮则例"，[⑤] 十年七月颁布"应支廪粮料草则例"，[⑥] 十三年重定"监生则例"。[⑦]

### （四）明代则例编纂取得较大发展

明代以前的则例，唐五代是偶然用之，元代无多少创新，仅宋代数量较多。

---

① 翁遇汝等辑，史继辰等校订：《增修条例备考》户部卷 2，明万历二十五年刻本，第 41 页 b、42 页 a。
② 张燮：《东西洋考》卷 7《饷税考》，北京：中华书局，1981 年，第 141—143 页。
③ 翁遇汝等辑，史继辰等校订：《增修条例备考》户部卷 3，第 3 页 a—4 页 a。
④ 毕自严：《度支奏议》浙江司卷 1，《续修四库全书》，第 488 册，第 160 页；施沛：《南京都察院志》卷 20，《四库全书存目丛书补编》，第 73 册，第 566—568 页；卷 23，《四库全书存目丛书补编》，第 73 册，第 645—650 页。
⑤ 孙承泽：《春明梦余录》卷 35，北京：北京古籍出版社，1992 年，第 580—583 页。
⑥ 孙传庭：《白谷集》卷 1，景印文渊阁《四库全书》，第 1296 册，第 202 页。
⑦ 万斯同：《明史》卷 74《选举志四·学校中》，《续修四库全书》，第 325 册，第 318 页。本文他处所引均为官修《明史》。

明代则例与宋代则例有密切传承关系和很多共同之处，如许多称谓沿袭宋代，生成途径多源于行政管理中的案例或通过删定编次先例形成，功能主要是规定与钱物管理或财政收支相关的标准等，但在两个方面较宋代有重大发展。

其一，则例在国家法律体系中的地位得到提升。宋代法律体系以律、令为主，例是法律效力位阶较低的法律形式，则例又仅是众多例中之一，其对法律体系和社会的影响比较有限。明代的典例法律体系以例为核心，例上升为国家主要法律形式后，则例作为例的一种，法律地位也随之提升，成为一种广泛适用的、独立的法律形式。明代统治者在立法过程中，很重视把那些能够普遍适用于全国的则例，编入国家的"大经大法"、"常经之法"和重要法规之中。如《诸司职掌》收入则例15件，正德《明会典》收入则例33件，万历《明会典》收入则例76件。《万历会计录》收入则例113件，详记万历年间全国田亩、户数、税额、各项费用和沿革事例、新订章程，是国家财政收支的依据。《御制大诰续编》《皇明祖训》《宪纲事类》《吏部条例》《漕运议单》《重修问刑条例》等国家重要法律也都收有则例。这些则例被编入法典、法律和重要法规后，具有较高的法律效力，能够长时间在全国通行。

其二，则例内容和适用范围得到扩大。宋代则例虽然数量可观，但其制定和发布多是为了应急，没有事前的统一规划。税收、俸禄、请给等方面的则例较多，其他方面的较少甚至空缺。进入明代后，则例开始广泛用于食货、行政、军政、司法管理等领域，朝廷颁行则例数量庞大，对全国或各地不同情况的相关事务管理标准作了详细规定。虽然明代则例主要用于规定食货管理制度等方面的标准和规则，但在国家各项事务管理中与钱物相关的标准，同样以则例的形式予以规范。明代则例的编纂水平和规范性也较宋代有了较大提高。特别是明末刊刻的《四译馆增定馆则》，全书20卷，较全面记述了四译馆的活动规则，其内容结构、编纂体例与清代部院则例的纂修方法相类似，开单独编纂官府部门则例之先河。

终明一代，则例的颁行始终未曾中断。明代发布的则例，都是经过一定的立法程序，经朝廷批准，或由官府奉旨制定，具有现实的法律效力。由于明代社会经济处于不断发展变化之中，各类则例的制定、修订和实施都很频繁，它作为国家重要法律形式之一，在调整社会经济关系方面，具有其他法律形式不可替代的作用。

第一，则例是国家经济、财政立法的重要形式。作为法律细则性定例，则例不仅具有因时、因地制宜的特点，而且具有实施国家基本经济法律制度的功能。由于各地自然条件不同，经济发展状况千差万别且处于不断变化之中，因此无法制定通行全国的经济法典或比较系统的经济管理方面的法律，从而统一规范全国的经济活动。在明代法律体系中，律是刑事法律；经统治者精心修订的"常经"性条例，除《问刑条例》外，基本上都是有关行政、军政管理方面的单行法律，是与刑律并行的国家基本法律；事例、榜例往往是一事一立，内容涉及刑事和非刑事的多个方面，但较少涉及经济管理事项的标准和实施细则。为了健全国家经济、财政法律制度和加强对经济活动的管理，明朝在《大明令》《诸司职掌》《明会典》中，对田制、赋役、税粮、会计、库藏、盐法、茶法、钱法、钞法、税法、漕运、马政、俸饷、营造、河防等方面作了原则性规定，但这些原则性法律并不能适应各地经济活动千变万化的实际状况。在这种情况下，因时因地、有针对性地制定则例，就成为保障国家经济正常运转的重要举措。

第二，则例具有具体、详细和数字化的特点，有利于在实践中准确遵行。则例基本上是根据经济、行政、军政、司法等管理过程中出现的与钱物运作相关的问题制定的，内容多是有关钱粮、税收、供给、赏赐、财政、俸禄等方面的收支标准。它与条例、事例、榜例的不同之处在于，绝大多数则例的规定是用具体数字表示。譬如，根据不同田土的性质和土地瘠肥的等级，分别规定不同的赋役标准；根据不同物品，规定不同价格；等等。这样做主要是为了使地方官员在执法中有具体标准可以遵循，不仅可以有效加强经济管理，也有利于防范官吏营私舞弊。

第三，则例兼有立法适时和相对稳定的优点。则例的内容针对性很强，有些适用于某一地区，有些适用于某一群体，也有些适用于全国。在明代例的体系中，单行条例是统治者精心制定的，立法周期相对较长，稳定性也较强，其公布后往往经多年或数十年才需要进行修订。榜例、事例是统治者针对随时发生的问题及时制定的，立法适时，但稳定性相对较差。则例同榜例、事例一样，也是及时制定和颁行的，但由于它是遇到经济条件变化时才进行修订，甚或直接颁行新的则例，因此，则例的稳定性虽不及条例，但多数则例较榜例、事例的时效性要长。如"救荒则例"在完成赈灾任务后就失去效力，但针对某一地区制定的"赋役则例"则可以在较长时间内行用。

明王朝在长达276年的治国实践中，针对不同时期、不同地区、不同行业的变化情况，制定了大量则例，用以调整各种错综复杂、不断变动的社会经济关系。虽然明代国家基本政治、经济制度方面存在一些缺陷，各地经济发展失衡、贫富悬殊和社会矛盾激化的问题也未得到根本解决，但是则例的制定和实施，对于调整经济关系及缓和社会矛盾、保障国家经济在绝大多数时间内基本正常运转，发挥了重大作用。

## 四、清代则例

清朝为规范各级机构的行政运转和强化国家对各项事务的管理，建立了一整套以《会典》为纲、以则例为目的法律制度。清代的制例活动，除适时颁行事例、条例和定期修订《大清律》后的附例外，主要是进行则例的编纂和修订。清代纂修则例数量之多，各种则例篇幅之长、内容之系统，以及占国家立法总量比重之大，都是之前朝代无法比拟的。

清代纂修的则例大多仍存于世。笔者对中国国家图书馆、北京故宫博物院图书馆、中国社会科学院图书馆法学分馆等 41 家图书馆和博物馆藏清代则例的版本进行了初步调研，① 这些藏书单位现存不同版本清代则例文献共 851 种，其中顺治朝 2 种、康熙朝 55 种、雍正朝 48 种、乾隆朝 169 种、嘉庆至清末 577 种。

---

① 41 家图书馆名称及在本文中的简称分别是：中国国家图书馆（国图）、故宫博物院图书馆（故宫）、中国国家博物馆图书馆（国博）、首都图书馆（首图）、中国科学院文献情报中心（科图）、中国社会科学院图书馆法学分馆（法学所）、中国历史研究院图书档案馆（历史院）、北京大学图书馆（北大）、清华大学图书馆（清华）、中国人民大学图书馆（人大）、北京师范大学图书馆（北师大）、中央民族大学图书馆（中央民族）、武汉大学图书馆（武大）、中山大学图书馆（中山）、南京大学图书馆（南大）、复旦大学图书馆（复旦）、华东师范大学图书馆（华东师大）、吉林大学图书馆（吉大）、东北师范大学图书馆（东北师大）、安徽大学图书馆（安大）、山东师范大学图书馆（山东师大）、上海图书馆（上图）、南京图书馆（南图）、浙江图书馆（浙图）、辽宁省图书馆（辽图）、吉林省图书馆（吉图）、山东省图书馆（山东）、湖南图书馆（湖南）、云南省图书馆（云南）、福建省图书馆（福建）、大连图书馆（大连）、浙江宁波天一阁博物院（天一阁）、香港新亚研究所图书馆（香港新亚）、台北"故宫博物院"图书馆（台故图）、台湾"中研院"历史语言研究所傅斯年图书馆（台傅）、台湾"中研院"近代史研究所图书室（台近）、台湾"中央图书馆"（台图）、台湾"中央图书馆"台湾分馆（台分图）、台湾师范大学图书馆（台师大）、台湾大学文学院联合图书室（台大文）、日本东京大学东洋文化研究所大木文库（大木）。

就其内容和颁行的衙门分类,有综合类 118 种、宫廷类 81 种、吏部类 167 种、户部类 119 种、礼部类 90 种、兵部类 87 种、刑部类 6 种、工部类 100 种、其他衙门 83 种。此外,考虑到国内外还有许多图书馆藏有清代则例文献,现藏不同版本的清代则例文献数量应在千种以上。

则例是清代重要法律形式。清代则例按其规范对象和性质,可以分为会典则例、六部和各院寺监则例、中央机关下属机构则例、规范特定事务的则例。清代统治者对于则例的纂修,由不成熟走向逐步完善,大体经历了三个阶段。

### (一) 顺治、康熙时期则例使用范围的扩大

清入关后,由于战事不断、政局动荡,没有足够精力从事系统的法律编纂活动。面对国家治理中出现的大量社会问题,除沿用明代法律外,多是应急立法,行政、食货、礼仪、军政等方面的法令,主要是以事例和单行条例的形式颁布的。顺治五年 (1648),颁行 "使臣礼物条例";① 八年三月,定 "王公朝集例"、"袭爵例"、"斋戒例";② 九年,定 "各学条例"、③ "官员封赠例";十年四月,定 "满官离任持服三年例"、"旌表宗室节孝贞烈例"、"热审例",复 "秋决朝审例"、"刑部三覆奏例";十三年二月,"定部院满官三年考满、六年京察例";④ 十五年,颁 "礼部更定科场条例",⑤ "更定理藩院大辟条例";十六年闰三月,"定犯赃例";同年十二月,"定世职承袭例"。⑥ 顺治年间,还制定不少用以规范钱粮事务管理标准的则例。如五年三月,定 "优免则例",对各级品官、以礼致仕官员、教官、举贡监生、生员、杂职吏员在免除田粮方面所享受的优待作了详细规定。七年八月癸卯,户部奏:"故明卫所军丁有领运之责,故屯田征派较民地稍轻。今军丁既裁,凡无运粮各卫所屯田地亩,俱应查照州县 '民田则例' 一体起科征解。从之。"十一年三月丙申,"敕谕赈济直隶大臣巴哈纳等曰⋯⋯但系

---

① 《世祖实录》卷 36,顺治五年正月戊申,《清实录》第 3 册,北京:中华书局,1985 年,第 291—292 页。
② 《清史稿》卷 5 《世祖本纪二》,北京:中华书局,1976 年,第 124 页。
③ 《钦定皇朝文献通考》卷 69 《学校考》,景印文渊阁 《四库全书》,第 633 册,第 646 页。
④ 《清史稿》卷 5 《世祖本纪二》,第 128、133—135、144—145 页。
⑤ 《世祖实录》卷 116,顺治十五年四月丁亥,《清实录》第 3 册,第 906 页。
⑥ 《清史稿》卷 5 《世祖本纪二》,第 153、155、157 页。

饥民，一体赈济，务使均沾实惠，不许任凭胥吏等人侵克冒支。其应征、应停、应免钱粮，查照该部奏定则例，逐一明白开列，示谕小民"。十四年十月丙子，谕户部："'钱粮则例'俱照万历年间。其天启、崇祯时加增，尽行蠲免……原额以明万历年刊书为准。"①

顺治朝法制建设的一个重大发展，是扩大了则例适用范围，将之广泛运用于经济活动之外的其他领域，并进行了刑事、行政类单行则例的编纂。《清史稿》载，"其《督捕则例》一书，顺治朝命臣工纂进，原为旗下逃奴而设。康熙十五年重加酌定"。②《国朝宫史》记有"《督捕则例》一部"，该条目下注曰："世祖章皇帝特命纂成《督捕则例》，圣祖仁皇帝命重加酌定。"③薛允升在《读例存疑》中曾对《督捕则例》作了详细考析："《督捕则例》始于国初，乾隆八年奏明全行修改，以后或增或删，均有按语可查。惟督捕原例及康熙年间改纂之例，历次修例按语均未叙入，是以无从稽考。"据薛氏考证，乾隆时纂修的《督捕则例》，其内容与顺治时颁布的督捕则例相同或相近的条目，仅有"另户旗人逃走"、"窝逃及邻佑人等分别治罪"、"另户人不刺字"、"十日内拿获不刺字"、"携带同逃"、"外省驻防属下人逃"、"误行刺字"7条，且这些条目的文字分别在康熙、乾隆时有所改动。④由此可知，顺治时制定的《督捕则例》内容还是比较简略的。

顺治年间，还编纂有以考核官吏业绩为基本内容的《考成则例》。《清史稿》曰："漕粮为天庾正供，司运官吏考成綦严。顺治十二年，定漕、粮二道考成则例。经征州县卫所各官，漕粮逾期未完，分别罚俸、住俸、降级、革职，责令戴罪督催，完日开复。"⑤又据顺治十七年吏部尚书孙廷铨《用人四事疏》，其一曰"宽考成"，内称"自钱粮考成，头绪繁杂，以致降级革职者，一岁不可胜纪。人

---

① 王先谦：《东华录》顺治10，顺治五年三月壬戌；顺治15，顺治七年八月癸卯；顺治22，顺治十一年三月丙申；顺治29，顺治十四年十月丙子，《续修四库全书》，第369册，第279、305、376、425页。

② 《清史稿》卷142《刑法志一》，第4189页。

③ 鄂尔泰、张廷玉等编纂：《国朝宫史》卷26《书籍五·典则》，左步青点校，北京：北京古籍出版社，1987年，第550—551页。

④ 薛允升：《读例存疑》卷53《督捕则例上》，黄静嘉重校本，台北：成文出版社，1970年，第1317页。

⑤ 《清史稿》卷122《食货志三·漕运》，第3590页。

材摧残，催科酷烈"，"今莫若将考成则例敕下户部，再详加考订，酌量宽减"。①另外，乾隆《钦定台规》载："顺治十八年都察院题定，各项钱粮向有《考成则例》。"② 这些记载表明，顺治年间曾颁行过《考成则例》。

如果说顺治年间主要是对编纂则例进行了有益探索的话，那么，朝廷有计划地展开则例编纂则是从康熙年间开始的。康熙朝是清代法制的奠基时期，在则例编纂方面取得很大成就。据笔者对 41 家图书馆初步调研，馆藏康熙时期编纂和刊印的则例文献有 55 种。现把代表性文献列表述后。（表 5）

表 5 康熙朝则例文献举要

| 类别 | 则例名称 | 卷数·册数 | 成书或刊印时间 | 馆藏单位 |
|---|---|---|---|---|
| 六部 | 六部题定新例(内含则例 8 卷) | 不分卷，25 册 | 康熙九年刻本 | 法学所 |
| | 六部题定新例 | 6 卷 | 康熙九年增修本 | 科图 |
| | 六部题定新例 | 11 卷，16 册 | 康熙二十四年官修，宛羽斋刻本 | 大木 |
| | 新增六部题定现行则例 | 存 7 卷，7 册 | 康熙官修，清抄本 | 大木 |
| | 钦定六部则例 | 不分卷，6 册 | 康熙十五年刻本 | 法学所 |
| | 六部则例 | 不分卷，4 册 | 康熙十五年抄本 | 法学所 |
| | 六部现行则例(清初至康熙四十一年定例) | 11 册 | 清抄本 | 台傅 |
| | 六部考成现行则例 | 不分卷，10 册 | 康熙八年抄本 | 北大 |
| | 新定六部考成现行则例 | 17 卷，24 册 | 康熙二十九年刻本 | 法学所 |
| | 新增更定六部考成现行则例 | 16 卷，目录 2 卷，18 册 | 康熙四十一年官修，清抄本 | 大木 |
| | 新增更定六部考成现行则例 | 14 册 | 康熙间颁，清抄本 | 法学所 |
| | 钦定处分则例 | 不分卷，4 册 | 康熙刻本 | 法学所 |
| | 钦定删繁从简处分则例 | 不分卷，存 3 册 | 康熙十四年官修，十五年宛羽斋李伯龙书房刻本 | 大木 |
| 吏部 | 满洲品级考 1 卷,汉军品级考 1 卷,汉品级考 5 卷,铨选满洲则例 1 卷,铨选汉则例 1 卷 | | 康熙十二年官修，刻本 | 大木 |
| | 满洲品级考 | 1 卷，1 册 | 康熙刻本 | 科图 |
| | 汉品级考汉军品级考 | 6 卷，5 册 | 康熙刻本 | 科图 |

① 贺长龄等辑：《皇朝经世文编》卷 13《治体七》，沈云龙主编：《近代中国史料丛刊》第 74 辑，台北：文海出版社，1966 年，第 517—518 页；罗振玉辑：《皇清奏议》卷 15，南京：凤凰出版社，2018 年，第 332 页。

② 《钦定台规》卷 6《巡盐》，杨一凡编：《中国监察制度文献辑要》，北京：红旗出版社，2007 年，第 5 册，第 159 页。

续表5

| 类别 | 则例名称 | 卷数·册数 | 成书或刊印时间 | 馆藏单位 |
|---|---|---|---|---|
| 户部 | 浙海钞关征收税银则例 | 不分卷,1册 | 康熙刻本 | 上图 |
| 礼部 | 礼部题准更定科场条例 | 1卷,1册 | 康熙刻本 | 法学所 |
| 兵部 | 中枢政考 | 4卷,4册 | 康熙十一年官修,康熙刻本 | 故宫、辽图 |
|  | 钦定中枢政考 | 12册 | 康熙三十九年刻本 | 法学所 |
|  | 中枢政考 | 4卷 | 康熙刻本 | 北大 |
|  | 兵部督捕则例 | 不分卷,2册 | 康熙十五年刻本 | 北大 |
|  | 督捕则例 | 1卷,1册 | 康熙十五年官修,刻本 | 大木 |
|  | 兵部督捕则例 | 1卷,1册 | 康熙刻本 | 国图 |
| 刑部 | 刑部新定现行则例 | 2卷,4册 | 康熙二十九年刻本 | 北大 |
|  | 刑部新定现行则例2卷,附兵部督捕则例1卷 | 16册 | 康熙刻本 | 科图 |
| 其他 | 六部则例全书 | 20卷,16册 | 康熙五十四年刻本 | 北大、法学所 |
|  | 六部则例全书 | 20卷,11册 | 康熙五十五年青门公署宽恕堂刻本 | 北大 |
|  | 六部则例全书 | 6册 | 康熙刻本 | 国图 |
|  | 本朝则例全书 | 18卷,16册 | 康熙六十一年刻本 | 法学所 |
|  | 本朝则例类编 | 12卷,续增新例4卷,16册 | 康熙四十二年庆宜堂刻增修本 | 科图 |
|  | 本朝则例类编 | 12卷,14册 | 康熙云林书坊重刻本 | 北大、法学所 |
|  | 本朝续增则例类编 | 14册 | 康熙五十二年刻本 | 法学所 |
|  | 本朝则例 | 12卷 | 康熙刻本 | 大连 |
|  | 定例全编 | 50卷,34册 | 康熙五十四年刻本 | 辽图、法学所 |
|  | 大清律例朱注广汇全书(内有六部则例) | 30卷,10册 | 康熙四十五年重刻本 | 法学所 |
|  | 定例成案合镌(附续增28卷,逃人事例1卷续增1卷) | 30卷,8册 | 康熙四十六年刊增修本 | 科图 |
|  | 定例成案合镌(内有六部处分则例、六部续增则例、刑部现行则例、兵部督捕则例等) | 30卷,10册 | 康熙五十二年刻本 | 法学所 |
|  | 定例成案合镌 | 30卷,16册 | 康熙六十年刻本 | 法学所 |
|  | 本朝题驳公案 | 11卷,10册 | 康熙五十九年刻本 | 法学所 |

下面,择要介绍几部康熙年间编纂的代表性则例。

1. 《钦定处分则例》《续增处分则例》

《钦定处分则例》是康熙年间则例编纂的重要创举,其内容是关于官员违制行为应受行政处分的规定。因主管文职官员行政处分事宜的是吏部，故又称《吏部处分则例》；又因其处分对象主要是六部官员，编纂体例以六部分类，也被称为《六部则例》。它始修于康熙九年（1670），康熙十五年修订后颁行，之后又于康熙二十五年续修，增补了康熙十五年后新定则例，续修本题名为《续增处分则例》。

现见《钦定处分则例》，有法学所藏康熙刻本。该所藏《钦定六部则例》康熙十五年刻本及《六部则例》康熙抄本，内容及编纂体例等均与《钦定处分则例》康熙刻本相同，只是书名有异，很可能《钦定六部则例》为书坊刻本，《六部则例》为私家抄本。康熙朝制定的《钦定六部则例》，为文华殿大学士管吏部尚书事对哈纳等奉敕纂修。该书不分卷，由吏部则例、户部则例、礼部则例、兵部则例、刑部则例、工部则例及督捕则例7部分组成，共258条。其中，《吏部则例》有抚绥无术、选官回避、升员离任、丁忧违限、失报事故、推委事件、不报逃官、失火、擅行裁汰、留用贪官、馈送礼物、亲友招摇、误用印信等63条；《户部则例》有地丁钱粮限满、盐课限满、运解漕粮议叙处分、仓库坐粮考核、钱粮未完离任、关税考核、失察私铸、违例起解、报灾逾限、隐匿地亩、挪移钱粮、克扣兵饷、违例支给、造册遗漏等78条；《礼部则例》有科场徇庇劣生、擅放贡舡、考试迟延等12条；《兵部则例》有盗案、土官处分、捕役为盗、违禁出海、制造军器、私发马匹、违误驿务、克扣驿饷、盗窃处分等23条；《刑部则例》有官员停止监锁、失察衙役犯赃、监毙人命、重犯越狱不报、擅用非刑、承问失出、误行正法、错行折赎、检验不确、擅行发配、错解人犯、错行处决等40条；《工部则例》有解送匠役、不修堤桥、造作迟延、未修营房、城郭等项限内坍塌等11条；《督捕则例》有不实查报逃人、取保释放、隐留窝家产业、文武官员窝逃、拿解良民、谎递逃牌等31条。

2.《六部考成现行则例》

《六部考成现行则例》是清廷考核各级官吏业绩及奖惩办法的规定。该则例始修于顺治年间，康熙初重修。据北京大学图书馆藏本前所记康熙上谕及吏部等衙门题奏可知，康熙元年六月以来，对在外官员三年一次考察的制度停止执行；康熙四年正月以来，六年一次考察京官的制度也未进行。为了健全官吏考核制度，康熙采纳朝臣意见，命吏部、兵部、都察院等衙门纂修《考成则例》。康熙六年三月，该则例正式修成。《六部现行考成则例》以吏、户、礼、兵、刑、工六部为序，就各部及所属衙门的职掌、考核规则、业绩纪录、加级、降罚、录用及违法治罪等作了详细规定。吏部等衙门为该书所写题奏云："应自此考核年分算起，六年一次考察京官，三年一次大计外官，命下通行直隶各省督抚，遵行可也。"① 该则例的基本内容为以后各朝纂修《吏部则例》和《吏部处分则例》时所吸收。

3.《督捕则例》

《督捕则例》始修于顺治年间，康熙年间又进行了重修。中国国家图书馆藏康熙刻本《兵部督捕则例》一卷，题索额图等纂。卷首载索额图等题本云："康熙十五年正月十四日奉上谕：谕兵部督捕衙门：逃人事情关系旗人重大，前因恐致百姓株连困苦，故将条例屡行更改减定，期于兵民两益。近见各该地方官奉行疏玩，缉获日少，旗下民生深为未便。兹应遣部院大臣会同尔衙门，将新旧条例逐一详定，务俾永远可行。"② 由于康熙对修订《督捕则例》十分重视，修订工作进度很快，用了不到一个半月就起草完毕。同年二月二十七日书成，四月初五康熙下旨刊行。

《督捕则例》正文收录有关逃人条例113条，内有十日内不刺字例、另户人不刺字例、买人例、窝家地方等治罪例、出首逃人例、店家治罪例、遗漏逃牌例、顺治元年以前逃走例、文武官员功过例等目。书末另附有新续则例3条，卷后之文载，"兵部督捕咨东司案呈，查得本部则例于康熙十五年四月内题定，刊刻通行内外"；"今将题定则例并新续数条通行直隶各省督抚，仍照前刊刻"云云。乾隆八年（1743）刊行的《督捕则例》书首载律例馆总裁官、大学士徐本等题稿云："自我朝定鼎之初，世祖章皇帝特命臣工纂成《督捕则例》，嗣于康熙十五年，复蒙圣祖仁皇帝钦点大学士臣索额图等重加酌定，刊布遵行，迄今七十余年，未经修辑。"③ 据上述记载可知，《督捕则例》自康熙十五年到乾隆八年，一直没有进行过系统修订。这期间刊印的《督捕则例》，只是增加了一些新续条

① 《六部考成现行则例》，清康熙八年抄本，"卷首题奏"，未标页码。
② 索额图等：《兵部督捕则例》，清康熙刻本，第1页。
③ 《督捕则例》卷上，故宫博物院编：《故宫珍本丛刊》，海口：海南出版社，2000年，第293册，第3页。

数，基本上保持了该书原貌。

4. 《中枢政考》

《中枢政考》实际上是清代兵部则例，始修于康熙十一年。时任兵部尚书的明珠曾于康熙十年二月充经筵讲官，同年十一月调任兵部尚书。在《中枢政考》编纂前，明珠曾以"经筵讲官、兵部尚书"领衔向皇帝建言"请将现行则例斟酌更正"。行文中提及兵部条规皆以"则例"称之。明珠把兵部职掌及其性质概括为"职典邦政，事关枢机"，故将兵部则例题名为《中枢政考》。① 《中枢政考》的称谓是否来源于此，有待进一步考证，然其内容为兵部则例无疑。康熙年间编纂的《中枢政考》，与以后各朝卷帙浩繁的《中枢政考》相比较，内容相当简略。

5. 《浙海钞关征收税银则例》

《浙海钞关征收税银则例》康熙刻本，现藏上海图书馆。中国国家图书馆亦藏有此书。其内容是各海关、口岸对各种应上税课的货物征收税银的具体规定，征收税银的货物包括各色布匹、颜料胶漆、铜铁锡铅、瓷器纸箔、瓦缸钵、腌鲜牲畜野味、皮张毛角、杂色药材、藤漆什物、竹木柴炭、绒毡毯棕竹席、香椒糖蜡、干鲜果菜、油面茶酒粉、海味鱼鲜等。朝廷制定该则例的目的，既是为了防止商人逃税、确保国家财政收入，也是为了防止官吏额外勒索、保障商业活动正常进行。据《康熙起居注》载，康熙二十八年巡视浙江时谕臣下曰："至各处榷关原有则例，朕舟行所至，咨访过关商民，每不难于输纳额税，而以稽留关次不能速过为苦。榷关官员理宜遵奉屡颁谕旨，恤商惠民，岂可反贻商民之累？"② 可知当时浙江所设榷关是依照则例管理的。

康熙朝编纂的则例，除行政类则例外，还有刑事类则例。康熙十九年颁行的《刑部新定现行则例》，其体例仿效顺治初颁布的《大清律》，以吏、户、礼、兵、刑、工六部分类，并于康熙二十八年收入《大清律》条例内，是清代统治者创造性制定本朝刑事法律的尝试。这部刑事法律以则例为名，说明在康熙君臣心目中，则例仍是用于完善刑事、行政等诸方面的重要法律形式；不像清代中后期

① 参见杨一凡、刘笃才：《历代例考》，第 314 页。
② 《康熙起居注》，康熙二十八年二月己酉，北京：中华书局，1984 年，第 1833 页。

的则例主要用于规范行政法律制度，完善律典的刑例不再以则例为名。康熙朝编纂的则例，主要是进行了以"六部一体"为特点的综合性编纂，虽然尚不完善，但这一历史时期编纂则例的实践和成就，为清代中后期以则例为立法形式完善国家法律制度提供了丰富经验。

现存康熙朝刊印的则例文献中，除官刻本外，坊刻本亦不少，反映了当时社会对则例类书籍的需要。对于各级官吏和准备进入仕途的士人来说，则例是非常重要的读物，故这类图书有相当的市场。书坊本则例的编纂方式和刊刻质量，较之官刻本并不逊色。以《本朝则例全书》为例，该书首载康熙五十五年川陕总督鄂海序，故有人将此书题为鄂海辑。据序可知，此书是将"凡皇上钦定各案，有关国政有阐律文者，逐为登记，汇成一书"，属于半官方印刷品。从鄂序后朱植仁撰《纂辑则例记言》看，朱植仁应该是实际编者。《纂辑则例记言》曰："是集分为二编，一曰定例，一曰处分。定例者，兴利除弊，革故图新，行其所不得不行，止其所不得不止，治天下之大经，政也；处分者，彰善瘅恶，激劝臣工，陟黜有定衡，叙罚有定数，治天下之大法，令也。坊钞悉皆合载，以致错杂难稽。今特分而二之：六部定例一十二本；六部处分四本。依类而取阅焉，政令于是乎备矣。"针对一些坊刻本把定例与处分混编在一起"以致错杂难稽"的情况，该书将两者明确区分、分别编辑，颇为难得。关于处分则例的内容，据《纂辑则例记言》云，是"以康熙十五年颁发《钦定处分则例》为主，继以康熙二十五年颁行《续增则例》，嗣此而各年题定诸条，俱依类附载，其有刊本未备款项，则于从前行过各成案，一并附记，以资考正"。[1] 这从侧面证实了康熙修订刊发处分则例的情形。

康熙时期坊刻本则例还有《本朝则例类编》《本朝续增则例类编》等。坊刻本往往以官方颁布的则例为基础，增辑朝廷新定的相关定例，内容更加完整、系统、实用。其所增辑的定例或是皇帝的上谕，或是经皇帝批准的臣工奏疏。鉴于则例系皇帝钦定，必须"一字无讹"，辑者所做的只是对定例进行分类编排。只有在定例前后不一致时，才有选择取舍的问题，取舍原则也很简单：按照定例颁

---

① 朱值仁：《纂辑则例记言》，鄂海辑：《本朝则例全书》，清康熙六十一年刻本，第 2 页 b、3 页 a。

行时间的先后去旧存新而已。坊刻本不仅有助于推动则例的传播，其编辑方法对于官方编纂则例也有一定的借鉴意义。

### （二）雍正、乾隆时期则例纂修的系统化和制度化

雍正执政时期，一直很重视则例编纂。现存于世的清代则例文献中，北京故宫博物院图书馆藏有雍正三年（1725）内府刊《钦定吏部则例》58 卷本，法学所藏有清雍正三年刊《钦定吏部处分则例》47 卷本，说明雍正朝初期已着手进行则例纂修。又据《清史稿》："雍正元年，巡视东城御史汤之旭奏：'律例最关紧要，今《六部现行则例》，或有从重改轻，从轻拟重，有先行而今停，事同而法异者，未经画一。乞简谙练律例大臣，专掌律例馆总裁，将康熙六十一年以前之例并《大清会典》，逐条互订，庶免参差。'世宗允之，命大学士朱轼等为总裁，谕令于应增应减之处，再行详加分晰，作速修完。三年书成，五年颁布。"[1] 由于《大清会典》与《六部现行则例》是纲与目的关系，内容密切相关，则例是实施会典的细则，故雍正要求同时修订并于雍正五年颁行。三年七月四日，雍正谕旨曰："今律例馆纂修律例将竣，著吏、兵二部会同将铨选处分则例。并抄白条例，逐一细查详议，应删者删，应留者留。务期简明确切，可以永远遵守。仍逐卷缮写，开原书进呈，朕亲加酌量刊刻颁行。"[2] 谕旨要求同时修订《吏部则例》《吏部处分则例》《兵部则例》《兵部处分则例》，足见雍正对完善行政立法之重视。据日本学者古井阳子考证，《吏部处分则例》颁布于雍正十二年。[3]《国朝宫史》记："《钦定吏部则例》一部：雍正十二年，律例馆修辑《吏部则例》告竣。"[4]

雍正年间则例编纂成绩斐然，许多重要则例陆续颁布。除《六部现行则例》《吏部则例》《吏部处分则例》外，还纂修了用以规范兵部、工部活动的

---

[1] 《清史稿》卷 142《刑法志一》，第 4184 页。

[2] 《世宗实录》卷 34，雍正三年七月己亥，《清实录》第 7 册，北京：中华书局，1985 年，第 513 页。

[3] 古井阳子：《清代则例省例考》，杨一凡总主编：《中国法制史考证》丙编，北京：中国社会科学出版社，2003 年，第 4 册，第 205—206 页。

[4] 鄂尔泰、张廷玉等编纂：《国朝宫史》卷 26《书籍五·典则》，第 546 页。

《兵部则例》《兵部处分则例》《工部则例》，以及旨在加强经济事务管理的《常税则例》《浙海钞关征收税银则例》等。有些中央机构还以则例形式制定了有关事务管理的实施细则，如吏部制定了《钦定吏部铨选满官则例》《钦定吏部铨选汉官则例》。

为了维护法律法规的权威性和严肃性，防止出现刊印、传抄之误，雍正三年下令禁止书坊编印则例："书肆有刻卖《六部则例》等书，行文五城，并各直省督抚，严行禁止。"① 现存雍正时期刊印的则例文献，几乎看不到坊刻本的存在，证明这一禁令起到了作用。这里将雍正朝编纂、刊印的一些代表性则例文献及其版本、藏馆列表如下。（表6）

表6　雍正朝则例文献举要

| 类别 | 则例名称 | 卷数·册数 | 成书或刊印时间 | 馆藏单位 |
|---|---|---|---|---|
| 六部 | 六部则例(清初至雍正三年定例) | | 清抄本 | 台傅 |
| | 六部则例新编 | 不分卷，4册 | 雍正八年官修,雍正京师刻本 | 大木 |
| | 六部则例新编 | 6卷 | 雍正八年刻本 | 北大 |
| | 六部则例新编 | 不分卷，6册 | 雍正八年刻本 | 法学所 |
| 吏部 | 钦定吏部则例 | 58卷 | 雍正三年内府刻本 | 故宫 |
| | 钦定吏部则例 | 存11卷 | 雍正内府刻本 | 复旦 |
| | 钦定吏部铨选则例 | 58卷 | 雍正十二年内府刻本 | 大连 |
| | 钦定吏部处分则例 | 47卷，16册 | 雍正三年刻本 | 法学所 |
| | 钦定吏部处分则例 | 47卷，16册 | 雍正十三年内府刻本 | 故宫 |
| | 钦定吏部铨选满官则例 | 1卷，1册 | 雍正内府刻本 | 国图 |
| | 钦定吏部铨选满官则例 | 1卷，1册 | 雍正官刻本 | 北大 |
| | 钦定吏部铨选汉官则例 | 3卷，3册 | 雍正十三年内府刻本 | 故宫 |
| | 钦定吏部铨选满官则例 | 1卷，1册 | 雍正内府刻本 | 复旦 |
| | 钦定吏部铨选汉官则例 | 1卷，1册 | 雍正内府刻本 | 复旦 |
| | 钦定吏部满洲品级考 | 2卷，2册 | 雍正十三年内府刻本 | 故宫 |
| | 钦定吏部汉官品级考 | 5卷，4册 | 雍正十三年内府刻本 | 故宫 |
| 户部 | 北新关商税则例 | 不分卷，1册 | 雍正刻递修本 | 国图 |
| | 常税则例 | 2卷，2册 | 雍正五年古香斋刻本 | 北大 |
| | 浙海钞关现行收税则例 | 不分卷，1册 | 雍正七年刻本 | 国图 |
| | 浙海钞关现行收税则例 | 不分卷，1册 | 雍正刻本 | 北大 |
| | 浙海钞关征收税银则例 | 不分卷，1册 | 雍正二年浙江提刑按察使司刻本 | 故宫 |

---

① 《世宗实录》卷34，雍正三年七月己亥，《清实录》第7册，第514页。

续表 6

| 类别 | 则例名称 | 卷数·册数 | 成书或刊印时间 | 馆藏单位 |
|---|---|---|---|---|
| 兵部 | 钦定中枢政考 | 16 卷 | 雍正刻本 | 湖南 |
| 工部 | 工程做法（附工部简明做法 1 卷） | 74 卷，20 册 | 雍正十二年内府刻本 | 故宫、国图 |
| | 工程做法则例 | 74 卷，20 册 | 雍正十二年官修，雍正刻本 | 大木 |
| | 题定河工则例 | 7 卷，2 册 | 雍正十二年官刻本 | 国图、东北师大 |

　　乾隆时期，清代法制建设进入成熟阶段，则例纂修实现了制度化和规范化。乾隆朝在制定和修订则例方面采取了两个重大措施，使则例成为法律体系的主体部分，并为其后各朝的行政法律编纂奠定了基础。

　　其一，改变统一由专门编纂机构进行法律编纂的方式，由六部分别编纂各部的则例。《国朝宫史》记载，雍正《吏部则例》是由律例馆修辑的。① 乾隆《会典则例》的编纂，开始也是由律例馆统一修订，各部仅负校勘之责，"每修成《会典》一卷，即副以则例一卷，先发该衙门校勘，实无遗漏讹错，然后进呈，恭候钦定"。对此，吏部认为"若非臣部堂官时加督率，互参考订，斟酌损益，难免遗漏舛错之愆。其律例馆所委纂修各官，于臣部事宜素非历练，未能周知，若经年累月，咨访采择，则又未易成书"，② 强调本部事务极其复杂，则例编纂殊非易事，请求由本部承担《吏部则例》编纂。吏部的请求得到乾隆批准后，其他各部则例也改由本部编纂，由朝廷审议通过和皇帝批准后颁布。这种做法尽管存在各部自行其事，以及各部规定不一致需要进行协调的问题，但提高了编纂效率、保证了编纂质量。

　　其二，建立定期修例制度。"自乾隆元年，刑部奏准三年修例一次。"③ 乾隆二年至四年，兵、礼、工、户、吏五部先后设立非常设机关——则例馆，负责纂修本部新增事例则例。乾隆十一年七月辛酉，针对御史戴章甫上书奏请续修吏部则例一事，发布上谕，就刑部则例馆所奏明三年一修等问题指出，"从前所定三年，朕意亦谓太速，嗣后刑部似应限以五年。至于吏部等部则例，即限以十年，

---

① 鄂尔泰、张廷玉等编纂：《国朝宫史》卷 26《书籍五·典则》，第 546 页。
② 《吏部处分则例》，清乾隆四十八年武英殿刻本，书首张廷玉奏折，未标页码。
③ 《清史稿》卷 142《刑法志一》，第 4186 页。

亦不为迟"，并"著大学士会同九卿，将如何分年纂辑之处，定议具奏"。① 各部、院、寺、监则例"五年一小修、十年一大修"之制自此形成。从乾隆十一年到六十年，定期修例制度基本得到执行。

乾隆朝以后，这一制度未顾及各部院寺监实际，修例时限过分机械的弊端日渐突出。中央机构中事务繁多者或因例案众多，或因刊印时间较长，无法做到按时修订；事务较简的机构则因例案较少，频繁修订既无必要，也白白耗费人力财力。在这种情况下，实际上一些部院寺监也并未严格执行"五年一小修，十年一大修"的制度，常常是在奏请皇帝后变通修例时限。如国子监自乾隆六十年纂修则例后，直到道光二年（1822）才进行增修，间歇 27 年之久；理藩院于乾隆五十四年校订则例后，直到嘉庆十六年（1811）才再次增修，间歇 22 年之久。乾隆朝确定的"十年一大修"制度，到道光十年时停止执行，改为随时专折奏明通行，实行时间达 80 余年。此后各部、院、寺、监则例何时续修，由该机构根据实际需要确定。定期修例制度在具体实行的过程中，虽然出现过修例时限变通的现象，但多数部、署还是遵守了朝廷规定的修例时限，并对道光朝以后的修例产生了影响。如《户部则例》在乾隆四十一年至同治十三年（1874）间，曾先后修订过 15 次，平均时间为 7 年。定期修例制度对于及时完善清代法律法规编纂，保证法律制度有效实施，无疑发挥了积极作用。

乾隆朝则例修订，主要是在原来颁布则例的基础上，把其后形成的定例（包括一些由成案上升的定例）增补进去。由于这些定例是根据社会生活中新发生的问题制定的，为增补新例而修订则例，更能增强则例的适用性，也有利于进一步完善法律制度。故每次进行则例修订时，必须对旧例与新例之间有无矛盾进行比较鉴别，删除过时条文，或对部分过时条款予以改定，以保持则例内容的一致性。修订则例是一项复杂而严肃的工作，卷帙较繁的则例常常历时多年才能修订完成。

自乾隆十一年实行各部院定期修例制度后，各中央机构可以根据实际需要，

---

① 王先谦：《东华续录》乾隆 24，乾隆十一年七月辛酉，《续修四库全书》，第 372 册，第 178 页。

修订本部门则例，经朝廷批准后实施。除非皇帝颁有特旨，否则朝廷各部、院、寺、监在修订则例的时限方面有一定自主权。乾隆朝制定的则例种类齐全，数量较大，内容基本覆盖了国家和社会各个方面。乾隆年间编纂和刊印有代表性的则例文献列表如下。（表 7）

表 7　乾隆朝则例文献举要

| 类别 | 则例名称 | 卷数·册数 | 成书或刊印时间 | 馆藏单位 |
|---|---|---|---|---|
| 内务府 | 总管内务府现行则例 | 1 卷，1 册 | 乾隆内府抄本 | 上图、国图 |
| | 内务府咸安宫官学现行则例 | 1 卷，1 册 | 乾隆内府抄本 | 科图、国图 |
| 六部 | 乾隆二十四年六部例 | 不分卷 | 清抄本 | 北大 |
| | 钦定户兵工三部军需则例 | 15 卷，5 册 | 乾隆五十年刻增修本 | 法学所、华东师大 |
| 吏部 | 钦定吏部则例 | 47 卷，18 册 | 乾隆四年刻本 | 法学所 |
| | 钦定吏部则例 | 47 卷，18 册 | 乾隆七年刻本 | 法学所 |
| | 钦定吏部则例 | 66 卷，19 册 | 乾隆七年武英殿刻本 | 故宫、辽图 |
| | 钦定吏部则例 | 66 卷 | 乾隆二十六年武英殿刻本 | 辽图 |
| | 钦定吏部则例 | 68 卷 | 乾隆四十八年武英殿刻本 | 故宫、辽图 |
| | 钦定吏部则例 | 68 卷，10 册 | 乾隆六十年武英殿活字印本 | 辽图 |
| | 钦定吏部则例 | 68 卷，32 册 | 乾隆六十年官修，武英殿刻本 | 大木 |
| | 钦定吏部则例 | 66 卷，28 册 | 乾隆武英殿刻本 | 国图 |
| | 钦定吏部处分则例 | 47 卷，18 册 | 乾隆七年刻本 | 法学所 |
| | 钦定礼部处分则例 | 47 卷，24 册 | 乾隆四十四年刻本 | 法学所、科图 |
| | 钦定吏部铨选满洲官员则例 | 5 卷，5 册 | 清刊本 | 台故图 |
| | 钦定吏部铨选满官则例 | 5 卷 | 乾隆七年武英殿刻本 | 东北师大 |
| | 吏部铨选满官则例 | 3 卷，4 册 | 乾隆四十七年官修，清抄本 | 大木 |
| | 钦定吏部铨选汉官则例 | 8 卷 | 乾隆七年武英殿刻本 | 东北师大 |
| 户部 | 钦定户部则例 | 126 卷，40 册 | 乾隆四十一年官修，四十八年江苏布政司刻本 | 大木 |
| | 钦定户部则例 | 126 卷，首 1 卷 | 乾隆四十六年武英殿刻本 | 故宫、辽图 |
| | 钦定户部则例 | 134 卷，48 册 | 乾隆五十六年官修，刻本 | 大连、大木 |
| | 户部则例 | 存 20 卷，20 册 | 乾隆内府抄本 | 国图 |
| | 户部则例 | 1 册 | 乾隆间朱丝栏抄本 | 国图 |
| | 钦定户部续纂则例 | 38 卷 | 乾隆刻本 | 北大 |
| | 钦定户部军需则例 | 9 卷，4 册 | 乾隆五十年户兵工部刻本 | 台近、台大文 |

续表7

| 类别 | 则例名称 | 卷数·册数 | 成书或刊印时间 | 馆藏单位 |
|---|---|---|---|---|
| 户部 | 钦定户部军需则例 | 9卷, 续纂1卷 | 乾隆五十三年武英殿刻本 | 故宫、北大 |
| | 漕运则例纂 | 20卷, 11册 | 乾隆三十一年刻本 | 法学所 |
| | 漕运则例 | 20卷 | 乾隆内府抄本 | 故宫 |
| | 漕运则例纂 | 20卷, 20册 | 乾隆三十五年刻本 | 国图、南图 |
| | 钦定户部旗务则例 | 12卷, 4册 | 乾隆三十四年武英殿刻本 | 故宫、国图 |
| | 钦定户部铸鼓则例 | 10卷 | 乾隆三十四年武英殿刻本 | 辽图、故宫 |
| | 夔关则例 | 34页 | 乾隆八年桂园香堂刻本 | 浙图 |
| | 九江关征收船税则例 | 不分卷, 2册 | 乾隆三十七年刻本 | 北师大 |
| | 崇文门商税则例现行比例增减新例 | 1卷, 1册 | 乾隆户部编,四十五年刻本 | 国图、北大 |
| | 崇文门商税则例 | 1卷, 1册 | 乾隆四十五年刻本 | 人大、大连 |
| | 江海关则例 | 1卷, 1册 | 乾隆五十年刻本 | 北大 |
| | 太平、遇仙、洺光三关则例 | 1卷, 1册 | 乾隆十三年官修,刻本 | 大木 |
| 礼部 | 钦定礼部则例 | 194卷, 图1卷 | 乾隆三十八年武英殿刻本 | 国图、辽图 |
| | 钦定礼部则例 | 194卷, 32册 | 乾隆四十九年武英殿刻本 | 法学所、故宫 |
| | 钦定礼部则例 | 194卷, 24册 | 乾隆五十九年官修,刻本 | 北大、大木 |
| | 钦定礼部则例 | 194卷, 8册 | 乾隆六十年礼部刻本 | 国图 |
| | 钦定科场条例 | 4卷, 2册 | 乾隆六年武英殿刻本 | 辽图 |
| | 钦定科场条例 | 54卷, 12册 | 乾隆四十四年刻本 | 浙图 |
| | 钦定科场条例 | 54卷, 续增1卷 | 乾隆六十年刻本 | 大连 |
| | 钦定科场条例 | 5卷, 5册 | 乾隆刻本 | 法学所 |
| | 钦定翻译考试条例 | 1卷, 1册 | 乾隆六年武英殿刻本 | 辽图 |
| | 钦定学政全书 | 80卷, 8册 | 乾隆三十九年武英殿刻本 | 辽图、云南 |
| | 钦定学政全书 | 82卷, 8册 | 乾隆五十八年内府刻本 | 东北师大 |
| | 钦定学政全书 | 8卷, 8册 | 乾隆刻本 | 福建、大木 |
| | 续增学政全书 | 4卷 | 乾隆刻本 | 福建 |
| | 盛京礼部则例 | 1卷, 1册 | 乾隆内府抄本 | 国图 |
| 兵部 | 钦定兵部则例 | 50卷 | 乾隆刻本 | 国图 |
| | 钦定中枢政考 | 31卷 | 乾隆七年武英殿刻本 | 故宫、辽图 |
| | 钦定中枢政考 | 31卷, 18册 | 乾隆二十九年武英殿刻本 | 台故图 |
| | 钦定中枢政考 | 31卷, 18册 | 乾隆三十九年武英殿刻本 | 台故图 |
| | 钦定中枢政考 | 16卷, 10册 | 乾隆三十九年武英殿刻本 | 国博 |
| | 钦定中枢政考 | 15卷, 8册 | 乾隆三十九年武英殿刻本 | 法学所 |
| | 钦定中枢政考 | 31卷, 18册 | 乾隆四十九年武英殿刻本 | 台故图 |
| | 钦定中枢政考·绿营 | 16卷, 10册 | 乾隆三十九年官修,刻本 | 大木 |

续表7

| 类别 | 则例名称 | 卷数·册数 | 成书或刊印时间 | 馆藏单位 |
|---|---|---|---|---|
| 兵部 | 钦定中枢政考·八旗 | 15 卷，8 册 | 乾隆七年刻本 | 法学所 |
| | 钦定中枢政考·八旗 | 15 卷，8 册 | 乾隆官修，刻本 | 大木 |
| | 钦定八旗则例 | 12 卷，10 册 | 乾隆六年武英殿刻本 | 中央民族、华东师大 |
| | 钦定八旗则例 | 12 卷，4 册 | 乾隆七年武英殿刻本 | 法学所、故宫 |
| | 钦定八旗则例 | 12 卷，3 册 | 乾隆三十九年武英殿刻本 | 故宫、国图 |
| | 钦定八旗则例 | 12 卷，4 册 | 乾隆五十年武英殿刻本 | 故宫、国图 |
| | 钦定八旗则例 | 12 卷，10 册 | 乾隆武英殿刻本 | 国图 |
| | 钦定兵部军需则例 | 5 卷 | 乾隆五十三年武英殿刻本 | 故宫、北大 |
| | 钦定军器则例 | 20 卷 | 乾隆二十一年刻本 | 辽图 |
| | 钦定军器则例 | 不分卷，4 册 | 乾隆五十六年武英殿刻本 | 故宫、辽图 |
| | 督捕则例 | 2 卷，2 册 | 乾隆八年武英殿刻本 | 故宫、国图 |
| | 督捕则例 | 2 卷，8 册 | 乾隆武英殿刻本 | 国图 |
| | 盛京兵部则例 | 1 卷，1 册 | 乾隆内府抄本 | 国图 |
| 刑部 | 盛京刑部则例 | 1 卷，1 册 | 乾隆内府抄本 | 国图 |
| | 秋审则例 | 1 卷，1 册 | 乾隆刻本 | 法学所 |
| 工部 | 钦定工部则例 | 50 卷，10 册 | 乾隆十三年刻本 | 科图、首图 |
| | 钦定工部则例 | 50 卷，6 册 | 乾隆十四年刻本 | 北大、大连 |
| | 工部则例 | 存32 卷，32 册 | 乾隆内府抄本 | 国图 |
| | 钦定工部则例 | 50 卷，10 册 | 乾隆刻本 | 科图、国图 |
| | 盛京工部则例 | 1 卷，1 册 | 乾隆内府抄本 | 国图 |
| | 钦定工部军需则例 | 1 卷，1 册 | 乾隆五十三年武英殿刻本 | 故宫、历史院 |
| | 钦定工部军器则例 | 不分卷，32 册 | 乾隆二十一年刻本 | 北大 |
| | 工程做法则例 | 20 册 | 乾隆刻本 | 南图 |
| | 九卿议定物料价值 | 4 卷，8 册 | 乾隆元年武英殿刻本 | 故宫、国博 |
| | 物料价值则例 | 24 卷，24 册 | 乾隆三十三年刻本 | 国博 |
| | 物料价值则例·山东省 | 6 卷 | 乾隆三十三年刻本 | 北大 |
| | 物料价值则例·山西省 | 16 卷，6 册 | 乾隆三十三年刻本 | 北大 |
| | 物料价值则例·甘肃省 | 8 卷 | 乾隆三十三年刻本 | 北大 |
| | 钦定河工杨木椿规则例 | 2 册 | 乾隆九年刻本 | 国图 |
| | 钦定硝磺铅斤价值则例 | 不分卷，1 册 | 乾隆五十七年刻本 | 国图、北大 |
| | 钦定药铅火绳做法则例 | 1 卷，1 册 | 乾隆五十七年官修，刻本 | 大木 |
| | 钦定水陆运费则例 | 1 卷，1 册 | 乾隆五十七年官修，刻本 | 大木 |
| | 题定河工则例 | 12 卷 | 乾隆刻本 | 国图 |
| 理藩院 | 理藩院则例 | 存8 卷，8 册 | 乾隆内府抄本 | 国图 |
| | 蒙古律例 | 12 卷 | 乾隆三十一年武英殿刻本 | 故宫 |
| | 蒙古律例 | 12 卷，2 册 | 乾隆五十二年刻本 | 法学所 |

续表7

| 类别 | 则例名称 | 卷数·册数 | 成书或刊印时间 | 馆藏单位 |
|---|---|---|---|---|
| 都察院 | 钦定台规 | 8卷，8册 | 乾隆八年官修，刻本 | 法学所 |
| | 钦定台规 | 8卷，4册 | 乾隆都察院刻补修本 | 科图 |
| | 都察院则例 | 2卷，2册 | 乾隆内府抄本 | 国图 |
| | 都察院则例 | 存5卷，5册 | 乾隆内府抄本 | 国图 |
| 通政使司 | 通政使司则例 | 1卷，1册 | 乾隆内府抄本 | 国图 |
| 大理寺 | 大理寺则例 | 1卷，1册 | 乾隆内府抄本 | 国图 |
| 翰林院 | 翰林院则例 | 1卷，1册 | 乾隆内府抄本 | 国图 |
| | 起居注馆则例 | 1卷，1册 | 乾隆内府抄本 | 国图 |
| 詹事府 | 詹事府则例 | 1卷，1册 | 乾隆内府抄本 | 国图 |
| 太常寺 | 钦定太常寺则例 | 114卷，另辑6卷，首1卷 | 乾隆四十二年武英殿刻本 | 故宫、国图 |
| | 太常寺则例 | 1卷，1册 | 乾隆内府抄本 | 国图 |
| 光禄寺 | 光禄寺则例 | 84卷，首1卷 | 乾隆四十年武英殿刻本 | 故宫、国图 |
| 鸿胪寺 | 鸿胪寺则例 | 1卷，1册 | 乾隆内府抄本 | 国图 |
| 国子监 | 钦定国子监则例 | 30卷，首2卷 | 乾隆三十七年武英殿刻本 | 辽图、国图 |
| 钦天监 | 钦天监则例 | 1卷，1册 | 乾隆内府抄本 | 国图 |
| 其他 | 钦定大清会典则例 | 180卷，100册 | 乾隆十三年刻本 | 法学所 |
| | 钦定大清会典则例 | 180卷，100册 | 乾隆二十九年内府刻本 | 法学所 |
| | 钦定大清会典则例 | 180卷，108册 | 乾隆内府刻本 | 北师大、科图 |
| | 则例便览 | 49卷，12册 | 乾隆三十九年刻本 | 北大 |
| | 则例便览 | 49卷，10册 | 乾隆五十六年刻巾箱本 | 法学所、科图 |
| | 则例便览 | 49卷，16册 | 乾隆五十八年刻本 | 法学所 |
| | 则例图要便览 | 49卷 | 乾隆五十九年刻本 | 法学所 |
| | 增订则例图要便览 | 49卷，6册 | 乾隆五十九年刻本 | 法学所 |
| | 户部则例摘要 | 16卷 | 乾隆五十八年杨氏铭新堂刻本 | 科图 |
| | 定例全编 | | 乾隆十年荣锦堂刻本 | 法学所、北大 |
| | 定例续编 | 12卷，1册 | 乾隆十年刻本 | 法学所 |
| | 定例续编增补 | 不分卷，7册 | 乾隆十三年刻本 | 法学所 |
| | 续增新例全编 | 18册 | 乾隆十八年刻本 | 法学所 |
| | 定例汇编 | 23卷，30册 | 乾隆三十五年江西布政司刻本 | 法学所 |

## （三）嘉庆至清末则例纂修的发展和完善

自嘉庆至清末的百余年间，清王朝经历了由盛至衰的变化过程。为了实现对辽阔疆域的有效统治，抵抗列强的入侵，解决日渐加剧的财政困难，朝廷加强立法，不断健全法律制度。这一时期，清政府在修订嘉庆、光绪《会典》及《会典事例》的同时，运用则例这一立法形式，制定和颁行了大量法律。同一时期纂修则例情况，一是数量大大超过了康熙、雍正、乾隆三朝。嘉庆以后各朝都对前朝则例进行增修，一些重要则例如《吏部则例》《吏部处分则例》《户部则例》《礼部则例》《钦定学政全书》《中枢政考》《工部则例》及有关院、寺、监则例等，都先后进行过多次增修，适时补充了当朝颁行的新例，使这些重要的法律更加充实和完善。同时，还反复修订了一些规范中央机关下属机构的办事规程及有关重大事项方面的则例，如吏部文选司、考功司、验封司、稽勋司则例，铨选满官、汉官则例，《户部军需则例》和《钦定科场条例》等。二是根据国家治理的需要，制定了一些新的则例，进一步完善国家法律制度。如强化经济和工程管理方面的立法，多次修订《漕运则例》《工部则例》，颁行新的物料价值则例、海关税银则例、进口及通商则例；建立和健全皇室及宫廷管理法律法规，制定《宗人府则例》《钦定宫中现行则例》《钦定总管内务府现行则例》《钦定王公处分则例》《钦定八旗则例》等；注重有关管理少数民族地区事务方面的则例的制定，颁行《回疆则例》《理藩院则例》等。以上举措，都极大完善了清代法律制度，特别是有关民族地区立法、经济立法、宫廷管理立法方面的成果，都颇有新创，达到了一个前所未有的高度。

鉴于嘉庆至清末颁行的各类则例数量众多，在下述诸表中，着重介绍41家藏书单位馆藏的这一时期编纂或刊印的有代表性的宫廷则例、吏部则例、户部则例、工部则例文献，对有关其他部、院、寺、监的则例文献，则加以简略介绍。（表8—表12）

### 表8 嘉庆至清末刊宫廷类则例文献举要

| 文献名 | 卷数·册数 | 成书或刊印时间 | 馆藏单位 |
| --- | --- | --- | --- |
| 钦定宗人府则例 | 16卷 | 嘉庆七年内府抄本 | 国图、故宫 |
| 钦定宗人府则例 | 23卷，12册 | 嘉庆十七年官修，刻本 | 大木 |
| 钦定宗人府则例 | 23卷，首1卷，24册 | 嘉庆二十五年官修，刻本 | 北大 |
| 钦定宗人府则例 | 31卷，首1卷，10册 | 道光二十九年官修，刻本 | 法学所、北大 |
| 宗人府则例 | 31卷，10册 | 道光三十年活字印本 | 南图 |
| 宗人府则例 | 32卷，8册 | 道光间内府朱丝栏精抄巾箱本 | 台央图 |
| 钦定宗人府则例 | 31卷，首1卷，19册 | 同治七年刻本 | 法学所 |

续表8

| 文献名 | 卷数·册数 | 成书或刊印时间 | 馆藏单位 |
|---|---|---|---|
| 钦定宗人府则例 | 31 卷,首 1 卷,10 册 | 光绪十四年官刻本 | 国图、南图 |
| 钦定宗人府则例 | 31 卷,首 1 卷,16 册 | 光绪二十四年刻本 | 国博、武大 |
| 钦定宗人府则例 | 31 卷,首 1 卷,16 册 | 光绪三十四年官刻本 | 法学所、北大 |
| 钦定宗人府则例 | 31 卷,首 1 卷,16 册 | 宣统刻本 | 国图 |
| 钦定宫中现行则例 | 4 卷 | 嘉庆二十五年武英殿刻本 | 故宫、国图 |
| 钦定宫中现行则例 | 4 卷 | 道光二十一年内府抄本 | 故宫、国图 |
| 钦定宫中现行则例 | 4 卷 | 咸丰六年武英殿刻本 | 故宫、国图 |
| 钦定宫中现行则例 | 4 卷 | 同治九年内府抄本 | 故宫、国图 |
| 钦定宫中现行则例 | 4 卷 | 光绪五年内府抄本 | 故宫、国图 |
| 钦定宫中现行则例 | 4 卷,4 册 | 光绪六年武英殿刻本 | 故宫、北师大 |
| 钦定宫中现行则例 | 4 卷,4 册 | 光绪十年武英殿刻本 | 故宫、法学所 |
| 钦定王公处分则例(乾隆至嘉庆) | 4 卷,4 册 | 清活字本 | 大连 |
| 钦定王公处分则例 | 4 卷,2 册 | 清刻本 | 台傅 |
| 钦定王公处分则例 | 不分卷 | 咸丰六年官刻本 | 故宫 |
| 钦定总管内务府现行则例 | 4 卷,4 册 | 嘉庆二十年官修,刻本 | 南图、大木 |
| 钦定总管内务府现行则例 | 4 卷,续纂 2 卷 | 道光二十年武英殿刻本 | 故宫 |
| 钦定总管内务府现行则例 | 4 卷,4 册 | 道光二十九年刻本 | 大木 |
| 钦定总管内务府现行则例 | 4 卷,4 册 | 咸丰二年刻本 | 大连 |
| 钦定总管内务府现行则例 | 57 卷 | 咸丰内府抄本 | 故宫 |
| 钦定总管内务府现行则例 | 4 卷,4 册 | 同治内府武英殿刻本 | 辽图 |
| 钦定总管内务府现行则例 | 4 卷,8 册 | 光绪十年刻本 | 武大 |
| 钦定总管内务府现行则例 | 4 卷,4 册 | 宣统三年官修,刻本 | 大木 |
| 钦定总管内务府堂现行则例 | 4 卷,4 册 | 咸丰二年官修,刻本 | 台傅 |
| 钦定总管内务府堂现行则例 | 4 卷,4 册 | 同治九年刻本 | 国博 |
| 钦定总管内务府堂现行则例 | 4 卷,4 册 | 光绪十年刻本 | 国图 |
| 总管内务府现行则例·都虞司 | 4 卷,4 册 | 清写本 | 科图 |
| 总管内务府现行则例·掌仪司 | 4 卷,4 册 | 清抄本 | 法学所、科图 |
| 掌仪司现行则例 | 4 卷 | 清抄本 | 科图 |
| 总管内务府现行则例·宗仪司 | 4 册 | 抄本 | 法学所 |
| 总管内务府会计司现行则例 | 4 卷 | 道光元年内府抄本 | 故宫 |
| 内务府营造司现行则例 | 3 卷,3 册 | 嘉庆抄本 | 大连 |
| 总管内务府现行则例·营造司 | 2 卷 | 清抄本 | 北大 |
| 总管内务府现行则例·庆丰司 | 1 卷,1 册 | 嘉庆抄本 | 北大 |
| 总管内务府现行则例·武备院 | 1 卷,1 册 | 清抄本 | 北大 |
| 总管内务府现行则例·奉宸苑 | 2 卷,4 册 | 清写本 | 科图 |
| 总管内务府现行则例·南苑 | 2 卷,2 册 | 清抄本 | 法学所 |
| 总管内务府续纂南苑现行则例 | 2 卷 | 道光内府抄本 | 故宫 |
| 内务府现行则例·咸安宫官学 | 1 卷,1 册 | 清写本 | 科图 |

续表8

| 文献名 | 卷数·册数 | 成书或刊印时间 | 馆藏单位 |
|---|---|---|---|
| 总管内务府现行则例·牺牲所 | 1卷，1册 | 光绪内府抄本 | 科图 |
| 总管内务府圆明园现行则例 | 2卷 | 清内府抄本 | 国图 |
| 总管内务府畅春园现行则例 | 3卷 | 清内府抄本 | 国图 |
| 总管内务府畅春园现行则例 | 1卷，1册 | 清内府抄本 | 国图 |
| 总管内务府现行则例（静宜园1卷、清漪园1卷、静明园1卷） | 3卷，3册 | 清写本 | 科图 |
| 总管内务府现行则例（静宜园1卷、清漪园1卷、静明园1卷） | 3卷 | 同治内府抄本 | 国图 |
| 热河园庭现行则例 | 12卷 | 清抄本 | 国图 |

### 表9　嘉庆至清末刊吏部类则例文献举要

| 文献名 | 卷数·册数 | 成书或刊印时间 | 馆藏单位 |
|---|---|---|---|
| 钦定吏部则例 | 24册 | 道光四年刻本 | 人大 |
| 钦定吏部则例 | 87卷，40册 | 道光二十三年刻本 | 国图 |
| 钦定吏部则例 | 87卷，30册 | 道光内府刻本 | 山东 |
| 钦定吏部处分则例 | 47卷，16册 | 嘉庆十二年内府刻本 | 台师大 |
| 钦定吏部处分则例 | 48卷，8册 | 道光四年官修，刻本 | 台分图 |
| 钦定吏部处分则例 | 52卷，26册 | 道光二十三年官修，刻本 | 台分图 |
| 钦定吏部处分则例 | 52卷，20册 | 咸丰刻本 | 武大、吉大 |
| 钦定吏部处分则例 | 52卷，20册 | 同治官修，刻本 | 大木 |
| 钦定吏部处分则例 | 52卷，24册 | 光绪三年金东书行刻本 | 北大 |
| 钦定吏部处分则例 | 52卷，20册 | 光绪十一年刻本 | 福建、吉大 |
| 钦定吏部处分则例 | 52卷，20册 | 光绪十二年官修，刻本 | 北大 |
| 吏部铨选则例 | 4卷 | 嘉庆抄本 | 大连 |
| 吏部铨选则例 | 35卷，27册 | 道光二十三年官修，刻本 | 大木 |
| 钦定吏部铨选则例 | 21卷，21册 | 光绪十一年官修，刻本 | 大木 |
| 钦定吏部铨选则例 | 24卷，18册 | 光绪刻本 | 国图 |
| 钦定吏部铨选满洲官员则例 | 4卷，2册 | 嘉庆十二年内府刻本 | 台师大 |
| 钦定吏部铨选满洲官员则例 | 4卷，4册 | 道光二十三年官修，刻本 | 台分图 |
| 钦定吏部铨选满洲官员则例 | 5卷，5册 | 光绪十二年官修，刻本 | 台傅 |
| 钦定吏部铨选汉官则例 | 8卷，5册 | 嘉庆十二年内府刻本 | 台师大 |
| 钦定吏部铨选汉官则例 | 8卷，8册 | 道光二十三年官修，刻本 | 台分图 |
| 钦定吏部铨选汉官则例（附《吏部铨选汉军官员品级考》） | 8卷，12册 | 同治以后刻本 | 法学所、武大 |
| 钦定吏部铨选汉官则例 | 8卷，10册 | 光绪十二年官修，刻本 | 台傅 |
| 钦定吏部铨选满洲官员品级考 | 5卷，2册 | 嘉庆十二年内府刻本 | 台师大 |
| 钦定吏部铨选满洲官员品级考 | 4卷，2册 | 光绪十二年官修，刻本 | 台傅 |

续表9

| 文献名 | 卷数·册数 | 成书或刊印时间 | 馆藏单位 |
|---|---|---|---|
| 钦定吏部铨选汉官品级考 | 4卷,2册 | 嘉庆十二年内府刻本 | 台师大 |
| 钦定吏部铨选汉官品级考 | 4卷,4册 | 道光二十三年官修,刻本 | 台分图 |
| 钦定吏部铨选汉官品级考 | 4卷,2册 | 光绪十二年官修,刻本 | 台傅 |
| 吏部文选司则例稿(附光绪五年八月筹饷八十卯掣签簿1卷,光绪五年十二月筹饷八十一卯掣签簿1卷) | 不分卷,4册 | 稿本 | 科图 |
| 吏部考功司则例(道光间) | | 清刻本 | 北大 |
| 钦定吏部验封司则例 | 6卷,2册 | 嘉庆十二年内府刻本 | 台师大 |
| 钦定吏部验封司则例 | 6卷,5册 | 光绪十二年官修,刻本 | 北大 |
| 钦定吏部稽勋司则例 | 8卷,4册 | 嘉庆刻本 | 北大 |
| 钦定吏部稽勋司则例 | 13卷,2册 | 嘉庆十二年内府刻本 | 台师大 |
| 钦定吏部稽勋司则例 | 8卷,4册 | 道光二十三年官修,刻本 | 国图 |
| 钦定吏部稽勋司则例 | 8卷,4册 | 咸丰刻本 | 国图 |
| 钦定吏部稽勋司则例 | 8卷,4册 | 光绪十二年刻本 | 北大、山东师大 |
| 钦定磨勘则例(后附续增磨勘条例) | 4卷,1册 | 嘉庆刻本 | 法学所、南图 |

**表10　嘉庆至清末刊户部类则例文献举要**

| 文献名 | 卷数·册数 | 成书或刊印时间 | 馆藏单位 |
|---|---|---|---|
| 钦定户部则例 | 31卷 | 嘉庆元年刻本 | 南图、大木 |
| 钦定户部则例 | 134卷,60册 | 嘉庆七年刻本 | 中山、北大 |
| 钦定户部则例 | 134卷,62册 | 嘉庆十七年刻本 | 法学所、北大 |
| 钦定户部则例 | 99卷,目录1卷,64册 | 道光二年校刻本 | 法学所、吉大 |
| 户部则例 | 99卷,23册 | 道光十一年户部刻本 | 大连、台傅 |
| 户部则例 | 99卷,36册 | 道光十一年刻本 | 大连、北大 |
| 户部则例 | 99卷,72册 | 咸丰元年刻本 | 法学所、科图 |
| 钦定户部则例 | 99卷,24册 | 咸丰五年江苏布政使司衙门刻本 | 北大 |
| 钦定户部则例 | 100卷,60册 | 同治四年户部校刻本 | 台分图、北大 |
| 户部则例 | 100卷,48册 | 同治四年刻本 | 浙图、北大 |
| 钦定户部则例 | 100卷,首1卷,60册 | 同治十三年校刻本 | 法学所、国图 |
| 钦定户部续纂则例 | 14卷 | 嘉庆十一年刻本 | 吉图 |
| 钦定户部续纂则例 | 13卷 | 嘉庆二十二年刻本 | 大连、北大 |
| 钦定户部续纂则例 | 15卷 | 道光十八年内府刻本 | 辽图、大连 |
| 钦定户部军需则例 | 9卷,续纂6卷,8册 | 同治五年皖江臬署刻本 | 大连 |
| 钦定户部旗务则例 | | 写本 | 北大 |
| 户部炉藏则例 | 1卷,1册 | 光绪十五年抄本 | 国图 |

续表 10

| 文献名 | 卷数·册数 | 成书或刊印时间 | 馆藏单位 |
|---|---|---|---|
| 常税则例 | 2 卷，1 册 | 同治五年古香斋刻本 | 台分图 |
| 闽海关常税则例 | 2 卷，2 册 | 清爱莲书屋抄本 | 国图 |
| 北新钞关商税则例 | 1 册 | 清抄本 | 浙图 |
| 崇文门商税则例 | 1 卷，1 册 | 清刻本 | 南图 |
| 崇文门税则 | 1 卷，1 册 | 光绪十七年官修，蓄石斋排印本 | 大木 |
| 崇文门商税衙门现行税则 | 1 卷，1 册 | 光绪二十七年官修，刻本 | 大木 |
| 崇文门商税衙门现行税则 | 1 卷，1 册 | 光绪三十四年刻本 | 国博、台傅 |
| 崇文门商税则例现行比例增减新例 | 1 卷，1 册 | 光绪十年官修，刻本 | 大木 |
| 崇文门商税则例现行比例增减新例 | 1 卷，1 册 | 清刻本 | 国图 |
| 北京商税征收局现行税则 |  | 光绪三十四年刻本 | 国图 |
| 太平、遇仙、洛光三关则例 | 1 卷，1 册 | 清文林堂刻本 | 上图 |
| 芜湖关户税则例 | 1 卷，1 册 | 清刻本 | 南图 |
| 山海钞关则例 | 不分卷，2 册 | 清抄本 | 国图 |
| 大粮库则例 |  | 清抄本 | 国图 |
| 银行则例 | 1 卷，1 册 | 宣统元年群益书局本 | 北大 |

### 表 11 嘉庆至清末刊工部类则例文献举要

| 文献名 | 卷数·册数 | 成书或刊印时间 | 馆藏单位 |
|---|---|---|---|
| 钦定工部则例 | 98 卷，8 册 | 嘉庆三年刻本 | 大连、浙图 |
| 钦定工部则例 | 50 卷，12 册 | 嘉庆十年刻本 | 大连 |
| 钦定工部则例 | 50 卷，6 册 | 嘉庆十四年重刻本 | 国图 |
| 钦定工部则例 | 142 卷，目录 1 卷，12 册 | 嘉庆二十年刻本 | 故宫 |
| 钦定工部则例 | 142 卷，20 册 | 嘉庆济南官署刻本 | 台近、台大文 |
| 工部则例 | 160 卷，40 册 | 光绪十年官刻本 | 台傅 |
| 钦定工部则例 | 116 卷，首 1 卷，40 册 | 光绪十年刻本 | 法学所、故宫 |
| 钦定工部续增则例 | 136 卷，20 册 | 嘉庆二十四年刻本 | 大连 |
| 工部续增则例(附《保固则例》4 卷) | 136 卷，28 册 | 嘉庆二十四年刻本 | 北大、故宫 |
| 钦定工部续增则例 | 153 卷，32 册 | 嘉庆武英殿刻本 | 国图 |
| 钦定工部军器则例 | 60 卷，34 册 | 嘉庆十七年刻本 | 国图 |
| 钦定工部军器则例 | 24 卷，24 册 | 嘉庆二十一年刻本 | 国图 |
| 广储司磁器库铜作则例 | 1 册 | 清抄本 | 国图 |
| 广储司锡作则例 | 1 册 | 清抄本 | 国图 |
| 工程做法则例 | 74 卷，20 册 | 清刻本 | 国图 |
| 物料价值则例 | 存 19 卷，6 册 | 清内府写本 | 科图 |

续表11

| 文献名 | 卷数·册数 | 成书或刊印时间 | 馆藏单位 |
|---|---|---|---|
| 各省物料价值则例 | 存6卷，6册 | 清抄本 | 国图 |
| 钦定南河物料价值现行则例 | 存1—3卷 | 嘉庆十二年刻本 | 南大 |
| 杂项价值现行则例 | 1册 | 清抄本 | 国图 |
| 松木价值现行则例 | 1册 | 清抄本 | 国图 |
| 钦定硝磺铅斤价值则例 | 1卷，1册 | 清刻本 | 南大 |
| 内庭物料斤两尺寸价值则例 | 不分卷，1册 | 清抄本 | 国图 |
| 钦定河工则例章程 | 7册 | 嘉庆刻本 | 南图 |
| 题定河工则例 | 9册 | 清刻本 | 国图 |
| 钦定河工实价则例章程 | 5卷，首1卷，6册 | 清刻本 | 国图 |
| 内庭大木石搭土油裱画现行则例 | 4卷 | 清抄本 | 国图 |
| 圆明园修建工程则例 | 不分卷 | 稿本 | 北大、国图 |
| 圆明园工程则例 | 不分卷，20册 | 清抄本 | 国图 |
| 圆明园内工汇成工程则例 | 不分卷 | 稿本 | 国图 |
| 圆明园供器把莲则例 | 1册 | 清抄本 | 国图 |
| 圆明园画作现行则例 | 2册 | 清抄本 | 国图 |
| 圆明园佛像背光宝座龛案执事现行则例 | 1册 | 清抄本 | 国图 |
| 圆明园内土石作现行则例 | 1册 | 清抄本 | 国图 |
| 圆明园万寿山内廷汇同则例 | 不分卷 | 清抄本 | 国图 |
| 圆明园内工补集则例 | 1册 | 清抄本 | 国图 |
| 万寿山工程则例 | 19卷，19册 | 清抄本 | 国图 |
| 养心殿镀金则例 | 1册 | 清抄本 | 国图 |
| 大木作现行则例 | 1册 | 清抄本 | 国图 |
| 装修作现行则例 | 1册 | 清抄本 | 国图 |
| 石作现行则例 | 1册 | 清抄本 | 国图 |
| 瓦作现行则例 | 1册 | 清抄本 | 国图 |
| 搭彩作现行则例 | 1册 | 清抄本 | 国图 |
| 土作现行则例 | 1册 | 清抄本 | 国图 |
| 土作现行则例 | 1册 | 清抄本 | 国图 |
| 油作现行则例 | 1册 | 清抄本 | 国图 |
| 画作现行则例 | 2册 | 清抄本 | 国图 |
| 裱作现行则例 | 1册 | 清抄本 | 国图 |
| 硬木装修现行则例 | 1册 | 清抄本 | 国图 |
| 漆作现行则例 | 1册 | 清抄本 | 国图 |
| 佛作现行则例 | 1册 | 清抄本 | 国图 |
| 陈设作现行则例 | 1册 | 清抄本 | 国图 |
| 热河工程则例 | 存17卷，17册 | 清抄本 | 国图 |
| 热河园庭现行则例 | 12卷 | 清抄本 | 国图 |

## 表 12 嘉庆至清末刊其他各部院寺监则例文献举要

| 类别 | 文献名 | 卷数·册数 | 成书或刊印时间 | 馆藏单位 |
|---|---|---|---|---|
| 六部 | 六部处分则例 | 24 册 | 咸丰九年刻本 | 南图 |
| | 六部处分则例 | 存 48 卷，23 册 | 同治十二年刻本 | 南图 |
| | 钦定六部处分则例 | 24 册 | 光绪三年金东书行刻本 | 福建 |
| | 六部处分则例 | 25 册 | 光绪七年重修本 | 南图 |
| | 钦定六部处分则例 | 16 册 | 光绪十一年刻本 | 福建 |
| | 钦定六部处分则例 | 52 卷，8 册 | 光绪十八年上海图书集成局铅印本 | 北大、科图 |
| | 钦定六部处分则例 | 52 卷，8 册 | 光绪二十一年紫英山房刻本 | 南图、北大 |
| | 钦定续纂六部处分则例 | 47 卷，首 1 卷 | 嘉庆十年刻本 | 吉大 |
| | 钦定增修六部处分则例 | 24 卷，12 册 | 同治四年沈椒生、孙眉山校勘本 | 台傅 |
| | 钦定增修六部处分则例 | 52 卷，20 册 | 同治十年重刊道光二十七年官刻本 | 大木 |
| | 钦定增修六部处分则例 | 24 卷，12 册 | 光绪十一年三善堂重刻本 | 台分图 |
| | 钦定重修六部处分则例 | 52 卷，24 册 | 咸丰五年刻本 | 法学所、北大 |
| | 钦定重修六部处分则例 | 24 册 | 同治八年金东书行刻本 | 浙图 |
| | 钦定重修六部处分则例 | 52 卷，8 册 | 光绪十八年上海图书集成局刻本 | 武大 |
| | 钦定重修六部处分则例 | 52 卷，18 册 | 光绪二十三年刻本 | 香港新亚 |
| 礼部 | 钦定礼部则例 | 202 卷，10 册 | 嘉庆十一年刻本 | 国图 |
| | 钦定礼部则例 | 202 卷，24 册 | 嘉庆二十一年官修，刻本 | 大木 |
| | 钦定礼部则例 | 202 卷，24 册 | 嘉庆二十五年刻本 | 山东师大 |
| | 钦定礼部则例 | 202 卷，24 册 | 道光内府刻本 | 山东 |
| | 钦定礼部则例 | 202 卷，24 册 | 道光二十一年官修，刻本 | 大木 |
| | 钦定礼部则例 | 202 卷，24 册 | 道光二十四年官刻本 | 故宫、国图 |
| | 钦定礼部则例 | 202 卷，24 册 | 光绪二十一年官刻本 | 台分图 |
| | 钦定礼部则例 | 202 卷，12 册 | 光绪二十四年官刊本 | 台分图 |
| | 钦定学政全书 | 86 卷，首 1 卷 | 嘉庆十七年武英殿刻本 | 故宫、法学所 |
| | 钦定科场条例 | 58 卷，12 册 | 嘉庆九年刻本 | 法学所 |
| | 钦定科场条例 | 60 卷，20 册 | 嘉庆二十三年重刻本 | 人大 |
| | 钦定科场条例 | 60 卷，首 1 卷，19 册 | 道光十四年刻本 | 国图 |
| | 钦定科场条例 | 60 卷，22 册 | 咸丰二年刻本 | 故宫、南图 |
| | 钦定科场条例 | 60 卷，首 1 卷，24 册 | 咸丰刻本 | 国图 |
| | 钦定科场条例 | 60 卷，40 册 | 光绪十三年内府刻本 | 国图 |
| | 新颁续增科场条例 | 16 册 | 光绪十七年浙江书局刻本 | 南图 |
| | 续增科场条例 | 1 卷，1 册 | 光绪二十九年刻本 | 人大 |
| | 科场则例 | 1 卷，1 册 | 道光九年刻本 | 国图 |
| | 科场则例 | 1 卷，1 册 | 道光十九年增刻本 | 国图 |

续表 12

| 类别 | 文献名 | 卷数·册数 | 成书或刊印时间 | 馆藏单位 |
|---|---|---|---|---|
| 兵部 | 钦定中枢政考 | 32 卷, 32 册 | 嘉庆八年刻本 | 浙图 |
| | 钦定中枢政考 | 32 卷, 20 册 | 嘉庆十三年刻本 | 安大、武大 |
| | 钦定中枢政考 | 40 卷, 首 1 卷, 44 册 | 嘉庆刻本 | 人大 |
| | 钦定中枢政考 | 72 卷, 72 册 | 道光五年兵部刻本 | 辽图、故宫 |
| | 钦定中枢政考·八旗 | 32 卷, 32 册 | 道光五年官刻本 | 辽图 |
| | 钦定中枢政考·绿营 | 40 卷, 15 册 | 道光五年官刻本 | 辽图 |
| | 钦定中枢政考 | 30 卷, 30 册 | 清刻本 | 台师大 |
| | 钦定中枢政考续纂 | 4 卷, 4 册 | 道光十二年官刻本 | 法学所、故宫 |
| | 钦定兵部处分则例 | 76 卷, 8 册 | 道光三年内府刻本 | 法学所、辽图 |
| | 钦定兵部处分则例 | 76 卷, 31 册 | 道光兵部刻本 | 国图、上图 |
| | 钦定兵部续纂处分则例 | 4 卷, 4 册 | 道光九年兵部刻本 | 上图、法学所 |
| | 钦定军器则例 | 32 卷, 12 册 | 嘉庆十年刻本 | 国博 |
| | 钦定军器则例 | 24 卷, 24 册 | 嘉庆十九年刻本 | 武大 |
| | 钦定军器则例 | 24 卷, 24 册 | 嘉庆二十一年兵部刻本 | 浙图、国图 |
| | 钦定军器则例 | 32 卷 | 嘉庆二十一年官刻本 | 故宫 |
| | 钦定军器则例 | 24 卷, 12 册 | 光绪十七年排印本 | 台傅、南图 |
| | 钦定军器则例 | 32 卷, 7 册 | 清兵部刻本 | 国图 |
| | 督捕则例 | 2 卷, 1 册 | 光绪十二年刻本 | 国图 |
| | 督捕则例附纂 | 1 卷, 1 册 | 道光八年刻本 | 国图 |
| | 督捕则例附纂 | 2 卷, 1 册 | 同治十一年湖北臬局刻本 | 国图、北大 |
| | 鞍库则例 | 1 卷, 1 册 | 清内府抄本 | 中央民族 |
| | 钦定东省外海战船则例 | 4 卷, 4 册 | 清末刻本 | 法学所 |
| 理藩院 | 钦定回疆则例 | 8 卷, 5 册 | 道光二十二年官刻本 | 南图 |
| | 钦定回疆则例 | 8 卷, 9 册 | 道光刻本 | 国图 |
| | 理藩院修改回疆则例 | 4 卷, 4 册 | 咸丰内府抄本 | 国图 |
| | 钦定回疆则例 | 8 卷, 3 册 | 光绪三十四年铅印本 | 国图 |
| | 钦定理藩院则例 | 63 卷, 通例等 6 卷, 16 册 | 嘉庆二十二年官刻本 | 故宫 |
| | 钦定理藩院则例 | 64 卷, 32 册 | 道光二十三年刻本 | 辽图 |
| | 钦定理藩院则例 | 64 卷 | 光绪十二年刻本 | 吉大 |
| | 钦定理藩院则例 | 64 卷, 32 册 | 光绪十七年刻本 | 山东师大、国博 |
| | 钦定理藩部则例 | 64 卷, 16 册 | 光绪三十四年刻本 | 北大、吉大 |
| 都察院 | 钦定台规 | 20 卷, 8 册 | 嘉庆九年都察院刻本 | 法学所 |
| | 钦定台规 | 40 卷, 16 册 | 道光七年官刻本 | 国博、故宫 |
| | 钦定台规 | 42 卷, 首 1 卷 | 光绪十六年官刻本 | 故宫、法学所 |

续表 12

| 类别 | 文献名 | 卷数·册数 | 成书或刊印时间 | 馆藏单位 |
|------|--------|-----------|---------------|----------|
| 太常寺 | 钦定太常寺则例 | 125 卷, 另辑 6 卷, 首 1 卷, 32 册 | 嘉庆官刻本 | 大木 |
| | 钦定太常寺则例 | 133 卷, 64 册 | 道光朱丝栏抄本 | 台分图 |
| | 钦定太常寺则例 | 127 卷, 另辑 6 卷, 49 册 | 道光刻本 | 国图 |
| | 钦定太常寺则例 | 127 卷, 另辑 6 卷, 66 册 | 道光太常寺刻本 | 国图 |
| | 钦定太常寺则例 | 6 卷, 4 册 | 清刻本 | 大连 |
| 太仆寺 | 太仆寺则例 | 1 卷, 1 册 | 清内府朱丝栏抄本 | 台故宫 |
| 光禄寺 | 光禄寺则例 | 104 卷 | 道光内府抄本 | 故宫、国图 |
| | 光禄寺则例 | 104 卷, 53 册 | 道光十九年武英殿刻本 | 辽图 |
| | 钦定光禄寺则例 | 90 卷, 丧仪 14 卷 | 咸丰五年刻本 | 国图、大连 |
| 国子监 | 钦定国子监则例 | 44 卷, 首 6 卷 | 嘉庆二年刻本 | 法学所、北大 |
| | 钦定国子监则例 | 44 卷, 首 6 卷, 24 册 | 嘉庆内府抄本 | 国图 |
| | 钦定国子监则例 | 45 卷, 9 册 | 道光四年国子监刻本 | 国图、辽图 |

### （四）清代则例编纂的成就

清代在以《会典》为纲、则例为目的立法框架下，充分利用则例这一法律形式，建立起中国古代历史上空前完善的法律制度。与之前各朝尤其是明代比较，清代则例编纂取得的突出成就主要体现在五个方面。

一是则例作为经常编修的基本法律，覆盖了所有国家机关，是六部和其他中央机构日常活动必须遵守的规则，从而实现了国家机器运转的规范化和制度化。

清代法制较前代的一个重要发展，是通过则例来制定中央各部、院、寺、监及其下属机构活动的规则。在这些则例中，既有以"六部一体"为特色的《钦定六部则例》，又有单独编纂的《吏部则例》《户部则例》《礼部则例》《兵部则例》《刑部则例》《工部则例》《都察院则例》《通政使司则例》《大理寺则例》《翰林院则例》《起居注馆则例》《詹事府则例》《太常寺则例》《太仆寺则例》《光禄寺则例》《鸿胪寺则例》《国子监则例》《钦天监则例》等。还有中央机构下属单位活动规则的则例，如吏部制定有《文选司则例》《考功司则例》《验封司则例》《稽勋司则例》等。此外还制定有跨部的则例，如《军需则例》，各部分别颁行有《户部军需则例》《兵部军需则例》《工部军需则例》。

这些则例对朝廷各级机构职掌和办事规程作了具体规定。如乾隆三十五年修订的《礼部则例》，内容是清初至乾隆中期各种礼仪的规定。其编纂体例是以礼部仪制、祭祀、主客、精膳分类，仪制门下有朝贺通例、圣训、颁诏、册封、婚礼、冠服、仪仗、赏赐、学政、科举场规等92目；祭祀门下设有祭祀通例、太庙、丧仪、贡使等85目；主客门下设有朝贡通例、四译馆事例、边关禁令等21目；精膳门下设有太和殿宴、皇后宴、大婚宴、婚礼宴等22目。该则例后又于嘉庆、道光、同治、光绪朝续修，可谓清代各种礼仪制度之大全。

又如《兵部则例》，另名曰《中枢政考》。清代编纂有关兵部职掌和军政事务方面的则例，初修于康熙十一年，题名为《中枢政考》。雍正、乾隆、嘉庆、道光等朝对之均有修订。乾隆七年颁行的该书武英殿刻本，分八旗、绿营两部分，下设职制、公式、户役、仓库、田宅、仪制等门，两部分设门略有不同；各门之下又设有若干目，条举各种军政、军事规定。乾隆及以后各朝多次增补，其中道光五年修改较大，把八旗、绿营分开编纂，八旗32卷、绿营40卷。《中枢政考》经多次修订，内容逐步完善，体例也更加规范。

对清代则例的功能，王锺翰曾评论："有清一代，凡十三朝，历二百六十有七载，不可谓不久者矣；然细推其所以维系之故，除刑律外，厥为则例。大抵每一衙门，皆有则例，有五年一修、十年一修、二十年一修不等。则例所标，为一事，或一部一署，大小曲折，无不该括。其范围愈延愈广，愈广愈变，六部而外，上起宫廷，如《宫中现行则例》；下及一事，如《王公俸禄章程》；不惟《会典》所不及赅，且多有因地因时，斟酌损益者；故不得不纂为则例，俾内外知所适从。"[1] 诚为的论。

二是通过编纂《吏部则例》和《处分则例》，明确吏部办事规则，加强对各级官吏的管理和监督，特别是《处分则例》对于官吏违制惩处的一系列规定，实现了行政责任与刑事责任分立、行政处分法规的相对独立。

《吏部则例》是关于吏部办事规范及违制处罚的规定。如乾隆七年刊行的

---

《吏部则例》，包括满官品级考、汉官品级考、满官铨选、汉官铨选、处分则例 5 部分。道光二十三年颁行的《吏部则例》，在此基础上增加验封、稽勋等吏部所属清吏司则例。清代各朝增修的吏部铨选和文选、考功、验封、稽勋司则例，是《吏部则例》的实行细则。各朝颁行方式不一，收入《吏部则例》者有之，单独刊行者亦有之。吏部铨选则例分为《吏部铨选满官则例》和《吏部铨选汉官则例》。《吏部铨选满官则例》内分开列、月选、拣选、杂例、笔帖式等门。《吏部铨选汉官则例》内分开列、月选、升补、除授、拣练、拣选、杂例等门。吏部所属文选、考功、验封、稽勋四司则例，分别详细规定了各清吏司办事规则。如《吏部验封司则例》内分世爵、封典、恩荫、难荫、土官、书吏等门。世爵门下有功臣封爵、世爵袭替、世爵犯罪、绿营世职等目，封典门下有请封品秩、封赠妻室、丁忧官给封等目，恩荫门下有承荫次序、荫生考试、荫生录用等目，难荫门下有难荫录用、殁于王事赠衔等目，土官门下有土官承袭、土官降罚、土官请封等目，书吏门下有充补书吏、书吏调缺等目。

《吏部处分则例》始修于康熙年间，雍正朝作过较大增补，乾隆及以后各朝均有增删，其中规定了各级各类官吏办事违误应受处分的种类、适用原则和各种违法违纪行为的处分标准。清朝行政处分的方式有罚俸、降级、革职 3 种 16 等。罚俸以年月为差分为 7 等；降级有降级留任和降级调用之分，两者共为 8 等；革职仅 1 等。革职是行政处分的最高形式，被革职人员如有犯赃等情形，加"永不叙用"字样。革职不足以惩治者，交刑部议处。《吏部处分则例》以吏、户、礼、兵、刑、工六部分门别类，吏部有公式、降罚、举劾、考绩、旷职、营私等目，户部有仓场、漕运、田宅、盐法、钱法、关市、灾赈等目，礼部有科场、学校、仪制、祀典等目，兵部有驿递、马政、军政、海防等目，刑部有盗贼、人命、逃人、杂犯、提解、审断、禁狱、用刑等目，工部有河工、修造等目。该则例对上述违制行为规定了相应行政处分。

另外，对于军职人员违制的惩处，清代在遵循《吏部处分则例·刑部》《六部处分则例·刑部》的基础上，又根据军职违制犯罪实际情况，增加了许多针对性处分条款，并编纂和多次修订《钦定兵部处分则例》《续纂兵部处分则例》。《兵部处分则例》在各条下注明公罪、私罪，并要求对犯罪者引律议处。应处答杖之刑者，公罪罚俸，私罪加倍；应处徒刑以上罪者，则有降级、留用、调用、革职之别；如有因立功表现而形成的加级记录，可以抵消。

在中国古代，历朝对官吏犯罪行为主要依据刑律进行处置。对于官场中经常发生的官吏渎职、违制、违纪行为，各代虽也有行政处分方面的规定，但并不系统和严密。清代编修的各类官吏处分则例，以专门法规的形式把文武官员各种违制行为及应受处罚在法律上确定下来，进一步强化了对官员的约束，使得对违纪官吏的处罚有法可依、有规可循，这是中国古代行政立法领域的重大发展。

三是适应社会经济发展需要，制定了一系列有关加强食货和工程管理的则例。《户部则例》主要是有关户部收支钱粮及办事规则的规定。这一则例现有乾隆、嘉庆、道光、咸丰、同治年间修订的多种版本。《户部则例》分别对户口、田赋、库藏、仓庾、漕运、钱法、盐法、茶法、参课、关税、税则、廪禄、兵饷、蠲恤、杂支等方面的管理作了具体规定。属于户部类则例的还有《户部续修则例》《军需则例》《漕运则例》《常税则例》《闽海关则例》《江海关则例》《粤关则例》《通商进口税则》等。《工部则例》是有关工部职掌和工程标准的规定，始修于雍正十二年，乾隆、嘉庆、光绪朝均作过续修。嘉庆三年内务府刊行《工部则例》98卷，内分4门：其一是营缮，有城垣、仓敖、营房、物料等目；其二是虞衡，有钱法、军需、杂料等目；其三是都水，有河工、漕河、水利、江防、关税等目；其四是屯田，有薪炭、通例等目。嘉庆二十年颁行的《钦定工部则例》，计142卷，例文1027条。光绪十年颁行的《工部则例》在原4门基础上，又增加了制造、节慎、通例3门，对有关制造、桥道、船政、恭理等事宜作了规定，内容更加丰富和严密。除《工部则例》外，清代还颁布《工部续增则例》《物料价值则例》《工程则例》《工程做法》《河工则例》《匠作则例》《圆明园工部则例》等。

四是颁布了多部专门规范宫廷事务管理和限制皇室贵族行为的则例。清代这方面法律之健全，为历代之冠。清朝立国之初，就很注意通过法律手段限制皇室贵族特权。当时发布的这类法规法令散见于各种法律、法规、政令中。自乾隆朝起，朝廷陆续制定一些专门规范宫廷内部管理和皇室贵族行为的单行法律法规。顺治初，仿效明代建立宗人府，专理皇室贵族事务，主要职责是纂修谱牒、给发宗室人员养赡和恩赏、办理袭封爵位及审理皇族成员犯罪等。乾隆年间，开始制定《宗人府则例》。该则例于嘉庆年间颁行，并拟定每10年重修一次。道光以前,所修则例内容较为简略。该书道光间刊本下设命名、指婚、继嗣、封爵、册封、诰命、追封、封号、仪制、教养、授官、考试、优恤、职制、律例等门,内容较前大为充实。其后又在光绪二十四年、三十四年分别修订,增补了许多新条款,内容更加系统和规范。清廷还制定了用以规范王公行为及违制处罚的《王公处分则例》,内有公式、选举、考劾、户口、印信、考试、营伍、禁卫、火禁、缉捕、杂犯、缉逃、旷职、审断、刑狱、犯赃、窃盗等目。

清代制定的管理宫廷事务的单行法律法规主要有《钦定宫中现行则例》《庆典则例》《庆典章程》等,其中第一种最为重要,是规范宫中事务法令、章则的汇纂,内容包括列朝训谕、名号、礼仪、宴仪、册宝、典故、服色、宫规、宫分、铺宫、安设、谢恩、钱粮、岁修、处分、太监等目。该书初颁于乾隆七年,之后每次纂修多有增补。

清代对皇室及宫廷的管理由内务府负责。内务府管理皇帝统领的上三旗全部军政事务,宫廷内部人事、经济、礼仪、防卫、营造、庄园、牧放、刑狱,以及皇帝、皇后、妃、皇子等的日常生活。《内务府则例》对内务府职掌、办事规则和违制处分作了详细规定。为了使内务府所属机构的管理事务有章可循,清代还编纂了《总管内务府堂现行则例》及各司、院、处则例,如《总管内务府广储司现行则例》《总管内务府都虞司现行则例》《总管内务府掌仪司现行则例》《总管内务府营造司现行则例》《总管内务府总理工程处现行则例》《总管内务府武备院现行则例》《总管内务府静明园现行则例》《总管内务府颐和园现行则例》《总管内务府管理三旗银两庄头处现行则例》《总管内务府造办处现行则例》《总管内务府南苑现行则例》《总管内务府禁城现行则例》等。

五是通过制定《蒙古则例》《回疆则例》及《理藩院则例》等法律,全面加强对少数民族事务的管理。针对蒙古地区,清代制定了《蒙古则例》,又称《蒙古律例》。《蒙古律例》初颁于乾隆六年,此后屡经修订,乾隆五十四年增订为209条,嘉庆十九年又纂入《增订则例》23条,对巩固北方边疆区域具有特别重要的意义。清代适用新疆地区的代表性法律是《回疆则例》,其适用范围主要是新疆南部及东部哈密、吐鲁番等地的维吾尔族、新疆西北部的哈萨克族,以及帕米尔高原以西的布鲁特人、浩罕人等。《回疆则例》于嘉庆十九年修成后,因故未能公布,直到道光二十二年才正式颁行。《回疆则例》针对维吾尔族的宗教信仰特点，保护教会的正常活动，但又限制其干预政务，充分体现了因地制宜的民族立法特色。对西藏地区，清代于乾隆五十八年制定了《钦定西藏章程》29 条，又称《西藏通制》。为了加强对青海地区民族事务的管理，清朝制定《禁约青海十二事》，后于雍正十二年颁行《西宁青海番夷成例》。《西宁青海番夷成例》在摘选清朝立国后陆续形成的蒙古例基础上编纂而成，因而内容与《蒙古律例》有相同之处。这部法律专门适用于青海地区，对于稳定青海地区民族关系有很大作用，一直沿用到民国初年。

在清代各种民族法律、法规中，《理藩院则例》是体系最为庞大、条款最多、适用范围最广泛的立法成果。它集有清一代民族立法之大成，是我国古代民族立法的代表性法律。这部法律于嘉庆二十二年颁行，是在乾隆朝《蒙古律例》基础上编纂而成，并吸收《钦定西藏章程》的内容，增加了有关条款，分为通例、旗分等 63 门，共 713 条。此后在道光、光绪年间又作了 3 次增修。光绪朝增修的《理藩院则例》为 64 门，内有律条 971 条，条例 1605 条，几乎适用于整个西北、东北及部分西南的民族和地区。该法律内容以行政法为主，并包括刑事、经济、宗教、民事、军事和对外关系方面的规定，对于维护、巩固清王朝多民族国家的统一和稳定，发挥了重要的积极作用。

# 结　　语

则例从进入国家立法领域到成为国家基本法律形式，历时甚久。其演变轨迹，大致可概括为四个阶段。每经历一个阶段，则例的适用范围都会大大得到拓展，其在国家法律体系中的地位也会得到相应提升。唐五代时期，则例是用来表述官吏俸禄、税收、礼仪等方面标准的法律用语，还不是独立法律形式，官府也只是偶尔用之。宋元时期，则例作为诸多例的一种，主要是对钱物管理、财政收支方面的相关标准进行规定，开始进入国家法律体系。宋元颁行的则例数量虽然大大超过唐五代，但由于其在法律体系中位阶较低，影响有限。到了明代，例开始成为国家基本法律形式，则例也随之上升为国家的重要法律形式，主要用于表述食货管理等方面的标准及运作规则，不少则例被收入《明会典》，成为国家"大经大法"组成部分。清承明制，并进行了重大创新和发展，表现之一就是突破了明代把则例主要用于钱粮事务方面的立法范式，将则例提升为国家基本法律形式，并进一步扩大其适用范围，用其表述中央各部、院、寺、监及其下属机构活动规则。以则例表述的立法成果，占清代立法总数一半以上。

唐、宋、元时期法律形式纷杂，仅宋、元两朝例的种类就有数十种。明清将例作为法律体系的核心内容，例的基本形式也被简化为条例、则例、事例三种。在明清法制变革中，则例何以受到统治者的青睐？主要原因在于这一法律形式更加适合国家社会管理的客观需要。具体来说，一是它本身具有规范具体、内容详细和数字化管理的特点及适宜立法、稳定性强的特性，使其在实践中便于操作。二是符合这一历史时期法制建设急需规范化的要求。明清时期，农业、手工业、商业有较大发展，社会管理事务千头万绪，如何实现国家日常事务管理规范化，是统治者亟待解决的重大问题。则例作为规范各项事务管理的标准和运行规则的法律形式，正是在这种社会背景下应运而起，受到政府的格外关注。

一种法律形式有无生命力，归根结底取决于它在治国实践中能否真正发挥作用。明清两代的法律实践不断向人们证明，则例对于完善国家法律体系作用巨大，不可忽视。

其一，则例作为一种针对性很强的法律实施细则，可以起到补充国家法律的作用，有利于把国家法律贯彻到基层社会。明代国家大法《诸司职掌》和《明会典》，对经济、财政、金融制度规定得比较简略，在自然条件千变万化和国家没有编纂统一食货法典的情况下，明代政府何以能够在相当长的一段时间内较好地调整各种社会经济关系，从而保障国家财政收入的稳定？其原因在于朝廷能够根据不同地区、不同条件，及时合理地颁行各类措施务实的则例，使国家根本大法规定的食货制度得到实施。清代纂修《大清会典》采取的是"总括纲领，勒为完书"的编辑原则，国家各项根本制度仅"述其大略"，[①] 同时通过制定各部、院、寺、监则例和各种专门则例，把《大清会典》中的原则性规定转换为具体制度和实用性法律。法制统一是历代王朝遵奉的立法原则，其要义是确保国家根本制度不受损害，而不是在法律执行过程中无视实际情况一刀切。历代编纂则例的经验证明，只有为各种法律制定详细的实施细则，才能把国家大法确认的法制原则更好地贯彻到实际统治之中，保证国家机器正常运转。

---

① 允禄等：《大清会典·乾隆朝》，南京：凤凰出版社，2018 年，"凡例"，第 1 页。

其二，则例在完善国家法律体系中，有其他法律形式不能替代的独特功能。明代则例的编纂，极大地完善了以户部为纲、以则例为目的明代食货法律体系。清代则例编纂对于完善整个国家的法律体系发挥了至关重要的作用。清代法律体系大致可分为三个层次。居于国家法律体系最高层次的是《大清会典》，它是国家典章制度总汇，详细规定了中央各部门的编制、职掌、官员品级、统属关系和各项根本制度，政府编纂的其他法律不能与之冲突。国家法律体系的中间层次由各部、院、寺、监则例和《大清律例》构成，用以规定各种具体制度和实施措施，是在实务中可以直接应用且稳定性较强的法律，属于国家基本法律。最低层次是未经统一编纂但具有一定效力的皇帝谕旨和各中央机构议准的条例、事例、章程和通行成案等，属于可变通之法。则例是国家基本法律中覆盖门类最多、适用范围最广的法律形式，涵盖吏政、食货、礼仪、军政、工程、宫廷、宗室、少数民族事务管理等诸多方面，在国家法律体系中处于承上启下的地位，是清代法律体系的核心组成部分。清朝统治者出自以骑射为能的民族，之所以在入主中原后，创建了中国历史上空前完善的法律制度，显然与清代重视则例的编纂有很大关系。

宋、元、明、清在编纂则例的过程中，注重继受前代法律中的优良成分和成功措施，用以完善本朝法律体系。中国古代法律资源丰厚，则例作为一种法律形式，正是在这种传承机制作用下逐步发展起来的。吸收中华传统法律和法文化的精华，是完善新时代法制建设不可忽略的重要方面。

〔作者杨一凡，中国社会科学院法学研究所研究员，西北大学法史创新工程首席专家。北京　100720〕

（责任编辑：高智敏　管俊玮）

# 巴黎公社纪念与中共党建的早期探索<sup>*</sup>

霍新宾

**摘　要：**中国共产党早期巴黎公社纪念经历了由个体自主参与至党团实施动员的过程。建党前后，李大钊、李汉俊、李达、施存统、刘仁静、周恩来、瞿秋白等共产党人，以撰文的方式积极推进巴黎公社译名及其无产阶级专政语义的传播，为纪念活动奠定了学理和组织基础。在国民革命兴起的背景下，随着对政权建设探索的深入，中共与青年团携手发起巴黎公社纪念，呈现出由国民革命初期对内宣传无产阶级专政意涵为主，到中后期动员民众反帝反军阀以建立苏维埃政权的态势演进。中共早期的巴黎公社纪念，使巴黎公社所具有的革命意涵得以充分彰显，既推动了中共对革命政权理论的认知与实践，也强化了其组织动员能力，展现出党的建设早期探索的复杂艰辛。

**关键词：**巴黎公社纪念　中国共产党　国民革命　民众动员

1871 年 3 月 18 日，人类历史上第一个无产阶级政权——巴黎公社宣告诞生。尽管仅存在 72 天，但其革命精神与革命实践足以彪炳国际共产主义运动史册。正如马克思在《法兰西内战》中所指出，"这是使工人阶级作为唯一具有社会首创能力的阶级得到公开承认的第一次革命"，并"将永远作为新社会的光辉先驱而为人所称颂"。① 翌年 3 月，在国际总委员会发起的巴黎公社周年纪念会上，马克思起草的决议更是强调，"英勇的三月十八日运动是把人类从阶级社会中永远

---

＊　本文系国家社科基金重大项目"中国共产党纪念活动史的文献整理与研究"（15ZDB044）阶段性成果。感谢匿名外审专家的宝贵意见。
①　《马克思恩格斯文集》第 3 卷，北京：人民出版社，2009 年，第 160、181 页。

解放出来的社会主义革命的曙光"。① 正是这种"社会主义革命的曙光",不仅点明了俄国十月革命的路向,也推动了中国共产党对革命政权理论的探索。

目前学界相关探讨,或注重对巴黎公社的认知与传播,或记述中国首次巴黎公社纪念活动,② 这对研究中共早期巴黎公社纪念不无裨益,但也存在一些缺憾:其一,对"巴黎公社"译名在中国早期传播的史实叙述大同小异,多沿袭陈叔平的说法,而对中国共产党人发挥的作用语焉不详;其二,认为1926年3月广州举行中国首次巴黎公社纪念活动有以讹传讹之嫌,对其纪念发端的地位有所忽略;其三,甚少将巴黎公社纪念活动与中共组织建设、政党转型③等问题联系起来考察。本文拟在深入发掘原始文献的基础上,考察中国共产党建党前后至国民

---

① 《马克思恩格斯列宁斯大林论巴黎公社》,北京:人民出版社,1961年,第251页。

② 如陈叔平:《巴黎公社与中国》,北京:中国人民大学出版社,1988年,第66—100页;高放:《中国人民与巴黎公社》,《国际共运史研究》1991年第2期;黎永泰、曹萍:《中国人民对巴黎公社的认识和第一次纪念活动》,《社会科学研究》1991年第3期;陈叔平:《我国首次纪念巴黎公社的活动》,《百年潮》2001年第7期;叶孟魁:《张太雷与中国首次纪念巴黎公社活动》,《广东党史》2004年第6期;赵付科:《民主革命时期的中共报刊对巴黎公社的宣传》,《中国石油大学学报》2015年第1期;束锦:《中国共产党对巴黎公社的认知与传播(1920—1927)》,《学海》2015年第6期。

③ 目前学界关于政党转型的概念有多种看法,如有观点认为政党转型就是政党组织模式变迁,随着不同政党模式的交替出现和更新,政党正在转型,或者已经转型;也有人从微观角度指出政党转型是那些由政党直接控制的政党变迁,包括所有在政党规则、结构、政策、战略或策略上主动作出的改变,或者意识形态、党内权力关系和行为方式的变化,甚至是产生新的类型和组织(如周建勇:《政党转型理论与中国共产党组织变革研究》,肖滨主编:《中国政治学年度评论(2016)》,北京:商务印书馆,2017年,第49页)。本文所指政党转型,主要立足于中共组织形态演进角度,着眼于中共如何突破原有阶级依托,更广泛地深入民众,从而实现阶级基础扩大的过程。在这一方面,学界已有研究主要从宏观上就共产国际的"群众化"、"布尔什维克化"建党理论对中共的影响进行文本解读(代表性成果有管文虎:《共产国际的"布尔什维克化"口号对中共的影响》,《近代史研究》1988年第6期;张明楚:《"群众性政党"的提出与中共四大的作用》,《上海行政学院学报》2005年第2期;刘建萍:《从"群众化"到"布尔什维克化"——中共早期对建党目标的探索与思考》,《河南理工大学学报》2012年第1期;袁红:《中国共产党的"布尔什维克化"建设目标研究》,北京:人民出版社,2018年,第26—93页;曾成贵:《锤头镰刀旗下——中共建党之路与共产国际》,福州:福建人民出版社,2017年,第90—127页),而缺乏从中共组织建设演进视角的实证考察。事实上,对于中共早期政党建设问题的探讨,仅从文本分析是远远不够的,还需将其置于具体的革命实践中予以更深入的透视,方能得出更为全面可靠的结论。本文即着意于此。

革命时期纪念巴黎公社的史实，揭示国民革命背景下纪念演进的阶段性特征，通过这份颇具典型性的分析样本，探讨中共早期政权理论的认知及政党建设的探索。①

## 一、早期马克思主义者的巴黎公社认知与宣传

追溯中国共产党纪念巴黎公社的缘起，需从"巴黎公社"这个词语传入中国时所引发的认知差异说起。巴黎公社成立及失败的消息传入国内后，一些官僚、知识分子对它的最初印象是"叛乱"。1871 年陪同崇厚赴巴黎交涉天津教案的张德彝在《随使法国记》中，将巴黎公社定性为"红头作乱"、"红头民政"、"叛勇作乱"。② 1873 年 8 月，早期维新思想家王韬与张宗良合作的《普法战纪》亦以"乱民"、"乱党"、"乱徒"、"贼众"、"贼党"等称谓描述巴黎公社的参加者，认为其是"致乱之由，则皆因自主二字害之也"。③ 这种将巴黎公社"致乱"根源归咎为"自主"即实行民主的看法，与作者维护君主制的改良保守政治立场正相吻合。巴黎公社是"叛乱"的形象一直延续至清末。1903 年 5 月，商务印书馆编译出版的《法兰西史》论述巴黎公社为"民乱蜂起，布满府厅"，"后反乱败，法乃渐兴"，④ 即是显例。

随着民主革命思想的传播，时人对巴黎公社的认知逐渐由"叛乱"向"革命"转变。对此，资产阶级革命派、无政府主义者起到了重要作用。1906 年 6 月，宋教仁在同盟会机关报《民报》发表文章，以饱含革命意蕴的"巴黎暴动"

① 对重大革命事件的纪念是传递革命理念、实施民众动员较为理想的形式，具有分析的样本价值。诚如美国学者约西亚·奥伯（Josiah Ober）所言："参与者在重复举行的庆典中和那些同样重复的参加者一起，就会对其内容和其他参与者的反应都了若指掌。这样一来，那些已经是众所周知的信息便会更加准确和广泛地为人所知。"（约西亚·奥伯：《民主与知识：古典雅典的创新与学习》，许晓光等译，北京：华夏出版社，2019 年，第 171 页）
② 张德彝：《随使法国记（三述奇）》，左步青点，钟叔河校，长沙：湖南人民出版社，1982 年，第 93、95、173 页。
③ 张宗良口述，王韬辑撰：《普法战纪（摘录）》（1873 年），姜义华编：《社会主义学说在中国的初期传播》，上海：复旦大学出版社，1984 年，第 1—7 页。
④ 商务印书馆编译：《法兰西史》，张宗弼校，上海：商务印书馆，1903 年，第 44 页。

指称巴黎公社。① 1907 年 6 月，自诩为中国无政府主义宣讲师的张静江在巴黎创办《新世纪》。该报以革命、民权为宗旨，故其创刊号所发《新世纪之革命》注重凸显巴黎公社的"平民社会革命"意义，强调它是由于社会主义鼓吹所致，"虽其事未成，然于革命进化史中，留一大记念，亦足以为将来社会革命之先导"。② 至民国时期，尤其五四运动前后，巴黎公社的革命语义逐渐得到时人认可。向持改良立场的梁启超在 1919 年所写《欧游心影录》中，称巴黎公社为"巴黎革命"，但同时不免有批判之声，认为"巴黎平民政府，残暴不可共事"。③

当然，真正推动巴黎公社革命语义广泛传播的，非早期中国共产党人莫属。这种推动，伴随着马克思主义学说的译介与论争。1920 年 5 月 23 日，《星期评论》登载李汉俊《劳动者与"国际运动"》，该文在宣扬反资本主义的"万国同盟"（The International）时，以"巴里共产革命"指称巴黎公社。④ 然而，当时更多使用的则是"巴黎自治"、"巴黎自治团"和"巴黎共产团"等译名。11 月 7 日，《共产党》创刊号刊发袁振英翻译的法国学者乔治·索列尔为列宁辩护的译文，⑤ 把巴黎公社翻译为"巴黎自治"（Paris Commune）。⑥ 12 月 7 日，李达在《共产党》发文，强调社会革命要用"阶级斗争的手段，以最普遍最猛烈最有力量的为好"，他的这一主张即比照"一千八百七十一年法国地方自治团在巴黎干的猛烈运动"。⑦ 1921 年 6 月 7 日，李汉俊在《共产党》发文介绍列宁的劳农制度学说，凡涉及巴黎公社概念便译为"巴黎自治团"，如"巴黎自治团已经向着

---

① 劈斋：《万国社会党大会略史》，《民报》第 5 号，1906 年 6 月 26 日，第 5 页。

② 冯自由：《新世纪主人张静江》，《革命逸史》第 2 集，重庆：商务印书馆，1943 年，第 227—228 页；《驻法钦使查复新世纪报宗旨》，《申报》1907 年 8 月 31 日，第 2 张第 11 版；《新世纪之革命》，《新世纪》第 1 号，1907 年 6 月 22 日，第 1 页。

③ 梁启超：《梁任公近著第一辑》上卷，上海：商务印书馆，1922 年，第 138 页；高放：《中国人民与巴黎公社》，《国际共运史研究》1991 年第 2 期，第 22 页。

④ 汉俊：《劳动者与"国际运动"》，《星期评论》第 51 号，1920 年 5 月 23 日，第 1、2 页。

⑤ 袁振英系 1920 年 8 月加入上海共产党组织的早期成员，详见袁振英：《中国共产党小组（原名中国社会主义青年团）的产生》（1954 年），中共东莞市委党史研究室编：《袁振英研究史料》，北京：中共党史出版社，2014 年，第 441—442 页。

⑥ Georges Sorel：《为列宁》，震寰译，《共产党》第 1 号，1920 年 11 月 7 日，第 39 页。

⑦ 江春：《社会革命底商榷》，《共产党》第 2 号，1920 年 12 月 7 日，第 8 页。

这个方向，踏进了历史的第一步；劳农制度，踏进了第二步"。① 8 月 1 日，施存统在《新青年》发文，亦使用"巴黎自治团"这一译名，他认为马克思主张"劳动专政"，即无产阶级专政或独裁，是"在一八七一年巴黎自治团失败之后"才明确的。②

施存统的看法引发了徐六几与刘仁静的争论。8 月 15 日，徐六几在有关社会主义问题的评论中指出："列宁所施行的无产阶级独裁完全私淑马克思，可是马克思自己对于这个观念，在一八七一年巴黎自治区（Paris Commune）失败以后，已经完全抛弃去了。"③ 徐六几的这一说法并非原创，而是沿袭斯巴戈的观点。④ 徐六几不仅与施存统在观点上针锋相对，而且以"巴黎自治区"的译名替代"巴黎自治团"。对此，1922 年 1 月刘仁静在《先驱》创刊号上发文批驳徐六几时用的是"巴黎自治团"而非"巴黎自治区"，但在阐释自己观点时用的是"巴黎共产团"。⑤ 不难发现，针对徐六几原文"巴黎自治区"的表述，刘仁静在引述中误作"巴黎自治团"，不论这是出于有意还是无意，都反映了"巴黎自治团"在当时的流行。

值得注意的是，在随后 4 月 15 日的《先驱》上，刘仁静回应徐六几和张东荪的文章，依然使用"巴黎共产团"译名。⑥ 5 月 5 日，他在《晨报附刊》发文，仍将"巴黎空闲"（Paris Commune）译为"巴黎共产团"，并认为它是"由普法战争的压迫和第一工人国际的分子的思想"鼓荡所致。⑦ 很明显，这场发生在徐六几与刘仁静之间的争论，引起时人对"巴黎共产团"的关注，也传播了马克思

① 均：《劳农制度研究》，《共产党》第 5 号，1921 年 6 月 7 日，第 32—33 页。

② 存统：《马克思底共产主义》，《新青年》第 9 卷第 4 号，1921 年 8 月 1 日，第 3 页。

③ 六几：《评山川均〈从科学的社会主义到行动的社会主义〉》，《改造》第 3 卷第 12 号，1921 年 8 月 15 日，第 3 页。

④ 剑：《答六几和东荪》，《先驱》第 6 号，1922 年 4 月 15 日，第 3 版。

⑤ 如刘仁静指出，1871 年，马克思"观察巴黎共产团的结果，他就知道无产阶级国家应如何的组织了"，到 1874 年，他在《哥达纲领批判》中才开始用无产阶级独裁制一语，即"将他观察巴黎自治团的结果约成个简单的语句（无产阶级专政）"。（剑：《请再去补习两年英文罢》，《先驱》创刊号，1922 年 1 月 15 日，第 4 版）

⑥ 如认为马克思、恩格斯"在巴黎共产团前后在他们私信和述中用'无产阶级独裁'一语是常常的"。（剑：《答六几和东荪》，《先驱》第 6 号，1922 年 4 月 15 日，第 3 版）

⑦ 竞人：《俄国革命之马克斯主义的基础》，《晨报附刊》1922 年 5 月 5 日，第 2 版。

"无产阶级独裁（专政）"学说。从这个意义上看，刘仁静功不可没。

"巴黎共产团"译名并不是刘仁静独创。1922 年 1 月 15 日，邓中夏在《先驱》创刊号上发表有关共产主义与无政府主义的评论，其中也取"巴黎共产团"译称。① 此外，7 月 1 日《新青年》刊发周佛海、李达的文章，在反思巴黎公社教训的部分亦用"巴黎共产团"的译法。② 不唯如此，李达还在 1923 年 4 月 10 日和 5 月 15 日的《新时代》上发文，译介马克思学说，凡涉及巴黎公社皆译作"巴黎共产团"，以表明其含有"无产阶级开始执政"之意。③ 可以看出，李达的巴黎公社译名经历了从 1920 年"巴黎自治团"至 1922 年、1923 年"巴黎共产团"的转变，这既是建党初期共产党人对巴黎公社的认知由"自治"转向"共产革命"的体现，也是马克思主义在中国传播深化的真实反映。

除"巴黎共产团"外，由一些中国共产党人首创的"巴黎共治团"译名同样值得注意。如 1922 年 12 月 1 日，周恩来在《少年》发文纪念俄国十月革命，指出"只有一八七一年巴里（黎）共治团"能与之相比，同时认为"巴里共治团不过是无产阶级革命史上的一朵昙花，稍现即灭"，而"俄国十月革命确为全世界的无产阶级奠定了革命始基"。④ 该文不仅赋予巴黎公社以"共治团"的新译名，而且指明了其在无产阶级革命史上的先驱地位。

准确体现这一时期中国共产党人对巴黎公社认知的是李大钊的《一八七一年的

---

① 如在阐释恩格斯的"革命自然是最要有强权的行为"的主张时，就援引"巴黎共产团不是倚靠武装的民众的权力来反对第三阶级吗？他不倚靠强权他能支持一天吗？"（重远：《共产主义与无政府主义》，《先驱》创刊号，1922 年 1 月 15 日，第 2 版）

② 如周佛海指出："一八七一年成立的巴黎共产团（Paris Commune）虽然一时握了政权，但是也因为没有行强制手段来压制反革命，致使有产阶级得以预备反动，终得打破劳动者底共和制。"（《自由和强制——平等和独裁》，《新青年》第 9 卷第 6 号，1922 年 7 月 1 日，第 65 页）与周佛海强调缺乏"强制手段来压制反革命"不同，李达认为"一八七一年巴黎共产团之所以失败"是没有"共产党任指挥"，在他看来，"无产阶级要实行革命，必有一个共产党从中指导，才有胜利之可言"，而"无产阶级革命的目标在夺取政权实行劳工专政"。（《评第四国际》，《新青年》第 9 卷第 6 号，1922 年 7 月 1 日，第 22 页）

③ 详见马克思：《德国劳动党纲领栏外批评》，李达译，《新时代》第 1 卷第 1 号，1923 年 4 月 10 日，第 15 页；李达：《马克思学说与中国》，《新时代》第 1 卷第 2 号，1923 年 5 月 15 日，第 15 页。

④ 伍豪：《十月革命》，《少年》第 5 号，1922 年 12 月 1 日，第 2 页。

巴黎"康妙恩"》。该文是为纪念《申报》创刊 50 周年而作，李大钊并未完全接受申报馆提出的有关世界劳工运动的命题，而是将目光投向与《申报》几乎同龄的巴黎公社，并代之以"巴黎康妙恩"的音译。在 6300 余字的宏文中，李大钊着意于突出"巴黎康妙恩"的"社会革命的先声"地位，认为"巴黎的人民，在'巴黎康妙恩'（The Commune of Paris）名义之下开始了一个自由的新时代"，而作为"法国市町村等自治体的通称"的"康妙恩"（Commune），对于巴黎多数民众有着"民主政治"和"自治"的意味。李大钊指出，"在少数共产党的心中藏了新观念，只此新观念才是'康妙恩'的真髓。'康妙恩'就是劳动者的共和国"。在阐明"康妙恩"内涵、性质的同时，李大钊还对"巴黎康妙恩"从诞生到灭亡的历史脉络，包括其成立背景、过程、执政措施、失败原因及经验教训等进行了细致梳理和深入剖析。在文末，他特别强调"巴黎康妙恩"对俄国十月革命产生了深远影响。[1] 这种将巴黎公社与十月革命相结合的看法，与上述周恩来的主张如出一辙，展示了建党初期中国共产党人对无产阶级革命道路的向往与憧憬。

上述李大钊所撰是目前所见中国共产党第一篇专题论述巴黎公社的马克思主义文章。它的问世，标志着中国共产党人对巴黎公社的文本表述由以前单一指称转向专题言说，摆脱了依托译介和宣传马克思主义学说才涉及巴黎公社译名的做法。李大钊《一八七一年的巴黎"康妙恩"》弥补了当时中国共产党人不够重视巴黎公社的不足，开创了时人对巴黎公社专题阐释与纪念的先河。需要补充的是，李大钊撰写文章本身就属对巴黎公社的纪念。早在 1922 年 2 月 12 日北大新闻记者同志会成立会上的演说中，李大钊即已萌生纪念巴黎公社的想法。他在建议新闻记者如何"利用活的问题，输入些知识"时，曾以巴黎公社为例。[2] 而一

---

[1] "谁知五十年巴黎'康妙恩'的种子，又在 Volga 河流域放了灿烂的鲜花，得了光荣的胜利！"（李守常：《一八七一年的巴黎"康妙恩"》，申报馆编：《最近之五十年（申报馆五十周年纪念）》，上海：申报馆，1923 年，第 1—3 页）

[2] 李大钊说："如一八七一年三月的巴黎自治团，在平时写出来，人并不十分注意，若在去年三月十八、九日恰恰是五十周年的纪念日，把这一段历史纪载出来，登在报上，岂不是绝好的材料吗？"（《在北大新闻记者同志会成立会上的演说》（1922 年 2 月 12 日），中共中央宣传部办公厅、中央档案馆编研部编：《中国共产党宣传工作文献选编（1915—1937）》，北京：学习出版社，1996 年，第 358—359 页；《北大新闻记者同志会成立》，《晨报》1922 年 2 月 14 日，第 3 版）

年后《一八七一年的巴黎"康妙恩"》的发表，应是此次建议的落实与体现。就此而言，李大钊堪称中国倡导巴黎公社纪念的先行者。

"巴黎公社"译名首创自瞿秋白。1921年3月11日，正在莫斯科游历的瞿秋白为《赤都心史》撰写"公社"一节时，第一次使用"巴黎公社"的译名："欧洲第一次无产阶级革命，要算一八七〇（应为1871——引者注）年巴黎的公社革命（La Commune de Paris），马克思亲与其事。公社大概的组织就是城市工人共同组织一消费社，分配一切需要品。"① 尽管这段介绍不长，但"巴黎公社"这一言简意赅的中译名却随着1924年6月《赤都心史》的出版而流传开来。1924年8月，中共中央机关报《向导周报》在新闻报道中采用了"巴黎公社"译名。② "巴黎公社"译名的诞生，为纪念文本的表述与传播提供了便利。

如上所述，"巴黎公社"这一概念传入中国的过程，经历了"红头作乱"、"暴动"、"共产革命"、"自治团"、"共产团"、"康妙恩"、"公社"等译称的改变，其语义也发生了由"叛乱"至"无产阶级革命"的演进，体现了不同政治势力的趋时观察与认知。李大钊、李汉俊、袁振英、李达、施存统、刘仁静、邓中夏、周恩来、瞿秋白等早期中国共产党人，是推动这一过程的决定性力量。他们在传播马克思主义的同时，奏响了纪念巴黎公社的序曲。纵观宣传巴黎公社的早期中国共产党人，他们在群体构成上清一色都是知识分子，③ 且多以个人名义在报刊上阐发对巴黎公社的认知与革命认同，是他们赋予了巴黎公社以无产阶级专政的新意涵，并指出共产党在无产阶级革命中的领导地位。

## 二、国民革命前期中共党团的纪念发起

随着"巴黎公社"一词及其语义的传播与流行，中共党团的纪念活动也逐渐

---

① 瞿秋白：《赤都心史》，上海：商务印书馆，1924年，第15页。
② 《法国共产党宣言——反对赫里欧政府》《法国选举后政治经济情形》，《向导周报》第79期，1924年8月20日，第635页。
③ 知识分子在中国共产党成立初期占据较大比重，详见《东方部就1923年第一季度工作给共产国际执委会主席团的报告（摘录）》（1923年4月4日），中共中央党史研究室第一研究部译：《联共（布）、共产国际与中国国民革命运动（1920—1925）》，北京：北京图书馆出版社，1997年，第240页。

展开。如所周知，中共脱胎于共产主义小组，这决定了自其诞生就带有知识分子
宣传马克思主义团体的印记。而这样的印记，与中共一大纲领提出的"无产阶级
专政"和"苏维埃管理制度"的革命政党理念存在一定张力。[①] 对此，1922 年 7
月中共二大秉持清醒的认识，提出了不要做"知识者所组织的马克思学会"，而
要"到群众中去"，做革命运动的"群众党"。[②] 正是这样的定位，构成其后中共
巴黎公社纪念发端的内在驱动力。

　　目标虽已提出，实现却绝非易事。事实上，至少在国民革命初期，中共仍未
扭转知识分子在党内占据较大比重的状况。[③] 据邓中夏记述，1924 年春标榜无政
府主义的上海工团联合会就以"穿长衫的，快滚出去"的口号抵制共产党涉足工

---

[①] 《中国共产党第一个纲领》（1921 年 7 月），中央档案馆编：《中共中央文件选集》第 1
册，北京：中共中央党校出版社，1989 年，第 3 页。

[②] 《关于共产党的组织章程决议案》（1922 年 7 月），中央档案馆编：《中共中央文件选集》
第 1 册，第 90 页。

[③] 需说明的是，尽管中共自创建初期就已知悉建立一个"群众党"的重要性，而要实现这
一组织形态由"应然"到"实然"的转变，必须经历一个努力践行民众动员，进而扩大
其阶级基础的过程。为此，1922 年 1 月至 1923 年 2 月，中共领导掀起第一次中国工运高
潮，从而迈出了扩大阶级基础的坚实脚步。然而，这一过程面临诸多挑战。这可从中共
中央相关议决案中得以证实。如中共三大的议决案就指出，"以产业落后的原故，中国劳
动阶级还在极幼稚时代，多数劳动群众之意识，还停顿在宗法社会，非政治的倾向非常
之重"，并进而认为，"工人阶级尚未强大起来，自然不能发生一个强大的共产党——一
个大群众的党，以应目前革命之需要"，因此，主张"须努力从各工人团体中，从国民党
左派中，吸收真有阶级觉悟的革命分子，渐渐扩大我们的组织，谨严我们的纪律，以立
强大的群众共产党之基础"。（《关于国民运动及国民党问题的议决案》（1923 年 6 月），
中央档案馆编：《中共中央文件选集》第 1 册，第 146—147 页）很明显，这从另一侧面
印证了中共向"群众党"发展的难度。而 1923 年 11 月《中共三届一中全会劳动运动进
行方针议决案》所言尤中肯綮，该议决案对 1923 年"二七"大罢工惨遭军阀镇压后中国
工运的沉寂状态进行了深入剖析："自'二七'工潮以后，中国北部中部之工人组织大
部分破坏了，工人阶级内部的精神，亦因此而涣散，胆怯，有的还堕落了。全国工业中
心——上海——以种种特殊原因，劳动运动仍旧毫无起色。南部——广东——大部分是
手工业，海员因缺乏宣传与组织，总会职员素不为会员所信任，又以经手财政不清，互
相冲突甚烈，内部危机日迫一日。"（《中共三届一中会议劳动运动进行方针议决案》
(1923 年 11 月)，中华全国总工会编：《中共中央关于工人运动文件选编》（上），北
京：档案出版社，1985 年，第 30 页）这必然阻碍中共通过推进革命运动扩大阶级基础
的努力。

会，而军阀吴佩孚则告诫铁路工人"不要为学生政党利用"。① "穿长衫的"、"学生政党"的称谓虽出自敌对势力之口，但却真实反映了此时中共的状况。这一时期，不仅帝国主义在租界严禁共产党活动，北洋军阀政府也频繁颁布严酷的党禁政策，② 这些都令中共难以正常开展群众运动。

国民革命兴起后，中共的工作重心开始向宣传动员工农群众聚焦，这点可以从中共中央的相关指示中得到印证。1924 年 5 月，中共中央扩大执行委员会反思组织上所存在的"关闭主义"，明令马克思主义研究会不要"纯粹由智识阶级份子组织"，而要发挥群众运动的重要性，指出中共的责任在于训练产业无产阶级群众的阶级精神及阶级意识。为此，中央特别注意宣传部和工农部，要求地方委员会强化宣传、组织、工农三部的职能，组织部要设立"交通"职务以便发送秘密宣传品、组织群众大会及示威运动。③ 1925 年 1 月中共四大制定无产阶级领导权的决策，更加突出无产阶级在国民革命中的地位，强调中国资产阶级的民族运动，虽有多年历史，但总不能逃出妥协而流产的命运。帝国主义争相勾结中国易于妥协的上层阶级，因此中国的民族革命运动必须要有最革命的无产阶级的广泛参与，并且取得领导地位，才能够获得胜利。④ 这种批判资产阶级反帝妥协性与强化无产阶级领导地位的诉求，不但展示了中共的革命决心，而且凸显出发动民众的必要性。1925 年 2 月，中共中央宣传部在工作计划中指示："对外应利用各种机会使我们的思想能切实深入一切广大的被压迫群众之中"，"尤其对于各种带有全国性的运动及各种普通的纪念日，都须预定一计划，令各地方斟酌进行之。"⑤ 中共巴黎公社纪念活动紧随其后发动，体现出巴黎公社所蕴含的无产阶

---

① 邓中夏：《中国职工运动简史》，天津：知识书店，1949 年，第 101 页。

② 1925 年 2 月 3 日，北洋军阀政府司法部就发出训令："凡查获宣传共产党员，依刑律内乱罪从严办理，如有以政党为护符者，亦一律依法办理。"（《国内专电·北京电》，《申报》1925 年 2 月 4 日，第 2 张第 5 版）

③ 《党内组织及宣传教育问题议决案》，《中国共产党党报》第 3 号，1924 年 5 月 20 日，第6—7 页。

④ 《对于民族革命运动之议决案》（1925 年 1 月），中央档案馆编：《中共中央文件选集》第1 册，第 331、333 页。

⑤ 《宣传部工作之进行计划》（1925 年 2 月 6 日），中共中央宣传部办公厅、中央档案馆编研部：《中国共产党宣传工作文献选编（1915—1937）》，第 627 页。

级专政的革命意义与中共加紧发动民众的倾向高度契合，纪念活动的开展为中共动员民众提供了契机。

1925 年 3 月 7 日，青年团中央主办的《中国青年》推出两篇署名分别为"天声"和"大学"的纪念巴黎公社的特刊文章。经笔者初步考证，作者"天声"很可能是中共中央机关报《向导周报》编辑人员的笔名或化名，① 而"大学"或为中共中央的代称。② 当然，不论作者署名能否得到进一步确证，这两篇文章系目前所见中共党团首次纪念巴黎公社的文本是毋庸置疑的——其主旨与中共四大所提无产阶级必须在民族革命运动中取得领导地位的决议精神相通，且注重发掘巴黎公社的意义与教训。

"天声"《巴黎公社（Paris Commune）》一文立足于史实基础，指出公社值得纪念不仅因为这是无产阶级第一次夺取政权，更在于其失败教训具有警醒意义。关于前者，文章认为它证明了无产阶级有执政能力，是促进社会进步的唯一领导阶级；其建立的公社政权，既是法国劳动者的保护人，也是国际劳动解放的中枢，并为世界无产阶级"贡献"了政治组织形式——如俄国苏维埃制度的根本原则和大纲与巴黎公社完全相同，是其"更完密的形式"。关于后者，则指出它没有统一强固的党，政府权力不集中，"对待反革命势力太宽恕，不没收银行，不掌管交通机关"，这些都可以作为后来无产阶级运动的前车之鉴，"俄国革命的胜利"便是这样"得着的"。文章最后还对比了巴黎无产阶级反帝的革命彻底性和以台尔斯为代表的资产阶级"专事卖国"的妥协性，以此观照中国无产阶级应当

---

① 经查阅文献，笔者发现"天声"在 1924 年 12 月 24 日出版的《向导周报》第 96 期发表的《英国帝国主义压迫中国民族之三个证据》（第 804—805 页）一文中，叙述上海英租界巡捕房搜查上海大学没收书报流通处所售"'仇洋'之向导报纸"时，曾用"本报是鼓吹国民革命反对帝国主义的先锋"的自称用语。据此，可以推测"天声"应为向导周报社及其编辑人员的笔名或化名，其自然与中共中央有着密切关联。另外，笔者查阅陈玉堂编著的《中共党史人物别名录（字号、笔名、化名）》（北京：红旗出版社，1985年）一书，也未发现"天声"的蛛丝马迹。

② 详见《中共中央通告第二十二号——纪念日与大的宣传运动过后应报告宣传工作情况及效果》（1925 年 4 月），中共中央宣传部办公厅、中央档案馆编研部编：《中国共产党宣传工作文献选编（1915—1937）》，第 635 页；中央档案馆、山东省档案馆编印：《山东革命历史文件汇集（1922 年—1925 年）》甲种本第 1 集，1994 年，"编辑说明"所附《代称代号及隐语对照表》，第 4 页。

负有的民族革命使命。①

与之相应，"大学"在《为甚么纪念巴黎公社》一文中强调，纪念巴黎公社的理由有两个。一是揭示公社的历史意义，包括四个方面：（1）无产阶级首次夺取政权；（2）法国对外战争转为国内战争，这是马克思列宁主义反对资产阶级一切战争的精义；（3）创造了一个无产阶级国家雏形；（4）证明了工人阶级能够掌握政权，并能创造新的政治生活。二是吸取公社失败的教训，体现在两个方面：（1）公社没有一个统一有力的无产阶级政党（共产党）指挥；（2）公社领导者不懂得夺取政权。作者将巴黎公社与俄国十月革命作比较，认为中国无产阶级革命，必得效法俄国革命，但同时亦须记取巴黎公社失败的教训。②

除《中国青年》以外，纪念巴黎公社的文章还有中共北方区委机关报《政治生活》3月15日刊出的《巴黎公社五十四周纪念》。经笔者核查，该文与上述"大学"的纪念文章相比，除附有巴黎公社略史及失败原因分析这点稍显不同，其余内容如出一辙，甚至有不少文字完全雷同（如对公社历史意义的表述）。③可以说，该文是以"大学"的纪念文章为蓝本充实而成的，从另一侧面佐证了笔者前述关于"大学"可能是中共中央代称的推断，暗示中共中央或已介入巴黎公社纪念。事实确实如此。1925年4月，中共中央在第二十二号通告中明令："本党宣传工作亟须切实整顿，以后凡遇各种纪念日及大的宣传运动，各地于遵照中央宣传大纲实行之后，当迅速将宣传之经过，报告于中央。最近之'三八'纪念，巴黎公社纪念，孙中山死后之宣传，望即报告。"④这份通告表明，中共中央至迟在3月18日以前就已着手部署并规范巴黎公社纪念了。

---

① 天声：《巴黎公社（Paris Commune）》，《中国青年》第69期，1925年3月7日，第290、293页。

② 大学：《为甚么纪念巴黎公社》，《中国青年》第69期，1925年3月7日，第294—295页。

③ 如关于公社失败根本原因的分析前两点是与"大学"的纪念文本完全雷同，只是又补充了另外两点，即"（三）巴黎公社的革命，可惜只限于巴黎一城，在巴黎外各城，特别在农民中，均没有夺取权力的预备与组织，所以立即为反革命势力所重杀。（四）公社对于武装无产阶级，并未彻底办到"。（《巴黎公社五十四周纪念》，《政治生活》第33期，1925年3月15日，第6版）

④ 《中共中央通告第二十二号——纪念日与大的宣传运动过后应报告宣传工作情况及效果》（1925年4月），中共中央宣传部办公厅、中央档案馆编研部：《中国共产党宣传工作文献选编（1915—1937）》，第635页。

与此同时，青年团中央也开展行动，发布通告要求纪念巴黎公社，各地方团组织积极响应并落实。3 月 18 日，团绍兴支部在自办报纸《琴心》推出纪念巴黎公社特刊，团九江特别支部刊发纪念社评。① 绍兴、九江的活动属于文本纪念，此外还有报告、演讲等纪念活动。如团青岛地委在四方机厂召开纪念会，与会三四百人聆听有关巴黎公社历史、意义、教训的报告，会上还举行主题演讲，宣传巴黎工人夺取政权及其失败在于缺少共产党的指挥。有些纪念会与中共地方党组织合开，如团长沙、唐山地委等。②

在各地党团合作的纪念活动中，广州的活动可谓典型案例。3 月 18 日晚，团广州地委依照中央通令，在农民运动讲习所召开 140 余人的纪念会。为体现纪念主题，会场悬挂马克思像，贴有"无产阶级第一次夺取政权"、"无产阶级革命，要在共产党指挥之下"、"无产阶级须执行严厉的手段才能推倒资产阶级，革命才能成功"等标语。在郭瘦真主持下，阮啸仙、谭平山分别作报告和演说，演说大意有两方面：一是无产阶级革命必须在共产党指挥之下；二是资产阶级革命最缺憾的就是易于妥协，而无产阶级须对此有所"预备"。最后，与会人员齐唱《国际歌》，高呼"世界被压迫民族联合解放万岁"、"无产阶级革命万岁"、"共产主义万岁"、"共产党万岁"等口号。③ 很明显，这些标语、演说、口号，与中共四

---

① 《团绍兴支部给团中央的报告——团的分组及组织生活情况，组织"铁血团"及群众、宣传工作情况等》（1925 年 4 月 2 日），中央档案馆、浙江省档案馆编印：《浙江革命历史文件汇集（群团文件）（1922 年—1926 年）》，1985 年，第 93 页；《团九江特支报告（第五号）——关于二、三月宣传、学生工作》（1925 年 5 月 31 日），中央档案馆、江西省档案馆编印：《江西革命历史文件汇集（1923 年—1926 年）》（1），1986 年，第 163 页。

② 《团青岛地委关于二三月份宣传工作情形给中英的报告》（1925 年 4 月），中央档案馆、山东省档案馆编印：《山东革命历史文件汇集（1922 年—1925 年）》甲种本第 1 集，第 387—389 页；《团长沙地委致团中央信（宣字第七号）——关于巴黎公社纪念活动》（1925 年 3 月 30 日），中央档案馆、湖南省档案馆编印：《湖南革命历史文件汇集（群团文件）（1925 年）》，1984 年，第 126 页；《团唐山地委开孙中山追悼会和组织问题的报告》（1925 年 3 月 19 日），中央档案馆、河北省档案馆编印：《河北革命历史文件汇集（1922 年 3 月—1926 年 7 月）》（甲）第 1 册，1997 年，第 227 页。

③ 《团广州地委报告（第六号）——筹备和纪念巴黎公社的情况》（1925 年 3 月 20 日）、《团广州地委报告（第七号）——关于第二次地方团员大会情况》（1925 年 3 月 20 日），中央档案馆、广东省档案馆编印：《广东革命历史文件汇集（群团文件）（1925 年）》（1），1982 年，第 123—124、126 页。

大的决议案精神及《中国青年》的巴黎公社纪念文本的主旨是一脉相承的。

除举办纪念会，团广州地委还在《新学生》半月刊及《青年农工》周报上组织刊发巴黎公社纪念文章。文本纪念与纪念会相结合的形式，构成了广州巴黎公社纪念的基本特征。类似特征，还在宁波、香港的纪念活动中得到体现。如团宁波地委在刊物上发文宣传巴黎公社以外，还在社会科学研究会举行纪念演讲；团香港地委派人在海员、木匠、泥水等工会中组织演讲，在香港《劳动周刊》发文宣传巴黎公社。①

巴黎公社纪念活动有成功举行的，也有部分党团虽接到通知，却因筹组乏力未能很好贯彻落实的。如团涪陵支部在 3 月 18 日下午才接到通知，根本来不及组织，只得与纪念擦肩而过。重庆团组织因"过期许久才接到通告"而错过纪念时机。团平江地委曾讨论过执行中央纪念通告，但不知为何却"做不通"。团徐州地委虽已获悉通告，却因为对纪念"知之不详"，又时值"同学们忙临时考"，也未能开展活动。② 保定的纪念筹备过程更是曲折。据团保定地委报告，地委虽知中央通告，但未及时收到纪念材料，寻找材料又"异常困难"，只好从《马克思纪念册》及《新青年》第 3 号所载《马克思主义》《俄国共产党》两文里"很勉强的录了一个内部的传单，每同志一份，并通告各支部在开会时，把这些事作讲演式的报告"，最后活动因"开会事多，都没作到"。后来，尽管收到中央寄来

① 《团广州地委报告（第十一号）——二、三月份工作情形》（1925 年 4 月 19 日）、《团广州地委组织部报告（第一号）——地委、特项委员会和各地的组织变化和活动情况》（1925 年 4 月 25 日）、《团香港地委的报告——刊物发行及纪念"二七"、"三八"、巴黎公社，追悼孙中山等情况》（1925 年 5 月 15 日），中央档案馆、广东省档案馆编印：《广东革命历史文件汇集（群团文件）（1925 年）》（1），第 149、164、193 页；《团宁波地委关于宣传工作情况给团中央的报告》（1925 年 4 月 10 日），中央档案馆、浙江省档案馆编印：《浙江革命历史文件汇集（群团文件）（1922 年—1926 年）》，第 104 页。
② 《杨闇公致团中央的信（第十八号）——报告渝地二月份工作》（1925 年 4 月 27 日）、《团涪陵支部给团中央的报告（第十一号）——二、三月份工作》（1925 年 4 月 28 日），中央档案馆、四川省档案馆编印：《四川革命历史文件汇集（群团文件）（1922 年—1925 年）》，1986 年，第 244、259 页；《则鸣致团中央信——团平江地委成立及前支部所进行的工作》（1925 年 5 月 24 日），中央档案馆、湖南省档案馆编印：《湖南革命历史文件汇集（群团文件）（1925 年）》，第 162 页；《团徐州地委的工作报告》（1925 年 4 月 20 日），中央档案馆、上海市档案馆编印：《上海革命历史文件汇集（团江苏各地委、特支、独支）（1923 年—1926 年）》，1986 年，第 193 页。

的第 69 期《中国青年》纪念材料，<sup>①</sup> 不过也早已错过纪念日期。<sup>②</sup>

　　除组织问题以外，中共党团纪念巴黎公社还受到一些不利因素的制约，使其民众动员的初衷大打折扣。团北京地委的纪念宣传运动因"别的影响"没能举行，改在支部报告巴黎公社略史；团广州地委在筹组纪念巴黎公社活动时，恰逢孙中山丧事，不宜公开活动，只好在晚上"开一半公开的纪念会"，与会人员仅限于中共党团员及"情谊相好者"。<sup>③</sup> 不仅政治，经济也是制约因素。团青岛地委本想翻印济南地委发来的传单在纪念会上散发，但由于经济困难只好作罢。<sup>④</sup>究其原因，组织者筹备不力是主要因素。3 月 30 日，团长沙地委在致团中央信中直言"没有方法向同志外作大规模的宣传工作"，并反思"这或是我们宣传不得力的缘故，然而客观的阻碍，也是一时无法打破的"。团香港地委在 5 月 15 日的报告中坦承："巴黎公社这个纪念日子，在工人方面，多数不明了，且竟然不知有此事者甚多，因前时对于这个纪念日欠缺在工人方面宣传。"相关筹组不力的事例，还可从 5 月 31 日团九江特别支部给团中央书记恽代英的报告中得到印证。<sup>⑤</sup> 另外，

---

① 应指出，该期《中国青年》刊有前述署名"天声"、"大学"纪念巴黎公社的特刊文章，这说明团中央将此特刊作为下发纪念材料来用的。

② 《刃光高兆馀关于刊物推销及纪念日等宣传情况的报告》（1925 年），中央档案馆、河北省档案馆编印：《河北革命历史文件汇集（1922 年 3 月—1926 年 7 月）》（甲）第 1 册，第 428 页。

③ 《团北京地委宣传工作统计报告表》（1925 年 4 月 24 日），中央档案馆、北京市档案馆编印：《北京革命历史文件汇集（1922 年—1926 年）》，1991 年，第 250 页；《团广州地委报告（第六号）——筹备和纪念巴黎公社的情况》（1925 年 3 月 20 日）、《团广州地委组织部报告（第一号）——地委、特项委员会和各地的组织变化和活动情况》（1925 年 4 月 25 日），中央档案馆、广东省档案馆编印：《广东革命历史文件汇集（群团文件）（1925 年）》（1），第 123、164 页。

④ 《团青岛地委关于二三月份宣传工作情形给中英的报告》（1925 年 4 月），中央档案馆、山东省档案馆编印：《山东革命历史文件汇集（1922 年—1925 年）》甲种本第 1 集，第 389 页。

⑤ 《团长沙地委致团中央信（宣字第七号）——关于巴黎公社纪念活动》（1925 年 3 月 30 日），中央档案馆、湖南省档案馆编印：《湖南革命历史文件汇集（群团文件）（1925 年）》，第 126 页；《团香港地委的报告——刊物发行及纪念"二七"、"三八"、巴黎公社，追悼孙中山等情况》（1925 年 5 月 15 日），中央档案馆、广东省档案馆编印：《广东革命历史文件汇集（群团文件）（1925 年）》（1），第 193 页；《团九江特支报告（第五号）——关于二、三月宣传、学生工作》（1925 年 5 月 31 日），中央档案馆、江西省档案馆编印：《江西革命历史文件汇集（1923 年—1926 年）》（1），第 163—164 页。

对纪念巴黎公社宣传工作失策的反思，主要是来自那些已经落实团中央通告的地方组织。

中共党团巴黎公社纪念活动的初始形态，主要以对内为主，纪念会报告、演讲等口头宣传也多限于党团组织内部，甚少向工农群众扩展，游行示威等公开活动更为罕见。因而，巴黎公社纪念宣传对那些文化水平较低的普通民众尚乏影响力。① 尽管群众动员不甚理想，但毕竟迈出了坚实的第一步。这一成功，既有中共党团中央层级的规范部署，也有北京、绍兴、九江、青岛、长沙、唐山、广州、香港等地方组织的落实与践行，中央与地方协调配合，共同开创了中共纪念巴黎公社的先例。同时需要看到，中共党团携手纪念巴黎公社的主体与动员对象多限于内部青年学生，且碍于前述诸多因素制约，效果有限，未能对工农群众产生较大影响力。中共党团之间的互动及组织层面的反思，推动了巴黎公社纪念在中国的发端及常态化，为国民革命中后期大规模纪念活动的展开提供了组织基础和经验教训。

## 三、国民革命中期中共对纪念活动的公开动员

1926 年以后，在国民革命大潮下，中国共产党开始从党团内部隐秘纪念宣传巴黎公社，向广泛动员民众的公开纪念转变。这在国民革命策源地广州表现尤为突出。随着国共合作的深入及国民革命的推进，尤其东征、南征的胜利，广东革命政权愈趋稳固，为巴黎公社纪念奠定了可靠的政治保障。1925 年 10 月至 1926 年 5 月，毛泽东代理国民党中央宣传部长，② 客观上有利于中共为纪念巴黎公社营造舆论（如借《广州民国日报》等国民党中央报刊进行纪念宣传），但也面临国民党右派分裂革命统一战线的隐忧。③ 基于以上情况，中共借国共合作契机，

---

① 如 10 月 27 日团香港地委在其宣传工作报告中所承认的，尽管对巴黎公社等纪念日"即派同志直接或会同 C. P. 参加工作——对众演讲或散布传单、特刊，亦曾引起群众之注意，但惜未及借此而找得群众"。（《团香港地委报告——半年来工作状况、团与党、团与国民党的关系》（1925 年 10 月 27 日），中央档案馆、广东省档案馆编印：《广东革命历史文件汇集（群团文件）（1925 年）》（2），1982 年，第 111 页）

② 中共中央文献研究室编：《毛泽东年谱（1893—1949）》上册，北京：中央文献出版社，2005 年，第 137—138、164—165 页。

③ 详见子任：《国民党右派分离的原因及其对于革命前途的影响》，《政治周报》第 4 期，1926 年 1 月 10 日，第 10—13 页。

发起大规模巴黎公社纪念活动，试图通过宣传其经验教训，更好地动员民众参加国民革命。

1926年3月1日，中共党团议决组织巴黎公社纪念筹备会。随后，联络国民党中央党部、广东省党部、中华全国总工会、省港罢工委员会、广州工人代表会、广东省农民协会、青年军人联合会、共产主义青年团、广东妇女解放协会、广州学生联合会、香港学生联合会、统一广东各界代表会等12家机构，共同发起广州各界团体代表大会，于3月11日发布函告，计划在14日召开巴黎公社纪念筹备会。① 至14日，筹备会开幕，有26个团体到会，国民党中央党部代表陈祖棠、青年团代表黄居仁被选为主席和书记。经讨论，广东各界纪念巴黎公社筹备会正式宣告成立。筹备会下设总务、宣传、布置、纠察四部，分别由国民党中央党部、中华全国总工会、香港学生联合会、省港罢工委员会负责部务。筹备会决定于3月18日在广东大学举行纪念会。②

在特发的纪念通函上，不仅言明巴黎公社"推翻资产阶级的卖国政府，建立工人政府，解放被压迫阶级"是法国革命新纪元，而且提到其世界革命意义——它曾对俄国十月革命产生重要影响，现在它也对中国革命有着重要借鉴与推进作用。易言之，通过对巴黎公社的热烈纪念和宣传，希望达到唤起一般劳苦大众共同参加国民革命，打倒军阀政府，建立统一国民政府的革命目标。通函要求各团体在3月18日当晚"自行召集该地民众，开会纪念"，这无疑极大拓展了纪念活动的空间。筹备会还公布了"巴黎工（公）社是第一个工人政府"、"俄国革命是巴黎公社的继续"、"巴黎公社是苏维埃政府的模形（型）"、"工人阶级有执政的能力"、"无产阶级真能担负改造社会的责任"、"无产阶级是民族解放运动中的主力军"、"革命一定要有一个统一的政党来指挥"、"革命政府必须严厉的镇压反革命派"、"民族解放运动必须有无产阶级参加乃能成功"、"中国工人阶级

---

① 《团粤区委关于巴黎公社纪念会情况报告》（1926年3月21日），中央档案馆、广东省档案馆编印：《广东革命历史文件汇集（群团文件）（1926年）》（1），1982年，第232页；《各界发起巴黎公社纪念会》，《广州民国日报》1926年3月12日，第3版；《各界发起纪念巴黎公社》，《工人之路特号》第259期，1926年3月14日，第3版。

② 《筹备巴黎公社纪念会之情形》，《工人之路特号》第260期，1926年3月15日，第3版；《团粤区委关于巴黎公社纪念会情况报告》（1926年3月21日），中央档案馆、广东省档案馆编印：《广东革命历史文件汇集（群团文件）（1926年）》（1），第232页。

起来参加国民革命"、"世界革命成功万岁"等各式主题鲜明的标语，① 标志着巴黎公社纪念已形成一定的话语体系。

以上纪念通函，除在 3 月 15 日《广州民国日报》登载外，还刊发于同日中共领导的省港罢工委员会机关报《工人之路特号》，② 表明国共两党都对筹备巴黎公社纪念格外重视，自然有助于拓展纪念舆论宣传空间，也有助于更广泛地动员民众。事实上，筹备会的召开虽有国民党积极配合，但掌握主导权和策动权的是中共党团。据团粤区委报告，此次纪念筹备会"结果完全按照我们内部所决定的政策实现。这个实现就是名义被（给）民校中央（即国民党中央党部——引者注），实际宣传工作则在我们手上"。③

为更好推进宣传动员，中共党团以筹备会名义在 3 月 16 日《广州民国日报》《工人之路特号》刊布巴黎公社纪念宣传大纲，意在通过发掘巴黎公社的历史意义和失败教训，阐明无产阶级在民族运动中的地位与执政能力，强调无产阶级不仅能够掌握政权，而且可以改造社会与促进人类进步。文章同时指出，巴黎公社有两大策略失误：一是没有一个权力集中的党做指挥；二是没有使公社成为一个"专政机关"，对于反革命势力未加以毫无顾惜的处置，并最终得出"俄国革命的成功，全靠强固的共产党"、"没有巴黎公社，不会有俄国革命的成功"的结论。就这样，通过将巴黎公社失败与俄国十月革命成功进行对比，中共党团号召工人阶级参加国民革命，以实现民族解放、取得世界革命成功。④

纪念筹备活动得到了中共所领导团体的积极响应。3 月 15 日，以联络各民族"共同革命以打倒帝国主义"为宗旨的被压迫民族联合会，⑤ 在广州福兴街

---

① 《筹备巴黎公社纪念会》，《广州民国日报》1926 年 3 月 15 日，第 6 版。
② 详见《各界纪念巴黎公社会致团体函》，《工人之路特号》第 260 期，1926 年 3 月 15 日，第 3 版。
③ 《团粤区委关于巴黎公社纪念会情况报告》（1926 年 3 月 21 日），中央档案馆、广东省档案馆编印：《广东革命历史文件汇集（群团文件）（1926 年）》（1），第 232 页。
④ 《巴黎公社纪念日宣传大纲》《巴黎公社纪念日宣传大纲（续）》，《广州民国日报》1926 年 3 月 16、17 日，第 6、7 版；《广东各界纪念巴黎公社宣传大纲》，《工人之路特号》第 261 期，1926 年 3 月 16 日，第 1 版。
⑤ 《被压迫民族联合会会规》《被压迫民族联合会改组》，《工人之路特号》第 18、240 期，1925 年 7 月 12 日、1926 年 2 月 23 日，第 2、3 版。

印缅革命同志俱乐部开会。会议主席、中国共产党人许甦魂报告纪念巴黎公社的意义，主持并通过三项纪念决议：（1）通电全世界被压迫阶级，要他们继续巴黎公社精神，共同奋斗；（2）筹备红额，悬于通衢大道；（3）派林啸松、罗享参加纪念大会演说。① 翌日，该会在《广州民国日报》发布纪念文告，呼吁民众要以巴黎公社为榜样，共御土豪买办、军阀帝国主义，建立无产阶级自己的政府。在称颂巴黎公社大无畏精神及良善制度的同时，文告还归纳了三点失败原因，即"没有独裁机关来做指挥"、"过于宽容反革命势力"、"孤军独战没有外援"。文告指出，吸取以上三点教训是后来苏俄成为巴黎公社继承者并取得胜利的前提，并以此晓喻中国民众"一齐动手，推翻压迫阶级，建设我们的政府，管理我们的政权，使巴黎公社的光焰，遍普全世界"。最后，文告还发出"全世界被压迫阶级联合起来，全世界被压迫阶级武装起来，世界革命成功万岁"的号召。②

在中共党团精心筹备下，尽管当日天降暴雨，广东各界纪念巴黎公社万人大会还是如期在广东大学举行。中共广东区委宣传部长张太雷在报告中肯定了巴黎公社的政治、经济、文化、教育建设，高度赞扬其所推行的没有智识、教育、财产、地域、性别、国籍等限制的普选制，总结了公社作为工人阶级政治组织的三大特点：（1）立法权、执行权合一；（2）官吏、工人工资相同；（3）司法官由工人选出。他指出，俄国革命成功后政治组织大都模仿巴黎公社，"这是值得我们纪念的"。同时，他也检讨了公社对反革命派太仁慈、缺乏统一政党指挥等失败教训，突出申明了它对列宁的建设苏维埃等革命政权理论形成的影响。有鉴于此，张太雷提出中国无产阶级在民族运动中应认识到资产阶级有妥协卖国的可能，而无产阶级是民族革命的领袖，不仅有自信掌握政权，并且是能促进人类社会进步的最有力的阶级。随后，林伯渠、刘少奇、邓中夏、区梦觉、摩宁、狄克博以及青年团、广州学生联合会、黄埔军校、革命青年军人联合会、被压迫民族联合会等团体代表依次发表演说。与会民众备受鼓舞而高呼

---

① 《被压迫民族联合会会议》，《广州民国日报》1926 年 3 月 17 日，第 7 版。
② 《被压迫民族联合会为巴黎公社纪念日告中华民族》，《广州民国日报》1926 年 3 月 17 日，第 3 版。

"继续巴黎公社革命精神奋斗"、"巴黎公社万岁"等口号，并高唱《国际歌》。① 此次纪念大会取得了极好的动员效果。② 国民党人曾献声深受感染，发出了"狠（很）惊讶广州民众敏锐的认识"、"更欣喜革命空气的澎涨"等感言。陈克文更是盛赞此纪念会既"证明广州革命空气之浓厚"，又乃"训练民众的绝大机会"。③

3月18日，组织广州巴黎公社纪念的中共党团以筹备会名义发布纪念宣言，指出巴黎公社是"世界革命主力军第一次的操练"，"证明无产阶级有起来执政之必要和可能"，强调纪念不能"只在空谈"，要追求巴黎公社的教训及其所指明的"世界革命的途径"，即要广大民众明白中国无产阶级在民族解放运动中处于领导地位，而大资产阶级有妥协和反动的倾向。宣言表明，纪念目的不仅是"在联合战线上巩固（无产阶级——引者注）这个主力军的力量"，更要"将（广东——引者注）这个革命的焦点散布到全中国去，以促进世界革命的成功"。④ 同日，中共广东区委、团广东区委发出《告工农革命群众书》，在总结无产阶级革命应由"一个统一的党"领导、"必须严厉镇压反革命势力"等巴黎公社失败教训的基础上，呼吁中国劳动群众要为"继续巴黎工人的精神与使命而奋斗"，要在民族运动中"认定我们的领导地位与资产阶级的妥协性"，从而"完成世界无产阶级的革命"。⑤ 可以看出，这些文告意在通过巴黎公社纪念，动员工农群众、推

---

① 《各界纪念巴黎公社大会详情》，《广州民国日报》1926年3月19日，第2、3版；《各界纪念巴黎公社大会纪盛》，《工人之路特号》第264期，1926年3月19日，第3版；太雷：《巴黎公社纪念日》，《人民周刊》第6期，1926年3月19日，第8—11页。

② 如青年团广东区委的报告就认为"讲者及听者均甚热烈"，"空气非常之好"。（《团粤区委关于巴黎公社纪念会情况报告》（1926年3月21日）、《团粤区委给团中央的第二号报告——关于区委改组后的工作情况和善集去梧州问题》（1926年3月22日），中央档案馆、广东省档案馆编印：《广东革命历史文件汇集（群团文件）（1926年）》（1），第233、235页）

③ 献声：《纪念巴黎公社以后》，《广州民国日报》1926年3月19日，第2版；克文：《纪念巴黎公社之热烈》，《国民新闻》（广州）1926年3月23日，第2版。

④ 《广东纪念巴黎公社筹备会宣言》（1926年3月18日），中央档案馆、广东省档案馆编印：《广东革命历史文件汇集（群团文件）（1926年）》（1），第220—222页。

⑤ 《中共广东区委、团广东区委为纪念巴黎公社告工农革命群众书》（1926年3月18日），中央档案馆、广东省档案馆编印：《广东革命历史文件汇集（中共广东区委文件）（1921年—1926年）》，1982年，第118—119页。

进民族革命。

毛泽东同样重视巴黎公社纪念，他在国民党政治讲习班上指出，巴黎公社有四点重要意义值得借鉴：（1）巴黎公社作为工人阶级第一次革命运动是在欧洲各国"由资本主义进为帝国主义"的条件下发生的，这点明了工人阶级的反帝革命性；（2）俄国十月革命是巴黎公社的继承者，后者是"开的光明的花"，前者是"结的幸福的果"，二者都是"工人阶级以自己的力量，来求人类真正的平等自由"，这不仅明示革命道路与前途，而且表明工人阶级完全有执政能力；（3）巴黎公社是工人阶级第一次起来打倒统治阶级的政治的、经济的革命，这是马克思"人类的历史，是一部阶级斗争史"观点的反映；（4）巴黎公社的失败主要是"没有一个统一的集中的有纪律的党作指挥"和"对敌人太妥协太仁慈"所致。据此，毛泽东主张要学得革命的方法，"欲革命成功，必须势力集中行动一致，所以有赖于一个有组织有纪律的党来发号施令"，并要求牢记"不用严厉的手段对付敌人，敌人便要用极残酷的手段对付我们"。① 毛泽东以马克思主义理论归纳巴黎公社得失，为中国革命提供了启迪。

中共党团还组发专文纪念巴黎公社，其载体多见于有国共背景的报刊。3 月13 日，刘仁静在《中国青年》发文详述巴黎公社的历史及其推行的政治、社会、经济等政策，得出资产阶级是怯懦、卖国的，工人阶级比之更高明、勇敢，且富于创造力和建设力，是文明建设者和传播者等结论。他提出，巴黎公社存在"对压迫阶级仁慈"、"没有统一集中的党指挥一切"两大缺点，苏俄正是借鉴了巴黎公社的经验，改正了它的缺点，实行无产阶级专政，严厉打击反革命派，所以才有今日的成功。② 刘仁静反思巴黎公社，当然是为探索"中国幼稚的工人阶级"走向"革命的政治斗争的道路"。

3 月 18 日，在共青团广东区委运筹下，《工人之路特号》《广州民国日报》推出系列纪念专文。③ 其中，《工人之路特号》的纪念特刊发挥了重要宣传作用。

---

① 《毛泽东文集》第 1 卷，北京：人民出版社，1993 年，第 33—36 页。

② 子云：《纪念巴黎公社》，《中国青年》第 117 期，1926 年 3 月 13 日，第 448—453 页。

③ 《团粤区委给团中央的报告——团的训练工作、对外宣传工作情况》（1926 年 4 月），中央档案馆、广东省档案馆编印：《广东革命历史文件汇集（群团文件）（1926 年）》（1），第 378 页。

值得关注的是，中华全国总工会发文指出，巴黎公社开俄国十月革命之先河，给予全世界工农阶级及一切平民的教训非常深刻，认为其失败是没有一个坚强的政党来指挥、对待反革命派太仁慈所致，并以此劝喻世界工农阶级"要有坚固的工农政党"，"用严厉手段对待反革命派"，方能建设工农平民的政权，而作为国民革命主力军的中国工人阶级更要深切地纪念，汲取一切失败教训，以利今后革命的开展。①

童炳荣的文章同样着眼于归纳巴黎公社的两大失败教训，通过揭示"要有一个坚固而权力集中的党做指挥"和"对于反革命派应严厉加以镇压"，结合"没有巴黎公社不会有俄国革命之成功"的宣传，激励中国工人阶级负起国民革命"领导者"与"急先锋"的职责。马英专门撰文，阐明巴黎公社"没有严厉镇压反革命派"和"没有统一的革命政党指挥"的失败教训，且声言世界革命的大本营苏俄就是承继此教训而得以建立巩固的。在马英看来，"中国的国民革命是世界革命的一部分，中国人定要记取革命的同志苏俄（对）巴黎公社的教训，才可以求中国革命的成功，亦才可以求世界革命的成功"。罗伯良的文章更是直言，巴黎公社之所以值得纪念尤在于其深刻的教训："（1）一定要有严密的自己的政党为工农之头脑，指导一切行动；（2）革命时应与劳苦的农民联成一条战线，才能制胜敌人；（3）对于反革命派，应毫不优容，以待对我者对彼，以免养痈成祸。"罗伯良宣称："苏俄工农已由这个教训中谋得自己的解放。中国工农也应该从这个教训中谋自己的解放"，因而，"悲痛的巴黎公社纪念的，就是成功的十月革命的先兆，也就是我们中国求解放的灯塔"。② 上述各篇文章都透露出同一个意向，即中国革命应效法苏俄十月革命，武装推翻军阀政府。

《广州民国日报》的纪念专文展现出注重反思巴黎公社失败教训，服务于中国革命主题的特征。苍水撰写的社论认为，巴黎公社"对待反革命的资产阶级太温和"，以此警醒中国无产阶级应在平时即有组织和训练，做好镇压反革命势力

---

① 中华全国总工会：《纪念巴黎公社》，《工人之路特号》第263期，1926年3月18日，第1版。

② 童炳荣：《巴黎公社与中国革命运动》、马英：《怎么纪念巴黎公社》、罗伯良：《我们为什么纪念巴黎公社?》，《工人之路特号》第263期，1926年3月18日，第2、4版。

的准备。① 同刊"巴黎公社纪念特号"的文章也有类似理念。如中国共产党人叶浩秀在《卷首语》中提出，巴黎公社对世界革命的影响和裨益是无穷的，"惟有巴黎公社才能指出无产阶级在民族运动中的地位"。文章在凸显无产阶级处于民族运动主导地位的同时，还明示有必要通过纪念巴黎公社动员民众推进中国革命："在此东方民族革命运动急呕进展当中，我们纪念巴黎公社是要从这一天向民众普遍地宣传，使他们成为有力量有组织的群众，建设一个统一独裁的革命机关，继承巴黎公社革命的世业。"②

纪念特号的其余两篇文章是对《卷首语》的具体展开。萧警的文章侧重于世界革命角度，指出巴黎公社给无产阶级以重大经验教训，而俄国十月革命的胜利更是其典范。文章指出，"巴黎公社为无产者夺取政权的先导，俄国革命为无产者专政的实际"，点明十月革命作为无产阶级世界革命成功实践具有首创意义。署名维岳的文章注重总结巴黎公社经验教训，突出无产阶级世界革命的任务与目标，认为巴黎公社"已经给全世界无产阶级以不少的勇气和教训"，而巴黎公社对资产阶级"过于温和"及"党派过于纷歧"。文章以此失败教训告诫无产阶级"政权夺取后，应当即毫无迟疑的执行阶级独裁制，以严酷的手段对付资产阶级的反革命的行动"，同时强调"有铁般的纪律的，有严密的组织和训练"的共产党的领导才能集中力量向资产阶级进攻。③

纪念专文的作者通常为中共党团所属成员，也有一些赞同联俄联共的国民党左派人士，如曾仲鸣、余鸣銮、曾献声都在国民党主办的《广州民国日报》《国民新闻》上发有纪念社论。社论的主旨，不外乎通过赞颂巴黎公社的世界革命意义，彰显无产阶级在民族运动中的革命彻底性及"组织政府的能力"，强调要汲

---

① 苍水：《革命运动之一鉴——血泊中的巴黎公社》，《广州民国日报》1926 年 3 月 18 日，第 2 版。须指出，作者苍水具体信息虽无从稽考，但从 1925 年底至 1926 年初《中国青年》所发其撰写的 4 篇文章的立场来看，应系中共党员或共青团员无疑。详见苍水：《"禁止学生加入政党"问题》《"反共产和反革命"》，《中国青年》第 104、105 期，1925 年 12 月 6、12 日，第 103—107、126—129 页；苍水：《变相的中日战争纪略》《刘华被害之经过》，《中国青年》第 111 期，1926 年 1 月 23 日，第 330—331 页。

② 浩秀：《卷首语》，《广州民国日报》1926 年 3 月 18 日，"巴黎公社纪念特号"，第 4 版。

③ 萧警：《巴黎公社与世界革命》、维岳：《巴黎公社与无产阶级》，《广州民国日报》1926 年 3 月 18 日，"巴黎公社纪念特号"，第 4 版。

取巴黎公社缺乏"组织完密的党来居中指挥"、"对于敌党太多妥协"的失败教训，从而为中国革命提供镜鉴。① 由此可见，国民党左派人士的观点与前述中共党团所组专文的纪念意涵大体一致。

事实上，以上 3 篇社论的发表，与中共党团的积极推动与组织不无关系。1926 年 3 月，由中共发起的纪念巴黎公社筹备会编印的《巴黎公社纪念册》载有这 3 篇社论，② 该纪念册的编辑与发行是由团广东区委负责的。③ 可谓国共合作纪念巴黎公社的缩影和写照。此时中共已意识到，在国民革命策源地广州，唯有借助国民党力量，方能更好拓展纪念巴黎公社的渠道与空间。为此，中共党团不仅在《广州民国日报》发文纪念，还推动国民党中央党部出面领衔召集纪念会。他们将集会设在孙中山创设的广东大学举行，届时安排"恭读总理遗嘱"等仪式。④ 这一系列国民党取"名"、中共主"实"的纪念模式，反映出中共党团维系国民革命统一战线的现实考量，体现出其纪念策略的灵活性。如此，不但能减少来自国民党右派的抵制阻力，也有助于推进无产阶级专政、世界革命等马列主义理论的广泛传播，有助于实现其纪念宣传与民众动员的目的。

3 月 18 日，中国共产党人莫萃华主持的东莞纪念会便彰显了"唤起民众"的主旨。尽管当日大雨不息，但赴会民众"极形踊跃"，涉及学、工、商、军、政、警各界 2000 余人。值得注意的是，集会颇具国共合作色彩，如纪念仪式有向国民党党旗、国旗及孙中山遗像致礼，宣读总理遗嘱，唱《国民革命歌》等环节，尤其各界代表"演讲之肯（恳）挚，可谓极一时之盛"，这不仅体现了"中国民众已了解中国的革命与世界革命大有关联"，更反映出"东莞民众对于促进世界革命成功之热烈"。⑤ 不可否认，广州、东莞纪念会之所以民众动员效果显

---

① 详见曾仲鸣：《纪念巴黎公社》、献声：《纪念巴黎公社以后》，《广州民国日报》1926 年 3 月 17、19 日，第 2 版；鸣銮：《纪念巴黎公社的意义》，《国民新闻》（广州）1926 年 3 月 18 日，第 2 版。

② 张静庐辑注：《中国现代出版史料》甲编，北京：中华书局，1954 年，第 17 页。

③ 《团粤区委给团中央的报告——团的训练工作、对外宣传工作情况》（1926 年 4 月），中央档案馆、广东省档案馆编印：《广东革命历史文件汇集（群团文件）（1926 年）》（1），第 378 页。

④ 《各界纪念巴黎公社大会纪盛》，《工人之路特号》第 264 期，1926 年 3 月 19 日，第 3 版。

⑤ 《东莞各界纪念巴黎公社之盛况》，《广州民国日报》1926 年 3 月 22 日，第 5 版。

著，固然与浓郁的国民革命根据地的政治氛围所带来的民众觉悟密不可分，但起决定性作用的是中共党团的精心运筹。①

然而，并非所有中共党团组织的巴黎公社纪念活动都像广州、东莞那样进展顺利，也有因为地方政局恶化而不能公开进行的案例。3 月 14 日，中共山东地委、团济南地委在给各支部信中指示，"尽可能的号召工人群众大会公开讲演，在严重压迫之下或采取'飞行集会'的办法"来纪念巴黎公社。但事与愿违，由于济南军阀当局"严拿共产党"，团济南地委只好在工人中散发传单及举行较少数人参加的纪念会，甚或"连飞行集会都难召集"。② 团长沙地委原定 3 月 18 日在湖南省教育会召开纪念会，但因唐生智派军严禁，"遂未果"。③ 汉口巴黎公社纪念会亦因政治势力的敌视而"不能有所举动"，只能"散发传单，作文章"及"作报告而已"。④ 由中共党团纪念巴黎公社所面临的困境不难想见，其阻力主要来自北洋军阀当局的打压，无疑影响着国民革命中期巴黎公社纪念的规模与民众动员的实效。

不仅如此，即便在民众动员效果最好的广州，巴黎公社纪念也未能得到国民党高层的有力支持。3 月 15 日，《广州民国日报》印发有汪精卫、蒋介石等人到会演讲的消息，⑤ 但至 3 月 18 日，并未见有汪、蒋二人出席广东大学纪念会

---

① 如共青团陕西三原地委举行的巴黎公社纪念会就"很有成效"，会上有几位农民能"演说他们的痛苦"及"解决之方法"，这实与团地委在西关平民学校授课"多说明农民之痛苦"有关。（《共青团三原地委给团中央的第二号报告节录》（1926 年 4 月 5 日），中共陕西省委党史资料征集研究委员会编：《大革命时期的陕西地区农民运动》，西安：陕西人民出版社，1986 年，第 48 页）

② 《中共山东地委、团济南地委为巴黎公社纪念日宣传给各支部的信》（1926 年 3 月 14 日）、《齐兰试卷第二号——团济南地委书记部关于政治经济情况致曾延》（1926 年 3 月 31 日）、《团济南地委半年工作概况报告》（1926 年 7 月 13 日），中央档案馆、山东省档案馆编印：《山东革命历史文件汇集（1926 年 1 月—1928 年 2 月）》甲种本第 2 集，1995 年，第 86、90、112、241 页。

③ 《团长沙地委组织部报告——组织系统与统计，群众组织及各种活动等》（1926 年 5 月 5 日），中央档案馆、湖南省档案馆编印：《湖南革命历史文件汇集（群团文件）（1926 年）》，1984 年，第 210 页。

④ 《团汉口特支三月份工作报告——团内外组织及宣传、学运情况》（1926 年 4 月 1 日），中央档案馆、湖北省档案馆编印：《湖北革命历史文件汇集（群团文件）（1925 年—1926 年）》，1983 年，第 314 页。

⑤ 《筹备巴黎公社纪念会》，《广州民国日报》1926 年 3 月 15 日，第 6 版。

的报道。① 事实上，纪念会当日蒋介石"因公在省"，② 若无要事，是完全可以与会的。据蒋本人记述，3月18日的活动除了下午4时开会议决准备北伐事宜外，其余多是与邓演达、陈璧君、李济深等人会客聊天。③ 况且，纪念会召开的时间是正午12时，④ 蒋若真想参会完全来得及，但他并未出席，表明蒋并不支持巴黎公社纪念。就在广州举行巴黎公社纪念会隔天，蒋介石悍然发动中山舰事件，中共在国民革命策源地的政治际遇日趋恶化。5月，国民党二届二中全会通过旨在限制共产党的《整理党务案》，进一步加剧了国民革命统一战线阵营的党争与分化。

尽管面临反革命势力的严重挑衅，中共党团仍设法开展动员，推动广州巴黎公社纪念继续进行，展现出中共维护国民革命的坚定决心。在这一过程中，中共向"群众党"的转变亦得以不断深化。4月15日，中共中央在《我们今后应该怎样工作》一文中明确说明，"我们的党，已经渐渐由少数人研究主义的团体，进步到一个群众的行动的政党"。⑤ 5月，中共中央的工作检讨同样指出："过去我们的工作，不仅是行动左稚，并且还未脱研究的小团体的习惯，不能称为政党，只可以说是一个学会。"⑥ 换而言之，此时中共与群众的联系较此前更为紧密，阶级基础进一步扩大。7月，中共中央扩大执行委员会议决案更是宣称："从各地群众运动的实质看来，在许多方面，本党确已渐渐的站在领导地位。"⑦

---

① 鉴于此时汪、蒋二人在国民党的核心角色，他们要出席纪念会，广州报纸当会有记载，然而经查阅史料，笔者尚未发现广州各大报纸有关他们参会的报道。详见《各界纪念巴黎公社大会详情》，《广州民国日报》1926年3月19日，第2、3版；《各界纪念巴黎公社大会纪盛》，《工人之路特号》第264期，1926年3月19日，第3版。

② 《蒋介石致军事委员会呈》（1926年3月23日），中国第二历史档案馆：《蒋介石档案中的"中山舰事件"》，《民国档案》1996年第1期，第4页。

③ 《蒋介石日记》，1926年3月18日，美国斯坦福大学胡佛研究所藏。

④ 《今日举行巴黎公社纪念大会》，《工人之路特号》第263期，1926年3月18日，第3版。

⑤ 《我们今后应该怎样工作》（1926年4月15日），中共中央宣传部办公厅、中央档案馆编研部编：《中国共产党宣传工作文献选编（1915—1937）》，第722页。

⑥ 《中央通告第一百零一号（节选）——最近政局观察及我们今后工作原则》（1926年5月7日），中共中央宣传部办公厅、中央档案馆编研部编：《中国共产党宣传工作文献选编（1915—1937）》，第725页。

⑦ 《组织问题议决案》（1926年7月），中央档案馆编：《中共中央文件选集》第2册，北京：中共中央党校出版社，1989年，第179页。

借助巴黎公社纪念的组织和开展，中共积累了动员民众的经验，更加深入群众，为下一步革命运动的开展奠定了基础。

## 四、国民革命后期中共纪念动员的深入及建政实践

面对国民党右派反革命的攻势，中共与国民党左派合作，着力扭转分裂造成的不利局面，有力推动了北伐战争的进程。随着国民党中央党部和国民政府由广州北迁至武汉，国民革命的影响与辐射力亦由珠江流域扩展至长江流域，为 1927 年 3 月中共巴黎公社纪念高潮的到来，创造了较为稳固的政治环境和更为广大的民众基础。

1926 年 7 月北伐出师前后，中共中央扩大会议指示，"急应开始编译"巴黎公社等纪念日宣传大纲，① 体现了其对巴黎公社纪念宣传工作的重视。随后，中共进一步推进巴黎公社纪念工作。12 月，卓恺泽在《中国青年》发文，将巴黎公社纪念日列为"革命青年应注意的日子"，以此突出巴黎公社为全世界工人阶级提供的经验借鉴，以及为十月革命道路的开辟作出的贡献。② 1927 年 2 月，刘昌群在《中国青年》撰文，呼吁革命青年尽量设法将巴黎公社等纪念日的历史意义和革命意义"向群众作普遍、深入的宣传"，使其"增加革命的认识和革命的兴奋"。为此，他还阐发了巴黎公社在世界无产阶级革命史上的意义，认为它"不但开工人阶级独裁政权之先声，而且是一九一七年俄国革命之最好的标本"，更证明了无产阶级的革命要求与执政能力，以及"马克斯共产主义议论之绝对的正确"。当然，刘昌群也对公社"没有巩固健强的工人政党（共产党）以指挥革命"等失败教训进行了总结，提出："我们纪念巴黎公社的意义，一方面是纪念在地球上第一次建立无产阶级政权之伟大的争斗，一方面尤其重要的是纪念这一次革命所给与我们的一切得失的教训。"尤其值得注意，刘昌群在文章中指出，"三一八——巴黎公社纪念日"同时也是段祺瑞屠杀北京学生的一周年纪念。这一提法，将具有世界革命标本意义的巴黎公社与北京"三一八"惨案相联结。中

---

① 《关于宣传部工作议决案》（1926 年 7 月），中共中央宣传部办公厅、中央档案馆编研部编：《中国共产党宣传工作文献选编（1915—1937）》，第 734—735 页。
② 砍石：《革命青年应注意的日子》，《中国青年》第 147 期，1926 年 12 月，第 602 页。

共此后之所以多将中西两个"三一八"事件合并纪念，不仅在于两者时间上的重合，更在于两者所呈现的反帝主题与国民革命斗争目标是融通的。[1]

武汉国民政府时期，中共较为重视国共合作的新局面，积极深入开展宣传动员，以实现其"成为群众政治行动的主脑"的目标。[2] 1927 年中共得以顺利开展武汉巴黎公社纪念，便与当时比较稳固的国共合作情势紧密相关。国民党第二届中央执行委员会委员中，恽代英、夏曦、毛泽东、吴玉章、林伯渠、董必武、江浩、许甦魂等都是共产党员，其中谭平山、吴玉章还被选为常委。[3] 国民党湖北省党部、汉口市党部的要职也大都由中国共产党人担当，[4]《汉口民国日报》受中共中央宣传部直接领导。[5] 这些因素成为中共发起武汉巴黎公社纪念高潮的客观条件。

3 月 10 日，中共领导的湖北省学联会率先在《汉口民国日报》发布通告，提议召开两个"三一八"纪念筹备会，以抗议英国和奉系军阀对上海民众的白色

---

[1] 昌群：《准备三个革命纪念日的工作》，《中国青年》第 155 期，1927 年 2 月 19 日，第 97、101 页。

[2] 《中央通告第一百零一号（节选）——最近政局观察及我们今后工作原则》（1926 年 5 月 7 日），中共中央宣传部办公厅、中央档案馆编研部编：《中国共产党宣传工作文献选编（1915—1937）》，第 725 页。

[3] 详见《第二届第三次中央全会》（1927 年 3 月），荣孟源主编：《中国国民党历次代表大会及中央全会资料》上册，北京：光明日报出版社，1985 年，第 302—303 页。

[4] 如 1926 年 10 月北伐军占领武昌后，董必武负责指导国民党湖北省党部、汉口市党部开展活动。1927 年 1 月 15 日，国民党湖北省第四次代表大会执行委员会第一次会议，推董必武、钱介磐、何翼人为常委轮流担任主席，其中董、钱二人系中共党员。（《董必武年谱》，北京：中央文献出版社，1991 年，第 69、75 页）另外，在 1926 年 11 月召开的国民党汉口特别市第二次代表大会上，共产党员宛希俨当选为执行委员会常委兼宣传部长。（中共党史人物研究会编：《中共党史人物传》第 56 卷，西安：陕西人民出版社，1996 年，第 143 页）

[5] 1926 年 11 月 20 日，国民党湖北省党部的机关报《汉口民国日报》正式创刊，董必武任经理。中国共产党人宛希俨、沈雁冰等先后任主编，毛泽民负责行政工作。事实上，该报直接受中共中央宣传部领导。（《董必武年谱》，第 71 页）沈雁冰亦认为《汉口民国日报》"名义上是国民党湖北省党部的机关报，实际上直接受我们党中央宣传部的领导，是党中央的机关报"，也是"共产党办的第一张大型日报"。（沈雁冰口述：《关于汉口〈民国日报〉的一些情况》，中国人民政治协商会议湖北省委员会文史资料研究委员会编：《湖北文史资料》1987 年第 4 辑（武汉国民政府时期史料专辑），第 48 页；茅盾：《一九二七年大革命——回忆录（九）》，《新文学史料》1980 年第 4 期，第 3 页）

恐怖统治。① 学联会的提议得到各团体大力支持。3月14日，武汉各界纪念"三一八"联席筹备会在国民党湖北省党部召开。国民革命军总政治部、湖北省党部、武昌县党部、武昌公安局、全省学联会、省妇女协会、汉阳学联会等团体，就纪念组织、宣传等问题展开磋商，制定了"巴黎公社是世界革命的先声"、"接受巴黎公社的教训"、"打倒帝国主义在中国的一切经济基础"、"打倒屠杀上海工人的英帝国主义"、"打倒奉鲁军阀"等18条口号。汉口商民协会等团体通令会员于3月18日举行纪念活动，旨在说明三一八惨案与巴黎公社的意义。② 3月17日，国民党汉口市执委会在《汉口民国日报》刊发文告，表明其借纪念两个"三一八"动员民众，宣传反帝、反军阀的主张。文告同时呼吁各界民众"继续'三一八'的革命精神"、"接受'三一八'的革命经验"，以此"反对摧残巴黎公社的帝国主义"、"反对上海的白色恐怖"、"继续反帝国主义反军阀的运动"。③ 18日，中共领导的湖北全省总工会在《汉口民国日报》发出纪念宣言，指出巴黎公社与北京惨案令人更深切认识到军阀和资产阶级的真面孔，而"只有无产阶级是站在真正革命的地位，是忠实勇敢的，是为民众的解放而奋斗的"，凸显了无产阶级革命的彻底性，及其反帝、反军阀的斗争性。宣言最后还提出"继续巴黎公社革命精神，接受巴黎公社经验革命，反对摧残巴黎公社的帝国主义，打倒卖国殃民的军阀政府，世界革命成功万岁，无产阶级解放万岁"等口号。④

　　除了刊布通告、文告、宣言，《汉口民国日报》另于3月18日推出代论和专文纪念"三一八"。代论采用国民革命军第十五军政治部拟定的"三一八"纪念宣传大纲，强调纪念巴黎公社要牢记五点成败教训：（1）无产阶级专政时期社会安宁，比资产阶级统治时要好得多；（2）资产阶级为了阶级利益不惜卖国卖人民，而要救国救人民，只有无产阶级革命；（3）严防反革命分子，或和军阀妥协，不可对其过于宽恕；（4）革命带有阶级性，巴黎公社成立和苏俄十月革命是

---

① 《省学联发起筹备纪念"三一八"惨案》，《汉口民国日报》1927年3月10日，第3张"新闻"第1页。
② 《各界筹备纪念三一八》，《汉口民国日报》1927年3月15日，第3张"新闻"第1页。
③ 《为三一八纪念告民众》，《汉口民国日报》1927年3月17日，第3张"新闻"第1—2页。
④ 《总工会宣言》，《汉口民国日报》1927年3月18日，第3张"新闻"第1页。

无产阶级夺取资产阶级的政权；（5）认清革命的意义，凡是反俄、反共、反农工就是"反革命"。毫无疑问，这是对国民党右派抵制联俄、联共、扶助农工三大政策，企图破坏革命统一战线的警告。① 由于该宣传大纲系《汉口民国日报》代论，具有社论功能，自然反映出此时中共倡导的用巴黎公社经验教训及精神服务中国革命现实的纪念诉求。中国共产党人曹讽非《巴黎公社与"三一八"惨案》一文亦指出，不要凭空纪念，而应联系当前中国革命的军事发展、民众势力及危机来纪念"三一八"，即要认清巴黎公社是世界革命的第一声、无产阶级的勇敢和坚决意志、帝国主义与军阀的凶残以及党的危机的出发点。②

在中共大力推动和社会各界积极参与下，两个"三一八"纪念会如期在武汉三镇隆重举行，近80万民众到会。汉口会场设于血花世界，有30余万人参加，主席团由向忠发、何世昌、龚中白等中国共产党人在内的10余人组成，李立三任总指挥。总主席詹大悲首先报告纪念的意义，认为"这在世界无产阶级革命开第一声，若是没有巴黎公社革命，就不能引起世界革命"。随后，总工会代表刘少奇报告巴黎公社历史，主张要吸取经验，继续巴黎公社烈士精神。最后大会通过提案，包括致电第三国际表示同情巴黎公社，通电反对孙传芳、张宗昌和英国在上海制造"白色恐怖"等内容。武昌会场设于阅马场，参会者亦有30余万，总主席邓初民在报告中阐明了巴黎公社在世界革命史上"产生国际劳工大联合"的光荣意义，指出"我们今天之纪念，是追念先烈及继续其革命精神"。与会中国共产党人，如全国学联会唐鉴、省党部周延墈、省农协陆沉、省学联陈德森、中共湖北区委蔡以忱等相继发表演讲。此外，在汉阳县党部举行的10余万群众大会，通过了惩办党内外一切反革命派、"援助政府继续北伐，以谋全中国之解放"等临时提案。③ 据悉，参加武汉纪念会的民众"极为踊跃，尤以工人学生为多，情形极为热烈"。④

---

① 《巴黎公社纪念宣传大纲》，《汉口民国日报》1927 年 3 月 18 日，第 1 张"新闻"第 1 页。

② 曹讽非：《巴黎公社与"三一八"惨案》，《汉口民国日报》1927 年 3 月 18 日，第 3 张"新闻"第 4 页。

③ 《今日各界纪念三一八节》《武阳夏各界纪念"三一八"》，《汉口民国日报》1927 年 3 月 18、19 日，第 3 张"新闻"第 1 页。

④ 《贺德霖在汉被捕》，《申报》1927 年 3 月 29 日，第 2 张第 8 版。

由于深受国民革命政治中心的熏染，湖北一些县城举办的纪念会同样可圈可点。罗田县党部举行"三一八"纪念，由于时逢民间传统节日"花朝"，参会者除县党部、农民协会、妇女协会、青年协会、工会、行政公署、司法公署、公安局、烟酒局、典狱署等团体职员以外，还有乡民万余人。会上，中国共产党人李济棠（又名李梯云——引者注）作了"巴黎公社的组合"及"应接受其经验"的报告，各团体代表亦有演讲，会后还整队游行，沿途散发宣言稿并高呼口号，其"精神整肃，秩序井然，夜晚举灯会，更极热烈"。①

不仅湖北如此，深受国民革命影响的广东、四川、湖南等地也有突出表现。在广州，尽管军政大权落入国民党右派之手，但中共仍不失时机地发起两个"三一八"纪念。3月17日，省港罢工委员会在东园训育亭召开数百人纪念会，胡荫等人报告巴黎公社历史意义及北京惨案经过，委员长何耀全等多人登台演说，"均悲壮热烈，痛快淋漓"，随后与会人员高呼口号并唱《国际歌》《国民革命歌》。② 翌日，罢工委员会与国民党广东省党部、中央军事政治学校、省农民协会、广州工人代表会、市商民协会、省学生联合会等团体参加了在中山大学操场举行的纪念会。该纪念会由省党部民众运动会发起，其宗旨是"唤起民众参加国民革命"，"庶足收宣传普遍之效"。据报载，吕汉泉、罗懋其、王克欧等共产党人演说时突降大雨，而20余万参会民众仍凝神静听，其"鼓掌之声不绝，情形极为热烈"。大会通过议案，认为巴黎公社失败是未能与世界被压迫阶级联合，形成了"认识革命运动最要的手段，是在联合战线"的主张。会后，各界民众高呼"巴黎公社万岁"、"打倒帝国主义"、"打倒军阀"等口号，冒雨巡行。③

广州纪念宣传效果显著，多是倚赖其国民革命策源地固有的民众基础。而对封建军阀纵横盘踞的四川来说，若要充分实现动员效果，组织者的运筹能力格外重要。3月18日，中共领导的成都市工会与国民党市党部发起两个"三一八"

① 《各县民众运动·罗田纪念三一八案》，《汉口民国日报》1927年3月27日，第3张"新闻"第1页。
② 《罢工代表举行"三一八"纪念大会》，《广州民国日报》1927年3月19日，第9版。
③ 《民众运动会函各县市党部筹备纪念巴黎公社及北京惨案》，《国民新闻》（广州）1927年3月16日，第3版；《各界纪念"三一八"巴黎公社大会开会详情》，《广州民国日报》1927年3月19日，第3版。

纪念会，议定在中山公园举行。至上午 10 时，有妇女协会、各级学校等 30 余团体到会，而市党部却将地点临时变更至少城公园宜风茶楼，最后又移至中法大学。① 开会地点一再变更，可能事出有因，虽未见言明，但毕竟令参会民众一时无所适从，其动员效果难称理想。另外，有些纪念活动表面上筹备充分，但限于民众觉悟及未能联系现实而导致宣传不尽如人意。如中共泸县特支领导的，以工农商学兵联合会筹备处、总指挥部、国民党县党部名义共同发起的"三一八"纪念会，即属此类。3 月 18 日，纪念会在文庙开幕，有数千民众到会。会场布置极为周密，主席台上挂有国民党党旗、国旗，张贴各种标语，起义总指挥刘伯承发表演说，要大家发扬巴黎公社的战斗精神，把国民革命进行到底，川南师范学校讲演队还沿街开展宣传。② 按常理推断，此次纪念会动员效果应该不错，但实际上并不理想。对此，中共党员梁佐华曾有回忆："事后，群众反映，啥叫'巴黎公社'，隔泸州多远？和我们泸州起义有啥关系？我向曾润百（中共泸县特支书记——引者注）反映，宣传巴黎公社，群众不懂，不能联系实际，十九世纪的巴黎公社只有两个月就失败了嘛，难道我们泸州起义，先就讲要失败吗？此时此地宣传巴黎公社的作用，效果不好。"③

相对于成都、泸县，重庆的纪念效果要好得多。3 月 18 日，重庆各界 10 万余民众举行"三一八"纪念会。其中，有不少中国共产党人参与会议筹组工作，如钟梦侠担任指挥，杨闇公、李华海作为会议主席在报告北京惨案、巴黎公社由来及纪念意义后，还提议通过电请国民政府肃清一切反革命派、驱逐在华英军等11 项提案。随后，与会民众合唱《工农兵大联合歌》，高呼口号并游行，他们

---

① 《各方面杂讯》，《国民公报》（成都）1927 年 3 月 19 日，第 5 版。

② 详见《泸县最近之局势·三月十九号特约泸讯》，《国民公报》（成都）1927 年 3 月 25 日，第 5 版；梁佐华：《泸县起义中的党团活动》，中共泸州市委党史工作委员会办公室编印：《泸州起义——纪念泸州起义六十周年》，1986 年，第 292—293 页；蓝家纯：《泸县"巴黎公社"纪念会回忆》，中国人民政治协商会议四川省泸县委员会文史资料委员会编印：《泸县文史资料选辑》第 3 辑，1991 年，第 23 页；李福铭：《试论泸州起义与党的统一战线》，中共泸州市委党史工委办公室编印：《纪念泸州起义六十周年学术论文选》，1986 年，第 73 页。

③ 梁佐华：《泸县起义中的党团活动》，中共泸州市委党史工作委员会办公室编印：《泸州起义——纪念泸州起义六十周年》，第 294 页。

"多系赤足，尤以工友为多"。当时大雨倾盆，道路泥泞，街衢污秽，这为游行带来不小困难，所幸事前筹备充分，各团体热烈拥护，加之各职员善于指挥，因而游行秩序井然，其参加者"均无倦容"，"口号频呼，声震屋瓦，洵令人惊叹不置也"。尤其值得关注的是，中国共产党人、反英大同盟总务部主任肖华清在游行中报告了大量英国油烟被查获的情形，并当众烧毁油烟。继后，各界彻查仇货，民众"无不称快拍掌"。① 重庆纪念会动员效果之所以令人称道，原因是杨闇公等共产党人的得力筹备起到了主导作用。

　　与广州、重庆相比，长沙的"三一八"纪念虽在人数规模上相形见绌，但纪念活动别具一格。活动分为两部分：一是在 3 月 18 日上午 10—11 时举行总罢工一小时，以鸣炮为号。9 时 50 分第一次鸣炮，预备罢工。10 时第二次鸣炮，罢工开始，商店一概停业，挑夫、萝脚、人力车夫等皆站立街心，大呼"反对英兵来华"、"打倒孙传芳"、"打倒英帝国主义"、"打倒奉系军阀"、"肃清北洋军阀余孽"及"工人阶级有勇敢的创造力"、"资产阶级是怯懦卖国的"、"巴黎公社是十月革命的先声"等口号。至 11 时第三次鸣炮，一律复工。② 此种以"三声炮响"作为罢工信号，不但能吸引更多人关注，还有助于增强纪念仪式的隆重感，提升宣传动员效果。二是召开纪念会及游街。同日上午 8 时，长沙 300 余团体 2 万余人在湖南省教育会前坪集会，主席首先报告两个"三一八"事件原委，陈述巴黎公社为"苏俄十月革命成功之先声"等主张，其后湖南省工会委员长郭亮、省农民协会委员长易礼容、省党部执行委员谢觉哉等中国共产党人相继发表演说，使会后游街的民众动员效果相当显著。③

　　中共主办的报刊也有纪念"三一八"活动。3 月 18 日，《人民周刊》刊文强调，要重视工人阶级在国民革命中的领导地位及优越利益，呼吁民众应本着两个"三一八"内打妥协反动、外抗侵略压迫的精神，抵制帝国主义武装干涉、彻底

---

① 《重庆各界纪念三一八之热烈》，《汉口民国日报》1927 年 3 月 29 日，第 1 张"新闻"第 2 页；《重庆之三一八纪念会》，《申报》1927 年 4 月 4 日，第 2 张第 6 版。
② 《湖南各界纪念"三一八"》，《汉口民国日报》1927 年 3 月 22 日，第 1 张"新闻"第 2 页。
③ 据《汉口民国日报》报道，长沙巴黎公社纪念集会上，中国共产党人的"演词均极昂愤，听众莫不动容"，"当时细雨纷飞，民众多科头跣足，沿途散发传单，高呼口号，毫无怠倦畏缩气象"。（《湖南各界纪念"三一八"》，《汉口民国日报》1927 年 3 月 22 日，第 1 张"新闻"第 2 页）

反对帝国主义和军阀。① 中共湖南区委机关报刊发的"三一八"纪念专文，将巴黎公社的教训引申到中国革命，指出国民革命营垒中已产生"妥协派"，且此"妥协派"不认定工农群众为革命基础，他们唯恐工农群众有组织、有力量，甚至甘愿和帝国主义军阀讲和。文章最后以"莫忘记两个三一八的教训"警醒民众，呼吁要肃清革命营垒中的反动派，要排除一切妥协的倾向。② 显然，这是对国民党右派分裂革命统一战线的有力回应。

此外，还有报刊专门发表文章纪念巴黎公社。《向导周报》于 3 月 18 日刊文，点明了巴黎公社作为"第一次无产阶级革命"、"第一个无产阶级国家之模型"的历史意义，以此证明无产阶级是"能够独立做政治斗争，能够领导其他民众进行革命，能够夺取政权并能够建设新的国家"。据此，文章呼吁，基于它对中国革命——尤其对上海无产阶级已准备好武装暴动参加政权斗争的现实意义，无产者和革命党人应深切纪念巴黎公社，汲取其教训，继续其事业，将它作为"我们目前行动的殷鉴"，③ 凸显出巴黎公社的世界革命样本意义。3 月 19 日，《中国青年》的纪念专文反思了巴黎公社对资产阶级太宽宥，以及没有一个统一有力的无产阶级政党指导的失败教训，指出俄国成功的无产阶级革命及无产阶级独裁的社会主义苏维埃共和国即是巴黎公社的遗物和第一个结晶品。④ 此种倡导以巴黎公社教训开展无产阶级世界革命的纪念主旨，在同日《现代青年》所刊黄健生的文章中也有体现。该文认为，巴黎公社在世界革命史上实为开宗明义第一页，其失败是组织幼稚、党派复杂、意志纷歧，以及对反革命派过于姑息妥协等因素造成。在他看来，既然国民革命是目前救中国的唯一出路，那么对于巴黎公社纪念就不可作为形式纪念，而要作为精神纪念，"猛省接受其教训"。为此，革命党人应严守铁的纪律，要深入民众中，组织民众、训练民众，使组织变得坚

① 卓宣：《今年纪念两个"三一八"底意义》，《人民周刊》第 47 期，1927 年 3 月 18 日，第 4 页。
② 金华：《两个三一八纪念——巴黎公社与北京屠杀》，《战士》（周报）第 38 期，1927 年 3 月 27 日，第 1—2 页。
③ 超麟：《第一次无产阶级革命——巴黎公盟》，《向导周报》第 192 期，1927 年 3 月 18 日，第 2081—2082 页。
④ 中义：《巴黎公社——工人阶级第一次的伟大争斗》，《中国青年》第 159 期，1927 年 3 月 19 日，第 217 页。

固，以巩固革命势力的基础。① 他希望借助纪念巴黎公社动员民众参加国民革命。

得益于中共精心运作，巴黎公社纪念活动取得超出预期的结果。中共对于民众动员的效力不仅体现在纪念活动，而且体现在其产生的辐射效应。在巴黎公社纪念日过后第三天——3 月 21 日，周恩来、赵世炎等共产党人指挥上海工人武装暴动，成立了特别市政府，标志着"准备创造一个上海的巴黎公社"的暴动设想变成现实，② 这是中共将巴黎公社经验样本付诸中国革命实践的开端。

由于国民党反动集团背叛了革命，相继发动"四一二"、"七一五"反革命政变，右倾机会主义路线在党的领导机关占据统治地位，使中共在面临反革命袭击时无法组织有效抵抗，大批共产党人惨遭杀戮。针对国民党的"白色恐怖"，中共以巴黎公社为典范，走向了武装暴动夺取政权的革命道路。尤其在 1927 年 12 月 11 日，中共领导广州工农兵暴动，宣布"一切政权都拿在工农兵的手里"，建立了"在中国是第一次，在亚细亚洲也是第一次"的苏维埃政权。③ 对于广州暴动，中共六大给予高度评价，认为它是"中国苏维埃革命阶段的开始"，也是"一个世界无产阶级革命史上的伟大的著作"，且"与英勇的伟大的'巴黎公社'有同样的价值"。④ 12 月 1 日，瞿秋白在中共中央机关刊物发文，将广州暴动成立的"东亚第一次的苏维埃政府"称为"广州公社"。⑤ 由于敌我力量悬殊，这一具有巴黎公社意涵的无产阶级政权仅存在了三天，但它昭示着幼年期的中共对中国革命建政的探索由理论走向实践的新阶段。

---

① 黄健生：《巴黎公社纪念日之感想》，《广州民国日报副刊·现代青年》第 59 期，1927 年 3 月 19 日，第 1 页。
② 《上海区委关于上海特别市市政府政纲》（1927 年 3 月），中央档案馆、上海市档案馆编印：《上海革命历史文件汇集（中共上海区委文件）（1926 年—1927 年）》，1986 年，第 405—406 页；《上海区委主席团会议记录——九江攻下后的上海暴动问题（1926 年 11 月 6 日上午 9 时）》，中央档案馆、上海市档案馆编印：《上海革命历史文件汇集（上海区委会议记录）（1926 年 10 月—1926 年 11 月）》，1990 年，第 255 页。
③ 《广州苏维埃宣言》（1927 年 12 月 11 日），中央档案馆、广东省档案馆编印：《广东革命历史文件汇集（苏维埃、工会、农会文件）（1927—1934）》，1982 年，第 11 页。
④ 《决定广州暴动为固定的纪念日的决议》（1928 年 7 月 9 日），中央档案馆编：《中共中央文件选集》第 4 册，北京：中共中央党校出版社，1989 年，第 385—386 页。
⑤ 秋白：《广州暴动与中国革命——广州暴动周年纪念》，《布尔塞维克》第 2 卷第 2 期，1928 年 12 月 1 日，第 44 页。

# 结语：巴黎公社纪念对中共组织建设的影响

中共早期巴黎公社纪念，其经历了由个体马克思主义知识分子引介与宣传，至国民革命初期党团发动，再至国民革命中后期国共合作纪念的过程。建党前后，李大钊、李汉俊、李达、施存统、刘仁静、周恩来、瞿秋白等早期共产党人在《星期评论》《共产党》《新青年》《先驱》《新时代》《少年》《晨报副镌》等报刊发文，推进了巴黎公社的译名传播及其文本由单一指称向专题言说的演化，并赋予无产阶级革命与专政的新语义，从而为纪念发端奠定了学理和组织基础。随着国民革命的蓬勃开展，尤其是 1925 年 1 月中共四大关于无产阶级领导权决策的制定，中共的建政诉求愈益增强，遂将巴黎公社纪念常态化，开启了有组织、有规划的党团"宣传动员"模式，这既是列宁无产阶级政党学说，[1] 以及 1924 年共产国际五大的"布尔什维克化"建党指示在中国实践的产物，[2] 更是中共在高涨的革命形势下不断强化自身建设的结果。

就中共自身建设而言，中共四大的召开无疑具有里程碑意义。它被蔡和森誉为"形成群众党的开始的基础"，不仅纠正了自中共三大以来"扩大国民党的组织到劳动群众中去"的右倾做法，[3] 而且还通过议决案，表示同意共产国

---

[1] 如列宁极为重视无产阶级的"群众性政党"建设。1909 年 1 月、1917 年 11 月、1920 年，他就先后提出"政党更紧密地联系群众"、"党是阶级的先锋队；它的任务决不是反映群众的一般水平，而是带领群众前进"、"无产阶级政党的内部就必须实行极严格的集中和极严格的纪律"、"我们需要的是能够经常同群众保持真正的联系的党，善于领导这些群众的党"等一系列建党主张。详见《列宁全集》第 39 卷，北京：人民出版社，2017 年，第 24 页；《列宁专题文集·论无产阶级政党》，北京：人民出版社，2009 年，第 342—343、338 页。

[2] 1924 年 6 月 17 日至 7 月 8 日，共产国际第五次代表大会在关于策略问题的提纲中指出，"建立群众性的共产党是共产国际工作的中心任务"，其后，使"各支部布尔什维克化"遂为共产国际及各国共产党支部活动的一项最重要任务。（贝拉·库恩编：《共产国际文件汇编（1919—1932）》第 2 册，中国人民大学编译室译，北京：三联书店，1965 年，第 18、29 页）

[3] 《中国共产党史的发展（提纲）——中国共产党的发展及其使命》（1926 年），《蔡和森文集》下册，北京：人民出版社，2013 年，第 844、846 页。

际五大的决定，接受"布尔什维克化"的组织建设任务。① 所谓"真正布尔什维克党"的要求，实质上是要建立"革命的、马克思主义的、勇往直前的党"，必须具备"真正群众性"、"善于机动灵活"、"集中"等基本特点。② 其中，"真正群众性"即"群众化"，是"布尔什维克化"的前提与基础，也是中共组织建设的当务之急，而 1925 年 3 月巴黎公社纪念动员的发起便是其走向"群众化"的体现。

随后，五卅运动的开展又推动了"共产党成为真正群众革命的党"的进程。③ 中共期望推动党组织"群众化"的急迫心态，反映在 1925 年 10 月中央扩大会议的议决案中，《组织问题议决案》指出中共仍处于"从小团体过渡到集中的群众政党"的时期，强调"这种过渡时期应当在极短期间终了"；《宣传问题议决案》则指明，"变成真正群众政党"的路径在于"我们的党应当作群众中的鼓动和宣传"。④ 1926 年 3 月中共在广州策动的大规模巴黎公社纪念动员，即是其进化为"真正群众政党"的缩影与写照。

中共"群众化"的实现，标志着向"布尔什维克化"迈出重要一步，但与建设无产阶级大党的目标尚有不小差距。对此，1926 年 7 月，中共中央扩大会议有深刻反思，"本党在组织上仍是非常幼稚"，尤其在"党指挥群众运动的枢纽"的组织工作方面缺少重视。在中央看来，组织工作是建设布尔什维克党的最大特点："一个幼稚的党要能做到布尔塞维克化，要能做到从小团体变为群众的党，要能做到从思想的团体么（变）为行动的团体，要能做到从支部基础的工作到大的群众行动，便要靠有好的组织工作。"⑤ 这指明了中共"布尔什维克化"的路向。武汉国民政府时期巴黎公社纪念高潮所体现的组织动员能力即可说明，此时

---

① 《对于出席共产国际第五次大会代表报告之议决案》《对于宣传工作之议决案》（1925 年 1 月），中央档案馆编：《中共中央文件选集》第 1 册，第 321、374 页。

② 贝拉·库恩编：《共产国际文件汇编（1919—1932）》第 2 册，第 29—30 页。

③ 《中国共产党史的发展（提纲）——中国共产党的发展及其使命》（1926 年），《蔡和森文集》下册，第 851 页。

④ 《组织问题议决案》《宣传问题议决案》（1925 年 10 月），中央档案馆编：《中共中央文件选集》第 1 册，第 475、478 页。

⑤ 《组织问题议决案》（1926 年 7 月），中央档案馆编：《中共中央文件选集》第 2 册，第 180 页。

中共已具备立足革命实际,向"真正群众的党"迈进的行动自觉。①

揆诸以上史实可以发现,巴黎公社纪念与中共早期党组织建设历程存在较为紧密的关联。一方面,巴黎公社因具有无产阶级专政的样本意义,为中共早期探索革命政权建设提供了依凭。另一方面,在中共推进巴黎公社纪念的过程中,"到群众中去"、做革命运动的"群众党"的政党建设目标,为中共强化民众宣传动员提供了内驱动力;通过纪念活动的运作组织,中共与民众的联系日益紧密,对无产阶级政党的认知不断深化,群众动员能力进一步强化。从这一层面看,巴黎公社纪念的示范意义与中共对于政权建设、政党建设的探索是高度合辙的。

在理论层面,通过纪念活动的组织运作,巴黎公社的革命蓝本意义被不断强化,中共关于政权建设和政党建设的理论也因之不断深化。从历次巴黎公社的纪念主题和内容来看,均蕴含着突出无产阶级专政及其政党建设的意旨。表现为:每逢纪念活动开始后,通常先回顾巴黎公社史实经过,主要关注巴黎工人推翻资产阶级政府建立公社直至最终被国内外敌人合力剿杀的历程,由此揭示法国资产阶级对外妥协卖国,对内压制工人抵御外侮的反革命本性,表露出在民族运动中只有无产阶级才是真正保卫国家、反抗帝国主义侵略的决定性力量,从而明确其在民族革命中主力军的作用和领导地位。然后,阐述公社在政治、经济、社会等方面的施政措施,如实行立法、行政两权合一;成立国民军,废除常备军和警察;一切军政民政管理采用选举制;明令政教分离,没收教堂财产;减少私营生产,组织工团委员会,管理封闭的工厂;颁布保护工人条例,禁止雇主对工人减薪、罚俸及夜工,提倡八小时工作;规定官吏与普通工人工资平等,建立廉洁政府;人民得以自由学

---

① 《组织问题议决案》(1927年4月27日—5月9日),中央档案馆编:《中共中央文件选集》第3册,北京:中共中央党校出版社,1989年,第87页。另据1927年3月份统计,在中共党员的成分中,工人已占53.8%,知识分子、农民、军人、中小商人分别占19.1%、18.7%、3.1%、0.5%,其他人员占4.2%(《陈独秀在中国共产党第五次全国代表大会上的报告》(1927年4月29日),中共中央党史研究室第一研究部编:《共产国际、联共(布)与中国革命文献资料选辑(1926—1927)》上册,北京:北京图书馆出版社,1998年,第360页);而1927年5月9日,共产国际代表罗易就直言中共五大是"布尔什维克的大会,它表明中国共产党正在成为一个真正的布尔什维克的党"(罗伯特·诺思、津尼亚·尤丁编著:《罗易赴华使命——一九二七年的国共分裂》,王淇、杨云若、朱菊卿合译,北京:中国人民大学出版社,1981年,第266页)。罗易所言大致符合事实,也是对中共努力推进"布尔什维克化"的评估与褒奖。

习，各级教育机关对人民免费等。这些举措在于彰显无产阶级的创造力、执政能力和对世界革命政权建设的示范意义，通过对无产阶级专政带来的全方位改善的细致呈现，激励民众夺取资产阶级政权。最后，纪念活动注重阐析巴黎公社失败教训，特别突出两点原因：一是缺乏集中有力的无产阶级政党指挥，以此凸显建立统一严明的无产阶级政党来领导革命的重要性；二是对资产阶级"太宽宥"，未能严厉执行"独裁制"，镇压反革命行为，以此明确实行并巩固无产阶级专政的必要性。

纪念活动展现巴黎公社的过程、经验、教训，目的在于为中国革命提供鉴戒。正如法国社会学家哈布瓦奇（M. Halbwachs）所言，"人们如何构建和叙述过去在极大程度上取决于他们当下的理念、利益和期待"。① 中共组织巴黎公社纪念，既有其恒定的内涵观照，也会设置趋时性的纪念主题。例如，国民革命初期纪念活动侧重宣传无产阶级执政能力和资产阶级妥协性，以此阐明中国革命的领导权问题。国民革命中期，则凸显巴黎公社世界革命的样本意义，以明示中国革命应效仿俄国十月革命，推翻军阀政府，流露出对"公社"、"苏维埃制度"的向往和憧憬。至国民革命后期，纪念主题调整为深入民众开展彻底反帝反军阀的武装暴动，建立苏维埃政权的强烈愿景。纪念主题和话语，展现了中共对中国革命政权理论的认知、探索及其实践转向，表明有关革命道路、对象、领导权与政权建设等关涉中国革命的基本理论已初步成型，尤其是提出推翻军阀政府、建立苏维埃政权，更标志着无产阶级革命政党理论的丰富与完善。另外，纪念文本和口号所强调的无产阶级具有执政能力、需要集中统一的强力政党领导中国革命的论断，为中共执政能力建设提供了思想借鉴。

在实践层面，随着纪念参与者由国民革命初期党团内部知识分子为主，向中后期各阶层民众踊跃参加演进，鲜明体现出中共动员能力的强化和阶级基础的充实。从中共开展纪念的宣传动员方式来看，尤以文本纪念最常见，也最具代表性。它包括两种类型：一种是由中共党员和青年团员个人署名的报刊纪念专文。其载体，既有中共党团所办《中国青年》《政治生活》《琴心》《新学生》《青年农工》《劳动周刊》《工人之路特号》《人民周刊》《向导周报》《战士》，也有国民党所属《国民新闻》《广州民国日报》及其副刊《现代青年》，还有名为国民党所办实由中共

① 转引自徐贲：《文化批评的记忆和遗忘》，陶东风等主编：《文化研究》第 1 辑，天津：天津社会科学院出版社，2000 年，第 112 页。

掌控的《汉口民国日报》，可谓种类纷呈。此类专文通常刊登在特刊上，多具鲜明的政论特色，加之载体形式多样，在知识界、学界、政界拥有大量读者，无疑有助于巴黎公社纪念话语的传播与普及。另一种是由中共党团所发布的通告、通函、宣传大纲、文告、通电、宣言、告群众书、纪念册、传单、标语等纪念文本。文本纪念具有成本低、传播迅速且范围广泛的优点，是中共宣传巴黎公社纪念活动的基本方式。

国民革命掀起后，中共根据形势演变调整了纪念活动的方式，使之更易接近大众。纪念组织者考虑到，纪念文本的传播取决于受众的文化程度，只有具备一定知识水平的人才能阅读，那些识字能力低下的工、农、商阶层则难以企及。有鉴于此，中共党团决定举办以口头宣传为特色的纪念会，[①] 以弥补文本纪念的不足。据不完全统计，国民革命时期中共党团筹组的巴黎公社纪念会，除在广州、青岛、长沙、香港、武汉、成都、重庆等大城市召开外，还于唐山、宁波、东莞、三原、泸州等中小城市举行。会议场所以工厂、讲习所、国民党党部、研究会、俱乐部、公园、阅马场、文庙、教育会、学校操场等可容纳更多民众的公共空间为首选，这自然利于实施民众动员。当然，最能反映纪念会动员民众的还是其灵活多样的活动形式，主要有三种：一是纪念会常伴有宣言、通电、传单、标语等纪念文本，这种宣传性文本一旦在纪念会上被宣读出来，就具有口头宣传的效用，其受众范围便由知识阶层扩至普通民众；二是以报告、演讲、口号、游行示威为主体的口头宣传往往穿插于纪念会始终，如参与报告演讲的多为政要贤达，他们凭个人声望与魅力，慷慨陈词，再辅以生动形象的肢体语言，较易激起民众共鸣，而口号与游行示威相伴，无疑进一步拓展了口头宣传的地理空间；三是通过诵读孙中山遗嘱及向其遗像致礼，[②] 唱《国际歌》《国民革命歌》《工农兵

---

① 1926年6月，中国共产党人唐鉴就认为，"口头宣传在宣传工作中，无论在分量上，效力上都占极重要的位置，尤其是在一般工人、商人和农民中有重要的意义"。（鉴君：《一年来宣传工作之概况》（1926年6月23日），《中国学生》第32、33、34期合刊，1926年7月10日，第313、316页）

② 此类仪式是国民革命时期巴黎公社纪念会开幕的例行程序，除前文所提的1926年3月广州、东莞纪念会外，1927年3月武汉、广州、重庆等纪念会也有此类仪式举行。详见《武阳夏各界纪念"三一八"》《重庆各界纪念三一八之热烈》，《汉口民国日报》1927年3月19、29日，第3张"新闻"第1页、第1张"新闻"第2页；《各界纪念"三一八"巴黎公社大会开会详情》，《广州民国日报》1927年3月19日，第3版。

大联合歌》，提灯会、鸣炮罢工等仪式来渲染活动气氛，增强动员效果。

纪念文本与纪念会相得益彰，共同推动中共早期巴黎公社纪念活动迈向高潮。国民革命后期两个"三一八"纪念活动，仅武汉、广州、重庆三地的参与人数就达 110 万之多。不仅有力助推了革命形势的发展，更重要的是，它反映出中共的民众动员能力有了实质性提升，为将巴黎公社精神付诸实践奠定了重要基础。在此背景下，上海暴动开启了中国无产阶级专政的重要尝试，"广州暴动是开始了中国的巴黎公社"，[1] 尽管两大暴动最终"重蹈巴黎公社的覆辙"，[2] 但却实现了无产阶级专政理论在中国的奠基，为其后中共革命道路及政权建设积累了经验。土地革命时期苏维埃政权的建立，宣告了"中国的巴黎公社"的"星星之火"已成"燎原之势"，这是中共政权建设理论落地的显著标志。由此可见，中共早期巴黎公社纪念宣传动员影响深远，在实践层面推动了组织建设进程。

综上，中共早期巴黎公社的纪念演进，与其组织建设活动具有高度关联，本文对这一互动关系作了尝试性探讨。事实上，这一议题牵涉面甚广，既要关注中共中央层面对早期革命政党理论的认知与实践，也要重视地方党团组织的落实和动员。况且，中共所要动员的对象极为广泛，涉及工人、农民、学生、商人乃至军政人员等群体，这些群体社会经济背景迥异，政治立场不一，理念多有歧变，其复杂程度可想而知。因此，要继续拓展与深化这一议题，唯有深入挖掘档案史料，进一步放宽视野，引入跨学科方法，展开系统分析，方能有新的创获，这有赖于学界同人的共同耕耘。

〔作者霍新宾，华南师范大学马克思主义学院教授。广州 510631〕

（责任编辑：刘 宇）

[1] 《中共山东省委通告第三十五号——关于纪念巴黎公社问题》（1928 年 3 月 6 日），中央档案馆、山东省档案馆编印：《山东革命历史文件汇集（1928 年 3 月—1928 年年底）》甲种本第 3 集，1995 年，第 23—24 页。
[2] 易元：《"三一八"纪念》，《红旗》第 16 期，1929 年 3 月 15 日，第 28 页。

# 抗战时期中共根据地的数目字管理[*]

杨　东　牛泽林

**摘　要：**"数目字管理"与"计算作风"，是战时中共大力倡行的一种管理模式和工作方法。中共强调数目字管理，一方面基于工作的精确化和动员的合理性，另一方面又强调不拘泥于数目字，放下数目字包袱，要看到数目字背后的基本趋势与发展规律，注重"有数"和"无数"的辩证统一。中共注重数目字管理，并在调查研究和精兵简政的过程中形成了精密掌握政策的"计算作风"，进而成为革命根据地的一项政策和传统。在推行"数目字管理"过程中，也出现了命令主义等苗头。中共在纠正这些不良作风的同时，实现了战时根据地基层治理模式的优化。

**关键词：**中国共产党　数目字管理　计算作风　抗日根据地　抗日战争

缺乏数目字思维、不尚精确的观念，是不少人对中国人传统思维习惯的描摹。"只要不是统计，中国人对于数目字多半总有些夸大狂"。[①] 实际上，随着社会的演进，越来越多的人已然认识到："现代人的生活都是数目字的生活，一个人每天眼睛所看的，耳朵所听的，脑子所记的都是一些数目字，倘若离开了数目字，根本就不成为一个现代人的生活了。在说明个人的生活上如此，就在整个社会生活上说来，也是如此。因为，在表现社会生活的动态上，只有'数目字先

---

[*] 本文系国家社科基金重大项目"近代中国乡村建设资料编年整理与研究（1901—1949）"（17ZDA198）阶段性成果。感谢匿名外审专家提出的宝贵意见。

[①] 冷：《编辑余谈》，《大公报》（天津）1930 年 4 月 28 日，第 12 版。

生'是最客观的。"① 数目字不仅存在于社会生活中，在中国共产党领导的革命中亦发挥了重要作用。有学者认为，要改造一个庞大的农村社会，就必须使用"数目字管理"，中共长期专注基层工作，循此思路便"可以看穿共产党与毛泽东所走的路线了"。② 应该说这一判断是允当的。爬梳战时中共的相关史料，我们确可从中找寻到中共在根据地实行"数目字管理"的制度文本和运行轨迹，特别是华北革命根据地的数目字管理，不仅成为一项政策，更被认为是一个"好的传统"。③

需要说明的是，一般所谓的数目字管理，通常被认为是一种理性、精确和可计算的管理手段，"技术"和"数字"是其最基本的特征。中共革命根据地的数目字管理，却呈现出独特的运作状态和鲜明的内在逻辑。从总体上看，中共革命根据地的数目字管理，是以调查统计为基础，以计算统计为手段，通过精细化的数目字制订工作计划、布置工作任务、开展社会动员、总结工作经验。数目字固然是中共实现精细化管理的技术手段，但是又不能拘泥于单纯的技术，而是要反映政策的科学性、正确性及其具体执行情况，同时必须坚持实事求是和一切从实际出发的原则，要切实反映群众生活。这是中共数目字管理的鲜明特征。循此思路，本文拟在已有研究基础上，④ 考察抗战时期中共根据地如何进行数目字管理，进而分析中共数目字管理的特征与影响。

## 一、数目字管理：政策和作风的形成

中国共产党从成立之日起，就树起社会革命旗帜，始终关注社会状况。1921

① 群桥：《几个数目字》，《大公报》（上海）1937 年 1 月 19 日，第 15 版。
② 黄仁宇：《地北天南叙古今》，北京：三联书店，2015 年，第 275 页。
③ 《关于太行党工作传统及今后工作中应注意的几个问题的讲话》（1948 年 12 月 6 日），中共山西省委党史办公室编：《赖若愚纪念文集》（上），北京：中共党史出版社，2012 年，第 198 页。
④ 相关研究成果有刘庆乐：《南京国民政府初期地政数目字管理》，《史学月刊》2019 年第 8 期；卢现祥：《中国为什么缺乏数目字管理？——基于制度分析的视角》，《江汉论坛》2015 年第 7 期；汪丁丁：《谈谈"能用数目字管理的"资本主义》，《读书》1993 年第 6 期。值得一提的是，黄道炫《如何落实：抗战时期中共的贯彻机制》（《近代史研究》2019 年第 5 期）一文，从会议、巡视、检查、突击、竞赛、群众路线、数目字管理等方面，阐释了中共的政策贯彻落实机制。但是囿于内容所限，该文对中共"数目字管理"的相关问题尚未全面展开。

年 11 月，中国共产党中央局为了解党团工会组织的实际情形，就专门通告必须做好劳动状况的"统计报告"；1924 年 5 月，在制定工会问题决议案时，也特别强调要将"调查劳动状况之责任做成统计"。① 不过刚刚成立的中国共产党，在认识和处理相关问题时，仍觉得缺乏精确的数目字统计，以至于邓中夏谈及中国工人力量时，"感到无穷困难的，就是没有精确而完备的统计可资依据"，"码头工，车辆劳动者（人力车在内）这两项如果有统计可察，其数目之大，当更使我们失（吃）惊"。② 大革命失败后至苏维埃时期，中共利用统计数目汇报工作或观察社会，已然成为一项重要工作任务。当时中共规定党内各种报告大纲，包括党内的经济报告，均"须有切实数目字的统计，并尽可能制成表格"，包含"详确的统计和说明"，否则"即停发经费"。③

江西苏维埃初期，"调查统计工作做得很坏"，被认为是组织上的最大缺点。中共赣西南特委明确强调，统计与报告问题"不是技术工作，而是政治任务"，督促"下级党部作报告及调查统计工作"。④ 1933 年 4 月，中华苏维埃共和国中央临时政府成立调查统计局，"管理全国工农商矿、交通、运输及一切关于国民经济的调查与统计事宜"；各省、县成立调查统计科，"管理省县范围内一切国民经济部门的调查与统计事宜"；区、市、乡苏维埃调查统计工作由文书负责，"办理人口册、土地册、婚姻生死登记、各种调查表，写对苏区的报告"；村一级组织中由村主任负责"登记本村人口数，土地数，赤卫队数，粮食数"等调查统计数据。⑤ 以调查统计数据为基础，数目字管理制度逐渐建立起来。但是此时的数

---

① 《中国共产党中央局通告——关于建立与发展党团工会组织及宣传工作等》（1921 年 11 月）、《工会运动问题议决案》（1924 年 5 月 20 日），中央档案馆编：《中共中央文件选集》第 1 册，北京：中共中央党校出版社，1989 年，第 26、239 页。

② 中夏：《我们的力量》，中华全国总工会中国工人运动史研究室编：《中国工运史料》1980 年第 3 期，第 2、4 页。

③ 《中央通告第七十三号——规定各种报告大纲》（1928 年 10 月 17 日），中共中央组织部等编：《中国共产党组织史资料·文献选编》第 8 卷（上），北京：中共党史出版社，2000 年，第 237—238 页。

④ 《讨论赣西南组织问题的会议记录》（1930 年 10 月 13 日），中央档案馆、江西省档案馆编印：《江西革命历史文件汇集·一九三〇年》（2），1988 年，第 106、113 页。

⑤ 《中华苏维埃共和国各级国民经济部暂行组织纲要》，《红色中华》1933 年 5 月 8 日，第 5 版；《毛泽东文集》第 1 卷，北京：人民出版社，1993 年，第 346、351—352 页。

目字管理并不均衡，是"有参差的"，甚至有些数字是"空虚的"。如福建省委称"调查统计工作没有建立"；① 团闽浙赣省委认为统计"工作是非常做的坏"，这"都是调查统计工作没有建立起来"，致使"整个组织工作有极大的障碍"。② 即便统计数据确切，也尚未真正达到数目字管理的基本要求。比如尽管从统计数据上能够看到苏区的发展，但数目字管理并"不是一些表上的数字或组织的名目，而是合作社的实际的工作"，③ 而这些工作未开展起来。

　　抗战爆发后，动员千千万万革命民众进行对日斗争，是战时中共的主要任务。繁重的动员任务，要求所有的工作必须实行科学化、精细化管理。要养成科学化、精细化的作风，"技术要提高，必要的表格，必要的手续，必要的单据，都应该组织得很好"，特别是管理财政的事务，更"是个科学化的问题，就是要建立一套科学的管理方法"。同时"一切都要建立制度，只有建立了制度，才会建立科学化的作风"。④ 然而实际情况是，一些部门的科学化、精细化管理技术差，"审计掌握不了县的数目字，财政收支搞不清楚"，甚至有些县的报表"没有财政数字"，⑤ 部分干部"组织事务的技术，非常差，计算时间，计算人数，在这些事务技术方面，都非常差"；有些干部"不喜欢数目字，说数目字枯燥无味"，甚至"对于数目字的讨厌，比政权机关还厉害"。⑥ 还有些干部思想认识不

---

① 亮平：《目前苏维埃合作运动的状况和我们的任务》，《斗争》第 56 期，1934 年 4 月 21 日；《中共福建省委工作报告大纲——关于目前政治形势与党的任务》（1933 年 10 月 26 日），福建省档案馆、广东省档案馆编：《闽粤赣边区革命历史档案汇编》第 1 辑，北京：档案出版社，1987 年，第 391 页。

② 《团闽浙赣省委关于组织工作的决议》（1933 年 1 月 23 日），江西省档案馆、共青团江西省委选编：《江西青年运动史料选编》（下），南昌：江西人民出版社，1987 年，第 291 页。

③ 亮平：《目前苏维埃合作运动的状况和我们的任务》，《斗争》第 56 期，1934 年 4 月 21 日。

④ 宋劭文：《论合理负担、县地方款、预决算制度》（1940 年 2 月），魏宏运主编：《抗日战争时期晋察冀边区财政经济史资料选编》第 4 编，天津：南开大学出版社，1984 年，第 26、14 页。

⑤ 《太岳行署为加紧完成第一工作阶段任务的指示信》（1943 年 4 月 11 日），晋冀鲁豫边区财政经济史编辑组等编：《抗日战争时期晋冀鲁豫边区财政经济史资料选编》第 1 辑，北京：中国财政经济出版社，1990 年，第 611 页。

⑥ 宋劭文：《论合理负担、县地方款、预决算制度》（1940 年 2 月），魏宏运主编：《抗日战争时期晋察冀边区财政经济史资料选编》第 4 编，第 14、10、15 页。

到位，"做财政工作的不愿意计算数目字，不愿意研究会计、审计等制度"。① 这种现象不仅不利于根据地的巩固发展，也不利于中共革命的深入展开。

为了实现精细化、科学化管理，各根据地相继推行数目字管理和调查统计工作。陕甘宁边区政府强调，统计数目字"在政府工作中是相当重要的一项工作"，边区的一切工作总有一个数，统计数目字就是为了使自己和上级知道实际情况，"我们应该很负责很细心的统计好数目字"，努力使这些数目字真实、正确。② 晋察冀边区则提出了"一切要有数目字"、"一切要具体"、"一切工作都用统计表表现出来"的口号。1939 年 9 月，晋察冀边区行政委员会向各区发出正式指示：

> 我们现在号召各级政府，在进行区政会议的过程中，要普遍地注意数目字的统计，要把胜利完成的工作表现在数目字的统计上。一村要负一村的责任，一区要负一区的责任，一县要负一县的责任，一专区要负一专区的责任，至于统计的对象这里简单指出几项，其他需要各级政府在实际工作中发见（现）出来，创造出来。……这是一个试验，是一个带有创造意味的伟大试验，希望各级政府努力完成这一任务。③

晋察冀边区行政委员会的号召，在所属根据地得到了积极响应。晋察冀察南雁北区办事处特别发起"一两米运动"，规定从 1940 年 3 月 1 日到 7 月 1 日，4 个月内机关干部每人每天从原主粮内节约一两米。随后又专门召开县长联席会议，布置相关工作任务，"强调一切统计要有数目字，各县要有计划实现中心口号"。④ 辽县提出创建模范实验县的工作标准，一是"精密"，二是"准确"，特别"反对单

---

① 裴丽生：《如何进一步把政府的力量组织到生产上去》（1944 年 6 月），中共山西省委党史研究室等编：《太岳革命根据地财经史料选编》（上），太原：山西经济出版社，1991年，第 152 页。

② 季委：《怎样统计数目字》，《解放日报》1945 年 7 月 25 日，第 2 版。

③ 《晋察冀边区政权工作检讨总结》（1939 年 7 月），河北省社会科学院历史研究所等编：《晋察冀抗日根据地史料选编》上册，石家庄：河北人民出版社，1983 年，第 154、158、188 页。

④ 中共山西省委党史研究室编：《晋察冀革命根据地晋东北大事记（1937.7—1949.9）》，太原：山西人民出版社，1991 年，第 85—86 页。

纯的自上而下的工作方式及皮毛了草的马虎作风，要进行自下而上的精密的组织工作，一切要求数目字，并由数字中指导工作"。① 随着这一政策的不断推进，注重数目统计工作，科学化、精细化进行管理的工作方式，不仅成为财务干部工作的基本守则，也是机关干部尤其注重的工作方法。晋察冀报社在开展工作过程中，就严格执行"一定时间"、"一定数量"、"一定质量"这三个原则，加强"对各种工作成绩及现象的具体数目字的统计，以实现科学管理"。②

以数目字管理的方式实现科学化、精细化管理，又必然和调查统计相联系。1941年8月1日，中共中央发出关于调查研究的决定，要求各地设置调查研究机关。陕甘宁边区要求，举凡计划的制订"必须经过仔细的调查研究"。只有经过仔细的调查研究之后，才能使制订的"数目字能够真正实现"。③ 晋察冀边区也强调"要普遍地注意数目字的统计，要把胜利完成的工作表现在数目字的统计上"，要使"所属各区村都能把完整的统计材料报告上来，这是一级一级累积起来的工作"，否则"整个边区的统计完成就受到影响，就作不出十分正确的统计来"。④ 太行区党委不仅成立了调查研究室，"配备了很强的干部"开展调查研究，还特别注意"各种数目字的精确计算"，并在此基础上提出了"计算作风"的口号。⑤

1942年初，太行区党委部署精兵简政，李雪峰在精兵简政会议上的报告中指出，太行根据地人力物力消耗极大，财政经济发生很大困难。由于"人民的负担能力与抗战情绪，都走在一个分歧的关头"，所以"每一个布尔什维克，必须有计算的精神"，"对于社会经济及民力问题要精确计算，并从这里转变我们的全部

---

① 《创造辽县模范县的战斗任务及工作标准——实验县第二期总结摘要》（1940年夏），山西省档案馆编：《太行党史资料汇编》第3卷，太原：山西人民出版社，1994年，第514页。

② 邓拓：《报社五年回顾》，晋察冀人民抗日斗争史编辑部编：《晋察冀人民抗日斗争史参考资料》第35辑，内部发行，1982年，第85页。

③ 任弼时：《领导方法和领导作风》（1943年1月7日），中共中央文献研究室等编：《建党以来重要文献选编》第20册，北京：中央文献出版社，2011年，第36—37页。

④ 《晋察冀边区行政委员会关于健全区政会议的指示信》（1939年9月20日），河北省社会科学院历史研究所等编：《晋察冀抗日根据地史料选编》上册，第188页。

⑤ 《关于太行党工作传统及今后工作中应注意的几个问题的讲话》（1948年12月6日），中共山西省委党史办公室编：《赖若愚纪念文集》（上），第198页。

工作"，要"废除一切繁文缛节，建立简便工作制度"，提倡"朴实计算与管理的作风"。① 自此之后，"计算作风"成为根据地干部必须遵循的工作方针。冀鲁豫边区干部也"在领导上表现了新的精神，干部开始注意了解民困，体贴民情，有了计算精神，对了解具体情况有了新的启发，工作效率也有些提高，制度严格起来，工作与生活都紧张，战斗化也有进步"。② 为进一步巩固这一作风，太行区于 1945 年 1 月再次发出通知，号召"加强干部调查研究和计算的作风。教育各级干部，必须把革命的热情和细密的计算作风结合起来，以便于精密地掌握政策"。各地委、县委必须加强社会经济调查，"一切从民力的计算出发，精密地掌握政策"，结合本区实际运动情况，"对减租、劳力计算、物力计算、组织起来四个问题，作系统的调查研究"。③ 冀鲁豫边区则大力提倡在战争中"时刻计算节省民力，反对一把抓的现象；反对漫无计划，随要随给，要什么抓什么，一年不算帐的毛手毛脚的作风，提倡全面计划科学计算的作风"。④ 山东省战时工作委员会也要求各级干部正确认识计算作风和统计工作，强调这种作风"不仅是技术问题，而且是检查政策具体实施的成绩的政治问题，不容许丝毫忽视它的重要性"，要"建立统计工作的工作报告制度"，工作报告后要附有关"该种工作之统计表"，能"有系统、有组织的看出政府工作的历史过程及发展方向，以便总结并计划全省政权工作"。⑤

为了做好数目字统计管理工作，根据地各级政权成立秘书处等机构，专门从事数据统计和数目编制工作。陕甘宁边区政府秘书处就设有巡视团和统计室，掌理统计数

① 《李雪峰在精兵简政会议上的报告》（1942 年 1 月 6 日），山西省档案馆编：《太行党史资料汇编》第 5 卷，太原：山西人民出版社，2000 年，第 19—20、14 页。

② 《中共晋冀豫区党委给中央的简政工作报告》（1942 年 9 月 1 日），山西省档案馆编：《太行党史资料汇编》第 5 卷，第 590 页。

③ 《中共太行区党委关于一九四五年方针的决定》（1945 年 1 月 6 日）、《中共太行区党委关于加强调查研究的通知》（1945 年 1 月 25 日），山西省档案馆编：《太行党史资料汇编》第 7 卷，太原：山西人民出版社，2000 年，第 407、409 页。

④ 《晋冀鲁豫中央局关于财经工作的决定》（1946 年 10 月 10 日），中共冀鲁豫边区党史工作组办公室编：《中共冀鲁豫边区党史资料选编·文献部分》第 3 辑（上），济南：山东大学出版社，1989 年，第 154 页。

⑤ 《山东省战时工作推行委员会关于统计工作问题的通知》（1941 年 6 月 15 日），山东省档案馆等编：《山东革命历史档案资料选编》第 7 辑，济南：山东人民出版社，1983 年，第 12 页。

据，负责编制统计报告等事项。同时边区各县配备脱产统计人员 1 名，各区乡也配备兼职统计人员，加强统计工作。除此之外，边区所属机关、企业、事业单位，要么在业务职能部门设统计员，要么在秘书部门配备统计资料收集整理人员。① 同时，革命根据地各级政权干部则是开展数目字管理的主体。"要想获得比较翔实的科学调查成果，必须依靠我各级政权干部的深入与耐心的工作精神，而且只有依靠很好的运用群众路线，才能完成这一巨大的工作任务。"举凡村学教员及村公所文书和一些热心公益的农村知识分子，都是进行数据统计的重要力量。② 为了有效开展数目字管理，不少根据地还专门举办培训班，培养统计数目字的相关人才。如冀鲁豫根据地所属湖西区，一方面通过以会代训的办法，针对在职干部开展业务能力训练，另一方面招收农村进步知识青年和社会青年举办短期训练班，经过学习和实际工作锻炼提高工作能力。③ 除此之外，各根据地还开展冬学、夜校、读报组、黑板报等形式多样的社会教育。通过大力开展社会教育，一些不识字的民众逐渐学会了简单的报告、记账、通知、珠算四则、写契约等工作，从而大大推动了数目字管理的展开。

在中共的大力倡导与推动下，数目字管理与计算作风不仅成为根据地的重要方针政策，同时也被认为是革命根据地的一个"好的传统"。这一方针政策之所以能够成为中共革命根据地的一项政策和传统，现实环境固然是重要原因，但也和其他因素密切相关。

以调查统计的方式了解社会，是马克思主义政党的鲜明特质。"一个不了解社会现状的人，更不会了解力求推翻这种社会现状的运动和这个革命运动在文献上的表现"。④ 斯大林在撰写《苏联社会主义经济问题》时就曾专门指示，编纂委员会中应"包括一位有经验的统计学家来检查数字并给未定稿添加新的统计材料，而且也包括一位有经验的法学家来检查措词的确切性"。⑤ 中共作为一个马

---

① 陕西省地方志编纂委员会编：《陕西省志·统计志》，西安：三秦出版社，2001 年，第 14 页。
② 《山东省政府关于调查八年战争损失的指示》（1945 年 9 月 12 日），中共山东省委党史研究室编：《山东党的革命历史文献选编》，济南：山东人民出版社，2015 年，第 9 卷，第 11—12 页。
③ 山东省济宁市财政局史志办公室编：《济宁市财政志》，济南：齐鲁书社，1997 年，第 437 页。
④ 《马克思恩格斯文集》第 10 卷，北京：人民出版社，2009 年，第 52 页。
⑤ 《斯大林文集（1934—1952 年）》，北京：人民出版社，1985 年，第 634 页。

克思主义政党，自然会吸收借鉴这些工作方法。新华总社关于如何在新闻报道中使用数目字，曾专门发出指示，要求干部"学习列宁的精细作风"。① 翻阅战时中共主办的报刊，诸如《解放日报》《新华日报》《群众》《八路军军政杂志》《解放》等，均有苏联的经济发展数据报道。山东省战时工作推行委员会关于统计工作问题的通知中，就强调"伟大的苏联的社会主义建设成绩中的巨大数目字"，由此凸显数目字管理在根据地建设中的影响。②

当然，这一政策的形成，与毛泽东的大力推动密不可分。毛泽东一向注重调查统计，他不仅身体力行，而且还在全党倡行调查研究，有力推动了中共根据地注重数目字管理和计算作风的养成。太行区党委在号召开展调查研究的通知中指出，注重数目字管理与计算作风，就是为了"准确执行毛主席的指示"，完成各项任务需要"加强调查研究，发扬计算作风"。③ 注重数目字管理与计算作风，归根结底是一种领导方式和领导作风。赖若愚就指出，我们"很早就感到我们的领导作风有毛病"，所以提倡"具体领导"和"计算作风"，"这对于我们领导作风的改造有很多好处"，今后要"更加注意发扬调查研究与计算作风，使我们在和平民主的新时期，更能加强我们解放区的建设工作"。④

## 二、精确与公正：一切都要"有数"

数目字管理，自然要注意"数"。徐特立说，毛泽东在陕甘宁边区时期就特别注重"数"，他不论讲一句话或写一篇文章，总是确定了以后再写，否则"执

---

① 《新华总社关于在使用统计数字时要学习列宁的精细作风的指示》（1948 年 12 月 22 日），中国社会科学院新闻研究所编：《中国共产党新闻工作文件汇编》（上），北京：新华出版社，1980 年，第 262 页。

② 《山东省战时工作推行委员会关于统计工作问题的通知》（1941 年 6 月 15 日），山东省档案馆等编：《山东革命历史档案资料选编》第 7 辑，第 12 页。

③ 《中共太行区党委关于加强调查研究的通知》（1945 年 1 月 25 日），山西省档案馆编：《太行党史资料汇编》第 7 卷，第 409 页。

④ 《几个问题的初步研究》（1944 年 8 月），中共山西省委党史办公室编：《赖若愚纪念文集》（上），第 145 页；《太行区社会经济调查（第 2 集）·小序》（1945 年），晋冀鲁豫边区财政经济史编辑组等编：《抗日战争时期晋冀鲁豫边区财政经济史资料选编》第 2 辑，北京：中国财政经济出版社，1990 年，第 1406 页。

行的人就会犯很大的错误"。即便是电报上的号码他都记得，"某个地方有什么问题，是怎么样来解决的都清楚"，这就是毛泽东经常讲的"心中有数"。① 中共注重数目字，强调要"有数"，既是工作数据精确化的内在要求，同时也包含战备动员过程中的合理性与公平性。

政权建设是根据地巩固发展的重大问题，数目字管理是重要抓手。众所周知的"三三制"，本身就是"用简单的数目字表现出来的，所以异常明确，容易使党员及各界人士了解和执行，并以之与国民党的一党专政来对照比较权衡其利弊、是非"。② 执行"三三制"政策，中共提出必须给党外分子 1/3 的位置，给中间分子 1/3 的位置，能否坚持这一政策，是关乎"能否巩固根据地，能否长期支持根据地"的重大问题。③ 民主政权选举时也要注意数目字。晋察冀边区选举基层政权代表时，经反复衡量，最后决定以村民人数作为标准，200 人以下的村庄产生 1 个代表，200 人以上 500 人以下的村庄产生 2 个代表，500 人以上的村庄，无论有多少人只产生 3 个代表。这种单以数目字比例作为标准的做法，既适合民主原则，又适合实际情况，被认为是"最妥当的办法"。④ 1941 年 1 月，山东战时工作推行委员会在政权工作问题的指示决定中，对于各级政权向上级报告的时间和次数、本地的区域面积、友军和敌伪的驻防活动及兵力数目等，作了明确的要求；在行政工作中，对于干部成分比例表、参议员的成分比例、户口调查统计、确切的团体人数比例、财政收支的详细数目字、各种经济建设的统计百分比、各种教育统计数目、地方武装与人民武装的统计数目字等，均作了明确具体的规定，以期实现政权建设的数目字管理。⑤

"经济工作，尤重计算，如无深入细密的计算作风，什么都没有数字，没有

---

① 《关于第二次国内革命战争时期的报告》，武衡等主编：《徐特立文存》第 4 卷，第 383 页。
② 彭真：《关于晋察冀边区党的工作和具体政策报告》，北京：中共中央党校出版社，1997 年，第 53 页。
③ 《在纠正统一战线中左右倾错误时应注意的几个问题》，《抗战日报》1940 年 10 月 16 日，第 1 版。
④ 《晋察冀边区行政委员会关于健全区政会议的指示信》（1939 年 9 月 20 日），河北省社会科学院历史研究所等编：《晋察冀抗日根据地史料选编》上册，第 184 页。
⑤ 《山东省战时工作推行委员会关于政权工作汇报的决定》（1941 年 1 月 9 日），中共山东省委党史研究室编：《山东党的革命历史文献选编》，第 4 卷，第 148—155 页。

账目，'一塌糊涂'，非失败垮台不成。"[1] 财政金融和税收等领域自不待言，农业生产与供给"都要按周统计，按月检查"，做到数字清楚，统计精准。[2] 晋察冀边区抗联发起春耕运动，帮助村民制订生产计划并提出具体生产任务，将全村组织成 16 个挑战队开展生产竞赛，从组织上保证全部生产计划的顺利完成。[3] 冀鲁豫边区开展的参军运动，同样以竞赛方式开展，自己认定数目字，"自己去讨论，自己来完成，能扩多少扩多少"。[4] 晋察冀阜平滩地的集体耕种方式，更是体现了精确化的数目字生产管理。阜平县成立了滩地生产研究委员会，每个村设滩地管理委员会，负责计划、领导、记工、齐工、记账、调查、统计、报告等工作。管理委员会实行"记工齐工制"，以"工儿"为记工单位，从早到晚一整天共分五"工儿"活，早晨算一个"工儿"，上午算两个"工儿"，下午算两个"工儿"，做一整天算一个整工，不够一整天则分别计算，早晨不干活，一天按四个"工儿"记工。如无壮年劳力由老弱替代者，则按其劳力大小，计算七分五或五分工；属于贫苦抗属的酌情给予满工的优待。为使"工儿"整齐均衡，各滩都规定齐工制，以避免"重活儿不入工，轻活儿多入工的现象"。假若齐工日未补齐而短了工，有的滩规定以钱折工，但工价要比市价稍高些。记"工儿"账的每天都到滩里统计，不准马虎。这种通过数目字组织管理的方式，合理公平又避免争吵，被认为是"新民主主义社会里几年来发展的结果"，也"是很值得注意与研究的一个问题"。[5]

精确化的数目字管理在军队中更是重要。军事干部不仅要注重数目字，尤需注重数目字的精确，"若数目字有差错将会使自己说的话失去真实性，而更重要

① 戎伍胜：《在中共晋冀鲁豫中央局生产会议上的发言》（1946 年 2 月 9 日），华北解放区财政经济史资料编辑组等编：《华北解放区财政经济史资料选编》第 1 辑，北京：中国财政经济出版社，1996 年，第 854 页。

② 李富春：《更向前一步——一月二十五日在中央直属单位生产运动总结会上的结论摘要》，《晋察冀日报》1944 年 3 月 29 日，第 3 版。

③ 耕夫：《怎样领导一个村的春耕工作？》，《晋察冀日报》1944 年 3 月 22 日，第 2 版。

④ 张霖之：《在冀鲁豫区党委土改会议上的总结报告提纲》（1947 年 5 月 17 日），中共山东省委党史研究室编：《山东党的革命历史文献选编》，第 9 卷，第 462 页。

⑤ 《阜平滩地的耕种方式与组织领导》，《晋察冀日报》1944 年 5 月 25 日，第 2、3 版。

的表现缺乏组织性纪律性"。① 没有数目字意识就无法指挥军事斗争。军事后勤干部，不仅"提倡计算，提倡统计，提倡数目字，提倡研究这方面的真实情况"，更要"学习计算，学习管理"，同时还要"学习调查研究、计算、组织、管理、检查"，要善于定量分析，从中悟出"数字中有军事、政治、经济"，要从"事实、数字中研究出了大道理"。② 做参谋工作的军事干部，也被认为是"最精细的工作"。诸如战斗统计的数目字，命令上的时间与地点，粮食的计算与供给等，"都是不能有一点错误，稍不注意，就会影响到全军的胜败"。粗枝大叶是不适宜参谋工作的，"对于小问题的观察，应如猎犬敏感"，做到周到细密，"有远大的眼光，从整个全盘上着眼，又不放松一点一滴的小问题，把大的、小的、部分的、全盘的，小到部队中的枪支，大到国际上的时事，都能抓到我们的手里"。③人民武装也要注重数目字管理。晋察冀太岳区武委总会就要求在日常管理中建立健全登记、统计制度，"战斗、生产、教育都应尽可能的有数目字的登记，各分会根据具体情形，规定登记表格"。各分会每三个月向总会报告一次，县向分会每月报告一次。工作上要克服过去以多报少的本位主义现象，"做到统计精确"。④

工作布置也要"有数"，这是工作作风精细化的具体体现。干部"必须把革命的热情和细密的计算作风结合起来，以便于精密的掌握政策"。⑤ 一些干部难以布置工作，"没有数目字是很大原因"。⑥ 由此反映的就是缺乏精细化的工作作风。正是由于如此，毛泽东强调，"现在各方面的工作都注意计算数字，实事求

---

① 《本色：秦基伟战争日记》（下），北京：新华出版社，2013 年，第 573 页。
② 《对今后财经任务的说明》（1948 年 7 月）、《澄清思想提高对后勤工作的认识》（1949 年 3 月 17 日），《刘瑞龙文集》第 2 卷，北京：人民出版社，2010 年，第 191、261 页。
③ 《关于参谋工作的职责与认识》（1941 年冬），《陈毅军事文选》，北京：解放军出版社，1996 年，第 154—155 页。
④ 《太岳区武委总会关于 1944 年人民武装工作的计划》（1944 年 1 月 28 日），山西省史志研究院编：《太岳革命根据地人民武装斗争史料选编》，太原：山西人民出版社，2003 年，第 174 页。
⑤ 《中共太行区党委关于一九四五年方针的决定》（1945 年 1 月 6 日），山西省档案馆编：《太行党史资料汇编》第 7 卷，第 407 页。
⑥ 张苏：《发展生产事业》（1941 年），魏宏运主编：《抗日战争时期晋察冀边区财政经济史资料选编》第 3 编，天津：南开大学出版社，1984 年，第 263 页。

是，联系群众"。① 根据地首长既是指挥员又是战斗员，既要有一般号召但也绝不能忽视具体领导。干部的具体领导与原则绝不能对立，那种"一切照马列主义解决问题"不是原则领导，而是空洞领导。"原则领导必须是具体的，但具体脱离原则必定是琐碎。主要问题是检查工作"；而强调检查工作就要有具体计划，就是"一切要有数目字"。② 这并不是指完全参照形式上的数目字来开展工作，"须知根据实际来的数目字才科学，形式上的数目字不可靠"。要想得到精确的数字，就要打破在会议上、干部中、机关里的老一套的检查工作方式，"在实际工作中，在斗争中，在群众中的检查"。③ 唯有"在实地考察的结果来权衡这些报告或数目字的实际意义。这样，不仅使虚伪的报告或夸张的数目字不致蒙蔽审查者的耳目，而且也能够使不会作报告或不好吹嘘自己的工作同志，也不致因此而埋没了真正的成绩"。④ 一言以蔽之，工作管理要"有数"，但是不能简单参照数目字，而是要根据实际调查中得来的精确化的数目字来开展工作。只有"加强调查研究工作，加强社会经济调查，一切从民力的计算出发，精密地掌握政策，切实转变作风"，⑤ 才是工作作风精细化的具体体现。

宣传报道是中共极为重视的一项工作。想要起到精准宣传、有效动员的效果，数目字的精确是基本原则。"写数目字必须真实、精确，一不能马虎了草，二不能估计推算，否则就失去了稿子的真实性"。⑥ 这就要求在新闻宣传上"老老实实讲求分寸，不应故意夸大吹嘘，尤其是战绩和统计数字的公布，更应可靠和一致"。如果"供给不准确的材料，将使上级难以正确了解情况，如更据此指导工作，势必招致错误"。同时，使用精确的数目字和具体确切的事实，也可

① 《毛泽东文集》第 3 卷，北京：人民出版社，1996 年，第 97 页。
② 《杨尚昆在中共中央北方局黎城会议上的报告——目前政治形势与统一战线中的策略问题》（1940 年 4 月 16 日），山西省档案馆编：《太行党史资料汇编》第 3 卷，第 228—229 页。
③ 《整顿三风要联系实际》（1942 年 5 月 7 日），《张闻天晋陕调查文集》，北京：中共党史出版社，1994 年，第 294 页。
④ 李卓然：《建立边区内正确的有系统的审查工作》，《新中华报》1940 年 8 月 6 日，第 4 版。
⑤ 《中共太行区党委关于加强调查研究的通知》（1945 年 1 月 25 日），山西省档案馆编：《太行党史资料汇编》第 7 卷，第 409 页。
⑥ 少军：《注意数目字》，《冀中导报》1948 年 7 月 11 日，第 3 版。

"使读者无可怀疑"。① 如参观者在一二〇师展览室里，看到战斗中缴获敌人武器弹药马匹的图表，歼灭敌伪人数、据点统计表，晋察冀边区军队、民兵、各种救亡团体日益壮大的表格，中国共产党领导下各敌后抗日根据地的发展形势，各大战役的敌我军事沙盘等各种数字统计资料，顿时感觉"给人一种紧张、严肃、振奋人心的气氛"，认为这是一个大课堂，是一次深刻的具体的政治军事教育，"更坚定地增加了坚决抗战到底的决心，最后胜利是我们的"。② 宣传报道中的数目字，确可提振士气，起到积极动员的效果。陆定一谈及晋察冀边区粉碎敌人进攻中的重要经验时就指出，《抗敌报》"对于动员工作中的数目字，甚为注意，这一点亦是重要的，因为这种切实的数目字是动员工作最实际的标准。他们常常登这样的消息"。③ 除此之外，中共强调宣传报道中注重数目字，也是开展舆论斗争的需要。晋冀豫区党委要求武工队深入敌战区宣传时就指出，要用"具体数目字揭发敌人配给制度的本质，解释根据地情形，创造敌占区宣传经验"，从而"打击死心塌地的汉奸，扩大反汉奸的宣传，争取动摇的两面派汉奸"。④

干部的管理与培养，同样要体现数目字。干部问题是组织工作的中心问题，干部问题的关键就在于"具体深刻的了解干部的情况"。了解审查干部必须"要用研究的精神，客观的方法"。其中"统计表是说明问题最科学的办法，表的性质内容应适合要求，一目了然"，这样就能通过"研究它，发现问题，解决问题"。因此，干部管理要"有系统、完全的统计"。⑤ 晋察冀边区妇女联合会对妇女干部的管理也要求实行调查统计，包括干部的总数与增减数目，干部的历史文化水平，本地和外来干部的调查比较，村组织总支发展数等。同时要做好统计上

---

① 《新华总社关于通讯社工作致各地分社与党委电》（1944年3月4日），中国社会科学院新闻研究所编：《中国共产党新闻工作文件汇编》（上），第153页。

② 理红、理京整理：《高鲁日记》，呼和浩特：内蒙古大学出版社，2004年，第44页。

③ 陆定一：《晋察冀边区粉碎敌人进攻中的几个重要经验》，《解放》1939年第65期，第18页。

④ 《中共晋冀豫区党委为各军分区建立武装工作队深入敌占区工作的通告》（1942年2月20日），山西省档案馆编：《太行党史资料汇编》第5卷，第89页。

⑤ 《中共晋西区党委组织部关于加紧审查干部与建立干部工作制度的指示》（1942年3月12日），中共吕梁地委党史资料征集办公室编印：《晋绥根据地资料选编》第3集，1984年，第175—176、179页。

报工作。"区级应建立日常统计，如流水帐，每次下乡全记住，记在一个固定的本子上，县里每月掌握数字，如此形成经常制度，便可减少很多麻烦。"① 山东战时行动工作委员会对干部的培养管理更为精细化，特别是对各级政权领导方式与工作作风，要求必须详细说明"各级干部及工作好坏的典型及教育、斗争、惩罚或奖励表扬的具体情形"；干部的培养与提拔要列出"详细数目字"；对各级政权机关会议、汇报、工作、学习、生活的制度及概括，"必须多举数目字及具体例子，尤其着重于工作的经验教训，万勿空洞抽象之词语填塞篇幅"。②

　　"一切要有数目字"，不仅是精确化管理的必然要求，也是战时动员中保证公平合理的要求。革命根据地民众承担着繁重的人力物力供给，如何从数目字上体现公平合理，是民众最为关心的问题。他们对"自己的资产和负担数目，一般有三个数目字，一个是最少的，一个是次少的，一个是恰好的，真实的。如果评议他的资产、收入时，比他自己心中所计算的多了，他就反对；比他所计算的少了，他就不作声；你如叫他自己报告，他就先报最少的，不行就报次少的，再不行就拿出真的来"。因此"老百姓关心切身利益，是会打算的，谁也不容易哄他"。③ 晋冀鲁豫边区平北县在抗战初期解决经费时，因采用评议"举拳头"的办法，结果出现不真实、不公平的现象，随后采用统一累进税，通过统一的计算方法，"就避免了不真实的问题"。平北县的工作总结认为，合理负担是"测验政府威信的寒暑表，是各种工作的重要关键"，如果不能适应各阶级利益，"使其负担平衡，那么任何一个阶级的利益遭受损失，它都会对政府表示不满"。④

　　八路军干部高鲁在一二〇师战斗报社和山西河曲抗联时期的一段工作经历，使其对数目字管理中的公平合理的重要性有切身体会。1942 年下半年，高鲁在一

①　《晋察冀边区妇女联合会第二次扩大执委会决议》（1946 年 2 月 19 日），全国妇联历史研究室编：《中国妇女运动史资料（1945—1949）》，北京：中国妇女出版社，1991 年，第 2 页。
②　《山东省战时工作推行委员会关于政权工作汇报的决定》（1941 年 1 月 9 日），中共山东省委党史研究室编：《山东党的革命历史文献选编》，第 4 卷，第 149—150、155 页。
③　戎伍胜：《合理负担调查评议中的几十个问题与偏向》（1942 年 1 月 26 日），晋冀鲁豫边区财政经济史编辑组等编：《抗日战争时期晋冀鲁豫边区财政经济史资料选编》第 1 辑，第 855—856 页。
④　《平北县合理负担总结》（1941 年），晋冀鲁豫边区财政经济史编辑组等编：《抗日战争时期晋冀鲁豫边区财政经济史资料选编》第 1 辑，第 815 页。

二〇师战斗报社开展土地调查和减租工作。他在调查减租工作时，发现地主与佃户提供的交租数额大多不一致。地主说佃户的租子不是实交数，而佃户却说是实交数。为了搞清楚数目字，高鲁从长工、邻居处多方打听，通过调查数据获得实际情况，最后保证了交租减租的公平。他在思考阶级划分标准时发现，尽管土地占有数是划分成分的标准，但"并非有了土地的数字就可以完全依此划分成分，要结合实际经济情况确定。如果分析情况不准，划分成分的标准就难以掌握"。他在随后的工作中进一步发现，掌握土地数量是基础，如果土地数字不准确，就无法计算产量和租率。统计抗战前各阶层人口时可只说明年龄，统计抗战后的数目字就要十分细致，要分别统计这些人口的增减、来源、性别。因为战争促使人口迁移、增减，情况变化很大。统计过程虽然烦琐，却"不能随心所欲地改数字。数字不准，材料便不真实。这样的材料报上去，便无法利用。如果数字不准，有些甚至是主观的，以此划分成分也一定过火。要按这样的材料填表就更成问题。要注意发生变化的材料，辨别真伪重点核对"，才能保证真实和公平。①

经过一段时间的数据统计工作，高鲁觉得自己"仿佛成了会计，满脑子是水地、平地、塌地、梁地、河底、糜子、谷子、黑豆等"。虽然"数字枯燥乏味，但能帮助我们了解农村的社会状况"，更重要的是能执行好党的政策，掌握好公平合理的原则。他认为要掌握好这些政策原则，就必须"以数字得出结论，不能以数字套结论"。整理农村各阶层土地占有数据，必须"先核对有关数字，发现有令人不满意的地方，如每户每年使用土地的数字有出入，就要调查，改正错误"。数据要想十分准确，就得做"数字游戏"，各种数字完全吻合，不能随意改动，也不能估计数字或创造数字。如果材料缺乏，便只能空缺。只要数目字不一致的就要纠正，"轻视了这一点是思想立场的问题"。② 这也是确保公平合理的基本要求。

晋冀鲁豫边区一段时间内没有执行"一切要有数目字"的口号，"在合理负担、屯粮工作的分配上，就出了许许多多的毛病，专区与专区的不平衡，县与县

---

① 理红、理京整理：《高鲁日记》，第323—325、333—334页。
② 理红、理京整理：《高鲁日记》，第333、337、338、341、348、503页。

的不公道，区村与区村的不一致，偏轻偏重概不一致"，成为一段时间的"缺点"。① 晋察冀边区在这一点上做得较好，相关工作就能顺利开展。李公朴考察晋察冀边区时就发现，"本着有钱出钱的基本原则实行合理的公平负担，消除了过去穷人既出钱又出力的不平等现象。正因是合理的、公平的，所以才能是长期的、持久的，才使敌后的抗日政权得以巩固发展"。② 可以说，数目字管理，首先是精确化管理，要发扬"计算作风"，要"一切找原则、找体系、找数目字，一切工作都用统计表表现出来"。③ 这是中共在根据地开展各项工作的重要方针和工作方法。数目字管理表现为数据统计工作，是体现公平合理的重要依据。中共正是通过数目字管理，将相关政策落实到基层社会。值得注意的是，数目字管理在根据地具体贯彻落实过程中，出现了一些不容忽视的偏差，同样值得关注。

## 三、唯数字论："计算作风"的背后

中共革命根据地的数目字管理，原本是一种领导方式和工作方法。中共一再强调数目字的制订必须经过仔细调查研究，各级干部"必须清楚地划分两套作风的界限"，把这一套"新的领导作风在所有干部思想上明确起来"。只有"从思想上明确起来，自觉起来，这一改造才是基本的，彻底的"。④ 然而，思想作风的改造确不容易，中共一再痛斥的命令主义和官僚主义顽疾，还是在各根据地显露出来。

在陕甘宁边区，有的干部对调查统计工作认识不够，要么"采取估计、大概、差不多的态度，来代替精确的调查和统计"，要么"只图追求数目字的形式主义与锦标主义"。⑤ 中共提倡数目字管理和计算作风，是因为"掌握任何政策，都非有计算不可。可以要求干部能坐得住，进行精密的调查与计算，而贯彻考验

① 《戎伍胜副主任的总结报告》（1940年12月19日），晋冀鲁豫边区财政经济史编辑组等编：《抗日战争时期晋冀鲁豫边区财政经济史资料选编》第1辑，第246页。
② 李公朴：《华北敌后——晋察冀》，北京：三联书店，1979年，第103—104页。
③ 《晋察冀边区政权工作检讨总结》（1939年7月），河北省社会科学院历史研究所等编：《晋察冀抗日根据地史料选编》上册，第158页。
④ 《几个问题的初步研究》（1944年8月），中共山西省委党史办公室编：《赖若愚纪念文集》（上），第146页。
⑤ 马振东：《认真做调查和统计工作》，《解放日报》1945年6月6日，第4版；《文教大会上李卓然同志总结报告》，《解放日报》1944年11月20日，第2版。

我们的政策原则"。① 但在实际工作中，没有计算、瞒报拖延的现象并未禁绝，在不少地方都可寻觅到这样的事例。冀中三纵队经过多次整军，虽然"迅速走上正规军化八路军化的光荣大道，获得惊人辉煌成绩"，但在统计工作中依然存在不少问题，表现在"对于部队的进步情形不能作更详尽正确的估计，对于各种经验教训不能很好的归纳与搜集"，尤其是"统计工作更差"。部队在整训清洗过程中，究竟洗刷了多少坏分子，淘汰了多少老弱分子，在巩固部队工作上究竟发生了多少逃亡，比以前究竟减少了多少，"凡一切有数目字的东西，都没有加以很精确的统计和整理"。②

军队系统有如此现象，政权系统内也有这样的情形。山东省战时工作推行委员会曾于 1941 年 6 月 15 日颁发《关于统计工作的决定》，要求建立统计工作系统，加强计算统计工作，但各级政府的工作报告中，"统计数字一般的都非常少，且大多不甚正确，以致工作进度和成绩未能很好的表示出来"。有些"报告中的统计数字往往一件事物，县级所报告者与专署所报告者不相符合，一本工作报告内总的报告数字与各部门工作报告数字前后不符，而数目字大多是估计或约计的，并非从多方面调查得来的"。还有的报告不仅图表很少或根本没有，"至于百分比则大多不正确，有的总数不及一百，有的总数则超过百分之百，致对整个工作难以得出正确的结论"。③ 一些地方还存在统计数字不准、没有发扬计算作风等情形。雁南专署报告称，有些县份给专署写的报告不仅简单，而且"很多数目字是主观估计的，对工作中所发现的问题，往往不写清具体情况和提出解决意见来"。甚至个别地区有作假报告的情形。如雁南专署崞县五区"实有八百头牲口，只向县上报了四百头；崞县一区报告夏征小麦已经入仓，但经检查，有些村庄才开始征收"。④ 一些地方缺乏科学精准的规划，"布置工作时对时间的估计不精

---

① 《中共冀南区工作委员会对于群众运动几个问题的意见》（1945 年 8 月 7 日），中共河北省委党史研究室编：《冀南历史文献选编》，北京：中共党史出版社，1994 年，第 533 页。

② 《冀中三纵队三年政治工作总结》（1940 年 11 月），中共河北省委党史研究室编：《冀中历史文献选编》（上），北京：中共党史出版社，1994 年，第 346、354 页。

③ 《山东省战时工作推行委员会关于统计工作问题的通知》（1941 年 6 月 15 日），山东省档案馆等编：《山东革命历史档案资料选编》第 7 辑，第 11 页。

④ 《雁南专署与各县区政府未贯彻集体领导等制度》（1949 年 4 月 8 日），山西省史志研究院编：《晋绥革命根据地政权建设》，太原：山西古籍出版社，1998 年，第 398 页。

确，缺乏远见性"，原定十天完成的工作，结果三月过后仍未完成，"不估计公事到达不同地区所需要的时间"；有的地方布置减轻公粮工作，要求"十天调查，五天审查，十天减完，结果都行不通"。① 冀鲁豫边区开展减租增佃工作虽有很长时间，但仍有干部弄不清楚租佃关系，依然"保存着粗枝大叶的作风，不注意调查研究和统计工作"。②

不注重计算作风，是缺乏精确化管理的一种表现，只为完成规定数目字，不去调查也不组织领导，这样的作风尤为普遍。有的干部拿到任务后，只是"召集开会，发表讲话，要数目字，然后带上数字走去。切实的解决具体问题，耐心的，深入的一点一滴的工作，不但不屑，而且不可能"。③ 有的干部即便有统计，也是"为统计而统计，并非为解决工作问题而统计"。他们"拿起表来，既不能综合，又不能说明问题"。还有的是"统计的不真实，甚至搞错，如把通讯员、杂务人员统计在干部统计表内"，导致这些统计表中的"数目字、百分比的互相矛盾"。有的地方尽管也有不少调查统计材料，但很少去发现研究问题，"把统计调查工作也变成形式主义的东西，数目字一大堆，结果驴唇不对马嘴，看不出什么问题，也不想去看什么问题"。审查干部时，"优点、缺点、大问题、小问题、基本问题与一时的表现，都并列堆集起来，数人看完审查结论或鉴定以后，也不知道究竟是个什么样的干部"。④ 张闻天调查发现，上级决议向下传达任务，"到最下层只剩下一个赤裸裸的数目字"；下级逐级向上报告，"常常只剩下几条硬化了的结论了，而这些结论，或者毫无内容可言，或者有点内容而毫不可靠"。⑤ 他的这一观察，当是对唯数字论的切身认识和精准分析。

---

① 武新宇：《关于领导上的几个问题》（1941年10月1日），中共吕梁地委党史资料征集办公室编印：《晋绥根据地资料选编》第3集，第118页。
② 高元贵：《冀鲁豫区范县一、二、三、四区减租增佃工作初步总结》（1947年12月8日），晋冀鲁豫边区财政经济史编辑组等编：《抗日战争时期晋冀鲁豫边区财政经济史资料选编》第2辑，第605页。
③ 《农业生产调查》（1943年），山西省档案馆等编：《晋绥边区财政经济史资料选编·农业编》，太原：山西人民出版社，1986年，第711页。
④ 《中共晋西区党委组织部关于加紧审查干部与建立干部工作制度的指示》（1942年3月12日），中共吕梁地委党史资料征集办公室编印：《晋绥根据地资料选编》第3集，第179、175页。
⑤ 张闻天选集编辑组编：《张闻天文集》第3卷，北京：中共党史出版社，1994年，第196页。

为统计而统计、为数目字而数目字的不良作风，必然导致"拉夫凑数"的现象。有些地方片面理解大量发展党员的意义，接收党员时"追逐数目字，只重量，不重质"，"大开门，拉夫，无例外的如此"。结果出现了这样的情状：有一夜发展 40 个党员的，有 3 分钟发展 5 个党员的，有骑着驴子"跑"党员的，有打锣号召入党的，"什么奇形怪状都有"。最终导致地方党组织的成分相当复杂，大批流氓地痞和一些长期脱离生产的寄生分子"混入党的甚多"。党员成分复杂思想混乱，有把三民主义与共产主义混同的，有把按劳分配主义与共产主义混同的。党脱离了群众，甚至丧失威信，以致出现了"共产党好，共产党员不好"的评判。[1] 有些地方执行"三三制"政策时，由于出现了严重的拉夫凑数现象，政府不得不再三解释：三三制"不是绝对一个不多或一个也不少，而是在数目比例上求其接近于各占三分之一，或党外人士占三分之二"，"绝不是形式上数目字的凑合"。[2]

如果说拉夫凑数是"指标主义"，盲目扩数字则是"锦标主义"。一些地区为推动生产建设，盲目扩大数目字，"根本不管群众而只是造了数目字了事"，只是"求得数目字多些，报告好看些"；[3] 有的干部在扩军动员时不从实际出发，"无根据追求数目字，而且数目越大越好，越多越好，毫不根据实际情况"；有的地方在扩军时，从最初提出的任务是几个军，后来"要求到出十几个军几十个军，最后发展到一锅端"，"非完成这个主观想像的数目字不行"。[4] 扩军动员如此，物资动员亦是如此。1940 年，晋西北地区发动群众开展参军、献金、献粮和做军鞋"四大动员"，但在实施过程中却发生了"抓一把"的"左"倾偏向，盲目扩大数目字。根据对晋西边区临县郝家坡的调查统计，1937 年平均每人支差 30 次，1938 年为 66 次，1939 年为 180 次，1940 年仅 1—5 月就达 143 次。河曲

[1]　杨尚昆：《党的建设》（1941 年 2 月），河北省社会科学院历史研究所等编：《晋察冀抗日根据地史料选编》下册，第 19 页。

[2]　《山东抗日民主政权工作三年来的总结与今后施政之中心方案》（1943 年 8 月 20 日），山东省档案馆等编：《山东革命历史档案资料选编》第 10 辑，济南：山东人民出版社，1983 年，第 246 页。

[3]　《必须及时纠正劳动互助运动中的缺点》，《抗战日报》1944 年 5 月 18 日，第 1 版。

[4]　中共渤海一地委宣传部：《对去年大参军工作的初步检查》（1948 年 8 月 8 日），248—1—27—2，河北省档案馆藏，转引自齐小林：《当兵：华北根据地农民如何走向战场》，成都：四川人民出版社，2015 年，第 139 页。

青年平均每3天就有一次公差任务。靠近大路的村庄支差更多，平均每天都有三分之二的人为支援战争而奔忙。① 为了完成这些数目字，临县采取非正常手段，"逼新媳妇缴首饰，献粮挖窖"，"吊起来打地主，擅自搜查"。② 由于一些干部的"强迫命令，只看见官僚主义的现象"，政府对群众态度"也很少民主的气味"，"即使有也很少，淡淡的。这样便发生群众不敢讲话，害怕我们干部的现象"，③结果"许多本来不是要反对我们的人，由于我们过左的错误，引起了他们的逃跑，很多人本来可以和我们一道抗日，但我们的错误做法，使他们产生恐惧，以致影响到统一战线的巩固"。④ 这其中的教训是极其深刻的。

中共提倡计算作风，是为了管理的精确化、科学化，以求转变工作的盲目性，切实看到数目字背后所反映的变化和趋势，但有些干部满足于"数目字为标准"，"大概"、"反正"、"差不多"成为口头禅，"始终模模糊糊"。所谓的数目字总结，只是"为总结而总结，非为工作而总结，是为应付上级和下级的例行公事而总结"。⑤ 一些干部不发扬计算分析的作风，总结工作时"不从政策观点看问题，也不顾工作中各阶层反映和变化"，即便做一些计算工作，基本上也是粗枝大叶，"讲春耕，只说种了多少树，开了多少荒，养了多少鸡猪羊等等。讲村选，只说登记了多少公民，参选了多少公民，选出了几个主席和代表等。讲公粮，只说按比例不能完成任务，或能完成任务，或超过完成任务等。讲减租减息，只说原租多少，减了多少，实交多少等等"，"却偏偏把党的政策的灵魂抽掉了，变成了单纯的数目字"，没有注意到数目字"在各阶层中引起不同反响和变化"，结果"做了许多工作，是一笔糊涂账，没法总结"。这是"粗枝大叶给我们的毒害"。⑥ 部队中的一些干部也是"追求工作的表面和数目字，而对工作的

① 刘俊秀：《艰难的历程》（下），南昌：江西人民出版社，1982年，第53页。
② 临县史志办公室等编印：《红色临县》，2012年，第135、133页。
③ 林枫：《对晋西北政权工作的意见》（1940年9月），山西省档案馆等编：《晋绥边区财政经济史资料选编·总论编》，太原：山西人民出版社，1986年，第234页。
④ 临县史志办公室等编印：《红色临县》，第133页。
⑤ 黄敬：《反对官僚主义》（1944年1月13日），《黄敬谈民主民生运动（1942—1945）》，北京：中共党史出版社，2014年，第121—122页。
⑥ 《中共晋西区党委关于调查研究的指示》（1942年1月1日），中共吕梁地委党史资料征集办公室编印：《晋绥根据地资料选编》第3集，第165—166页。

内容与质量则缺乏注意；遇事求简单、求单纯，而把复杂问题的解决简单化，各种工作惯于采取同样的公式，而不善于对不同的情况，采取不同的方针和方法"。① 即便是一些经常与数目字打交道的金融干部，审阅工作报表时也只是"停滞在表报死数目字上，而没有再进一步的去结合实际业务的活动，把表报死数目字变成活数目字"。恰恰"此种活数目字，实际正是领导上所急需了解，以推动指导业务的有力依据"。实际上这种数目字报表"仅起到了记账作用，而没有更进一步起到有力助手的作用"。②

倡导数目字管理，发扬计算作风，总是和调查分析相联系。没有调查分析的计算，只是"死数字"而不是"活数字"。中共认为，那种不去调查分析，"只布置不检查"，对工作的了解和干部的估计，"不以其实际工作执行的程度为标准，而以满于其口头上书面上的报告、或数目字为标准"，满足于"表面形式、口头表现"，这是官僚主义的作风。③ 那种"表面上不怠工，好像在那里努力干"，实际上是在发号施令，"蛮横地要照自己的数目字去派"，这是命令主义作风。④ 那种醉心于数目字，"只凭主观愿望制发许多调查统计表，要他们限期填写上报"，导致基层群众"很不满意，感到很苦，很大的负担"，这是形式主义作风。⑤ 如何纠正数目字管理背后体现的官僚主义、命令主义和形式主义作风，自然就成为中共的一项重要任务。

## 四、问题纠偏：在"有数"与"无数"之间

中共认为，数目字管理必须要和具体实际相结合。单纯追求数目字的做法固不可取，作了调查将"调查的材料堆得桌子般高，而研究则无人进行"的做法也

---

① 《八路军政治工作的回顾》（1986年7月），《谭政军事文选》，北京：解放军出版社，2006年，第750页。

② 张济民：《八年来的银行会计工作》（1947年11月20日），晋冀鲁豫边区财政经济史编辑组等编：《抗日战争时期晋冀鲁豫边区财政经济史资料选编》第2辑，第830页。

③ 黄敬：《反对官僚主义》（1944年1月13日），《黄敬谈民主民生运动（1942—1945）》，第121页。

④ 亮平：《立刻纠正经济建设工作中的强迫命令主义》，《红色中华》第107期，1933年9月3日。

⑤ 《统计表和数目字》，《张铁夫诗文集》上，北京：北京出版社，2003年，第335页。

不可取。真正的任务"在于了解情况，掌握政策，离开这两件事，是不能有领导的"。① 推及开来，就是既要根据具体情况重视数目字，又不能机械地拘泥于数目字，要做到"有数"和"无数"的辩证统一。

处于战时高强度状态下的根据地，战备动员经常化，追求数目字固不可免，但是中共强调必须要明了数目字统计的目的和旨归。统计数目字，主要是为了使自己和上级知道实际情况，做到心中有数。在陕甘宁边区，要求每个干部应该负责并细心地统计好各项数目字，努力"使这些数目字很真实很正确"。统计重要的数目字，一定要在"说明"或"备考"里注明两点。第一，要写明这个统计数字的正确程度，"是仔细统计的，还是忙着估计的"，哪一村是哪个干部统计的，工作态度怎样，是用什么方法统计的，"是在会上一家一家问的，还是从背面和侧面调查统计出来的"。第二，要写明这个数字的实际情况如何，在统计的这些数目字中好的有多少，不好的有多少，这些都是"要认真负责的统计数目字"。如果在"说明"或"备考"里说不清楚，还可以加上特别说明，附在统计表上。"如果不这样，就不知道你这个数目字可不可靠。"为了把统计数字弄得真实和正确，应该注意以下两点。其一，统计工作应该由村干部负责。只有村干部负责统计，才能得到可靠的数目字。这就要求村干部必须要从思想上认识到这个统计数字的重要性，并且要教会他们怎么统计，包括教一些字。其二，村干部要建立一些常规的统计制度。如人口增减，就可以随时进行统计。②

统计数目字要掌握好政策。一个好的干部，既需要"研究讨论政策法令"，又需要"熟悉其实质与精神"，要懂得"政策法令不是绝对不变的"，形势变了"就要提出新的适合的政策法令"。那种"明明大家有反映，行不通，而偏偏硬干，不倾听意见"的，是十足的"新官僚主义"，是"一个忘本的权威者"。③ 下级执行上级工作任务虽不能敷衍塞责，但上级分配的数目字只是大体上的规定，下级须依当地实际情况施行，"不是要机械地凑足数目字"。④ 因此，不同地区绝

---

① 《提高领导改造作风》，《解放日报》1942年11月10日，第1版。
② 马振东：《认真做调查和统计工作》，《解放日报》1945年6月6日，第4版。
③ 黎玉：《山东抗日民主政权工作三年来的总结与今后施政之中心方案》（1943年8月20日），山东省档案馆等编：《山东革命历史档案资料选编》第10辑，第330页。
④ 《毛泽东选集》第2卷，北京：人民出版社，1991年，第743页。

对要有不同的工作计划，以适应不同的工作方式，"有的地区工作环境不十分顺利，就得规定最低数目字的计划；有的地区好者，群众情绪好者，则可定出较高的工作计划"。[1] 开展工作时，要注意政策和具体工作之间的联系，"不能把政策与技术数目字，各自孤立起来"。[2] 同时要注意说服教育工作，而不是简单的命令主义。比如推行"三三制"政策，就必须通过诚恳说服的方式开展工作。"至诚而不动者未之有也，不诚未有能动者"，"单单三三制重要，而没有至诚来执行仍然不会成功"。[3] 中共强调这些原则，就是希望通过纠正数目字管理过程中机械凑数的现象，使问题得以解决。

在战时动员特别是征粮工作中，如何正确使用数目字，一直是问题较多的领域。在淮北抗日根据地，由于某些干部调查不确实，在征粮过程中实行凑数和减数，不去照顾各地政策的实施情形，用大部分时间埋头于填表、填数目字的工作，使用数目字时不切实际，征粮分配不合理，导致在政策上出现过"左"或过右的倾向。后经过实际调查，淮北根据地改变了自上而下的数目字摊派方式，根据下级干部的实际调查，按照各抗日阶级的成分及其经济状况，分成上、中、下三个等级，并按照上等户出秋季收获量 12%、中等户出 8%、下等户出 5% 的标准征收公粮。[4] 晋西北行政公署在征收公粮时也明确指示，边区分配给各县的征粮数目字，"不是检查工作的尺度，而是干部完成任务的奋斗目标，也就是调查工作的踏实，为求得村与村、户与户间的负担的公平合理，数字的分配不得任其自流或拘泥"。计算产量时，"给下级干部和民众必须加以解释与说明，务使明白"；征粮过程中，"做法上要慎重的、细微的研究与掌握政策法令"，严禁定"标准田"、"标准产量"、"按等级摊派"、"滥记收入"等不合法的现象，要

---

[1]　军挺：《冀南抗战以来妇运工作的总检讨》（1939 年 7 月 1 日），冀南革命根据地史编审委员会编印：《冀南党史资料》第 2 辑，1986 年，第 145 页。

[2]　杨维：《太北区财经扩大会议总结》（1940 年 7 月 7 日），晋冀鲁豫边区财政经济史编辑组等编：《抗日战争时期晋冀鲁豫边区财政经济史资料选编》第 1 辑，第 232 页。

[3]　《谢觉哉日记》下卷，北京：人民出版社，1984 年，第 810 页。

[4]　孟东波：《征粮工作中的两个问题》（1941 年 10 月 16 日），安徽省财政厅、安徽省档案馆编：《安徽革命根据地财经史料选》（2），合肥：安徽人民出版社，1983 年，第 19—25 页。

"具有耐心说服的精神、踏实朴素的作风"，孜孜不倦地向民众解释条例与办法。① 冀鲁豫边区在执行参军动员工作时也明确指示，各地交到部队的参军数目虽是"确实数字，而不是毛数"，但"不要重复过去为了追求数目字，形成强迫命令"，必须掌握政策，"将自愿方针与公平合理的经群众充分讨论的自报公议方式相结合，必须根据具体村劳动力的精密计算，在不妨碍生产情况下进行动员，反对不具体计算数目地进行动员"。分配任务时"不要逐级布置逐级增加"，同时"要避免滥竽充数，动员时必须精干"；扩军时"不要将参军数字形成工作包袱"，县区"事先一定要作调查研究，而后具体地分别地将数字分配布置到村，切忌平均分配"。② 由此可见，利用数目字进行战时动员，民众尤为看中的就是公平。做到合理公平，是干部在数目字管理中最需重视的部分。即便在陕甘宁边区，征粮工作虽已历时数年，每年都在改进办法，"但在做到负担的完全合理和公平上，仍要求创造新的，更进一步的改革"。③

中共强调，数目字是必要的，但要注意"求精"、"求实效"的原则。这是中共在革命根据地实施数目字管理时特别强调的一点。比如在接收新党员时，就要"纠正追求数目字与采用突击方式的错误，只求精不求多"，在"一切已有相当数量党员的地方一律停止发展，进行巩固工作"。④ 要更进一步认识到，我们的党"不是许多党员简单的数目字的总和，而是按照一定规律组织起来的统一的有机体"。⑤ 开展教育工作也不能片面追求数目字，也要讲求实效。"教育工作是一个长期建设任务"，是要对"人民负责的"，因此"必须采取稳重的步骤，尤

---

① 《为贯彻公粮政策之实施并切实负责完成任务的指示》（1942 年 9 月 26 日），山西省档案馆等编：《晋绥边区财政经济史资料选编·财政编》，太原：山西人民出版社，1986 年，第 187 页。

② 《冀鲁豫区党委关于动员参军工作的指示》（1949 年 1 月 31 日），中共冀鲁豫边区党史工作组办公室编：《中共冀鲁豫边区党史资料选编·文献部分》第 3 辑（下），第 402、403 页。

③ 《征粮工作中要不要评议会》，《解放日报》1945 年 1 月 16 日，第 2 版。

④ 《中央政治局关于巩固党的决定》（1939 年 8 月 25 日），中央档案馆编：《中共中央文件选集》第 12 册，北京：中共中央党校出版社，1991 年，第 156 页。

⑤ 刘少奇：《关于修改党章的报告》（1945 年 5 月 14 日），中共中央党史研究室等编：《中国共产党第七次全国代表大会档案文献选编》，北京：中共党史出版社，2015 年，第 279、282 页。

其要根据现有条件来计划工作，条件具备时就做，还不具备时，就要努力于条件的培养与创造，要切实重视实际效果"，"办一个学校就象一个学校"，"严格防止害急性病、不问实效、追求数目字、形式主义和单纯任务观点"。① 对战士的教育，也"不是简单追求数目字与形式的教育计划的完成"，而是"求教育的深入"，只有"求教育的深入"，才能深入起来。② 银行工作的好坏，也"不是在数目字上计算"，更重要的是"从效果上对于根据地建设事业的收获上去检讨，要真正关心群众，提高群众生产热情，帮助群众解决生产中的困难"。③

数目字虽是工作目标，但不能用数目字来代替具体领导。太行根据地自 1939 年以来，就针对"潦草抒事、匆忙急躁"、"只图迅速、一味行政命令"的不良作风，提出"深入工作，巩固组织"的号召，要求干部发扬"有计划，经常，具体，切实，实事求是"的作风，做到"恰如其时，恰如其地，恰如其分"，"一切决定于条件、地点与时间"，对于"每一个工作地区，每一件事，每一个问题，都要求考察各个不同特点，与以不同解决，简单扼要，命中肯綮"，以此获得真实准确的数目字。④ 加强调查研究，更是获得精确数目字不可或缺的一环。如果没有调查，结果"或者是长篇大论空话连篇的写一厚本子，或是就是几个干瘪的数目字与几条早已知晓的经验教训，生动的具体的革命工作实际都是看不见的"。作为一个领导者，"不但在决定任务之前须要做一番精密的调查研究工作，即在正确的任务提出以后，也仍然需要不断的调查研究"。⑤ 基于此，太行党委于 1943 年 2 月专门发布调查研究工作计划，要求调查研究太行区社会经济情况，作

---

① 《山东省政府关于恢复教育工作的指示》（1948 年 9 月 20 日），中共山东省委党史研究室编：《山东党的革命历史文献选编》，第 10 卷，第 229—230 页。

② 《目前军队政治工作建设上的一些问题》（1940 年 10 月 6 日），《罗瑞卿军事文选》，北京：当代中国出版社，2006 年，第 222 页。

③ 《冀南银行总行关于贯彻今年业务方针开展生产贷款工作的指示》（1944 年 2 月 10 日），晋冀鲁豫边区财政经济史编辑组等编：《抗日战争时期晋冀鲁豫边区财政经济史资料选编》第 2 辑，第 910 页。

④ 李雪峰：《略论点滴作风与具体领导》（1940 年 3 月 17 日），山西省档案馆编：《太行党史资料汇编》第 3 卷，第 104—107 页。

⑤ 裴丽生：《如何进一步把政府的力量组织到生产上去》（1944 年 6 月），李长远主编：《太岳革命根据地农业史资料选编》，太原：山西科学教育出版社，1991 年，第 54 页；张闻天选集编辑组编：《张闻天文集》第 3 卷，第 194 页。

为决定政策的主要依据；研究支部建设及村级工作规律；总结六年工作，编写本区党史，以帮助干部运用与掌握根据地创立、建设的经验与规律；进行各阶级政治关系的研究，特别着重于人物的研究；要进行敌占城市调查，研究城市各阶级的生活情况、相互关系与对敌关系等工作。①

数目字固然是决策参考的重要依据，但中共也明确指出，不能在任何时候都依赖数目字，不能机械地拘泥于数目字，要"放下数目字的包袱"，要看到数目字背后的基本趋势与发展规律，同时也要动态地、整体地看待事物发展走向。

还在苏区时期，中共就曾强烈批评"数目字领导"作风，认为"把工作的计划性了解为一种烦琐的数目字的流水账"，是"空洞而机械的规定许多任务，而生活中的一切事变却一个抓不紧"。② 1935 年 9 月，陕甘晋省委的通知中也指出，"不应该用数目字的领导方法代替你们规定详细工作的数目字，因为这会阻止各级党部的积极性与自觉性"。③ 特别是在做群众动员时，更不能用"千篇一律的表册式的求数目字的去组织"，这种"形式主义的百分之八十甚至百分之百的组织"是会"帮倒忙的"，而是"务须根据当地实际情况，有计划的、实事求是的去组织"。④ 在总结经验时，要放下数目字的包袱，不能仅仅"总结数目字而不总结数目字的实质"，只有"介绍各方面的经验，才能发挥更多的推动性与创造作用"。⑤ 即便是调查统计，也不能拘泥于数目字。张闻天在晋陕地区调查阶级变化的情况时，就强调"不能机械的看数目字"。他认为，虽然阶级变化的绝对数在一定程度上是有意义的，"但固执在抽象的数目字上，就会犯错误"。因为单纯从数目字上依然可以看到地主的存在，他们在土地上还处于垄断地位，还有大

① 山西省档案馆编：《太行山抗日斗争大事年表》，太原：山西人民出版社，2000 年，第163 页。
② 《中央、全总党团联席会议关于海总工作的决议》（1933 年 12 月 1 日），中央档案馆编：《中共中央文件选集》第 9 册，北京：中共中央党校出版社，1991 年，第 443 页。
③ 《中共陕甘晋省委关于印发省委一个半月工作计划的通知》（1935 年 9 月 22 日），中共陕西省委党史研究室编：《西北革命根据地文献资料精编》（2），西安：陕西人民出版社，2014 年，第 369 页。
④ 《晋绥边区行政公署关于积极准备春耕工作的指示》（1944 年 3 月 6 日），山西省档案馆等编：《晋绥边区财政经济史资料选编·农业编》，第 192 页。
⑤ 《中共山东分局关于整风审干的基本总结与今后指示》（1944 年 10 月 13 日），中共山东省委党史研究室编：《山东党的革命历史文献选编》，第 7 卷，第 411—412 页。

量银子、洋元，必须要估量他们的经济力量还大的现实，"不能麻痹忽视。要很好与之作斗争，限制他，使之向我们要求的方向改变"。①

中共对于数目字的运用，在于反映真切生动的战时生活。晋察冀日报社专门强调，那种"有头无尾，有号召有计划有布置，而没有工作运动的过程的连续报道，最后来个数目字的总结完了"，这是"最坏的报导方法"，"必须从思想上来一个彻底的转变"，既要"改变过去单纯报道枯燥数目字的方法"，也要"改善战报的报道方法"，在宣传报道中注重"内容真实、生动、真正反映出敌后游击战争的活生生的特点、武装斗争与各种斗争的实例"，反映"一定时期和各种情况下的中心工作"。② 不拘泥于数目字的报道，也是毛泽东所强调的。他曾专门致信胡乔木，要求将华北《人民日报》报道太行土改的"数目字删掉一些"，同时"加上明确的新闻导语"，并要求"各地分社负责人或党的负责人学会写这类综合性的报道"，认为我们"长久缺少此类报道"。③ 随后新华社发出指示，要求宣传报道不能奉行"公式主义"，不能刊登千篇一律的"从计划的数目字到成绩的数目字"的宣传报道。那种过分拘泥于"缴获机枪若干挺，步枪若干支，手榴弹若干枚的数目字式的战绩报道"，不注重一个手执劣等武器的战士，"如何在对战中从一个手执优良武器的敌人手中夺取敌人武器的具体报道"，是"流于枯燥无味，千篇律的公式"。那种不从具体事例着手宣传报道的做法，不能真实地反映群众在斗争中的积极性与创造力，"就不能表扬群众英雄主义"，也"不能从群众创造中发掘出宝贵的东西把群宣的经验加以总结与提高一步，成为指导性的东西"，最终必将导致"军事宣传上的零碎和片断"，"表现出只有骨头没有肉的八股气"。新闻报道中运用数字的目的，"不在于表面的装饰和堆砌，而在于通过它来准确地说明问题"。④

---

① 《关于当前农村阶级变化问题》（1942年7月9日），《张闻天晋陕调查文集》，第300页。
② 《进一步加强党报通讯工作——胡锡奎同志在中共中央晋察冀分局宣传部通讯工作会议上的结论摘要》，《晋察冀日报》1944年4月22日，第2版。
③ 《关于标题、导语和综合报道》（1948年9月—11月），《毛泽东新闻工作文选》，北京：新华出版社，1983年，第158页。
④ 《苏联的军事宣传与我们的军事宣传》（1944年3月1日）、《新华总社关于在使用统计数字时要学习列宁的精细作风的指示》（1948年12月22日），中国社会科学院新闻研究所编：《中国共产党新闻工作文件汇编》（上），第164—165、262页。

此外，中共认为，要注重数目字，更要动态地、整体地看待事物发展走向，提升科学预见能力。毛泽东就指出，在艰难的战时环境下，根据地虽然会面临迫切的财政困难，但同时也使我们"学得了经营经济事业的经验，这是不能拿数目字来计算的无价之宝"。① 跳出简单的数目字思维，从中看到动态发展的规律走向，是战时中共一再强调的工作方法。当国民党用数目字来证明"中国不能抗日"，证明"中国经济力量不能抗日"，我们则必须清晰认识到，"工人农民中不断的产生组织家宣传家，团结了千千万万的群众在共产党与苏维埃政府周围，像一个人一样"，无论从哪一方面考察，"我们有着抗日的力量"，是一定会战胜的。作为党的干部，其领导和组织作用"自然不是机械的说数目字"来加强，而是"必须对于革命和反革命双方的力量和阶级关系有正确的估量，去决定我们进攻的策略和方法"。② 看待抗战期间的军事战斗，也不能简单局限于统计数目，而要看到其在政治上所体现的战略意义。1938年2—7月，晋察冀八路军对驻平汉、平绥、正太线日军连续发起的战斗，是配合中央军在津浦铁路正面战场的一次主动出击。对于这次战斗的意义，特别是在政治上的伟大收获，就是"统计数字所不足以表示其万一的"。③ 同时也要注意到，数目字有时只是基础和条件。即便是当时常提及的四万万五千万的广大人民，也"仅是一个庞大的数目字的连续。要使这庞大的数目字成为真正的现实的力量，还得经过艰苦的工作阶段"。只有经过群众工作，"把民众发动起来，全部参加战争，我们的胜利，才算有了确实的保证"。④

总之，既注重数目字又不拘泥于数目字，就是要摆脱固定的窠臼和公式化的不良作风，放下数目字的包袱，灵活掌握政策，随时根据具体情况作出调整，以适应不断变化发展的形势和要求。特别是在群众工作和战备动员中，僵化的数目

---

① 《毛泽东文集》第2卷，北京：人民出版社，1993年，第466页。

② 《中国能否抗日》(1934年6月23日—7月7日)、《三中扩大全会政治讨论的结论》(1930年9月)，《瞿秋白文集·政治理论编》第7卷，北京：人民出版社，2013年，第680、8页。

③ 殷洲：《伟大豪壮的"七七"纪念大战斗》，晋察冀日报史研究会编：《〈晋察冀日报〉通讯全集》，北京：中共党史出版社，2012年，第10页。

④ 南汉宸：《二、四、八区扩大干部联席会议关于群众工作的总结》(1938年12月)，中共山西省委党史研究室编印：《战动总会文献资料回忆录》，1987年，第209—210页。

字往往会演变成一种形式主义、命令主义和官僚主义的作风，这是中共极力反对的作风。只有放下数目字的包袱，跳出数目字预见事物发展的变化走势，在瞬息万变的战时环境下，在没有确切数目字的情况下，在某一事物"刚露出一点头的时候，还是小量的不普遍的时候，就能看见，就能看到它的将来的普遍意义"，[1]这才是中共所强调的领导素养和水平。由是言之，既要根据具体情况重视数目字，又不能机械地拘泥于数目字，做到"有数"和"无数"的辩证统一，既是解决问题的方法，也是中共对干部的要求。

## 五、国共数目字管理比较

在数目字问题上，国共两党皆有重视，均提出了相关主张，但是两党的差异也极为明显。还在国民革命时期，蒋介石就告诫要注重数字统计法，认为"统计是最要紧的，如果懂得统计，无论他多少事物，也能够把他类别统计起来而得到一个总数。有了这一个总数，不但是复杂变为简单，而且是糊涂能够变成明了，所以我们办事的人，这个数字是最要注重的"。蒋介石在不同场合所作的各类演讲中，都着力强调倡行数目字思维。他说，20世纪做事最要紧的，首先是注重"时间"，其次就要知道"数目"。"要把人的个数，物的件数，统统要分门别类，记得清清楚楚，丝毫不差"，要注意"时间与数量两件事，真是办事的秘诀"。又说，"现在科学时代一切学术所最要的数字"，因此"要知道关于敌我一切的数目字"。[2] 与此同时，国民党也在实际领域加强运用数目字管理，比如利用现代技术手段开展大范围的土地测量等，表明国民党在数目字管理方面的发展。除此之外，在国民党的行政工作报告中，上下各机关"各种报告中都喜欢列成表格，填注统计，表示他的行政现代化、科学化"。[3] 不过进一步探究，却可发现其中的弊病。

数目字管理，需注重上下互动，特别是地方政府在数目字运用和管理方面更需有积极主动的作为，以确保在实际调查中得出精确的数据。事实却是，地方政

---

① 《毛泽东文集》第3卷，第395页。
② 秦孝仪主编：《先"总统"蒋公思想言论总集》第10卷，台北：国民党"党史会"，1984年，第174、177页；第11卷，第47页。
③ 陈夏红编：《钱端升全集》第9卷，北京：中国政法大学出版社，2017年，第42页。

府面对的是上级机关彼此重复矛盾的通令，朝令夕改、细如牛毛的规章和限令调查填报的表册。他们"每天要把奉到上级机关的训令规章都看一遍，就要头脑发昏"，当这样那样填报的表册如雪片飞来，根本无从调查。上级催得紧，"只好分托几个绅士，或是完全交给书记，叫他闭门造车，胡说乱道，依照格式一样一样地写上去。并且把这些数目字也要白造出来"。①

可见，国民党虽然注重推行数目字管理，但多从上而下推行，地方政府疲于应付，不得不自造数据，上级所知自然不确。结果在实际执行过程中，要么是"数目字不想给人知道"，要么是在问及数目字时"瞠目不能答"，要么是在会议上读些"干燥无味的事实或数字，没有甚么值得注意的意义说出来"，② 甚至随意捏造数字以图蒙骗。一些正直官员，原本想"寄托在现代的政治、现代的机构上，可是看看当时政治的实际情况，那一派陈旧腐败黑暗的情形，几乎难以想象"。③ 在这一弊端之下推行数目字管理，无异于缘木求鱼，以至于阎锡山也不无感慨地说："我们的干部，不会计算数目字"，"实在是我们政治上的一大损失，也可以说不知道计算数目字，永远是书呆子，不足以为政"。④

按照黄仁宇的说法，中国最大的问题"是整个国家不能在数目字上管理"，国民党和蒋介石尽管"造成一个高层机构，可是仍然缺乏符合时代需要的下层机构"，于是"只好照传统的办法"。⑤ 中共在根据地推行数目字管理，虽然也有自上而下的政策指向，但最为重视的却是通过自下而上的实际调查和艰苦细致的动员工作，摒弃主观主义、形式主义和党八股式的检查。中共认为，要实行"在实际工作中，在斗争中，在群众中的检查"，"须知根据实际来的数目字才科学，形式上的数目字不可靠。要着重看干部和群众是如何执行的，我们的政策是否合适"。⑥

① 陈夏红编：《钱端升全集》第 9 卷，第 42 页。
② 陈方正编：《陈克文日记》（上），北京：社会科学文献出版社，2014 年，第 341、394、529 页。
③ 《张治中回忆录》，北京：华文出版社，2007 年，第 106 页。
④ 《不计算数目字的下达政令是我们政治上的一大损失》（1943 年 8 月 14 日），第二战区司令长官侍从秘书室编印：《阎司令长官抗战复兴言论集》，1945 年，第 471 页。
⑤ 黄仁宇：《地北天南叙古今》，第 72 页。
⑥ 《整顿三风要联系实际》（1942 年 5 月 7 日），张闻天选集编辑组编：《张闻天文集》第 3 卷，第 170 页。

可以说中共的诸多政策均是在地方的具体调查中逐渐加以修正的。如淮北抗日根据地就是学习并应用了西北中央局对春耕运动具体领导的指示的基本精神，在具体执行过程中，不是"把我们所制定的数目字与形式来套在群众头上，而是根据着群众的切身经验进行深入的鼓动宣传，来使群众自觉自愿的积极参加生产"，并通过地方生产积极分子出来组织号召，真正从一个人、一个庄开始来组织群众进行生产，把某些劳动英雄生产计划在群众中宣布，并以他们在生产中的模范行动来影响其他群众，从而达到动员的目的。[1]

　　一般来说，数目字管理是一种理性的、精确的、可以进行计算的管理方式。这也是国民党特别重视的一点。蒋介石强调，"数目字"亦即"数学，为现代一切科学的根本，可以说离开数字就没有人类的历史，更没有现代的文明"。[2] 中共虽也强调"数目字"的技术问题，但明确反对将政策与技术完全割裂开来。中共认为，当技术问题和政策问题发生矛盾时，不能单纯从技术上考量，而要着眼于政治上的问题。凡是因技术问题产生的作风问题，"就要从政治上认识领导与作风问题。作风问题乃是政治问题、组织问题，是与党的发展和巩固不可分离的问题，只有正确的把握了党巩固发展与建设的任务，才能树立正确的党工作作风；有了正确的党工作作风，才会实现党发展巩固和建设的一般任务"。[3] 即便是新闻报道中的时间问题，也"不能只看作是技术问题，而应看作是政治问题"。这是因为"时间之差，影响政治上的主动与被动"。报道数目字时，"既未说数字来源，也未与物价核对，更未把数目字与数目字比较，以致完全失掉作用"，这些都不是简单的技术问题。[4] 正是由于不是从单纯的技术角度来谈数目字管理，中共的新闻报道才能打动人心。"共产党是懂得宣传的，因为他们时常注意人们

---

① 《淮北区党委对泗南县委四月份工作总结报告的几点意见》（1943 年 5 月 17 日），豫皖苏鲁边区党史办公室、安徽省档案馆编印：《淮北抗日根据地史料选辑》第 5 辑，1985 年，第 78 页。
② 秦孝仪主编：《先"总统"蒋公思想言论总集》第 23 卷，第 430—431 页。
③ 林浩：《胶东党的建设问题报告提纲》，中共烟台市委党史资料征集研究委员会编印：《胶东烽火》，1990 年，第 28 页。
④ 《把我们的新闻事业更提高一步——新华总社元旦给各地总分社及分社的指示信》（1946 年 1 月 1 日），中国社会科学院新闻研究所编：《中国共产党新闻工作文件汇编》（上），第 177—178 页。

的心理，人民的要求。"① 蒋介石高级幕僚唐纵的评论算是抓住了这一本质。

　　数目字管理既强调效率，也强调公平。国民党所强调的效率公平，在基层社会并未体现出来；而中共所针对的恰恰是乡村社会的公平，带有浓郁的乡土气息。比如晋察冀根据地教科书的编写原则，就是要"实际化，带上农村的特点"，教材中"数目字的大小都和群众的生活需要没有距离"。② 中共强调公平，但不是简单的数目字公平，而是经过调查研究且符合民众实际的公平。那种简单的"把田几亩，人几何，房屋几间之类登记起来"，"这是一些死的数目字"，"并不能把农村社会关系的规律的认识给予我们"，"仍然要通过农村生活和斗争的经验中去取得"。因此，数目字管理"不在于形式上的数目字的统计（虽然这是必要的），不在于各种死的材料知识的搜集（虽然这也是必要的），而在于学取群众的经验，并且根据群众的经验去了解这些数目字的统计和材料知识。实际是出发点，目的却是要求得到对于实际的理论的了解，而当中的一环却是经验知识"。③很显然，只有符合乡村社会民众认知的公平，才符合中共数目字管理中的公平要义。

　　进一步讲，数目字管理必须认真对待数目字背后反映的群众生活。在这一点上，国民党尽管重视数目字，但对于数目字背后所反映的生活，却认为"没有甚么值得注意的意义说出来"，实际"都抱着一个敷衍一下的心理"。④ 中共在战时状态下动员的经常化，使得不少干部积累了丰富的动员经验。中共一再强调，"只有关心与解决群众的切身问题，才能动员群众积极参加革命战争"。⑤ 因此，干部"不要有丝毫满足你的群众工作数目字的报告"，干部的首要任务"就是立即眼睛向下亲自考察区以下的群众工作"，唯有如此才能真正做好群众工作，否

---

①　公安部档案馆编：《在蒋介石身边八年：侍从室高级幕僚唐纵日记》，北京：群众出版社，1991 年，第 579 页。

②　晋察冀边区行政委员会教育处编：《初小算术》第 8 册，晋察冀新华书店印行，1948 年，"写在前面"。

③　艾思奇：《有的放矢及其他：哲学·文艺·随感集》，上海：新文艺出版社，1953 年，第 63 页。

④　陈方正编：《陈克文日记》（上），第 529 页。

⑤　洛甫：《更多的关心群众的切身问题》，《共产党人》第 1 卷第 8 期，1940 年，第 22 页。

则"自己只看到一些数目字"，终究不能"跳出官僚主义的泥坑"。[1] 要"跳出官僚主义的泥坑"，干部必须要形成关注实际、关心群众的工作方式，"必须估计到农村环境和农民特点"，凡是群众还不能接受的，要在群众中进行酝酿，不要操之过急，而要采取"耐心说服，典型示范"的方针。同时要懂得"任何工作不可能在一定时间所有地区都达到一个标准的进度。千篇一律的或过高的数目字的要求，都会产生不好的结果"，[2] 这样就避免了为动员而动员，为数目字而动员的弊端。

国民党的数目字管理效果不彰，缺少的是中共那种"纪律最严，方法最精，组织最密"的作风，"根本缺乏统计和数字的观念"，"完全缺乏这种实际考查的精神，每天只是坐在办公室里等待部下的报告"。[3] 而中共的数目字管理，"是按照具体的环境、具体地表现出来的群众情绪"开展工作，是经过仔细的调查研究，按照实际可能的条件，按照群众的觉悟程度和经验，秉持"实事求是的精神去决定问题"，决定党的政策和工作方法。[4] 因此，求实和求是的精神，是中共数目字管理的重要特征，却是国民党一向缺乏的精神作风。

当然，中共的数目字管理，毕竟是战时状态下的管理模式，注重动员是这一模式的鲜明特征。因而"一切照常开会，照常计划，照常的工作的速度与工作办法，是不能适应并胜任目前的战争紧急动员了"，必须要"紧张起强度工作精神与加速我们的血液循环"。[5] 苏区时期如此，之后亦是如此。"我们不要怕数目字大，只怕没有完成他的决心和勇气，只怕没有完成及设法完成他的精神和毅力。"[6]

---

① 黎玉：《目前究竟应该做什么》（1943 年 12 月 7 日），中共山东省委党史研究室等编：《山东党的革命历史文献选编》，第 6 卷，第 492 页。

② 《开展大生产运动中的几个问题》，《新华日报》（太岳版）1945 年 3 月 11 日，第 1 版。

③ 黄自进、潘光哲编：《蒋中正"总统"五记·学记》，台北："国史馆"，2011 年，第 128 页；秦孝仪主编：《先"总统"蒋公思想言论总集》第 22 卷，第 377 页。

④ 《毛泽东选集》第 1 卷，北京：人民出版社，1991 年，第 125 页；任弼时：《领导方法和领导作风》（1943 年 1 月 7 日），中共中央文献研究室等编：《建党以来重要文献选编》第 20 册，北京：中央文献出版社，2011 年，第 36—37 页。

⑤ 严仲：《三个月扩大红军的总结与教训》（1932 年 11 月 30 日），江西省档案馆等编：《中央革命根据地史料选编》（中），南昌：江西人民出版社，1982 年，第 666 页。

⑥ 《山西省第三区行政督察专员公署关于合理负担摊款的指示》（1940 年 4 月 10 日），晋冀鲁豫边区财政经济史编辑组等编：《抗日战争时期晋冀鲁豫边区财政经济史资料选编》第 1 辑，第 810 页。

在这样的号召下，单纯追求数目字搞"突击竞赛"的情形仍在一些地方存在。加之中共根据地一些干部文化水平不高，有时很难读懂数目字背后的政策，以及从数目字中反映的工作任务的轻重缓急。特别在紧迫的战时状态下，数字往往意味着命令和责任。于是在一些地方干部中缺乏艰苦细致的群众工作，"只求表面不求实际，追求数字不求质量，搭起架子就算了事"，工作上的形式主义作风依然是领导上的主要问题。① 中共根据地的数目字管理，最要紧的是处理好"管"和"领导"之间的关系。所谓"领导"，就是通过"从许多下级工作的反映集中上来，经过正确的分析条理化再坚持下去"。所谓"管"，就是从"自己主观愿望或片面实际出发，不管其他同志与下级同志的意见，认为我的地位高，理应比你强，理应管你"；工作中"上级政府对下级的报告不研究，不提出意见"，而"下级政府也形成另一种见解，反正反映也是无用，干脆不反映"，久而久之"酿成极大问题，才急忙纠正，但已晚了"。② 抗战时期中共根据地对于数目字管理的经验值得深入总结。

# 结　语

新民主主义革命时期，中国共产党通过政权建设和党组织建设加强了对革命根据地的领导，不断积累执政经验，"大批干部重新在党内涌出，而且变成了党的中心骨干。党开辟了人民政权的道路，因此也就学会了治国安民的艺术。"③其中，注重调查研究以及在此基础上形成的数目字管理，就是中国共产党治国安民的基本功。在根据地治理实践中，中国共产党强调以精确的调查和统计为基础，以计算统计为手段，通过精细化的数目字制定工作计划、布置工作任务、开展社会动员、总结工作经验，成为中共由局部执政向全面执政过渡过程中重要的治理方式和工作方法。在新中国成立后的社会主义建设中，周恩来就强调，我们开展大规模的经济建设，"数目字是一个标准。任何工作、任何计划、任何运动，

① 中共镇江市委党史资料征集研究委员会、中共句容县委党史资料征集研究委员会编印：《汪大铭日记（1939—1945）》，1987年，第166页。
② 裴丽生：《如何进一步把政府的力量组织到生产上去》（1944年6月），中共山西省委党史研究室等编：《太岳革命根据地财经史料选编》（上），第151页。
③ 《毛泽东选集》第2卷，北京：人民出版社，1991年，第611页。

没有数目字就没有方向，没有标准，就不能够按计划前进"。① 可以说国家的方针政策，国民经济和社会发展计划的比例关系，多半都是通过一系列指标和数字表现出来的。当然，正如中共在局部执政时期就一再强调的那样，数目字必须要反映实际，"要按经济规律办事，不能弄虚作假，不能空喊口号，要有一套科学的办法"，"要求的速度、数字是扎扎实实的，没有水分的"。就此而言，数目字管理不仅是一个治理方式和工作方法，更是一个政策问题。"数字中有政策，决定数字就是决定政策"，数目字"是一个政治性的问题"。② 强调数目字管理中的政策因素必须反映客观实际，始终是数目字管理的一个重要原则。这也表明，数目字作为一种技术性的治理方式，在强大的动员组织下会成为一把双刃剑；同时，在一定条件下可能会稀释治理成效，甚至构成治理理性化的挑战。中共无论是在根据地时期强调"有数"和"无数"的辩证统一，还是走向全面执政后强调数目字管理要反映客观实际、体现其政治性，均是对数目字管理所具优长的发挥和对其局限性的规避，其中所体现的历史经验值得深入思考。

〔作者杨东，天津商业大学马克思主义学院教授；牛泽林，天津商业大学马克思主义学院博士研究生。天津 300134〕

（责任编辑：刘 宇）

① 金冲及主编：《周恩来传》（下），北京：中央文献出版社，1998 年，第 1081 页。
② 《邓小平文选》第 2 卷，北京：人民出版社，1994 年，第 196、198 页；《邓小平文选》第 1 卷，北京：人民出版社，1994 年，第 193 页。

# 查理曼帝号
# 与中古早期欧洲权势变迁*

李隆国

**摘　要：**800 年圣诞节，查理曼在罗马被教宗利奥三世加冕为"罗马皇帝"。长期以来，这一事件被理解为查理曼从国王晋升为皇帝的过程。事实上，他是从"罗马国老"被加冕为"罗马皇帝"，而不是从国王晋升为皇帝。这个皇帝只统治以罗马城为中心的特定地理辖区，即拜占庭帝国在西部的残存地区。但在获得帝号之后，查理曼所辖广大区域与帝号之间的张力，驱动帝号发生变化并逐渐泛化，从而指代查理曼管辖的所有地区。查理曼的帝号也从"罗马皇帝"变为"统治罗马帝国的皇帝"，再变为"皇帝"。

**关键词：**查理曼　罗马国老　罗马皇帝　帝号

名号是中古政治史研究的重要对象，中外皆然。① 狭义而论，中古欧洲名号（intitulatio）是赠地文书书写格式的组成部分，"是赠地者的自我表述，内容包括其职位和统治权"。广义的名号（appelatio），则包括一切文体中为了纪年而使用的统治者名号，例如书信、敕令、决议以及叙事史料，也见于铭文、钱币、印戒等。② 中古欧洲的帝王与贵族名号往往带有复合性，统治者同时拥有多个名衔，

---

\* 本文承蒙马克垚教授、刘群艺、李云飞和刘寅指正。感谢匿名外审专家的诸多修改建议，对文章质量的提升大有帮助。

① 可参见罗新：《中古北族名号研究》，北京：北京大学出版社，2009 年。

② Walter Koch, "Intitulatio," *Lexikon des Mittelalters*, Studienausgabe, Bd. V., Stuttgart：J. B. Metzler, 1999, cols. 471 – 472.

例如金雀花王朝著名国王亨利二世的名号是"英格兰王，诺曼底公爵、阿奎丹公爵和安茹伯爵"。为便于分析，笔者称名号的各个组成部分为名衔，也即名号是名衔（title）的合称。查理曼的名号中就曾出现"法兰克王"、"伦巴第王"或者"意大利王"、"罗马国老"等名衔，称帝之后又增加了"罗马皇帝"、"统治罗马帝国的皇帝"和"皇帝"等。

长期以来，名号研究主要作为古文书学的辅助学科，用以确定赠地文书的真伪，判定文书的归属，并进行准确系年。从 20 世纪 60 年代开始，维也纳大学的赫尔维希·沃尔夫拉姆将 10 世纪之前所有欧洲现存赠地文书（大约 48000 份）的名号集中整理，到 1988 年 3 卷本史料集出版完成，不仅方便了名号研究的史料搜集，而且指出了中古早期帝王名号与古代晚期罗马名号的延续性。[①] 此外，名号也是中古宪政史研究的重要内容。特定名号的采用不仅反映了政治现实，更是统治者对其政治合法性的表达，并在使用者（一般为君主和教俗贵族）与接收者之间实现某种政治认同。德国学者佩尔西·施拉姆将中古名号视为统治者"自我展示"的方式之一，系统调查画像、钱币、文书和权杖（insiglia）中的帝王自我展示方式和结果，揭示帝王如何使用实物、文字和图画符号以及仪式来展示自己的形象。法国学者马克·布洛赫《国王神迹》以及流亡美国的德裔学者康托诺维茨《国王的两个身体》也采用过类似学术路径，通过调查君王的自我展示方式，试图理解"人们所怀的恐惧与希望"。[②] 受此影响，名号不仅被纳入"符号话语体系"之中，而且重心逐渐下移，在统治者与被统治者、中央与地方之间的政策互动中，历史学家借以讨论中古早期政治权威的建构。名号研究成为政治文化史研究大潮的"一员"。

本研究从名号与史事互动的角度，通过辨析名号的变迁，捕捉查理曼称帝过程中的某些历史瞬间；反过来，也通过梳理查理曼称帝时期的政治格局与治理活动，理解名号变迁背后的政治现实；同时，考察名与实的矛盾运动如何推动查理曼称帝并进而影响其帝号的变迁。对于查理曼称帝事件和帝号的研究业已非常丰

---

① Herwig Wolfram, *Intitulatio I. Lateinische Königs-und Fürstentitel bis zum Ende des 8. Jahrhunderts*, Graz: Böhlau, 1967, p. 13.

② Antti Matikkala, "Percy Ernst Schramm and Herrschaftszeichen," *Mirator*, Vol. 13, 2012, pp. 37 – 69.

富，但关于查理曼称帝的某些"常识"仍有待改写。本文首先通过重回历史现场，借助名号辨析，强调查理曼称帝并非从国王到皇帝的晋升过程，而是从"罗马国老"晋升为"罗马皇帝"。这一辨析有助于更精准地将查理曼称帝这一历史事件定位于某个时间节点，并重建称帝事件与政治史结构性变迁之间的联系。文章最后从帝国治理实践的角度梳理帝号及其使用状况，并指出查理曼处置帝国的传承方式遵循了分而和平的原则。

## 一、称帝、帝号与帝国观念

800 年 12 月 25 日，查理曼在罗马圣彼得大教堂被教宗利奥三世（Leo Ⅲ，795—816 年在位）加冕为皇帝。300 多年后欧洲西部再次出现皇帝，自然引发各种议论，以至于时人连查理曼是否愿意称帝都存在不小争论。[1] 1928 年，德国学者卡尔·赫尔德曼出版专著，系统总结中古以来相关学说，将其归纳为九大因素和流派：重视政治大背景的普世性追求说（Die Universalistische Theorie），与普世性追求说相对的、强调地方性因素的地方说（Die Lokalistische Theorie），王朝视角下的解放论（Die Emanzipationstheorie），关注实质性动机的禁止流血论（Die Blutbanntheorie，即司法审判权），重视礼仪程序的拥戴论（Die Ovationstheorie），考虑查理曼个人地位的模仿论（Die Simulationstheorie），帝国宪政角度的名分论（Die Titeltheorie），遗产视角下的帝权复兴论（Die Restaurationstheorie）以及强调帝国承袭的继承权论（Erbrechtstheorie，与拜占庭帝权之关系）。赫尔德曼是"地方说"的支持者，而且认为查理曼建立的帝国仅包括原罗马帝国的残留地区，即以罗马为中心的意大利地区，称帝是该地区地方性政治动荡的结果。[2]

1948 年，比利时史学家弗朗索瓦·冈绍夫在回应赫尔德曼的观点时，对1928 年之后涌现的学术观点作过总结。他区分了三大流派。一是普世主义派，以阿瑟·克莱因劳茨（Arthur Kleinlausz）、路易·哈尔芬（Louis Halphen）、莱昂·

---

① Janet Nelson, *Courts, Elites, and Gendered Power in the Early Middle Ages: Charlemagne and Others*, Aldershot: Ashgate, 2007, No. xii.

② 除了"王朝解放论"，其他八种观点都是彼此对应的关系。Karl Heldmann, *Das Kaisertum Karls des Großen: Theorien und Wirklichkeit*, Weimar: Hermann Böhlaus Nachfolger, 1928, pp. 438 – 439.

勒维兰（Léon Levillain）、汉斯·赫尔希（Hans Hirsch）为代表，主张查理曼控制了罗马和西部基督教世界，积极保卫罗马教宗，捍卫信仰和教会，追求普世统治权，故得以称帝，以便建设上帝之城。二是以马丁·林泽尔（Martin Lintzel）、艾里希·卡斯珀尔（Erich Caspar）等为代表，认为罗马教宗为了寻找新的保护人，以脱离拜占庭皇帝的控制，故为查理曼加冕称帝，其帝号对应的地理范围是原罗马帝国。这一派支持教宗主动说。三是持非罗马帝权观念的学者，强调帝权观念的非罗马因素，即由于查理曼的赫赫武功，获得帝号实至名归。但该帝权观也带有浓厚的基督教帝国色彩，以基督教和日耳曼文化为内涵，配上了罗马的形式。冈绍夫本人倾向于第二种观点，他进一步推断，是阿尔昆说服了查理曼称帝，查理曼又利用了教宗利奥三世；但利奥也在仪式上做了手脚，突出教宗在加冕仪式中的作用，使查理曼心怀不满。冈绍夫认为，查理曼是罗马皇帝，也是基督教罗马皇帝的继承者，但其权力基础仍是法兰克王国和伦巴第王国。[①]

1959 年，为了说明查理曼称帝的历史意义，美国历史学家理查德·萨利文曾编辑专书《查理曼加冕称帝：为何意义重大？》，围绕事件的当事方查理曼、罗马教宗、拜占庭帝国和阿拉伯帝国梳理了一些比较流行的学术观点，认为当时学术界最为关心的问题是："谁作出的决定？动机何在？这样做的目标又是什么？"[②]为此他将已有学术观点区分为三大流派。其一，查理曼主动说，包括三种观点：德莱尔·伯恩斯（C. Delisle Burns）等强调查理曼的个人荣誉追求，哈尔芬等强调查理曼的功业和普世性追求，布赖斯·詹姆斯（Bryce James）、克里斯托弗·道森（Christopher Dawson）等强调查理曼团结各方力量共同达成称帝目标。其二，罗马教宗利奥主动说，以赫尔德曼为代表，费尔迪南·洛（Ferdinand Lot）和杰弗里·巴勒克拉夫（Geoffrey Barraclough）认为教宗是最大受益者，查理曼得不偿失，沃尔特·厄尔曼（Walter Ullmann）认为这是教权政治理论长期发展的结果，维尔纳·奥左尔格（Werner Ohnsorge）则认为称帝是查理曼与利奥联手对付拜占庭皇帝的结果。其三，独树一帜的解释是皮朗命题，即比利时史家亨利·皮朗认为阿

---

[①] François-Louis Ganshof, *The Imperial Coronation of Charlemagne: Theories and Facts*, Glasgow: Jackson, Son & Company, 1949, pp. 9 – 11, 20 – 28.

[②] Richard E. Sullivan, ed., *The Coronation of Charlemagne: What Did it Signify?* Boston: D. C. Heath and Company, 1959, p. vii.

拉伯人的兴起引发国际局势大变动，查理曼帝国从而兴起。

萨利文偏向于说明查理曼称帝的巨大历史意义，将这一事件置于诸多历史巨变中考察，通过结构性分析，有意无意之间凸显其历史必然性。在他看来，查理曼称帝是各种力量长期作用的结果，也是查理曼等顺应历史大潮变动而努力的结果，故其影响深远，意义重大。归根结底，查理曼称帝标志着西欧的兴起。

萨利文的著述出版不久，德国学者彼得·克拉森写成《查理曼、罗马教宗与拜占庭：加洛林帝国的奠基》一书。克拉森得出与萨利文相反的结论，认为查理曼称帝是各种历史力量在 800 年突然汇聚碰撞的结果，事件过后，这些力量又沿着各自的发展轨迹分道扬镳。换言之，称帝是偶然性历史事件。[1] 克拉森的研究如此经典，以致德语学术界形成了"克拉森共识"。[2] 此后，学术界对查理曼称帝的专门研究转入低潮。

借助 2000 年举办的查理曼称帝 1200 周年纪念活动，20 世纪末重新繁荣的加洛林研究更加生机勃勃。查理曼称帝阐释中的三种传统说法各有进展。第一，查理曼的扩张导致称帝。如英国学者迈尔－哈廷提出，查理曼对萨克森人的征服使他需要一个能统治多族群的、非罗马性质的帝号。[3] 第二，与拜占庭的竞争导致称帝。如玛丽－瑟里诺·伊扎伊尔亚认为，称帝是与拜占庭进行宗教政策斗争的结果。[4] 第三，称帝是查理曼保护罗马教会的结果。如菲利普·德普罗和马提亚斯·贝歇尔认为，加洛林家族几代人勤勉保护罗马教会最终促成查理曼称帝。[5]

---

[1] Peter Classen, *Karl der Große, das Papsttum und Byzanz. Die Begründung des karolingischen Kaisertums*, Sigmaringen: Jan Thorbecke Verlag, 1985, p. 79.

[2] Rudolf Schieffer, *Neues von der Kaiserkrönung Karls des Großen*, München: Verlag der Bayerischen Akademie der Wissenschaften, 2004, p. 3.

[3] H. Mayr-Harting, "Charlemagne, the Saxons, and the Imperial Coronation of 800," *English Historical Review*, Vol. 111, No. 444, 1996, pp. 1113–1133.

[4] Marie-Céline Isaïa, *Histoire des Carolingiens VIII$^e$-X$^e$ siècle*, Paris: éditions Points, 2014, pp. 128–132.

[5] Philippe Depreux, *Charlemagne et la Dynastie Carolingienne*, Paris: Editions Tallandier, 2007, pp. 58–63. 贝歇尔的提法则是 "家族 60 年来的追求"。Matthias Becher, "Das Kaisertum Karls des Großen Zwischen Rückbesinnung und Neuerung," in Harmut Leppin, Bern Schneidmüller and Stefen Weinfurter, eds., *Kaisertum im Ersten Jahrtausend*, Regensburg: Schnell Steiner, 2012, pp. 250–270.

但是，这些结构性分析仍难以说服持偶然事件论的史家。如罗杰·科林斯将迈尔－哈廷提出的"统治多族群之需要论"加以改造，认为其更适用于799年的意大利，而非其他时期。[①] 不仅如此，偶然事件论的支持者更强调查理曼称帝的个人意义。如剑桥大学出版社出版的教科书《加洛林世界》明确提出，称帝与王国治理无关，尽管负有宗教方面的使命，但归根结底只涉及查理曼个人名誉的提升。[②] 与此类似，法国学者乔治·米诺瓦提醒研究者应摆脱阿尔昆等教士的蛊惑。在他看来，这些人的作品都是修辞性表述，不能从字面上信以为真。通过称帝，查理曼虽然负有维持宗教秩序方面的义务，但帝号仅是个人荣誉名衔，且及身而止。[③] 针对冈绍夫提出的称帝为查理曼治理史的一个转折点，珍妮弗·戴维斯则在系统分析查理曼颁布的敕令后否定称帝的意义，认为真正的转折点在8世纪80年代末。[④]

1989年，萨利文曾担忧繁荣的加洛林研究日益琐细化。[⑤] 2012年，德国学者斯蒂芬·帕卓尔德在总结关于查理曼称帝的学术纷争时，坦承结构性分析与偶然事件论之间的对立，"这一事件至今仍充满谜团：其历史和背景、意义和后果，几乎一切都存在争议……时至今日，加冕事件还在将史学界一分为二"。[⑥] 与此类似，帝号研究也呈现二元对立的态势。由于查理曼最常用的帝号非常奇特——"统治罗马帝国的皇帝"，[⑦] 学者们并不能确定他到底是罗马皇帝还是法兰克皇帝，其帝国观念是罗马式抑或非罗马式。

所谓罗马式帝国观念，是指帝号继承自古代罗马帝国，查理曼作为独一无二

---

① Roger Collins, *Charlemagne*, London: Macmillan Press, 1998, p. 148.

② Marios Costambeys, Matthew Innes and Simon MacLean, *The Carolingian World*, Cambridge: Cambridge University Press, 2011, p. 170.

③ Georges Minois, *Charlemagne*, Paris: Perrin, 2010, pp. 461 –463.

④ Jennifer Davis, *Charlemagne's Practice of Empire*, Cambridge: Cambridge University Press, 2015, pp. 363 –364.

⑤ Richard Sullivan, "The Carolingian Age: Reflections on Its Place in the History of the Middle Ages," *Speculum*, Vol. 64, No. 2, 1989, pp. 267 –306.

⑥ Steffen Patzold, "Karl der Große: Geheimnis eines Weihnachtstages," *Der Spiegel*, "Geschichte," 2012, Heft 6. 更多学术探讨，参见李隆国：《名实之间：学术棱镜中的查理曼称帝》，王晴佳、李隆国主编：《断裂与转型：帝国之后欧亚的历史与史学》，上海：上海古籍出版社，2017年，第307—321页。

⑦ 目前所知，这个帝号最早的使用日期是801年5月29日，一直使用到814年查理曼去世。

的罗马皇帝，帝号具有普世性和唯一性。而非罗马式帝国观念与此相反，认为帝号属于日耳曼人的帝国观念，其核心要素是统治多个族群，被军队和族群拥戴为皇帝。这种帝号观具有较强烈的实用主义色彩。① 非罗马式帝国观念最初由德国学者埃德蒙·斯坦厄尔1910年提出，并于1939年进行了系统阐发。②

对此，赫尔德曼并不赞同，他认为查理曼的帝号仅涉及以罗马为中心的意大利地区，查理曼是罗马皇帝。③ 但是，他主要从法制史的角度考察查理曼对罗马和罗马宗座的司法权，所运用的材料也多涉及查理曼死后教宗与皇帝之间的关系，而且主要依靠9世纪末10世纪中期撰写的匿名小册子《论罗马城的帝权》(Libellus de imperatoria potestate in urbe Roma)。赫尔德曼所用材料比较晚出，当代性不强，其后见之明颇让人联想起中古盛期以降帝权与教权之争的学术传统，容易引人反感。④

二战后，西格弗里德·艾伯尔莱茵申发了非罗马式帝国观念，⑤ 但影响最为广泛的阐释模式，是奥地利裔英国学者厄尔曼提出来的。他认为，利奥三世通过加冕仪式拥立了一位罗马皇帝，而这个帝号是"一个专门的称谓"，与古代的罗马帝位相似，体现的是"对全世界的最高统治权"。但是，查理曼不愿接受这种帝国观念，他追求的是与拜占庭皇帝"对等的地位"而已。⑥ 厄尔曼的学生珍妮·尼尔森进一步凝练申发其师观点，不同之处在于她认为，尽管罗马教宗的理论是罗马式的，其仪式则是模仿拜占庭方面的。同时，查理曼的名衔不是教宗加冕所获，而是由其治下承认其权力的各族人民赋予的。因此，这足以解释查理曼

---

① 关于"罗马式"与"非罗马式"帝国观念的最新总结，参见 H. Mayr-Harting, "Charlemagne, the Saxons, and the Imperial Coronation of 800," pp. 1113 – 1133.

② Edmund E. Stengel, "Kaisertitel und Suveränitätsidee: Studien zur Vorgeschichte des modernen Staatsbegriffs," *Deustches Archiv für Geschichte des Mittelalters*, Bd. 3, 1939, pp. 1 – 56.

③ Karl Heldmann, *Das Kaisertum Karls des Großen: Theorien und Wirklichkeit*, pp. 347 – 362.

④ 托马斯·诺贝尔基于天主教会的学术传统，激烈批判了赫尔德曼及德语学界的其他学者，参见 Thomas Noble, *The Republic of St. Peter: The Birth of the Papal State: 680 – 825*, Philadelphia: University of Pennsylvania Press, 1984, pp. 280 – 287.

⑤ Siegfried Epperlein, *Über das Romfreie Kaisertum im Frühen Mittelalter*, Berlin: Akademie – Verlag, 1967, pp. 307 – 342.

⑥ 沃尔特·厄尔曼：《中世纪政治思想史》，夏洞奇译，南京：译林出版社，2011年，第52—70页。

的帝号所指——他身在亚琛而"统治着罗马帝国"。①

1984 年，托马斯·诺贝尔从维持罗马教座独立性的立场出发，进一步辨析罗马式与非罗马式的关系。他认为，一方面，查理曼的帝国是"法兰克的和基督教的帝国"；另一方面，就法兰克皇帝对罗马城的权益而论，查理曼根本没有清晰的观念，"其实查理曼对于自己在罗马的权益并不清楚。他留给儿子虔诚者路易的是一个非常纷乱的局面"。②

2009 年，德国史家艾克哈德·穆勒－梅尔藤斯指出，在查理曼的名号中，帝号与王号只是并列关系，尽管帝号的等级最高，但没有证据表明他治下的罗马帝国覆盖全部统治领土，相反只包括"罗马城和皇帝—教宗共同控制的意大利中部地区"。③ 不过，穆勒－梅尔藤斯只是基于查理曼的名号分析得出结论，略嫌证据不足，还忽略了帝号的可变动性。2016 年，他的观点便受到劳瑞·萨尔提的反驳。萨尔提并未提供新证据支撑帝国泛指查理曼所辖领土的观点，而是从法兰克人罗马化的角度强调查理曼利用帝号治理整个王国，并于 802 年让所有臣民对新帝号宣誓效忠。④

由于受到中古盛期以降帝权与教权之争的学术传统影响，已有的帝号研究多涉及定性分析，试图确定查理曼的帝权观念到底是罗马式抑或非罗马式的。这就导致这些研究或多或少有静态化之嫌。查理曼称帝是"新事件"，他不仅要面对拜占庭、罗马教宗等宫廷之外不同力量及观念的影响，即使在宫廷内部，廷臣的意见也各有不同。因此，其帝号难免会存在不确定性，也会随着历史发展而改易。从动态角度看，查理曼最初采用的帝号为"罗马皇帝"，对应于特定地理上

---

① Janet Nelson, "Kingship and Empire in the Carolingian World," in McKitterick Rosamond, ed., *Carolingian Culture: Emulation and Innovation*, Cambridge: Cambridge University Press, 1993, pp. 52 – 87.

② Thomas Noble, *The Republic of St. Peter: The Birth of the Papal State: 680 – 825*, pp. 277 – 300.

③ Eckhard Müller-Mertens, "Römisches Reich im Frühmittelalter: Kaiserlich – päpstliches Kondominat, Salischer Herrschaftsverban," *Historische Zeitschriften*, Bd. 288, 2009, pp. 50 – 92.

④ Laury Sarti, "Frankish Romanness and Charlemagne's Empire," *Speculum*, Vol. 91, No. 4, 2016, pp. 1040 – 1058. 关于证据，参见 François-Louis Ganshof, *The Imperial Coronation of Charlemagne: Theories and Facts*, p. 5.

的政治实体；此后从"罗马皇帝"经"统治罗马帝国的皇帝"向"皇帝"的演化过程，则意味着帝号的泛化，即从代表特定政治实体的统治者名衔调整为代表所辖广大疆域的统治者名衔。辨析帝号的本源与演化，既有助于我们回到称帝"现场"，重新探究作为历史事件的查理曼称帝，寻找联络历史事件与政治结构的新节点，也能帮助我们理解查理曼处理帝国传承时所采取的分而和平原则。

## 二、从"罗马国老"到"罗马皇帝"

799 年 4 月 25 日，教宗利奥三世在罗马城举行大连祷游行，以祈祷丰收。当队伍行进到台伯河边的圣斯蒂芬和西尔维斯特（St Stephen & St. Silvester）修道院教堂门前，教士书记官帕斯卡尔（Primicerius Paschalis）和总务长康普卢斯（Sacellarius Campulus）事先安排埋伏的人马袭击了利奥三世。当时的情形相当混乱，游行人群四散，教宗被打伤并被关押到上述教堂。这批人还准备挖掉教宗的双眼，割掉他的舌头，然而未遂。随后，利奥三世被转移到圣伊拉斯谟教堂看押起来。教宗卫队长阿尔比努斯（Cubicularius Albinus）率人将教宗悄悄救出，并趁夜色逃到圣彼得大教堂。在那里的加洛林巡察钦差和驻军将利奥三世保护起来，并在斯波莱托（Spoleto）公爵的接引之下，护送教宗北上，前往帕德博恩（Paderborn）会见查理曼。

关于这次会见，法兰克方面非常重视，留下了专门颂扬该事件的《查理曼与教宗利奥之颂诗》（Carolus magnus et Leo Papa）。可惜，会面的具体内容我们不得而知。会面之后，查理曼派遣儿子小查理（Charles the Younger，800—811 年在位）亲自带领巡察钦差和大军将利奥护送回罗马，他则回到亚琛。此时，拜占庭帝国的使臣丹尼尔（Daniel）也在亚琛。丹尼尔的具体使命不明。[1] 法兰克方面称其为西西里总督米哈伊尔（Michael）的使者，只有一部小编年史称其为君士坦丁堡皇帝的使者。西西里总督是当时拜占庭帝国在西部地区的最高军政长官。虽然我们并不能确知历史的细节，但利奥事件显然牵动了法兰克、拜占庭和罗马教宗三方利益相关者，致使三方力量的代表会聚在法兰克宫廷。

800 年，查理曼启程前往巴黎地区和今法国西北部一带巡视海防，到重要教

---

① "Annalium Guelferbytanorum pars altera," in G. H. Pertz, ed., *Scriptorum*, tomus I, MGH., Hannover: Hahn, 1826, p. 45.

堂礼拜，征求当地重要谋臣的意见。是年8月，查理曼在美因茨（Mainz）召集王国大会，决定亲率大军前往意大利。抵达拉文纳后，查理曼安排军队远征伦巴第人在意大利的最后驻点——贝内文托（Benevento）公爵领，自己则前往罗马。教宗利奥三世出城12英里迎接。11月24日，查理曼进入罗马城，开始处理帕斯卡尔等对利奥三世的起诉。12月24日，教宗手持福音书在圣彼得大教堂的祭坛上发誓，宣称自己无罪。次日，发生了教宗为查理曼加冕的事件。

很显然，在称帝现场，人们欢呼"罗马皇帝"。于查理曼宫廷中编修的《法兰克王家年代记》如是叙述罗马人民的欢呼："上帝所加冕的、伟大且和平的罗马皇帝（imperator Romanorum），吾皇查理战无不胜！"[①]《罗马教宗列传之教宗利奥三世传》（以下简称《利奥三世传》）应该是利奥三世去世前后（816年左右）编辑而成，其中也有关于查理曼加冕仪式的类似表述，只是民众的欢呼来得更激动人心，他们奉众多的圣徒之名高呼三次："上帝所加冕的、虔诚的奥古斯都、伟大且和平的皇帝查理万岁，战无不胜！"[②]虽然罗马人民只欢呼"皇帝"和"奥古斯都"，但传记作者随后添加一句说明："他被所有人拥立为罗马皇帝（imperator Romanorum）。"这表明查理曼成了罗马皇帝，口语中使用的名衔是"罗马皇帝"（imperator或Augustus Romanorum）。罗马教宗和法兰克宫廷的说法比较吻合，不同在于《法兰克王家年代记》的作者身处亚琛，想当然地认为罗马民众欢呼的是"罗马皇帝"，而身处罗马城的教宗传作者则认为欢呼的只是"皇帝"。这种差异应该是针对不同读者而使用了不同用法。

称帝之后，查理曼以皇帝的名义主持司法大审判，将利奥三世的对手帕斯卡尔等判处大逆罪。由于利奥三世的请求，其对手最终保住了性命，被流放到法兰克王国境内。利奥三世证明自己的清白、查理曼称帝和审理帕斯卡尔这三件事情接连发生，所以罗马教座和拜占庭方面都将为查理曼加冕视作教宗的报恩行为。《利奥三世传》的提法是，罗马人民之拥立查理曼为罗马皇帝，是因为他"如此用心地保护和爱护神圣的罗马教会及其副手"。于813年编成的拜占庭著名史书

---

[①]　关于查理曼称帝部分的叙事应该是在807年前后完成。G. H. Pertz and F. Kurze, eds., *Annales Regni Francorum et Annales Q. D. Einhardi*, MGH., Scriptores rerum Germanicarum, in usum scholarum, Hannover: Hahn, 1905, pp. 110 – 112.

[②]　L'Abbé L. Duchesne, ed., *Le Liber Pontificalis*, Vol. Ⅱ, Paris: Ernest Thorin, 1892, p. 7.

《提奥法尼编年史》称"利奥三世为了表示感恩",将查理曼立为"罗马皇帝"
(Basileus Romanorum)。① 9世纪末10世纪初,在拜占庭控制下的那不勒斯编纂
的《那不勒斯主教列传》尊重历代教宗,但对利奥三世颇有微词。该书将查理曼
称帝视为利奥三世报复对手的手段,"立即为他加冕,创造一个最高权威以反对
教宗利奥的敌人"。②

作为新任罗马皇帝,查理曼是否立即启用新名衔不得而知。现存最早使用新
名衔的文书为801年3月4日签发的特许状(diploma)。它发布于罗马,旨在依
据罗马教宗的建议,解决阿雷佐(Arezzo)主教与锡耶纳(Siena)主教关于圣阿
姆山修道院的所有权纠纷,文书中提到查理曼的帝号。德意志文献集成(MGH.)
本采用的正式读法是"蒙上帝恩典,法兰克王、伦巴第王和罗马国老(Patricius
Romanorum)查理",即查理曼的旧名号。而在注释中,编者指出该文书的B本
使用了另一个名号:"法兰克王、罗马皇帝和伦巴第王"。③ B本系9世纪时当事
一方阿雷佐教堂的文件管理室抄录。编者在注释中说明,正式读法使用的是833
年虔诚者路易(Louis the Pious,814—840年在位)再次确认产权时写定的版本,
并给出了源自B本的异读。

B本中的"罗马皇帝"(Rex Romanorum),研究者一直认可其真实性,但这
一读法未得到应有重视。彼得·克拉森注意到学界相关讨论,但视之为"只不过
是过渡性的暂时性表述方式"。④ 如果带着后见之明,克拉森所说并不为错。查
理曼801年4月离开罗马,在罗马东北方的斯波莱托城堡小驻之后继续北上,5
月抵达拉文纳,在那里启用此后最常用的新名号"奉圣父圣子圣灵之名,为上帝

① Cyril Mango and Roger Scott, trans., *The Chronicle of Theophanes Confessor: Byzantine and Near Eastern History, AD 284 – 813*, Oxford: Clarendon Press, 1997, p. 653. 希腊文转引自 L'Abbé L. Duchesne, *Le Liber Pontificalis*, Vol. II, No. 34, p. 38.

② "Johannis gesta Episcoporum Neapolitanorum," in G. Waitz, ed., *Scriptorum rerum Langobardicarum et Italicarum, saec. VI- IX*, MGH., Scriptores, Hannover: Hahn, 1878, p. 428.

③ Engelbert Mülbhacher, ed., *Die Urkunden Pippins, Karlmanns und Karls des Grossen*, MGH., Die Urkunden der Karolinger, 1st. Bd., Hannover: Hahn, 1906, p. 264.

④ Peter Classein, "Romanum Gubernans Imperium: Zur Vorgeschichte der Kaisertitulatur Karls des Großen," in Josef Fleckenstein, ed., *Vorträge und Forschungen: Ausgewählte Aufsätze von Peter Classen*, Sigmaringen: Jan Thorbecke Verlag, 1983, p. 199.

所膏立的、尊贵的奥古斯都、统治罗马帝国的、伟大且和平的皇帝查理，在上帝的仁慈恩典下也是法兰克王和伦巴第王"。① 随后，他从拉文纳取道帕维亚（Pavia），于 8 月返回法兰克王国境内。

可以肯定的是，从查理曼称帝之后到 801 年 5 月之前，其名号尚未完全确定下来。但是，这些早期名号不仅有助于了解"统治罗马帝国的皇帝"这一帝号的前史，更有助于深入理解查理曼称帝这一历史事件，因此有必要加以深究。

查理曼最初使用的帝号是"罗马皇帝"（rex Romanorum），乃拜占庭皇帝名衔"basileus Romanorum"的拉丁文对（直）译，如前文引用过的提奥法尼所使用的那样。但是，这一希腊名衔还有另一种译法，即"imperator Romanorum"，属于意译。尽管文书证据表明最早的使用日期是 3 月初，但如果从"rex Romanorum"的意译"imperator Romanorum"看，记录这次事件的各种历史叙事可以旁证该名衔在称帝之后已被使用，如上文提到的《法兰克王家年代记》和《利奥三世传》。

在中古早期的拉丁文献中，"imperator Romanorum"远比"rex Romanorum"常见，而最为流行的用法是单独使用"imperator"。通过德意志文献集成数据库（DMGH）检索，"imperator"及其各种变体在 6 世纪出现 671 次，7 世纪 230 次，8 世纪则达到 902 次。② 与此相比，"imperator Romanorum"及其各种变体出现的频率要低得多，在 8 世纪仅 10 次，且全部出自法兰克方面的文献。③

同样基于该数据库的统计显示，"rex Romanorum"在 8 世纪共出现 13 次。表面上看，"rex Romanorum"似乎比"imperator Romanorum"更常见，但其中 7 次为称呼罗马王政时代诸王，另一例为英格兰的比德在《大编年纪》中提到"屋大维·恺撒是第二位罗马皇帝（Augustus），统治了 56 年零 6 个月，从他开始皇帝被称为'罗马皇帝'（rex Romanorum）"。④ 而其他 5 次都来自主祭保罗（Paul the

---

① E. Mülbhacher, ed., *Die Urkunden Pippins, Karlmanns und Karls des Grossen*, pp. 265 – 266.

② Brepolis Latin Complete, https://clt.brepolis.net/emgh/pages/QuickResults.aspx? qry = de3d039f – b1d5 – 4e02 – 91d3 – 34324f5cb654，访问日期：2021 年 1 月 7 日。

③ Brepolis Latin Complete, https://clt.brepolis.net/emgh/pages/QuickResults.aspx? qry = 687b6ad0 – c663 – 4cdb – a480 – 28f6f69cf5da，访问日期：2021 年 1 月 7 日。

④ "Bedae Chronica maiora ad. A. dccxxv," in Theodor Mommsen, ed., *Chronica Minora saec. IV. V. VI. VII*, Vol. III, MGH., Auct. Ant. 13, Berlin: Weidmann, 1898, pp. 280 – 281.

Deacon，？—799 年）。① 他在意大利卡西诺山（Monte Cassino）隐修时创作了《罗马史》和《伦巴第史》，较频繁地使用"rex Romanorum"，如"提比略·君士坦丁获得了统治权，为第 50 位罗马皇帝（Romanorum regum）"。② 看来深受拜占庭文化影响的意大利人偏爱这一术语。因此，现存第一份使用新帝号的文书，既反映了查理曼对拜占庭皇帝所用名号的向往和模仿，也表明查理曼尊重伦巴第人和拜占庭人的使用习惯。

仿效拜占庭皇帝是很自然的事，因为拜占庭皇帝是古代罗马皇帝的直接继承者。但是，仿效拜占庭皇帝称"罗马皇帝"，也就意味着查理曼的帝号需要得到拜占庭认可。事实上，拜占庭长期不承认查理曼的"罗马皇帝"称号，从而使其合法性充满了不确定因素。这也是查理曼帝号屡变的外部原因。如何应对这一问题，查理曼君臣未取得一致意见。这里仅举其荦荦大者。

罗马教宗并未理会拜占庭是否认可。《利奥三世传》将查理曼称帝的原因归结于他保护了罗马教会。对于罗马教宗是否有权替皇帝加冕，拜占庭教会人士未曾公开否认，如《那不勒斯主教列传》和《提奥法尼编年史》都未质疑罗马教宗为皇帝加冕这一行为是否合法。因此，这一派似乎可以被称为称帝的"基督教化派"，即罗马教会可以拥立皇帝，其核心术语就是"上帝所加冕的"。

作为查理曼晚年的宠臣，艾因哈德（Einhard，？—约 840 年）在《查理大帝传》（约成书于 9 世纪 20 年代）中显然非常重视拜占庭皇帝的认可。他反复强调，查理曼称帝引发了拜占庭方面的妒忌和敌视，但查理曼心胸开阔，对此加以宽容。《法兰克王家年代记》也存在类似倾向，专门记述拜占庭方面承认查理曼帝号的历史性时刻。812 年，君士坦丁堡的新皇帝米哈伊尔一世（Michael，811—813 年在位）确认了前任皇帝尼基弗鲁斯（Nicephorus，802—811 年在位）与查理曼达成的和约，并派遣外交使节到亚琛觐见查理曼，"在教堂里，按照他

---

① Brepolis Latin Complete，https：//clt. brepolis. net/emgh/pages/QuickResults. aspx？qry = ba929780 - 79f4 - 4fb0 - a231 - c68b846a98bf，访问日期：2021 年 1 月 7 日。

② "Excerpta ex Pauli Historia Romana codicum Bambergensisi Vaticani urbinatis，" in H. Droysen，ed.，*Eutropi cum ab urbe condita cum versionibus graecis et Pauli Langolfique*，MGH.，Auct. Ant. 2，Berlin：Weidmann，1879，p. 398.

们的一贯方式，用希腊语赞美他，称他为皇帝和王"（imperatorem et basileum）。① 上述作者代表了查理曼称帝事件中的"拜占庭认可派"。当然他们之间还有细微差异，艾因哈德甚至觉得称帝没有特别的必要性，所以才会说，查理曼不愿意称帝。②

以洛尔施修道院一批人为代表，他们认为查理曼称帝是复兴帝权的结果。805 年左右在这座修道院编订的《洛尔施修道院编年史》，③ 详细记载了称帝前夕查理曼在罗马召集的讨论称帝事宜的大会。史书的作者强烈表达了称帝的合法性，提出因为希腊人送来了帝号，而查理曼控制了原（古代）皇帝在西部的众多首都，功盖古代皇帝，应该称帝。④ 在他们眼中，查理曼复兴了古代罗马皇帝的帝权，应该得到帝号。姑且称这一派为"帝权复兴派"，其核心理念就是"帝权"，查理曼既拥有帝权又被送来帝号，故在上帝的恩典之下应该得到帝号。

这些都是历史叙事，反映的是查理曼的政策顾问的意见，而查理曼留下的文书提供了一窥其本人思绪的机会。现存一份敕令，发布于 801 年，是查理曼停留于意大利时针对该地所颁布，因此被称为《意大利敕令》。该敕令旨在维持司法公正，确保意大利局势稳定。文书的签署日期非常有意思："于基督第 801 年，第 9 小纪，我统治法兰克王国第 33 年，统治意大利第 28 年，以及任执政官第 1 年。"⑤ 此敕令德意志文献集成本的编者阿尔弗里德·博莱修认为，文书发布于

---

① G. H. Pertz and F. Kurz, eds., *Annales Regni Francorum et Annales Q. D. Einhardi*, p. 136. 中文相关解释，参见陈秀凤：《政权"神圣化"？——以法兰克国王祝圣典礼为中心的探讨》，《新史学》2005 年第 4 期。

② 艾因哈德：《查理大帝传》，戚国淦译，北京：商务印书馆，1979 年，第 30 页。

③ Roger Collins, "Charlemagne's Imperial Coronation and the Annals of Lorsch," in Joanna Story, ed., *Charlemagne: Empire and Society*, Manchester: Manchester University Press, 2005, pp. 52 – 70.

④ "Annales Laureshamenses," in G. H. Pertz, ed., *Scriptorum*, tomus I, p. 38.

⑤ Alfred Boretius, ed., *Capitularia Regum Francorum*, tomus I, MGH., Legum sectio II, Hannover: Hahn, 1883, No. 98, p. 204. 基督纪年法（Anno Incarnationis 或 Anno Domini）是公元纪年法的前身，但计算的起点不太一样。中古基督纪年法以基督诞生为起点，而在公元纪年法中，基督并非诞生于公元元年。小纪（Indiction）以十五年为一周期，是源自古代罗马帝国晚期财政年的纪年法。

801 年的意大利或法兰克王国。如果从纪年方式看，此文书应产生于查理曼采用常见帝号纪年即 801 年 5 月 29 日之前。而且从行文来看，查理曼提到我"来到意大利"，说明其时他在意大利。如果这一推论成立，那么该文书就在证据链上占据了关键一环，可以借此窥见查理曼对帝号的最早调整。执政官纪年方式反映了称帝之初浓厚的复古氛围。作为最高行政职位，古代罗马帝国的执政官被罗马皇帝查士丁尼（Justinian I，527—565 年在位）废除之后，已消失了好几个世纪。但在意大利诸多城市，执政官一直是城市最高行政长官，那不勒斯城即是如此。查理曼采用执政官纪年方式，表明他对复兴罗马城古代荣耀充满向往。

考虑到这一复古倾向，可以更准确地理解《法兰克王家年代记》中一句非常难懂的话语。在叙述称帝仪式的结束环节时，该编年史提到罗马教宗"按照古代帝王的方式对查理曼进行祝福"。费希特瑙等认为，这一方式可能是君士坦丁堡流行的为皇帝祈福的方式。[1] 而结合执政官纪年来看，"古代帝王的方式"更可能是对罗马城独特的古代皇帝政治文化传统的自觉继承和复兴。

将称帝前后的名号进行比较，可以发现查理曼对新帝号的处理相对简单。第一，"罗马皇帝"取代原名号中的"罗马国老"。称帝之前，自 775 年开始，查理曼的名号相当稳定地采用"蒙上帝恩典，法兰克王、伦巴第王和罗马国老查理"。称帝之后所用名衔的数量不变，仍然包括三个具体名衔，"罗马国老"却消失不见，取而代之的是"罗马皇帝"。这一变化被加洛林叙事普遍视为荣誉升级，如《法兰克王家年代记》所说，"在礼赞之后，教宗按照古代帝王的方式对查理曼进行祝福，查理曼去掉罗马国老的名衔，被称为皇帝和奥古斯都"。[2]

第二个变化是排位顺序的调整。原来的"罗马国老"排在三个名衔的末位，在新名号中，取代"罗马国老"的帝号"罗马皇帝"升了一位，处于"法兰克王"之后、"伦巴第王"之前。"罗马皇帝"似乎不如"法兰克王"那么重要，但又比"伦巴第王"重要。这一排位调整说明，查理曼并未按照"名分"的高低次序排列三个名号，而是把罗马皇帝与法兰克王、伦巴第王一样，视为某个

---

① Heinrich Fichtenau, *The Carolingian Empire*, trans. Peter Munz, New York：Harper & Row Publishers, 1964, p. 75.

② G. H. Pertz and F. Kurz, eds., *Annales Regni Francorum et Annales Q. D. Einhardi*, pp. 110 - 112.

"王国"（Regnum）或政治体的统治名号。三个"王国"或政治体分别对应法兰克王国、罗马帝国和伦巴第王国。这种排序不仅反映查理曼处理帝号的务实态度，也提醒我们注意帝号作为具体名衔、帝国作为政治体的局限性。问题在于，罗马皇帝对应的政治体的实际控制范围到底有多大，以至于帝号最初只能排在三个具体名衔的第二位？

## 三、罗马帝国之"轻"与帝号之"重"

尽管时人留下较多关于称帝事件的记载，但对理解帝号变迁至为关键的"罗马帝国"鲜有提及，更未说明帝国在西部地区到底包括哪些辖域。8世纪末，与古代罗马帝国相比，作为其直接继承者的拜占庭帝国辖区大为缩减，在西部地区的实际控制范围就更加狭小，主要是意大利东北部沿海地区、中南部及部分岛屿，外加一些北非岛屿。在这一地理范围之内，除阿拉伯人控制的部分岛屿外，意大利由拜占庭帝国、法兰克王国、伦巴第人和罗马教宗各控制一部分。从实际控制区看，拜占庭帝国控制以巴里城（Bari）和西西里岛为中心的意大利南部地区；罗马教宗控制罗马公爵领；查理曼控制伦巴第王国、原拉文纳总督府及其辖地，包括斯波莱托公爵领；而由伦巴第人控制的贝内文托公爵领夹在法兰克意大利和拜占庭意大利之间，或接受拜占庭的领主权或接受法兰克的领主权。但在法权上，意大利分为两部分：法兰克人控制下的意大利中北部和拜占庭人控制下的中南部及沿海据点。

当时罗马教会始终坚持，除非洲的岛屿之外，帝国西部疆土就是意大利诸行省及其岛屿。这一时期伪造的历史文书《君士坦丁赠礼》对此有明确说明。《君士坦丁赠礼》是中古欧洲影响最大的伪造文书之一，现存最早的抄本可追溯到9世纪上半叶，而伪造日期可能不早于8世纪中叶。[①] 文书包括两个部分：一是"申信"（confessio），旨在说明罗马皇帝君士坦丁一世（Constantine the Great，306—337年在位）给罗马教宗西尔维斯特（Silvester，314—335年在位）赠礼的宗教动机。"申信"讲述君士坦丁一世得了麻风病之后如何被洗礼治愈，如何宣

---

① Horst Fuhrmann, ed., *Das Constitutum Constantini Text*, MGH., Fontes iuris germanici antiqui, in usum scholarum, X, Hannover: Hahn, 1968, p. 7.

布自己的信仰信条。二是"赠礼"部分。为了报答治愈其疾病的罗马教宗，君士坦丁将各地的教堂、财产捐赠给罗马教会。其中最受争议之处，就是将西部帝国及其最高政治权威让渡给罗马教宗及其继承人。①

这份文书虽系伪造，但出现时间正好与查理曼生活的年代基本一致，故可以为当时流行的帝国辖域观念提供佐证。《君士坦丁赠礼》不仅提到帝国的地理范围，也明确表达赠予教宗的西部帝国包括哪些地区。整个帝国包括"犹地亚、希腊、亚细亚、色雷斯、阿非利加、意大利及其岛屿"。② 这里的帝国不可能是古代的罗马帝国，因为西部缺了高卢、西班牙、日耳曼尼亚和不列颠等地区及行省，它所反映的是文书被伪造时的帝国地理常识；这里的阿非利加指仍处在拜占庭帝国控制下的诸多北非岛屿，或是其与阿拉伯帝国仍相互争夺的地方。

至于要赠予教宗的全部西部帝国，其地理所指也非常明确。《君士坦丁赠礼》说："将我们的行宫，也将罗马城和所有意大利或者西部地区的行省、地方和城市让渡给这位有福的教宗、我们的教父西尔维斯特。"③ 这段话所指地区往往被理解为包括古代罗马帝国在西部的全部地区。例如最近德国历史学家约翰·弗里德出版的《〈君士坦丁赠礼〉与〈君士坦丁敕令〉》，仍将其理解为当时实际由拜占庭帝国和法兰克王国共同控制的原罗马帝国西部地区，"在伪造文书的时候，事实上西部行省只剩下法兰克王国和英格兰，最多还包括威尼斯、达尔马提亚、意大利南部和西西里"。④ 之所以发生这样的误读，固然有中古盛期和文艺复兴以降的学术传统的消极影响，也在于弗里德将文书中的"或者"（seu）仅仅理解为"和"（et）。而且，如果将西部地区置于帝国全部疆域范围之内来解读，这句话就更容易理解一些。从全部辖域中剔除东方地区即"犹地亚、希腊、亚细亚、

① 对文书内容的介绍，参见叶·阿·科斯敏斯基：《中世纪史学史》，郭守田等译，北京：商务印书馆，2011 年，第 58 页；吕大年：《瓦拉和〈君士坦丁赠礼〉》，《国外文学》2002 年第 4 期；李隆国：《中古早期历史记忆中的"君士坦丁转向"》，高峰枫主编：《古典与中世纪研究》第 1 辑，北京：商务印书馆，2020 年，第 1—29 页。中译文参见孙沐乔：《〈伪君士坦丁赠礼〉平议》，硕士学位论文，北京大学历史学系，2019 年。

② Horst Fuhrmann, ed., *Das Constitutum Constantini Text*, pp. 85 – 86.

③ Horst Fuhrmann, ed., *Das Constitutum Constantini Text*, p. 93.

④ Johannes Fried, *Donation of Constantine and Constitutum Constantini*, New York: De Gruyter, 2007, p. 43.

色雷斯"，剩下的就只有"北非、意大利及其岛屿"了。

如果说《君士坦丁赠礼》提供了当时欧洲西部关于罗马帝国实际辖域的地理常识，《意大利敕令》则从治理实践上印证了这一点。在这份敕令中，查理曼自称"奉耶稣基督我主之名。查理，由神意加冕、统治罗马帝国的、尊贵的奥古斯都，致由我仁慈地加以任命、领导意大利诸行省的所有公爵、伯爵和王国的所有地方官（gastaldiis）……当我为了上帝的神圣教会和治理诸行省事务来到意大利时，各城中有各种各样的疑难案件呈送至我面前，有的事关教会事务，有的事关世俗公私事务"。①

查理曼在罗马一直停留到 801 年 4 月 25 日。《意大利敕令》有可能是在罗马发布的，因为文书中的语句与《法兰克王家年代记》中的叙事可互相印证，查理曼"整饬罗马城、使徒教座、意大利的公私和教会事务"。② 当然，这份敕令也可能在拉文纳发布，查理曼"取道拉文纳地区，主持司法、维持稳定"。③ 但从"意大利的公私和教会事务"这一术语看，在罗马发布的可能性更大。《意大利敕令》只使用了皇帝名衔，没有像其他敕令那样加上"法兰克王和伦巴第王"。作为皇帝，其行政治理的对应物是罗马帝国。在敕令中，指称帝国的术语既有"romanum imperium"，又有"rempublicam"。"respublica"是从古罗马传承下来的罗马共和国国名。随着政体改变，共和国为帝国所取代，但罗马帝国的统治者一直使用该术语称呼帝国。在中古早期，拜占庭帝国沿袭不改，垄断了这一术语的使用。所以，这里出现的"respublica"与"romanum imperium"是一个意思，都指代罗马帝国。④ 与此相应，敕令明确帝国具体所指，即"意大利诸行省"。

如果查理曼治下的罗马帝国对应于意大利诸行省，那么在实际治理中，就面临一个难题：作为政治体，罗马帝国与伦巴第王国或者意大利王国的关系是怎样

① Alfred Boretius, ed., *Capitularia Regum Francorum*, tomus Ⅰ, p. 204.

② G. H. Pertz and F. Kurze, eds., *Annales Regni Francorum et Annales Q. D. Einhardi*, p. 114.

③ "Annales Lareshamenses," in G. H. Pertz, ed., *Scriptorum*, tomus Ⅰ, p. 38.

④ 李隆国：《重建"神圣的罗马帝国"：中古早期欧洲的政治发展道路》，《历史研究》2020年第 2 期。"imperium"源自动词"统治"（impero），该词在中古早期有四种相近的含义：王国、王侯辖地、皇宫（复数形式）和皇冠，参见 Albert Blaise, ed., *Dictionnaire Latin-Français des Auteurs du Moyen-Age*, Turnholt：Brepols, 1975, p. 457.

的？换言之，统治罗马帝国的皇帝与意大利王或伦巴第王如何区分？称帝前名号中的"罗马国老"是荣誉名衔，或者说是品位，与统治的政治体没有直接关联。例如，查理曼与父亲丕平三世于754年获得此名衔，但并未控制拜占庭帝国任何实际管控区域。称帝之后，取而代之的是作为政治实体的罗马帝国的统治者或皇帝。从实际管控地区而言，罗马皇帝与意大利王或者伦巴第王都只控制了意大利的部分地区，意大利王或伦巴第王的实际控制区主要为罗马公爵领以北，以波河流域为中心的意大利中北部。罗马皇帝的实际控制地区除意大利东部沿海相关据点外，主要是罗马公爵领以南包括西西里等在内的意大利南部沿海地区。或许，二者之间最大的差别仅在于皇帝掌握着由罗马教宗治理的"罗马公爵领"最高司法权，而这是伦巴第王或意大利王不能僭越的。这一治理方面的局限使得第一个帝号"罗马皇帝"作为政治实体统治者的意义并不大。

作为这一狭小政治实体的统治者，罗马皇帝这一名衔还面临随称帝而兴起的各种帝国观念的挑战。作为复古的帝国，古代的罗马帝国观念随着查理曼称帝而复兴，并在查理曼的顾问中获得部分支持。《洛尔施修道院编年史》的作者明确表达了这一观念："他不仅控制了古代皇帝通常驻跸的罗马城，还控制了位于意大利、高卢和日耳曼尼亚的其他首都。"[1] 与仅包括意大利诸行省及其岛屿的（西部）罗马帝国相比，复兴的罗马帝国不只是一个观念，它与查理曼的皇皇武功结合在一起，凭借其实际控制的地盘而拥有独特地理内涵，使得这一旧帝国观焕发出强烈的现实感，成为一个新的"旧观念"。

另外，作为中古早期基督教会世界历史观念中的关键性环节，罗马帝国还肩负着更神圣的神学使命。在基督教的俗史框架中，罗马帝国将是人类历史上最后的帝国，会迎来基督的第二次降临和末日审判，此后人类历史将宣告终结。按高卢地区流行的世界历史年代推算术，800年被视为人类历史的重要节点。[2] 而查理曼称帝与这种宗教观念之关系，近来也备受史家的关注，[3] 此不赘述。

---

[1] "Annales Laureshamenses," in G. H. Pertz, ed., *Scriptorum*, tomus Ⅰ, p. 38.

[2] 李隆国：《外圣内王与中古早期编年史的叙述复兴》，《史学史研究》2019年第3期。

[3] Johannes Fried, *Charlemagne*, trans. Peter Lewis, Massachusetts: Harvard University Press, 2016, pp. 373 – 376; Janet Nelson, *King and Emperor: A New Life of Charlemagne*, California: University of California Press, 2019, p. 223.

　　查理曼称帝之时，他不得不面对流行的各种（西）罗马帝国观念。称帝更使各种观念大行其道，帝国可以小到查理曼所控制的拜占庭所辖意大利地区，大则等同于他控制的全部辖地，甚至与当时所知的基督教世界等同。因此，从观念而言，帝国非常之"重"。但作为政治体，罗马皇帝所控制的（西）罗马帝国实际上只包括以罗马城和拉文纳为中心的意大利中部地区，至多涵盖意大利诸行省。衡之以地域大小，帝国其实很"轻"。而且在治理实践中，帝国辖地与伦巴第王国或意大利王国的区分并不明晰。因此，观念与政治实际形成张力，观念中的罗马帝国或者说帝号非常之重，而作为政治体的罗马帝国又非常之轻。这种轻重不均的现象，在内体现为帝号与政治体的矛盾，对外则为获得拜占庭皇帝认可的帝号合法性诉求与控制拜占庭西部辖区之实的矛盾。因此，正是帝号之重（观念上）与罗马帝国之轻（地理上）这一对名实矛盾，推动了查理曼帝号的继续演变，总体变化趋势是"重"的帝号逐渐与"轻"的帝国适当分离，并与查理曼实际控制的广大地域融合起来，推动帝号的词义泛化。与此同时，借助于基督教世界历史观，复兴的帝国观念推动帝号在查理曼名号中的位置排序逐渐前移。

## 四、帝号的泛化

　　在《意大利敕令》中，查理曼通过治理实践开始根本性改变自己的帝号。这里所用的帝号为"统治罗马帝国的皇帝（奥古斯都）"（Augustus Romanum regens imperium）。该帝号与最初的帝号"rex Romanorum"业已不同，和随后常用的帝号"统治罗马帝国的皇帝（奥古斯都）"（Augustus, imperator Romanum gubernans imperium）在用词上也略异。这些名号的用法，为我们提供了一窥查理曼帝号最初演变轨迹的宝贵证据。

　　新帝号去除表示所属性质的所有格限定词——"罗马人的"，取而代之的是做同位语的动名词词组——"统治罗马帝国的"。动名词（regens），就是皇帝或国王（rex）的释义，所谓"王者，因统治而得名者也"。[①] 查理曼是法兰克人，

---

① W. M. Lindsay, ed., *Etymologiarum sive Originum libri XX*, Oxford：Clarendon Press, 1911, Lib. ix, Cap. 3.

不是罗马人，这一调整更符合实际。新帝号不仅不再采用当时的拜占庭皇帝名号，还意味着重大调整。查理曼将一个具体帝号分成两个不同部分：帝号和政治体。调整的结果是将查理曼这位拜占庭帝号的僭取者或分享者，变为罗马帝国的实际最高统治者之一。因此，从加冕现场的"罗马皇帝"到"统治罗马帝国的皇帝"的变化，既是从仪式走向治理，也意味着偏离拜占庭皇帝的名号使用习惯，转向意大利地区流行的皇帝名号传统。

发布《意大利敕令》之后，查理曼的帝号在文书中继续微调，仍是"统治罗马帝国的皇帝"，语法形式也为表示皇帝的具体名衔加上作为同位语的动名词词组。但新帝号使用了不同词汇，"统治"的用词从"regens"改为"gubernans"，[①]"皇帝"一词从"augustus"调整为"Augustus，imperator"。这一名衔最早出现在 5 月 29 日一份于拉文纳颁布的赠地文书中。与《意大利敕令》单独使用帝号的方式不同，这里的帝号是与查理曼其他两个名衔一起出现的。"统治罗马帝国的皇帝查理曼，蒙上帝恩典也是法兰克王和伦巴第王"，而且帝号的排序从第二位升到首位。这一变化反映了排序标准的改变，从政治体的大小变为名分或荣誉的高低。新帝号既符合政治观念的等级秩序，又反映了统治的实际情况。从此，作为"名"的帝号开始超越作为"实"的罗马帝国。

"统治罗马帝国的皇帝"并不算新提法。据彼得·克拉森考证，作为名号，"统治罗马帝国的皇帝"中各个元素源自意大利特别是拉文纳地区对拜占庭皇帝的称呼。[②] 不仅如此，早在 6 世纪末，墨洛温王朝的奥斯特拉西亚王室致君士坦丁堡皇帝莫里斯（Maurice，582—602 年在位）的信函中，就称莫里斯为"统治

---

① "gubernans"为动词"掌舵"（guberno）的现在分词形式。在中古早期，该词最为常见的含义有两种，一为"看守"，一为"照顾"，参见 Albert Blaise, ed., *Dictionnaire Latin-Francaise des auteurs du Moyen-Age*, p. 429. 教会人士尤其偏爱此词，如马赛萨尔维安的名著《论上帝的治理》就用了这一分词形式。使用"guberno"和"gubernans"来说明治理教会、王国等用法也很常见。用德意志文献集成数据库检索，比较中古早期"gubernans"和"regens"的使用频率，"regens"远远多于"gubernans"，参见 https：//clt. brepolis. net/ emgh/pages/QuickResults. aspx? qry = 227461d1 – 1ecf – 4a00 – 8163 – 9a81b062c270，访问日期：2021 年 10 月 3 日。

② Peter Classen, "Romanum Gubernans Imperium: Zur Vorgeschichte der Kaisertitulatur Karls des Großen," pp. 187 – 204.

罗马帝国的皇帝"（rempublicam gubernantis）。① 不过其用来指代帝国的词汇是流传有序的"respublica"，并用"元首"（princeps）称呼皇帝。这部书信集现存唯一的抄本为梵蒂冈宫廷拉丁本第869号（Vatican，Palatine Latin，No. 869），系9世纪两位写手抄录于洛尔施（Lorsch）修道院。

8世纪初编纂于巴黎地区的《法兰克人史纪》，也曾使用类似术语，描述对法兰克人兴起至关重要的罗马皇帝瓦伦提尼。该书的B本称瓦伦提尼为"统治罗马帝国的皇帝"（imperator imperium Romanorum regebat）。② 该书德意志文献集成本的编者布鲁诺·克鲁西认为，B本是在A本的基础上另外抄录修订而成。A本编订时间是727年之前，B本则在727年之后。最近，学者格尔伯丁认为，B本的编订时间应该在8世纪90年代。而海米茨发现，在9世纪下半叶，加洛林学者不断抄写和改写B本。如果这一新结论可靠的话，则"统治罗马帝国的皇帝"甚至《意大利敕令》中使用过的表述形式，不仅出现于拉文纳地区，即使在法兰克王国，人们对该术语也不陌生。

另外，查理曼的重要谋臣、都尔城的圣马丁修道院院长阿尔昆，曾于查理曼称帝前夕致函勉他帮助利奥三世重获教宗宝座。信中提到君士坦丁堡的废帝君士坦丁六世（Constantine Ⅵ，780—797年在位），称这位于797年被母后伊琳娜（Irene）废黜的皇帝为"其帝国的统治者"（gubernator imperii illius）。③

离开拉文纳，查理曼回到法兰克王国。802年，查理曼派出巡察钦差到各地主持正义，并让所有臣民对其新帝号宣誓效忠。"他治下的所有人，无论教俗人士，原来曾宣誓过效忠其国王名衔的，都得按原来的誓言和方式对他的帝号宣誓

---

① "Epistolae Austrasicae," in Ernest Dümmler, ed., *Epistolae Merowingici et Karolini aevi I*, MGH., Epistolarum tomus Ⅲ, Berlin: Weidmann, 1892, p. 145.

② Bruno Krusch, ed., *Fredegarii et aliorum Chronica. Vitae Sanctorum*, MGH., Hannover: Hahn, 1888, p. 242. 有关版本的说明，参见该编年史前言第218页。另见 Richard A. Gerberding, "Paris, Bibliotheque National Latin 7906: An Unnoticed Very Early Fragment of the 'Liber Historiae Francorum'," *Traditio*, Vol. 43, 1987, pp. 381 – 386. 引文在第383页。基于B本在加洛林早期不断重写这一现象，海米茨也质疑克鲁西所提出的A本和B本的版本传统过于简单。参见 Helmut Reimitz, *History, Frankish Identity and The Framing of Western Ethnicity, 550 – 850*, Cambridge: Cambridge University Press, 2015, p. 310.

③ "Alcuini Epistolae," in Ernest Dümmler, ed., *Epistolarum tomus Ⅳ Karolini aevi Ⅱ*, MGH., Berlin: Weidmann, 1895, p. 288.

效忠。那些未曾宣誓者，若已年满 12 岁，也得同样宣誓效忠。"① 此后，在正式文书中，查理曼自称的名号基本上是三个名衔并用。

在历史叙事作品中，查理曼一般被称为"皇帝查理"（imperator Carolus）。在臣民致查理曼的信函中，查理曼的帝号也代表了他的名号，成为唯一的荣誉称号。寄信人称呼查理曼时，往往只用"皇帝"这一个名衔，并不提及"法兰克王"和"伦巴第王"。如在《查理曼统治时期信函录》（收信 42 通）中收录有查理曼称帝之后各地教会人士写给他的信函凡 7 通，这些书信被编入《加洛林书信集》第 1 卷。其中标号为第 25 的书信是桑斯大主教马格努斯写给查理的，里面称呼查理曼为"无比荣耀的皇帝"（gloriosissime imperator）。第 26 通为某人致查理函，称"皇帝"（imperatoris），行文中还用呼语"无比荣耀的皇帝和基督教徒的元首"（gloriosissime imperator et princeps populi christiani）。第 27 通为阿奎利亚大主教马格森提乌斯致查理函，所使用的称呼为"元首、奥古斯都、皇帝和罗马帝国的统治者"（principi, Augusto, imperatori atque romanum gubernanti imperium）。第 28、29 及 30 通皆为里昂大主教莱德哈德致查理曼函，称呼分别是"皇帝"（imperatori）、"皇帝和奥古斯都"和"皇帝"。最后一通标号为第 33 通，是富尔达修道院修士写给查理曼的，称查理曼为"皇帝和奥古斯都"。这部书信集中另有一通较特殊的信函，收信人为查理曼的廷臣，信中称查理曼为"元首"。② 可见，在日常生活中，查理曼的名号被简称为皇帝。

然而，这种普遍用法中也有明显例外。艾因哈德似乎代表另一种独特态度，在查理曼死后仍坚持称其为"法兰克王"。③ 对查理曼称帝至为关心的顾问阿尔昆则提供了难得的观察样本，可以一窥查理曼的亲密顾问们的鲜活应对。从 800 年查理曼离开法兰克尼亚到 804 年阿尔昆去世，现存阿尔昆写给查理曼的书信有 10 多件，其中 10 通信函提到查理曼的名号。按照其所使用的查理曼称谓，这 10

① Alfred Boretius, ed., *Capitularia Regum Francorum*, tomus Ⅰ, p. 92.
② "Epistolae variorum Carolo magno regnante scriptae," in Ernest Dümmler, ed., *Epistolarum tomus Ⅳ Karolini aevi Ⅱ*, No. 25, p. 534；No. 26, p. 535；No. 27, p. 537；No. 28, p. 539；No. 29, p. 540；No. 30, pp. 542, 548；No. 36, p. 552.
③ G. H. Pertz, G. Waitz and O. Holder - Egger, eds., *Einhardi vita Karoli Magni*, MGH., Scriptores rerum Germanorum, in usum scholarum, Hannvoer: Hahn, 1911, p. 1.

通书信大致可以分为三类。第一类包括 5 封信（no. 221，229，231，238 和 240），都写作于 800 年底至 801 年初。在这些信件中，阿尔昆坚持称呼查理曼为"大卫王"（David rex）。阿尔昆使用这个化自《圣经》的独特名号，既为表示君臣关系的亲密，也是对神圣王权的期待。但也正因为坚持这个旧有的习惯称号，在使用新帝号之时，阿尔昆表现得颇为踌躇，称呼大卫王为皇帝，似乎显得凿枘不合。在随后的几封书信中，他都在努力折中。第 249 和 257 通书信即第二类，写作于 801 年底至 802 年，分别称呼查理曼为"查理王和皇帝奥古斯都"（Karoli regi imperatori Augusto）和"查理王奥古斯都"（rex Augusto）。在感叹之时，阿尔昆也使用了"神圣的皇帝"（sancte imperator）的表述；但在书信末尾的颂诗中，阿尔昆还念念不忘"大卫王"这一称呼。①

最后 3 封信（no. 306，307 和 308）为第三类，其中第 306 封信称查理曼为"皇帝查理"（Augusto Karoli），第 307 封信的抬头为"我主大卫"（David），第 308 封信的抬头则为"查理王、皇帝奥古斯都"（Karolo regi，imperatori augusto）。但这三通书信的日期都只能判定写作于 801—804 年，并不能表明阿尔昆最终找到了自己满意的称呼查理曼的新方式。综合来看，阿尔昆使用查理曼的名号带有强烈的个人习惯，但在查理曼称帝之后，他也得适应使用查理曼的帝号代表其名号的新潮流。至少作为口头表达（感叹时的用法），一般会使用"皇帝"这一名衔，如"神圣的皇帝"、"无比杰出的皇帝"（excellentissime imperator）等。②

查理曼的谋臣对新帝号的复杂态度似乎并非仅仅习惯使然，也是在积极应对政治术语的重大调整。名号的简称使查理曼的名号在日常应用中发生质变。在称帝之后的第一个名号中，排在第一位的是法兰克王，查理曼名号的简称就是法兰克王，其他名衔被省略。这意味着查理曼的名号简称在称帝之后并未立即发生变化。而在第二个名号中，皇帝升格为第一位，查理曼的简称就变成"皇帝"，其他名衔同样被省略。这一变化就是从王号到帝号的深刻转变，但这种变化并非基于统治实力的改变，因为查理曼的实力来自法兰克王，而名号来

---

① "Alcuini Epistolae," in Ernest Dümmler, ed., *Epistolarum tomus Ⅳ Karolini aevi Ⅱ*, No. 249, pp. 401 –404; No. 257, pp. 414 –416.

② "Alcuini Epistolae," in Ernest Dümmler, ed., *Epistolarum tomus Ⅳ Karolini aevi Ⅱ*, No. 306, p. 465; No. 307, p. 466.

自对罗马帝国的统治。在这两个名号被使用之间的岁月里，查理曼的实力几乎未发生任何变化。因此，名号的调整更多是源于政治思想领域的变动。艾因哈德对查理曼名号的极端态度，阿尔昆书信中的困难调适都反映查理曼名号中的名实矛盾。

800年，在查理曼加冕称帝的同时，他的长子小查理（Charles the Younger，800—811年在位）在罗马被教宗加冕为法兰克王，实际上成为钦定的王位接班人。806年，查理曼最终颁布《分国诏书》，将辖地一分为三，分别传给其与皇后希尔德嘉德（Hidlegard，？—783年）所生的三位王子。法兰克核心地区，即当年查理曼的父亲丕平三世（俗称矮子丕平，751—768年在位）的遗产，被完整地分给长子小查理；阿奎丹王国和意大利王国的地盘被适当扩充，分别由阿奎丹王虔诚者路易和意大利王丕平（Pippin of Italy，781—810年在位）统治。法兰克王小查理拥有的份额最大，比两位弟弟份额之和还要多。[1] 从政治军事实力而言，在帝国的各个组成王国中，法兰克王国仍处于核心地位。但分割传承也意味着查理曼三子之间必须合作，共同保护罗马教会，维护教会的和平，并以"兄弟之爱"彼此帮助，维持帝国的和平。帝国的统一性分别通过维护教会的和平与家族的和平实现，《806年分国诏书》确立了分而和平的帝国传承原则。帝号由查理曼本人保留，而且在他有生之年，三个孩子都要完全服从他，"如同孩子服从父亲，臣民服从皇帝"。[2] 分而和平的原则与查理曼名号中的名衔构成方式，似乎存在某种暗合。

---

[1] 对于此次分国的原则，学界存在重大争议，均分原则与非均分原则两种说法相持不下，参见《806年分国诏书》，陈莹雪、李隆国主编：《西学研究》第3辑，北京：商务印书馆，2020年，第70—84页。《806年分国诏书》第4款提到"如果年长的查理先于其他兄弟去世，他的那部分王国将在丕平和路易之间分割，就像我和我的兄弟卡洛曼之间当年分割的那样，丕平将得到我的兄弟卡洛曼的那部分，路易则得到我的那部分"。这段话说明，小查理得到了矮子丕平留给查理曼的那部分，即"祖业"，这一部分比查理曼增加的部分还大。查理曼增加的部分，即是虔诚者路易和意大利的丕平所得之和。据艾因哈德记载，"通过这些战争，他使得国家的版图几乎扩充了一倍"，换言之，查理曼增加的版图比他父亲矮子丕平留给他的版图略小一些，参见艾因哈德：《查理大帝传》，第18页。

[2] Alfred Boretius, ed., *Capitularia Regum Francorum*, tomus Ⅰ, pp. 126 – 130. 中译文参见《806年分国诏书》，第70—84页。

　　帝国三分之后，地方贵族难免集结在各位继承者身边，形成并强化各个王国的地方化认同。尤其在法兰克王国核心地区，即莱茵河至卢瓦尔河之间，这里是加洛林家族龙兴之所在，这一地区的法兰克人认同十分强烈。艾因哈德强调，查理曼称帝之后所采取的措施主要为仿效罗马文化，以培养法兰克文化。他应该是这一政治认同的忠实鼓吹者，也认为罗马帝号与法兰克王之间存在张力、名实难副。① 但按照《洛尔施修道院编年史》的主张，这种名实不符的矛盾并不存在，即查理曼治下的所有领土都可算作古代罗马帝国曾控制的地理范围。不过，这种来时甚短的复兴理论，要与统治集团中固有的法兰克王国认同进行竞争。② 查理曼的政策则是尊重法兰克认同，以和睦协作为原则，维护辖域的统治与和平。以前学者们认为《806 年分国诏书》旨在分国，而近年来通过梳理不同版本，发现分国只是诏书的前言，正文部分讨论的是为了达成和睦，三兄弟应遵守的行为规则。约翰·弗里德甚至建议将《806 年分国诏书》改名为《和平敕令》，唯其如此，方可恰如其分地表达通过分国而维持和平的核心思想。③ 为此，查理曼经常有意识地委派几个儿子协同出兵作战，培养他们的团结协作精神。

　　812 年，这种矛盾获得根本性缓解，拜占庭皇帝最终承认查理曼的帝号。但被承认的并不是"罗马皇帝"，只是"皇帝"。这一点在拜占庭史家提奥法尼斯的编年史中得到证实，他于 812 年改变对查理曼的称呼，从"法兰克王"（rega）变为"法兰克皇帝"（basileus）。④ 相应地，在 812 年之后，查理曼在致君士坦丁堡的皇帝米哈伊尔一世的国书中也改变自己的帝号，不再称"统治罗马帝国的皇帝"，而仅称"皇帝"。查理曼自称"奉圣父圣子圣灵之名，蒙神意恩典的皇帝和奥古斯都查理，他也是法兰克王和伦巴第王，致快乐的、尊贵的兄弟、光荣的

---

① 艾因哈德：《查理大帝传》，第 30—31 页。

② 关于历史书写中的法兰克认同，参见 Helmut Reimitz, *History, Frankish Identity and the Framing of Western Ethnicity, 550 – 850*, Cambridge：Cambridge University Press, 2015.

③ Johannes Fried, "Erfahrung und Ordnung：Die Friedenskonstitution Karls des Großen vom Jahr 806," in Brigitte Kasten, ed., *Herrscher – und Fürstentestamente im westeuropäischen Mittelalter*, Köln：Böhlau Verlag, 2008, pp. 151 – 192.

④ Constantine N. Tsirpanlis, "Byzantine Reactions to the Coronation of Charlemagne（780 – 813）," *Patristic and Byzantine Review*, Vol. 23, 2005, pp. 63 – 81；Carl de Boor, ed., *Theophanis Chronographia*, Vol. I, Leipzig：Teubnerm, 1883, p. 494.

奥古斯都和皇帝米哈伊尔以我主耶稣基督的永恒问候"。①

拜占庭皇帝随即在自己的名衔中增加了"罗马人的"字样，变成"罗马皇帝"，以示区别。② 对查理曼而言，不带"统治罗马帝国的"限定语的"皇帝"名衔，呼应了身边试图泛化帝号以指代全部统治辖域的顾问的期望。由于帝号的泛化，"统治罗马帝国"这个限定语也不再合适。改变之后，泛化的帝号就不再受"罗马帝国"辖地的限制，而与查理曼的实际统治地域一致。

因此，致米哈伊尔皇帝国书中使用的名号，很可能是查理曼主动妥协的结果，也顺应了日常生活中简称名号为帝号的习惯。因为在《806 年分国诏书》中，查理曼就使用过与 813 年致米哈伊尔一世国书中类似的帝号。在该诏书的抄本二和三里，查理曼的名号为"皇帝、恺撒查理，战无不胜的法兰克王和罗马帝国的领导人，虔诚且快乐的胜利者和凯旋者、永远的奥古斯都"。③ 名号中的三个名衔分别是：皇帝、法兰克王和罗马帝国的领导人。帝号是被单独使用的，而"罗马帝国的领导人"这一名衔被置于法兰克王之后，取代了伦巴第王的位置。这旁证了"罗马帝国"仍然是一个政治体。而作为政治体，罗马帝国与伦巴第王国确实难以区分，以至于甚至可以用罗马帝国替代伦巴第王国。而帝号的泛化，即以帝号指代查理曼所辖地区，是名号变化的一大趋势。也应该指出的是查理曼灵活务实的态度，在帝号泛化的大趋势下，他会针对具体的读者对象及政治环境使用不同名号。因此，《806 年分国诏书》所使用的两种名号，一种应该是针对法兰克人，另一种即抄本二和三则是针对罗马人的，尤其是供罗马教宗审阅、签字并留存的那一份。帝号名实之间的矛盾，在查理曼灵活机动的处理原则下得以消解。从这个角度而言，施莱辛格的经典研究将帝号的这一演变过程归结为去罗马化与法兰克化，似乎稍嫌片面。④

帝号的泛化，固然使帝号之名迁就于法兰克政治军事优势之实，也使查理曼

---

① "Epistolae variorum Carolo Magno regnante scriptae," in Ernest Dümmler, ed., *Epistolarum tomus Ⅳ Karolini aevi Ⅱ*, p. 556.

② Rudolf Schiefer, *Die Karolinger*, Stuttgart：Verlag W. Kohlhammer, 2006, p. 105.

③ Alfred Boretius, ed., *Capitularia Regum Francorum*, tomus Ⅰ, p. 126.

④ Walter Schlesinger, "Kaisertum und Reichsteilung：Zur Divisio regnorum von 806," in Richard Dietrich and Gerhard Oestreich, eds., *Forschungen zu Staat und Verfassung：Festgabe für Fritz Hartung*, Berlin：Duncker Humblot, 1958, pp. 9 – 51.

晚年可以更多地在远离罗马的亚琛宫廷中传承帝号。在查理曼的帝号获得承认之时，三位继承者中已去世两位，只留下虔诚者路易。在帝号获得承认的次年，查理曼将唯一的王位继承人虔诚者路易从阿奎丹召来，在王国大会上将他立为"帝号的共享者"即"共治皇帝"，并将孙子、意大利王丕平之子伯纳德立为意大利王。让意大利在皇帝的至尊权威下单独保留一位国王，既符合法兰克王国分而治之的习惯，也在某种程度上体现了查理曼帝号泛化的政治结果，即某种程度上的去罗马化。原本由罗马教宗主持仪式和罗马人欢呼而来的帝号，现在由亚琛的法兰克人皇帝处置。

法兰克认同的有力表达，是实际政治格局使然。但是，帝号泛化代表了罗马政治文化的影响，罗马化与法兰克认同之间固然有矛盾，但也有相互促进的关系。作为蛮族，法兰克人进入罗马帝国境内之时才有了为人所知的历史；加洛林王朝依靠罗马教宗和君士坦丁堡的皇帝才获得改朝换代的合法性。丕平三世称王如此，查理曼称帝亦如此。在查理曼统治下，法兰克人拥有强大实力，通过南征北战，"版图几乎扩充了一倍"。尤其是通过控制罗马帝国残存的西部疆土，法兰克王国强势成长为世界性政治体。用阿尔昆的话说，成为基督教世界三强中最强者。[1] 但是，对于罗马帝国的继承者拜占庭帝国而言，法兰克人就从原来的"好朋友"变成了"坏邻居"。[2] 在这种局势下，法兰克人通过（西部）罗马帝国和罗马教宗顺利获得进入世界历史舞台中心的合法渠道，而且，新帝号及罗马人民的支持，使这个新基督教强国能更好地获得上帝恩典，从而具有战无不胜的精神自信。

其实，从历史的长时段看，帝号的名实矛盾从罗马帝国晚期以降就一直存在。5 世纪晚期，东部帝国业已失去罗马城。6 世纪中期以降，拜占庭帝国不再以拉丁语为官方语言，易之以希腊语，但其仍然顽强甚至顽固地恪守罗马人认

---

① Ernest Dümmler, ed., *Epistolae Karolini Aevi*, tomus Ⅱ, No. 174, Berlin: Weidmann, 1895, p. 288；李隆国：《重建"神圣的罗马帝国"：中古早期欧洲的政治发展道路》，《历史研究》2020 年第 2 期。

② 艾因哈德：《查理大帝传》，第 20 页。相关解释参见 Anne A. Latowsky, *Emperor of the World: Charlemagne and the Construction of Imperial Authority, 800 – 1229*, Ithaca: Cornell University Press, 2013, p. 20.

同。查理曼在西部复兴的帝国，同样面临着名实矛盾。帝国原本指拜占庭帝国在西部的残留地区，查理曼控制了意大利诸行省，被罗马人拥戴为"罗马皇帝"。但随着时间推移，在名实矛盾的推动下，为了符合帝号之普世性，他将帝号改为"统治罗马帝国的皇帝"，并将帝号提升到名号的首位；添加"统治罗马帝国"的限定语，有利于贴近统治的实际状况。这样折中使得帝号逐渐泛化，泛指他所统治的所有疆域。在日常生活中，其名号简称为皇帝，812 年获得拜占庭方面承认的正是这一"皇帝"称号。此时，帝国之实不是仅指拜占庭帝国在西部的残留地区，而是泛指法兰克人控制下的全部地区。查理曼晚年处理帝号传承的努力表明，他试图由皇帝来控制泛化的帝号。但是，皇帝与罗马帝国之间的关系，远比他想象的复杂。分国传统、拜占庭皇帝的态度使帝号名实之间仍保持着较强张力，推动帝号继续演化。查理曼去世不久，就爆发了意大利王伯纳德的叛乱事件，以致伯纳德被处死。[①] 限于篇幅，此处暂且不论，这里所欲究诘者，在于梳理帝号演变过程之后，如何重新认识作为历史事件的查理曼称帝。

## 五、作为事件的查理曼称帝

梳理查理曼最初的帝号及其演化历史，有助于更加完整地理解查理曼帝号所经历的转变。如果将查理曼最初的帝号与后来的帝号泛化适当分离，就可以对作为事件的查理曼称帝与称帝之后的历史演化进行一定切割。这样的处理使查理曼称帝问题变得相对简单，有助于找到事件与结构变动之间的联系环节。

强调查理曼称帝之必然性的结构分析，促使我们重视事件所涉及各方势力的此消彼长。随着阿拉伯帝国的崛起，拜占庭、罗马教宗和查理曼三方力量对比发生变化，拜占庭帝国主宰地中海地区的局面宣告终结，欧洲的中心从地中海北移，刺激了加洛林王朝的强势崛起。为了应对危机，君士坦丁堡的皇帝采取破坏圣像的宗教政策，导致皇帝与教宗之间发生严重宗教冲突，迫使罗马教会日益谋求独立自主。在这一进程之中，罗马教宗将法兰克人作为盟友，并在 8 世纪中叶逐渐建立法兰克—罗马教宗联盟，查理曼称帝则标志着这一联盟的最终形成。从此，中古西欧决定性地步入罗马人与法兰克人的联合之中，奠定了此后数百年历

---

① 李隆国：《查理曼称帝与神圣罗马帝国的形塑》，《史学集刊》2018 年第 3 期。

史演化的基本政治框架。《新编剑桥中古史》体现了这一主流解释模式，在交代了查理曼的扩张之后引入查理曼称帝事件，主编保罗·弗拉克尔强调，"如果注意 774 年之后查理曼对意大利的统治，考虑到他与罗马宗座的密切关系，那么其获得新头衔以彰显自己超迈前人的功业就并非难以想象的了"。①

随着政治势力版图的改变，主流解释模式也发掘了政治思想领域的相应话语。查理曼的廷臣提出了帝国思想，② 罗马教宗的普世教权理念也持续发酵，8 世纪末大行其道的末世观刺激着教会改革。这些宗教和观念方面的变动，为称帝营造了思想氛围。799 年教宗利奥被攻击之后前往帕德博恩向查理曼求援，则提供了称帝的历史机遇，使必然发生的称帝活动最终以独特的方式发生。③

上述结构性分析强调查理曼扩张导致的普世性诉求，其实是在解释查理曼的帝号为什么会泛化，即在简称中用皇帝取代国王，称（罗马）皇帝而非（法兰克）王，而没有揭示查理曼为何要称帝，即从"罗马国老"变为"罗马皇帝"。这一解释的不足之处，在通行的中古史教科书中非常明显，当这些教材简化叙事之时，它们甚至在提供错误的解释。如"领土增加，国王之名，本已不称"；④ "国王的名衔已不能使法兰克王感到满足了。查理只是等待有利时机宣称自己为皇帝"；⑤ "查理曼一生南征北讨，建立一个 5 世纪末之后西方所未见的帝国，800 年的加冕不过是既成事实的说明"。⑥ 其中，由美国学者霍利斯特编著的《欧

---

① Paul Fouracre, "Frankish Gaul to 814," in Rosamond McKitterick, ed., *The New Cambridge Medieval History*, Vol. II, *c. 700 – 900*, Cambridge: Cambridge University Press, 1995, p. 105.

② H. Mayr – Harting, "Charlemagne, the Saxons, and the Imperial Coronation of 800," pp. 1113 – 1133.

③ 虽然几乎所有教材都或多或少地采用这一解释模式，但有学者提供了最有代表性的叙事。参见布莱恩·蒂尔尼、西德尼·佩因特：《西欧中世纪史》，袁传伟译，北京：北京大学出版社，2011 年，第 131—137 页。

④ 何炳松：《中古欧洲史》，上海：上海古籍出版社，2012 年，第 53—54 页。

⑤ 科斯敏斯基、斯卡斯金主编：《中世纪史》第 1 卷，朱庆永等译，北京：三联书店，1957 年，第 131 页。

⑥ 刘增泉：《西洋中古史》，长春：吉林出版集团有限责任公司，2009 年，第 144 页。类似说法参见瑟诺博斯：《法国史》，沈炼之译，北京：商务印书馆，1964 年，第 61 页；皮埃尔·米盖尔：《法国史》，蔡鸿滨等译，北京：商务印书馆，1985 年，第 60 页；赫伯特·格隆德曼等：《德意志史》第 1 卷上册，张载扬等译，北京：商务印书馆，1999 年，第 232 页。

洲中世纪史》表述最为直白——"（查理曼）从国王晋升为皇帝"。①

然而，查理曼并不是从国王晋升为皇帝，称帝确实是名号升级，但却是从"罗马国老"晋升为"罗马皇帝"。② 如《法兰克王家年代记》所说的那样："他去掉罗马国老的名号，被称为皇帝和奥古斯都。"③ 基于名号的研究发现，解释查理曼称帝事件，固然以其征服和扩张作为大背景，但更需说明，作为罗马帝国西部残存地区的统治者，查理曼为什么会称罗马皇帝？要回答这个问题，需要在某种程度上切断称帝与传统的普世性诉求之间的联系，重新审视称帝事件的过程及相关结构性变迁，尤其是查理曼对罗马帝国残存地区的治理改革。

持"偶然性"论的学者，重视地方性因素，强调罗马叛乱以及由此而引发的称帝事件的突发性。不过，关于叛乱事件的史料极少，法兰克和拜占庭没有留下较详细的说法，只有《利奥三世传》对此着墨较多。但是，查理曼来到罗马是为了教会的和平，其理政原则是让罗马教会"恢复和睦"（ad pacem et concordiam revocavit）。④ 所以，传记也将叛乱事件淡化为叛乱首领的一时冲动，以便大事化小，不波及一众叛乱者，这使得叛乱似乎成了突发的甚至无来由的偶然性事件。为此，有必要围绕799年的叛乱，重新寻觅结构性变动与称帝事件之间的联系。

查理曼774年远征意大利，消灭伦巴第王国，自称伦巴第王，并启用"罗马国老"名衔，这确实标志着他开始与罗马政治制度密切接触。754年，查理曼尚幼之时，罗马教宗斯蒂芬三世（752—757年在位）就在巴黎圣德尼大教堂授予其"罗马国老"名衔，但他一直未启用该名衔，现存使用这一名衔的最早证据来自774年7月16日的一份文献。自775年11月开始，查理曼就较频繁地使用这

---

① 朱迪斯·M. 本内特、C. 沃伦·霍利斯特：《欧洲中世纪史》，杨宁、李韵译，上海：上海社会科学院出版社，2007年，第115页。类似错误非常普遍，即使在一些查理曼的传记作品中也如此，参见 Alsessandro Barbero, *Charlemagne: Father of a Continent*, trans. Allan Cameron, Berkeley: University of California Press, 2004, pp. 75–76；亚历桑德罗·巴尔贝罗：《欧洲之父查理大帝》，赵象察译，北京：民主与建设出版社，2021年，第84页。

② C. W. Previte-Orton, *The Shorter Cambridge Medieval History*, Vol. I, Cambridge: Cambridge University Press, 1952, p. 315.

③ G. H. Pertz and F. Kurze, eds., *Annales regni Francorum et Annales Q. D. Einhardi*, pp. 110–112.

④ "Annales Laureshamenses," in G. H. Pertz, ed., *Scriptorum*, tomus I, p. 38.

一名衔了。① 称伦巴第王和"罗马国老"意味着查理曼接受了两份意大利政治遗产，一份是伦巴第王国与拜占庭帝国的敌对状态，另一份则是臣服于拜占庭皇帝的"罗马国老"身份。在这双重政治遗产中，查理曼还尝试与拜占庭皇室结为儿女亲家。此时，从查理曼与拜占庭皇帝的关系中很难明确看出他有称帝的愿望。

但随着时间推移，法兰克人由拜占庭的"好朋友"变成了"坏邻居"。786年，查理曼的女儿吉色拉与拜占庭皇帝君士坦丁六世的婚姻协议宣告作废，查理曼开始对君士坦丁堡方面展开紧锣密鼓的军事和文化斗争，并加紧向意大利的拜占庭实际控制区渗透和扩张。788 年，法兰克军队与贝内文托联军在卡拉布里亚（Calabria）击败由伦巴第流亡国王阿达尔吉斯（Adalchis，？—788 年）统帅的拜占庭军队，从此，君士坦丁堡方面失去了从陆路与罗马城直接联络的任何可能，罗马城不再处于拜占庭帝国的直接掌控之下。8 世纪 80 年代末的这些变化，某种程度上标志着查理曼与拜占庭皇帝的关系发生根本变化，查理曼从皇帝的追随者变成挑战者。

在拜占庭、罗马教宗和法兰克人三方博弈中，教宗居间联络，所以其态度和外交策略至关重要，② 这时的罗马教宗哈德良（Hadrian I，772—795 年在位）试图和睦东西方。787 年在拜占庭召开的第二次尼西亚宗教会议，决定恢复圣像。拜占庭方面按历史惯例，邀请了罗马教宗，但未邀请法兰克的代表，这令查理曼大为恼火。尽管教宗哈德良业已委托其参会代表在会议决议上签字同意，但查理曼还是命令谋臣奥尔良主教提奥多尔夫（Theodolf，780—821 年在任）起草《加洛林书》（Liber Carolini），对会议决议逐条批驳，并请求哈德良签字同意。后由于哈德良的委婉反对，这部业已草拟的书稿才未发表。查理曼非常委婉地表达要改变教宗选举制度，由法兰克人出任教宗，但遭到哈德良断然拒绝："（麦西亚王）奥法怂恿、劝说并向您建议，以便您将我从神圣的职位驱逐，另立一位法兰

① F. Ganshof, "Note sur les origines byzantines du titre 'Patricius Romanorum'," *Annuaire de L'institut de Philologie et D'histoire Orientales et Slaves*, Bruxelles：Secrétariat des éditiones de L'Institut, 1950, pp. 261 –282. 文书校订本参见 E. Mülbhacher, ed., *Die Urkunden Pippins, Karlmanns und Karls des Grossen*, pp. 115 –117.

② Michael McCormick, "Western Approaches（700 – 900），" in Jonathan Shepard, ed., *The Cambridge History of the Byzantine Empire：c. 500 – 1492*, Cambridge：Cambridge University Press, 2008, pp. 414 –417.

克人为教宗。希望他没有说过！"①

改变法兰克与拜占庭双方关系的机遇，随着罗马教宗的更替再次出现。795年末哈德良教宗去世，利奥继任教宗。我们并不知道利奥当选是否出于查理曼的干涉，但新教宗于接任后的次年派遣外交使节来见查理曼，请求其派遣巡察钦差到罗马，接受该地居民的宣誓效忠，此举前所未有，引起强烈反响。797年，西西里总督派遣的使者携带拜占庭皇帝的国书前来亚琛交涉，查理曼对此并未认真理会，而是离开亚琛去萨克森前线，战事结束回到亚琛后才"隆重地"接待西西里使者，很快又将其打发走。与此同时，查理曼加紧对意大利中部和南部的渗透，通过派遣巡察钦差、控制大型教会组织及其管理者（主教和修道院院长），强化对该地区的管控。例如位于斯波莱托地区的法尔法（Farfa）修道院，于此年开始向王室巡察钦差上诉并获得特许状，而不再找该地的公爵维吉尼斯（Wiginis，789—822年在任）。② 同年，君士坦丁堡的皇太后伊琳娜将儿子君士坦丁六世废黜，自己称帝。798年，伊琳娜派遣使者前往亚琛，请求"教会的和平与和谐"（pro ecclesiastica pace et concordia），③ 这次外交使命可以确知的成果是，伊琳娜承认查理曼对意大利东北部伊斯特里亚（Istria）和南部贝内文托公爵领的领主权。"教会的和平与和谐"也是查理曼称帝后处置叛乱首领时使用的字眼，从这个角度而言，798年，拜占庭方面提出和平解决罗马教会问题的方案，但双方磋商的结果不得而知。两大军事政治强邦之间的政策分歧，不仅导致罗马城内的派系斗争形成跨区域对立格局，而且推动了内斗升级。

799年4月，罗马城上演袭击教宗利奥三世的事件，在《利奥三世传》中，叛乱分子的主要特征被总结为盲目与内讧。例如，当利奥被救走之后，叛乱分子不知如何行动，就想"自相残杀"。事实上，叛乱者不仅在罗马城内行动顺利，几乎没有遇到抵抗，而且当教宗卫队长阿尔比努斯组织"劫狱"成功后，他的家随即被叛乱者捣毁。在查理曼主持庭审时，按照传记的说法，叛乱者唯一所做的

---

① "Codex Carolinus," in Ernest Dümmler, ed., *Epistolae Merowingici et Karolini aevi I*, p. 629.

② G. V. B. West, "Charlemagne's Involvement in Central and Southern Italy: Power and the Limits of Authority," *Early Medieval Europe*, Vol. 8, No. 3, 1999, pp. 341 – 367.

③ B. De Simson, ed., *Annales Mettenses Priores*, MGH., Scriptores rerum Germanicar um in usum scholarum, Vol. 10, Hannover: Hahn, 1905, p. 83.

事就是相互指责。《利奥三世传》似乎有意识地将帕斯卡尔等描述为自发的叛乱者，[1] 叛乱者埋伏和关押利奥三世的两处教堂都是希腊人教堂。当799年教宗前往帕德博恩时，拜占庭的使者即由西西里总督派来的外交特使再一次来到亚琛。目前不能确知叛乱者是否奉了拜占庭皇帝的诏命，但叛乱应被置于796年利奥三世出台的一系列政策中理解，这些政策是为了配合查理曼试图改变罗马城的政治身份认同而颁布的。

从叛乱者被处以"大逆罪"看，叛乱的解决是沿着称帝的方向安排的。称帝前查理曼的名衔是"罗马国老"，级别与西西里总督等同，位在拜占庭皇帝之下。叛乱发生时，利奥三世也是被按照大逆罪惩处的，要被挖掉双眼、割掉舌头。但查理曼称帝后，犯大逆罪的就不是教宗利奥三世，而是教宗的对手帕斯卡尔等。如《那不勒斯主教列传》所言，利奥三世"为查理曼加冕并创造一个最高权威以反对他的敌人"。[2]

为了晋升为罗马皇帝，查理曼还需在军事方面有所作为。为此，他在美因茨召集王国大会，之后亲率大军到罗马。他先后两次派遣儿子、意大利王丕平出兵贝内文托，试图征服伦巴第公爵领。但贝内文托地处南部山区，地势险要，易守难攻。从政治地理位置而言，它位于拜占庭意大利和法兰克意大利之间，又有罗马公爵领居间作为缓冲，所以这两次大规模的征讨收效甚微。801年，查理曼离开罗马返回亚琛，但是，对贝内文托的战事一直持续。802年，法兰克指挥官斯波莱托公爵被俘，拜占庭皇帝伊琳娜再次遣使到亚琛，请求缔结和约，但未承认查理曼的帝号。伊琳娜的和平外交策略，在其君士坦丁堡对手那里落下口实，他们认为伊琳娜准备接受查理曼和教宗利奥的建议，嫁给查理曼，以便东西部统一。[3] 这些政敌以此为借口，将伊琳娜废黜。803年，双方缔约，结束战争。在经历称帝时期的动荡之后，意大利恢复平静。

综合来看，查理曼称罗马皇帝以扩张尤其是消灭伦巴第王国为大背景。可以

---

[1] L'Abbé L. Duchesne, ed., *Le Liber Pontificalis*, Vol. II, pp. 4 – 8.

[2] "Gesta Episcoporum Neapolitanorum," in G. Waitz, ed., *Scriptorum rerum Langobardicarum et Italicarum*, saec. VI – IX, p. 428.

[3] Cyril Mango and Roger Scott, trans., *The Chronicle of Theophanes Confessor: Byzantine and Near Eastern History: AD 284 – 813*, p. 654.

说，从 774 年开始，称帝的漫长旅程就在不自觉间缓缓开启。774 年到 786 年为第一阶段。其间，查理曼兼并伦巴第王国，变成拜占庭帝国的"邻居"。双方试图延续"好朋友"关系，查理曼追随拜占庭皇帝。这一阶段，查理曼并未表现出任何称帝意愿，可称为称帝的史前期。8 世纪 80 年代末到 795 年为第二阶段。这一时期查理曼试图加强对意大利中南部的管控，并与拜占庭在外交、宗教政策上针锋相对。但由于罗马教宗哈德良居中斡旋，东西方局势基本平稳。这一阶段可称为"大国之名"时期，查理曼想与拜占庭皇帝平起平坐，是称帝的酝酿期。796 年至 800 年为第三阶段，称帝大戏正式上演。借由罗马教宗更替的历史机遇，查理曼迫使罗马城及罗马人民宣誓效忠，接受巡察钦差的最高司法权等，使这一地区的教会政治局势发生剧烈变动，拜占庭方面试图用外交手段和平地"恢复教会的和平"，但未奏效。罗马城内的派系斗争随后升级，直接引发城内的叛乱，于是称帝事件发生。拜占庭方面试图再次通过外交手段进行干预，但也没有效果。查理曼态度强硬，并以他所预期的方式实现了"教会的和平"，即查理曼称帝并执行最高司法审判和裁决。欧洲东西部两大政治势力对原罗马帝国西部地区（罗马城和意大利中南部地区）的争夺，尤其是利奥三世积极迎合查理曼的意图，不仅改变了罗马宗座的外交政策，也改变了欧洲东西部固有政治格局，将查理曼送上了皇帝宝座。于是，查理曼由罗马国老晋升为罗马皇帝。

但以叛乱及其应对方式引发的称帝事件，具有一定突发性。毕竟称帝事件为 300 余年欧洲西部未有之事，极大地刺激了各种帝国观念的兴起。查理曼君臣尝试过执政官、拜占庭式皇帝名号等多种名衔，反映了时人在政治思想观念领域的兴奋和冲动。但外有拜占庭对帝号不予认可，内有洛尔施修道院等反对将帝号仅指罗马帝国西部残存地区的统治者，强烈主张复兴古代帝权观念，帝号名实之间的张力益见强烈，推动帝号不断泛化，即作为名衔的帝号与作为政治体的帝国逐渐分离，帝号涵盖查理曼所辖的全部地区。于是，帝号由"罗马皇帝"变为"统治罗马帝国的皇帝"，在日常用语中则被简称为"皇帝"，查理曼由国王（法兰克王、伦巴第王）变成皇帝。尽管帝号的泛化带来法兰克认同的强烈反弹，但帝号泛化是令查理曼的帝号获得君士坦丁堡皇帝承认的唯一可行方式。812 年，"皇帝"名号最终获得拜占庭承认，不是作为"罗马皇帝"而是作为"皇帝"，查理曼最终站在了基督教世界的历史舞台上。帝号的泛化与被承认是查理曼扩张的必然结果。查理曼去世后，如何处理罗马帝国与皇帝名号之间的关系，并使之符合基督教政治哲学的原则，则是其继承人虔诚者路易的事了。

# 结 语

查理曼的帝号，大致经历三个阶段的演变，即从"罗马皇帝"到"统治罗马帝国的皇帝"再到"皇帝"，但基本形式一直保持不变，即帝号与王号的辩证结合兼顾"普世性"与"地方性"。对这些名号中的具体名衔的调查表明，最初查理曼是想成为罗马皇帝，而这个名衔与其名号中的其他名衔为并列关系，其地位甚至不如另一个名衔即法兰克王。可能由于未得到拜占庭的承认，在离开罗马城之时，查理曼开始改变名号，用"统治罗马帝国的皇帝"替换"罗马皇帝"，并将其升至诸名衔的第一位。此举既如实反映了查理曼对拜占庭帝国西部地区的实际控制，也开启了帝号泛化的历程，帝号似乎比王号更显尊严。帝号的最初使用过程表明，称帝固然以查理曼的扩张和征服作为大背景，但其发生则与查理曼整顿罗马城和意大利的秩序密切相关。查理曼的称帝是一次名号升级，即从"罗马国老"晋升为"罗马皇帝"。

此后，在日常应用中，排在名衔第一位的"皇帝"逐渐成为查理曼名号的简称，取代了原来排名第一的"法兰克王"，查理曼的名号从（法兰克）王演变为（罗马）皇帝。这个时候，发生了名号的另一次升级，查理曼由王晋升为皇帝。这一变迁既是帝号泛化的结果，也是对拜占庭不承认查理曼帝号的应对。查理曼本想利用固有的罗马化帝号资源，但是外交努力的不尽如人意阻断了这一设想，使其转而利用帝号之间固有的名实矛盾，有意识地泛化帝号，突破帝号的罗马性，使帝号与自己的文治武功适应。这是政治思想观念领域发生的大调整，也使查理曼的帝号再次发生重大改变。查理曼由王变成皇帝，一如加洛林史书中常见的那种称谓"皇帝查理"，而不再是"查理王"。

通过对帝号的辨析可以发现，称帝其实是围绕罗马城发生的，用当时的术语说，就是维持"教会的和平"。8世纪，罗马城业已从古代帝国中心转变为拜占庭帝国的边陲重镇，处于法兰克王国和拜占庭帝国角力的前沿阵地。但在这种转化中，罗马成功上位，成为基督教世界的中心，新的中心不仅有助于拉丁欧洲政治力量的崛起尤其是加洛林王国的强大，也反过来以这一政治力量作为安全保障。从这个角度而言，查理曼称帝其实是罗马教会与加洛林王朝政治结盟、共同改变罗马城和法兰克王国政治认同的结果。称帝之后的查理曼，竭力维护罗马教会的利益以确保教会的和平，这也成为维系帝国统一的因素之一。

区分和辨析查理曼的早期帝号，不仅有助于理解作为历史事件的查理曼称帝，还可与查理曼对帝国的继承处置相印证。在《806 年分国诏书》中，查理曼以家族政治的方式解决帝国传承问题，一方面沿袭了法兰克分国继承惯例，另一方面也略有改进，即不再采纳均分原则，而是将他和弟弟卡洛曼继承自父亲矮子丕平的疆土作为"祖业"，留给长子小查理，将自己征服的疆土留给其他两位王子：阿奎丹分给虔诚者路易，意大利分给意大利的丕平。小查理的疆土面积大于两位弟弟的总和。艾因哈德是该分国诏书的重要参与者，也是将诏书带往罗马请教宗签字的使者，他在《查理大帝传》中描述过查理曼称帝后采取的举措。这些举措几乎全是借助罗马文化以培育法兰克文化，这或许可以视为查理曼君臣在806 年达成的帝国共识，即这个帝国需要以法兰克王国作为核心而得到维系。

《806 年分国诏书》表明，帝国被视为家族财产，是家族政治的有机组成部分。帝国的统一性也端赖于家族伦理的维系。称帝之后，除对国王宣誓效忠外，增设对皇帝的宣誓效忠。查理曼并未创设重要的新中央化制度以确保帝国的统一，而是以三个儿子的"兄弟之爱"作为纽带，以期维持和平。通过分割继承而实现帝国遗产和法兰克王国的和平传承，查理曼贯彻的是分而和平的原则，无论是教会的和平抑或家族的和平，二者构筑起帝国的和平或者说统一。分而和平的原则，成为加洛林帝国乃至欧洲中古宪政史的政治思想传统。

分国传统再次给帝号带来名实不符的紧张关系。虔诚者路易由于"天命攸归"，独自继承查理曼留下的帝国，他不仅偏向于用"皇帝"作为名号，而且往往只使用这一个名衔，帝号与帝国进一步达成名实一致。但到第三代皇帝罗退尔一世和第四代路易二世统治时，法兰克王国的大部分疆土已不在皇帝控制之下，意大利和罗马则属于皇帝。这样一来，皇帝只是名义上的最高统治者，而控制罗马和加冕仪式的统治者，成为决定帝号归属的关键。皇帝空有其名，帝号再次变得名实不符。

在中世纪，史家流行用"帝权转移"论解释查理曼称帝及其帝号变迁史。330 年左右，随着君士坦丁一世迁都拜占庭，罗马帝权发生第一次转移，即从罗马人到希腊人；查理曼称帝，使罗马帝权再一次转移，落入法兰克人掌控之中；加洛林帝国由于分国，逐渐变得名不符实，帝权再次转移，但这一次是在法兰克人内部不同家族间递嬗。"帝权转移"论其实是基督教历史观下的霸权更迭理论，但它形象反映了中古早期欧洲发展的巨大不平衡性。

在这一历史进程中，原本处于罗马帝国边境的所谓"蛮族"，征服帝国大片疆土，建立自己的政权；同时，这些蛮族也在吸纳罗马文明的过程中创造新的文明。其中，法兰克王国逐渐取得霸主地位。法兰克王国与拜占庭帝国国力的此消彼长，使原有政治体系严重失衡。在此背景下，罗马城因政治归属问题发生内乱，而后查理曼称帝，引发帝权转移。查理曼建立的加洛林帝国严重依赖罗马（宗教）文化，以便为建构新的文化认同提供资源。加洛林帝国的政治和军事中心在阿尔卑斯山以北，尤其是在亚琛，但帝国的文化和宗教中心在罗马和意大利。在法兰克人的分国传统下，这种文化、政治与军事的不平衡性，使查理曼统治后期及虔诚者路易统治前期，因帝号调整而形成的名实一致局面再次失衡。这一切表明，从旧文明的边缘到新文明的中心，进程相当漫长且充满曲折。

〔作者李隆国，北京大学历史学系副教授。北京　100871〕

（责任编辑：焦　兵　郑　鹏）

图书在版编目（CIP）数据

中国历史研究院集刊. 2021 年. 第 2 辑：总第 4 辑 /
高翔主编. -- 北京：社会科学文献出版社，2022.4
ISBN 978 - 7 - 5201 - 9163 - 0

Ⅰ. ①中…　Ⅱ. ①高…　Ⅲ. ①史学 - 丛刊　Ⅳ.
①K0 - 55

中国版本图书馆 CIP 数据核字（2021）第 261830 号

## 中国历史研究院集刊 2021 年第 2 辑（总第 4 辑）

主　　编 / 高　翔
副 主 编 / 李国强　路育松（常务）

出 版 人 / 王利民
组稿编辑 / 郑庆寰
责任编辑 / 赵　晨
责任印制 / 王京美

出　　版 / 社会科学文献出版社·历史学分社（010）59367256
　　　　　　地址：北京市北三环中路甲 29 号院华龙大厦　邮编：100029
　　　　　　网址：www. ssap. com. cn
发　　行 / 社会科学文献出版社（010）59367028
印　　装 / 北京盛通印刷股份有限公司

规　　格 / 开　本：889mm × 1194mm　1/16
　　　　　　印　张：24　字　数：385 千字
版　　次 / 2022 年 4 月第 1 版　2022 年 4 月第 1 次印刷
书　　号 / ISBN 978 - 7 - 5201 - 9163 - 0
定　　价 / 300.00 元

读者服务电话：4008918866